Goldstadt-Reiseführer
Mittelengland
East Anglia
Waltraud Lajta

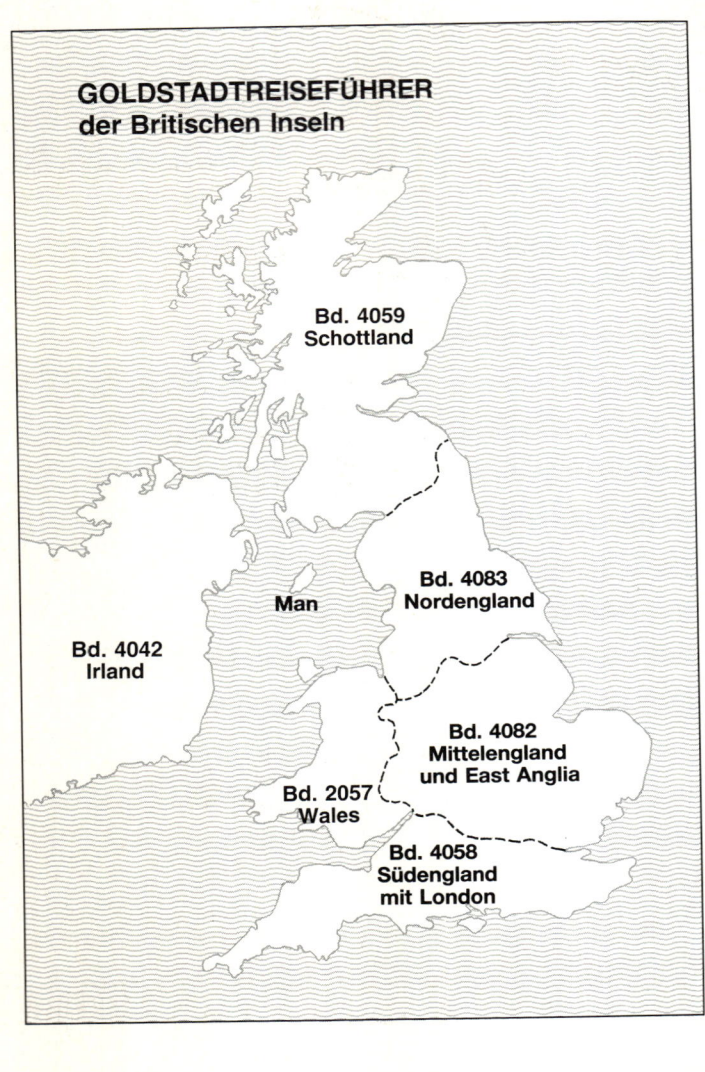

GOLDSTADTREISEFÜHRER
der Britischen Inseln

Bd. 4059
Schottland

Bd. 4083
Nordengland

Man

Bd. 4042
Irland

Bd. 4082
Mittelengland
und East Anglia

Bd. 2057
Wales

Bd. 4058
Südengland
mit London

Goldstadt-Reiseführer
Band 4082

Mittelengland East Anglia

Die schönsten Reiserouten, berühmte Städte, Burgen, Schlösser und Herrenhäuser, Sehenswertes.

Waltraud Lajta

19 Farbfotos
83 Fotos schwarzweiß
 4 Routenskizzen
12 Stadtpläne

GOLDSTADTVERLAG PFORZHEIM

Titelbild: Little Moreton Hall, Cheshire (Foto: BTA London)

Fotonachweis: Für die 26 Fotos auf den Seiten 153, 155, 157, 160, 191, 192, 196, 209, 217, 221 unten, 261 oben, 262, 264, 266, 273, 304, 307, 311, 313 sowie für die Farbfotos Nr. 15 und 16 bedanken wir uns bei Herrn **Dr. Hans Lajta,** alle anderen wurden uns freundlicherweise von der **BTA London** zur Verfügung gestellt.

ISBN 3-87269-082-5

Herstellung: Karl A. Schäfer, Buch- und Offsetdruckerei, Pforzheim
Vertrieb: GeoCenter Verlagsvertrieb GmbH, München

0190108930

Good my lord, will you see the players
well bestowed? Do you hear, let them
be well used; for they are the abstract and
brief chronicles of the time: after
your death you were better have a bad
epitaph than their ill report while you live.
(Shakespeare)

Vor vier Jahrhunderten schrieb William
Shakespeare seine bedeutenden Werke. Vieles, was er schrieb, hat heute noch Gültigkeit.
Schon zu seinen Lebzeiten feierte er mit
seinen Bühnenstücken Triumphe. Sie wurden
gleichermaßen in Theatern wie auf Wirtshaus-
bühnen aufgeführt.

Shakespeares Geburtshaus steht heute noch
in Stratford-upon-Avon, und das ringsum liegende Land wird von den Engländern liebevoll das „Shakespeare country" genannt. Es
ist eines der großen Reiseziele, zu dem Sie
dieses Buch hinführt. Wer Shakespeare
schätzt, wird das „Shakespeare country"
lieben...

MITTELENGLAND

ist das Herz von England, und das östliche angrenzende EAST ANGLIA ist der älteste Teil
des Landes; viele sagen, es sei auch sein idyl-
lischster. In Mittelengland und East Anglia
findet der Besucher großartige mittelalterliche Kathedralen (Bild 1-4) und prachtvolle,

von weiträumigen Park- und Gartenanlagen umgebene Schlösser und Herrensitze (Bild 5 bis 8), vor denen zuweilen farbenfrohe Feste mit Teilnehmern in traditionellen historischen Kostümen stattfinden.

Im Gegensatz dazu die stillen und verträumten Orte mit strohgedeckten Häusern und Münsterkirchen direkt an den Wasserstraßen, die das Land durchziehen und ein Reisen im Wohnboot zu einem unvergeßlichen Erlebnis machen (Bild 9 und 10). Charakteristische alte Steinhäuser und gepflegte Fachwerkbauten am Land und in den entzückenden, malerischen Kleinstädten (Bild 11 bis 14), in denen die „Tradition" noch wie ein kostbarer Schatz gehütet wird, natürlich auch die berühmten Colleges von Oxford und von Cambridge (Bild 15 und 16), deren ernste Mauern von Wissen und Gelehrsamkeit kündigen, sie alle bieten sich dem Reisenden wie eine Fülle von Farbtupfern inmitten der bunten Palette eines Landes, das mit Kunst und Kultur, Tradition und landschaftlicher Schönheit für sich selbst wirbt.

MITTELENGLAND UND EAST ANGLIA:

ein Gebiet also, das um seiner selbst willen bereist sein will. Nicht eilig und nicht auf den ausgefahrenen Routen so mancher Touristenautobusse, sondern in Ruhe und Muße, mit viel Zeit zum Schauen und zum Erleben. Darf ich Ihnen eine Bootsfahrt auf dem River Cam vorschlagen? Es wäre gewiß die reizvollste Art, Cambridge kennenzulernen (Bild 17).

Und wenn sich – wie eingangs zitiert – Shakespeare's Hamlet in der 2. Szene des zweiten Aufzuges darum sorgt, ob auch die Schauspieler gut behandelt werden, da sie doch der Spiegel und die abgekürzte Chronik ihres Zeitalters sind, dann sollte es nicht minder reizvoll sein, sich auch in der Art eines Schauspielers bei einem Spaziergang durch den Garten von Shakespeare's „New Place" in Stratford-upon-Avon (Bild 18) in ebendieses Zeitalter zurückzuversetzen, um an Ort und Stelle jene Atmosphäre einzufangen, die sich heute noch wie ein bunter Blumenteppich über das Land des Dichters legt.

Ich habe versucht, Ihnen in diesem Reiseführer nicht nur die „highlights" zu beschreiben, sondern neben diesen Höhepunkten einer Reise durch Mittelengland und East Anglia auch auf die stillen und verträumten Plätze hinzuweisen, die zwar weit abseits der Hauptstraßen und der touristischen Reiserouten liegen, deshalb aber nicht minder charakteristisch für dieses Land sind, das in vielen den Wunsch weckt, bald wiederzukommen.

Es ist ein schönes Land, aber – wie schon Shakespeare sagt: „Pleasure and action make the hours seem short!" Genießen Sie es daher in vollen Zügen!

Farbbilder:

4

5

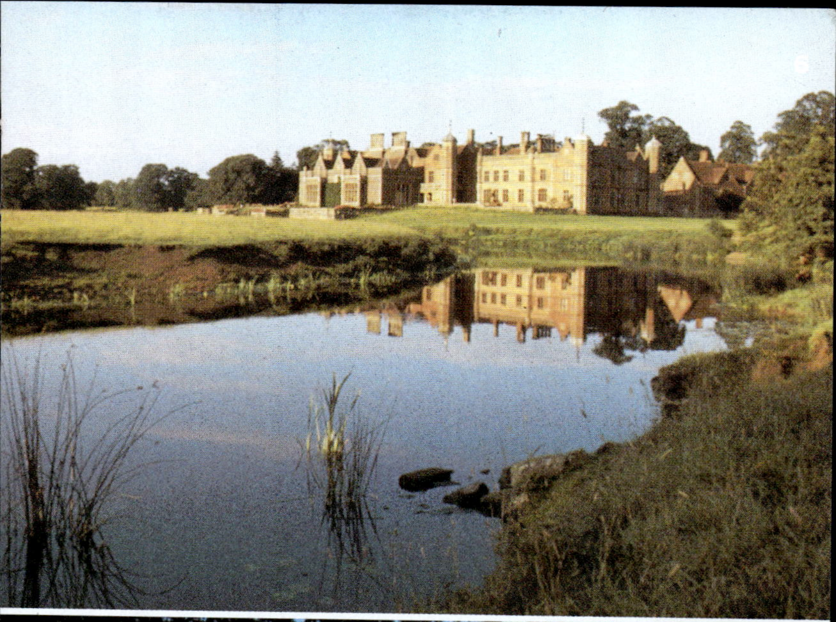

6

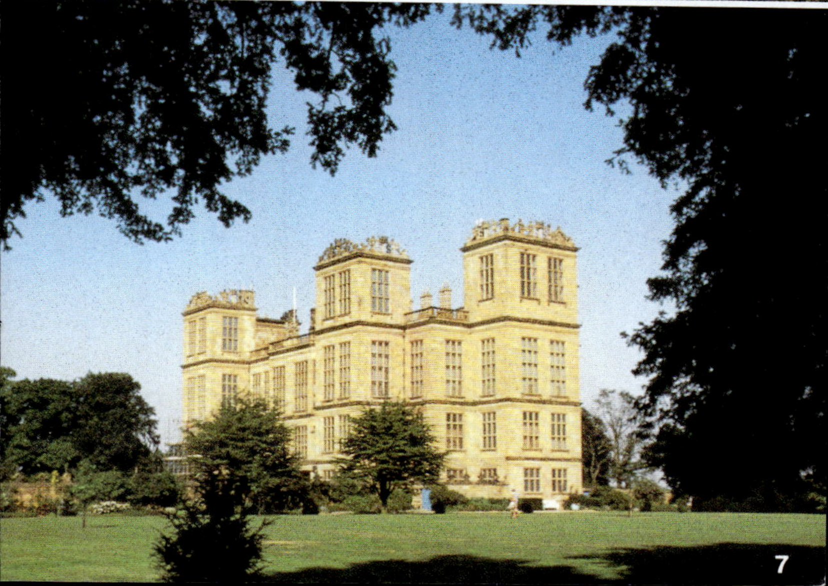

7

8

9

10

11

12

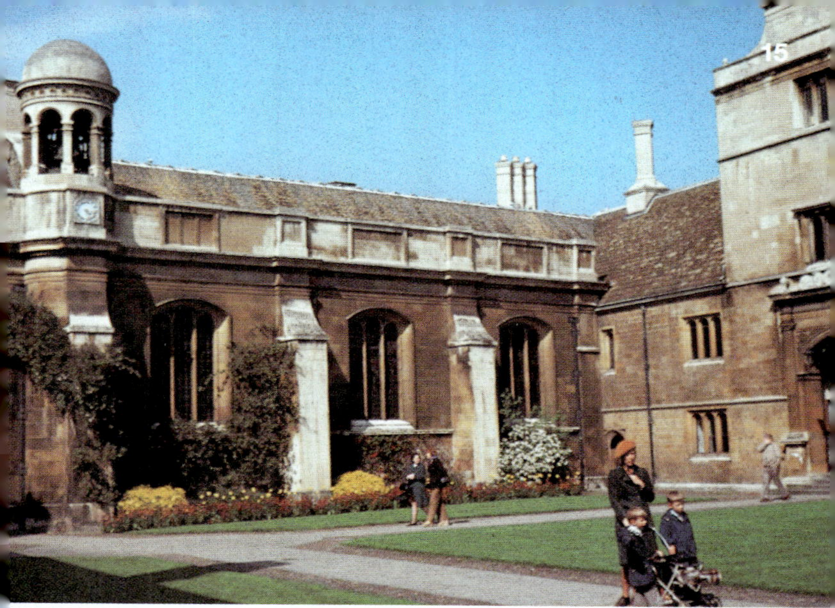

15

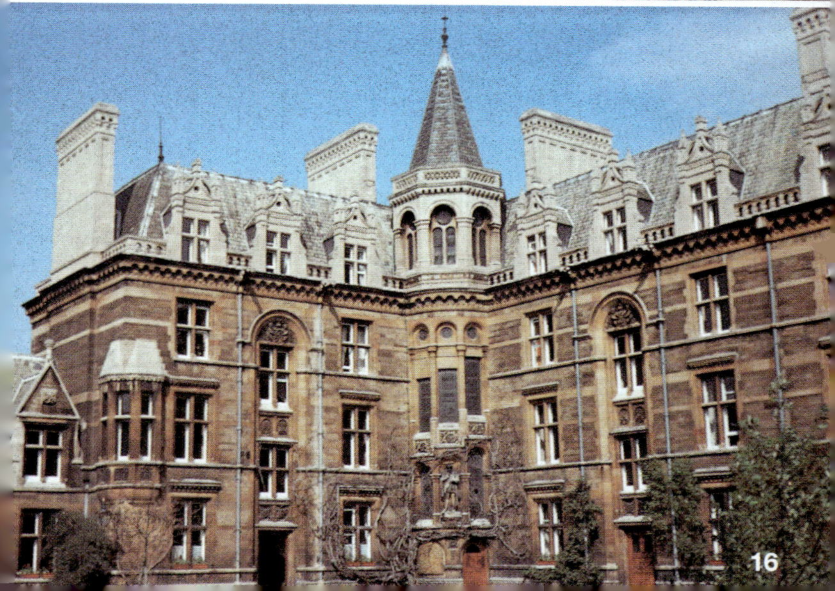

16

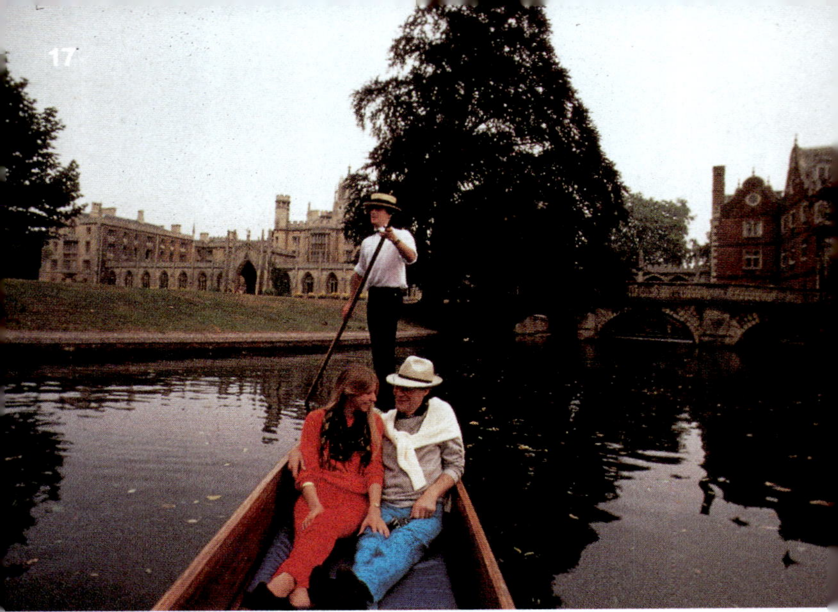

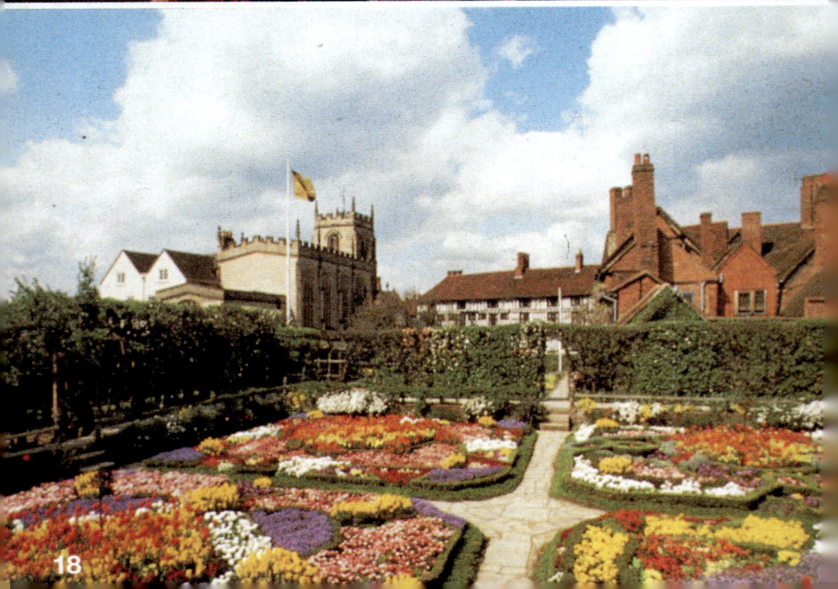

INHALTSVERZEICHNIS

C   Ortsbeschreibungen

176 **Bedford** Ausflüge nach Cardington, Willington, Clapham, Stagsden, Turvey, Olney, Weston Underwood, Ravenstone, Clifton Reynes.

180 **Birmingham** Ausflüge nach Sutton Park, Tamworth, Lichfield, Alrewas, Wolverhampton, Wightwick Manor, Moseley Old Hall, Dudley, Hagley Hall, Kidderminster, Bewdley, Chaddesley Corbett.

190 **Bury St.Edmunds** Ausflüge zum Ickworth House, Ixworth Abbey und Bardwell.

199 **Buxton und der Peak District** Ausflüge durch den Nationalpark, nach Edale, Chapel-en-le-Frith, Castleton, in die Peak Cavern, nach Grindleford, Ashbourne, Bakewell, Rowsley, Baslow, zum Chatsworth House u.a.

208 **Cambridge** Universität und Colleges, Stadtbesichtigung, Ausflüge in die Gog Magog Hills, nach Fulbourn, Fleam Dyke, Balsham, Trumpington, Grantchester, Sawston, Babraham, Anglesey Abbey, Bottisham, Swaffham, Madingley, Wimpole Hall, Therfield Heath u.a.

227 **Chester** Ausflüge nach Malpas, Bruera, Cholmondeley Castle, in den Wirral Country Park und den Delamare Forest, nach Frodsham, Taporley, Beeston Castle, Burwardsley, Nantwich, Bunbury, Acton.

243 **Colchester** Ausflug nach Stanway Hall.

247 **Coventry** Ausflüge in den Coombe Abbey Park, nach Stoneleigh, Kenilworth, Arbury, Astley, Nuneaton, Berkswell.

256 **Derby** Ausflüge zur Kedleston Hall, nach Repton, Foremark, in die Brethby Woods und nach Burton-upon-Trent, Sudbury, den Elvaston Castle Country Park, nach Duffield, Crich, Wirksworth, Cromford, Matlock.

260 **Ely** Stadtbesichtigung und Kathedrale.

269 **Great Yarmouth** Ausflüge nach Burgh Castle und Caister-on-Sea.

271 **Ipswich** Ausflüge nach Hadleigh, Kersey, in das Dedham Vale, nach Helmingham, zur Otley Hall.

276 **King's Lynn** Ausflüge nach Castle Riding, Sandringham, Houghton Hall, Narbrough, zu den Wiggenhall-Kirchen u.a.

281 **Leicester** Ausflüge nach Melton Mowbray, Stapleford, Anstey, Bradgate und Woodhouse Eaves.

287 **Lincoln** Ausflüge zur Doddington Hall und Auborn Hall, zum Foss Dyke, nach Stow, über Caistor nach Grimsby, über Horncastle, Somersby, Old Bolingbroke, Spilsby und Alford nach Skegness, in die Lincolnshire Wolds und nach Louth.

298 **Northampton** Ausflüge nach Great Billing und Little Billing, Castle Ashby, Althorp, Great Brington, Brix worth, Kettering, Warkton, Geddington, zum Boughton House und zur Rushton Hall, nach Holdenby, Coton, Guilsborough.

306 **Norwich** Ausflüge in den Norfolk Wildlife Park, nach Reepham, in die Norfolk Broads, nach Caistor St. Edmund und zur Rainthorpe Hall.

316 **Nottingham** Ausflüge zur Wollaton und Newstead Abbey, nach Highfields Park, Holme Pierrepont, zur Thrumpton Hall, zum Southwell Minster und in den Sherwood Forest.

327 **Oxford**
Weg 1 - Carfax - High Street - Botanischer Garten Broad Walk - Christ Church - Carfax.
Weg 2 - Carfax - Broad Street - Balliol College Sheldonian Theatre - New College - Carfax.
Weg 3 - Cornmarket Street - Ashmolean Museum St. John's College-Universität - Parks Road.
Ausflüge nach Woodstock u. zum Blenheim Palace, zum Rousham House, nach Steeple Aston, Ditchley Park, Charlbury, Taston, in den Wychwood Forest, nach Witney, Minster Lovell, Stanton Harcourt, Cumnor, Abingdon, Dorchester, Wallingford, zum Kingston House, in das Vale of White Horse und den Kingstone Lisle Park.

D Allgemeine touristische Hinweise

E Ortsregister

A
ZUR EINFÜHRUNG

1. Über die Notwendigkeit eines
Reiseführers „Mittelengland – East Anglia"

England ist ganz gewiß mehr Reiseland als „Ferienland". Für Badeferien sind die meisten Küsten zu windig, die Nordsee zu kalt. Ferien auf dem Lande sind ein Glücksspiel: Wie oft wird es regnen? Und für „erholsame" Ferien scheinen die Gegensätze zwischen englischer und mitteleuropäischer Mentalität doch etwas zu ausgeprägt zu sein. Die Vorstellungen des Engländers über Lebensart, Konversation, Freizeitgestaltung, Gastronomie, Gastfreundschaft und Liebenswürdigkeit sind anders als die des Kontinentaleuropäers.

Also Reiseland. Gehobenes Reiseland sogar, mit hervorragenden Möglichkeiten, innerhalb einer kurzen Zeit eine ungeheure Vielfalt von Neuem, Interessantem, Schönem kennenzulernen. Kunst und Kultur als große Sieger über „dolce far niente".

Wenn man die Vielzahl der Reiseführer betrachtet, die England beschreiben, möchte man glauben, daß doch schon alles gesagt und beschrieben wurde, was es über das Land zu sagen und zu beschreiben gibt. Es gibt genügend gute Reiseführer, die trocken und sachlich schildern, und es gibt ebenso andere, die Wert auf subjektive Darstellungen legen. Warum also, um alles in der Welt, schon wieder einen Reiseführer über England?

Ich glaube die Erfahrung gemacht zu haben, daß Mittel- und Ostengland in den Reiseführern sehr stiefmütterlich behandelt werden, sehr oft sogar „totgeschwiegen" oder übergangen werden. Der Süden des Landes mit seinen berühmten Stränden und Vergnügungsstätten, den großartigen Kathedralen von Canterbury, Winchester, Salisbury, Bath und vielen anderen, von London gar nicht erst zu reden, oder der Westen mit seiner unvergleichlichen Küstenszenerie in Cornwall und den malerischen Fischerorten, natürlich auch der Norden, wiederum mit einzigartigen Kunststädten, allen voran York, und der Nordwesten mit dem viel gerühmten *Lake District*, – das sind alles Höhepunkte einer Englandreise.

Und Mittelengland? Da gibt es wohl auch Einzigartiges, wie mittelalterliche Abteiruinen, prunkvolle Schlösser und Herrensitze, dann die Shakespearestadt Stratford-upon-Avon und die Universitätsstädte Oxford und Cambridge, aber sie werden in der Regel entweder als Tagesausflüge von London aus, also als „Ausflugsziele", oder aber im Rahmen eines gesamtenglischen Reiseführers beschrieben, kommen daher meiner Meinung nach viel zu kurz, da der Umfang eines jeden Reiseführers auf eine gewisse Seitenanzahl beschränkt ist. Also wenn schon „Mittelengland" und das östlich angrenzende *East Anglia*, dann gerade noch Oxford und Cambridge, die Erinnerungsstätten an *Shakespeare* in Stratford, ein bißchen *Lincoln-Cathedral*, hundert Kilometer Reiseweg auf einer oder auf zwei Seiten, alles eben „auf dem Weg" in den *Lake District* oder nach York liegend, nur als „Besichtigungsmöglichkeit" am Wegrand, und nicht um seiner selbst willen beschrieben. Wenn man sich die vielen bunten Werbeprospekte ansieht, die Oxford und Cambridge beschreiben, dann könnte man überhaupt meinen, daß es sich bei diesen Städten nur um „Vororte Londons" handle, da man scheinbar nur darauf bedacht ist, den Besucher der Hauptstadt auch einmal zu einem „Ausflug" dorthin zu veranlassen.

Ich habe mir deshalb vorgenommen, über Mittelengland und *East Anglia* ein eigenes Buch zu schreiben, so wie ich auch eines über Südengland, ein anderes über Nordengland und wieder ein anderes über Schottland geschrieben habe. Ich bin der Meinung, daß diese „Mitte", dieses wundervolle Land zwischen der Themse im Süden und dem *Peak District* im Norden, zwischen den *Cotswold Hills* und den *Lincolnshire Wolds*, mit allen seinen Naturschönheiten, seinen bezaubernden Städten Lincoln, Shrewsbury, Warwick, Worcester, Stratford-upon-Avon, Norwich, Ipswich, Cambridge, Oxford – um nur einige wenige willkürlich herauszugreifen –, mit seinen großartigen Schlössern und Herrensitzen, Kathedralen und Abteien, den ganzen Reihen unvergleichlich malerischer alter Fachwerkbauten usw. auch einmal gesondert, als Reiseland schlechthin, beschrieben gehörte. Deshalb schrieb ich dieses Buch.

Ich bereise England seit mehr als zwanzig Jahren, und wenn man oft und regelmäßig die gleichen Orte besucht, liebgewordene Plätze aufsucht, dann gewinnt man etwas „Abstand" zu den überschwenglichen Eindrücken, die einen damals, als man zum ersten-

oder zweitenmal diese oder jene Kathedrale, diesen oder jenen Palast sah, bewegten. Wenn ich mich aber trotzdem nicht scheue, die eine oder andere malerische Flußlandschaft oder einen Naturpark als wundervoll oder ein Baudenkmal und einen architektonischen Höhepunkt als großartig zu bezeichnen, dann meine ich es auch so. Ich kann nicht beurteilen, ob ich mit meinem Reiseführer „Mittelengland – East Anglia" eine reichere, ausführlichere und bessere Beschreibung dieses Gebietes als Ganzem gegeben habe, das kann nur der Leser entscheiden. Aber wenn ich nicht den Wunsch gehabt hätte, es zu tun, dann hätte ich diesen Band gar nicht erst zu schreiben begonnen. Mittelengland: das ist nicht eine „Lücke", die es zwischen dem Norden und Süden zu füllen gibt, sondern es ist das Herz des Ganzen.

2. England und sein mittlerer und östlicher Teil

England (131 700 qkm groß) bedeckt mehr als die Hälfte der Fläche Großbritanniens (244 046) und ist vom europäischen Kontinent im Süden durch den Ärmelkanal *(English Channel)* getrennt, der sich im Osten zur nur 33 km breiten Straße von Dover *(Strait of Dover)* verengt. Im Westen grenzt England an Wales, an die Irische See und den Atlantischen Ozean, im Norden an Schottland, im Osten an die Nordsee.

In diesem Reiseführer wird nur der mittlere Teil Englands beschrieben, also jener Teil, der im Westen an Wales grenzt und im Osten an die Nordsee. Grob gesprochen, bildet die von Liverpool über Manchester und Leeds nach Kingston-upon-Hull verlaufende Autobahn M-62 die nördliche und die von Bristol über Swindon und Reading nach London verlaufende Autobahn M-4 die südliche Grenze für den in diesem Buch beschriebenen Teil Englands. Die „Ergänzung" zu ihm finden Sie also in den beiden anderen Goldstadt-Reiseführern „Nordengland" und „Südengland".

Es ist eine recht willkürliche Grenze, die (mit Ausnahme von *East England)* keinerlei historische oder politische Bedeutung hat, sondern nur in geographischem Sinn zu betrachten ist. Da aber auch der englische Tourismus die gleiche geographische Unterteilung in Nord-, Mittel- und Südengland kennt, wurde sie hier beibehalten.

In diesem Reiseführer sind folgende Regionen bzw. Grafschaften (Counties) beschrieben: Cheshire, Derbyshire, Nottinghamshire, Lincolnshire, Shropshire, Staffordshire, Leicestershire, Rutland, Northamptonshire, Huntshire, Warwickshire, Worcestershire, Herefordshire, Gloucestershire, Oxfordshire, Buckinghamshire, Bedfordshire, Hertfordshire sowie jene von **East Anglia,** nämlich Cambridgeshire, Norfolk, Essex und Suffolk.

Daneben gibt es noch eine ganz bestimmte englische Zonenunterteilung; diese zehn englischen Zonen sind: Southern England, South-West England, South-East England, London, Home Counties, South Midlands, North Midlands, Eastern Counties, North-West England und North-East England. Nach dieser Einteilung werden in diesem Reiseführer folgende Zonen beschrieben: **South Midlands:** Gloucestershire, Herefordshire, Leicestershire, Northamptonshire, Rutland, Warwickshire und Worcestershire. **North Midlands:** Derbyshire, Lincolnshire, Nottinghamshire, Shropshire, Staffordshire. **Home Counties:** Bedfordshire, Berkshire, Buckinghamshire, Hertfordshire und Oxfordshire. **Eastern Counties:** Cambridgeshire, Essex, Huntingdonshire, Norfolk und Suffolk. (Cheshire gehört nach dieser Zoneneinteilung bereits zu *North-West England).*

East Anglia, also Ostengland, oder – genau genommen – „Ostangeln", war einst ein eigenes Königreich der **Angeln,** also jenes Teiles der (norddeutschen) Einwanderer, die nach der römischen Epoche mit den Sachsen, Friesen und Jüten die „angelsächsische" Bevölkerung Englands bildeten. Das Königreich bestand ursprünglich aus dem nördlichen Volk („North Folk", heute *Norfolk)* und dem südlichen Volk („South Folk", heute *Suffolk).* Im Süden grenzte es an das sächsische *Essex.* Die *Angeln* siedelten hier bereits seit Mitte des 5. Jahrhunderts, wurden aber erst unter König *Egbert von Wessex* im Jahr 827 zusammen mit mehreren kleineren Königreichen zum „Anglia" genannten großen Königreich der Angelsachsen vereint. Die angelsächsische Zeit währte in England bis zu der Eroberung durch die Normannen (1066).

3. Die charakteristischen Landschaften

Die *„South Midlands"* werden gerne als „Heart of England" bezeichnet. Nahe bei *Coventry* liegt der geographische Mittelpunkt von England und Wales. Charakteristisch für dieses Gebiet sind die im Südwesten ansteigenden **Cotswold Hills,** in denen die Themse entspringt. Die „Cotswolds" (unter „Wolds" versteht man wellige Bergkuppen) gehören zu den landschaftlich reizvollsten Gegenden Englands: der 200 bis 300 Meter hohe Bergzug wird von idyllischen Tälern durchzogen, die östlichen Hänge der Berge fallen zur Themse hin ab. Die sanft welligen Bergkuppen sind teils mit Wäldern, teils mit Weideland bedeckt und seit mehr als einem halben Jahrtausend für ihre Schafzucht (Wollproduktion) bekannt. Überall findet man malerische Dörfer mit alten Fachwerkhäusern und strohgedeckten Cottages mit liebevoll gepflegten Gärten davor. Westlich der Cotswolds erstreckt sich das grüne **Vale of Berkeley** längs der Mündung des *River Severn,* und westlich des Flusses liegt der durch Wanderwege erschlossene **Forest of Dean,** weiter nördlich steigen die sanften **Malvern Hills** an. Nördlich der *Cotswold Hills* erstreckt sich in *Worcestershire* das landwirtschaftlich reich genutzte *Vale of Evesham,* nordwestlich davon der *Forest of Arden;* dieses Gebiet ist weithin als „Shakespeareland" bekannt, weil sich hier *Stratford-upon-Avon,* der Geburtsort *Shakespeares* und zahlreiche andere Orte befinden, die durch die Familie *Shakespeare* benannt wurden.

Zu den schönsten und malerischsten **Cotswold-Orten** gehören u.a. das sogenannte „Modelldorf" *Bourton-on-the-Water,* die sogenannten „Bredon Villages" *Ashton-under-Hill, Elmley Castle, Great Comberton* und *Overbury,* dann *Bibury* mit seinem Bauernmuseum und seiner Forellenfarm, das entzückende *Broadway,* auch das Städtchen *Burford* mit seinem lokalgeschichtlichen Museum und dem „Cotswold Wild Life Park", weiters *Castle Combe,* das zu den schönsten Dörfern Englands gezählt wird, die wunderschöne kleine Stadt *Chipping Campden* mit faszinierenden alten Gebäuden, auch der reizvolle kleine Markt *Chipping Norton,* ebenso *Chipping Sodbury* (*Chipping* ist sächsischen Ursprungs und bedeutet „Markt"), das malerische Dorf *Lacock,* das lebhafte *Moreton-in-Marsh,* die hübschen Dörfer „The Slaughters" (*Upper Slaughter* und *Lower Sloughter*), das auf einer Hügelkuppe liegende *Stow-on-the-Wold,* dann *Witney* mit seinem „Manor Farm Museum" in *Cogges* und natürlich auch das Städtchen *Woodstock* vor den Toren des berühmten Schlosses *Blenheim.*

Im Norden der *South Midlands* liegt **Charnwood Forest,** ursprünglich eine große, zusammenhängende Waldlandschaft, die aber im Laufe der Jahrhunderte so stark abgeholzt wurde, daß sich heute über weite Strecken nur Heiden, da und dort unterbrochen von Äckern und Obstgärten, ausbreiten. Landschaftliche

Höhepunkte in diesem Gebiet sind die oft eigenartig geformten Felsen, die den Eindruck von „Miniaturgebirgen" machen, obwohl sie kaum dreihundert Meter hoch sind. Vom *Bardon Hill* und vom *Beacon Hill* aus bieten sich sehr schöne und weite Ausblicke.

Die im Osten an die *South Midlands* und die *Cotswold Hills* angrenzenden sogenannten „Home Counties" sind die fünf an historischen Erinnerungen reichen Grafschaften *Bedfordshire, Berkshire, Buckinghamshire, Hertfordshire* und *Oxfordshire,* im Süden von der Themse, im Norden von der *Great Ouse* begrenzt. Sie werden von zwei Hügelketten charakterisiert: den über 300 m hoch ansteigenden **Berkshire Downs** südlich der Themse, einst ein Weideland für Schafe, heute durch seine großen Getreidefelder als „Kornkammer" berühmt, und den nördlich und östlich der Themse ansteigenden **Chiltern Hills,** wo man heute noch dichte Buchenwälder findet, die durch malerische Wanderwege erschlossen sind. Hier gibt es viele kleine Sommerfrischen. Nur im Osten sind die „Chilterns" kahl. Höchste Erhebung ist der bei *Wendover* ansteigende *Coombe Hill* (260 m). Die „Chilterns" bilden auch einen der reizvollsten Abschnitte des Themse-Tals; überall kann man Bootfahren, und das macht Freude, denn die Themse zählt bekanntlich zu den saubersten Flüssen Europas. Für viele Londoner ist ein Ausflug in die *Chiltern Hills* das „vollkommene Wochenende".

Das nördlich der *Chiltern Hills* verlaufende **Vale of Aylesbury** gehört zu den landwirtschaftlich besterschlossenen und reichsten Regionen Englands.

Das Land, das sich östlich der „Chilterns" bis an die Nordsee erstreckt, ist das alte Königreich **East Anglia** (→ S. 16), ein heute zum größten Teil landwirtschaftlich gut genutztes welliges Land, da und dort von sanft ansteigenden Hügelzügen unterbrochen, mit friedlichen, unverdorbenen Dörfern, deren Aussehen sich im Laufe der Jahrhunderte kaum verändert hat: weiß oder rosa ge-

Das mitten in den Cotswold-Hills liegende
„Bilderbuchdorf" Castle Combe
darf den Ruhm für sich in Anspruch nehmen,
zur „prettiest village in England"
erwählt worden zu sein.

tünchte, strohgedeckte Cottages, windschiefe altertümliche Fachwerkhäuser, deren Oberstockwerke sich weit über die Straße neigen, große Landkirchen, die bis in die normannische oder sächsische Zeit zurückreichen. An den Küsten gibt es ebenso ruhige, abgeschiedene Fischerdörfer wie auch große Seebadeorte mit Sandstränden und vielen Unterhaltungsmöglichkeiten (*Clacton, Lowestoft, Great Yarmouth, Felixstowe, Sheringham* u.v.a.).

Für **East Anglia**, die „Eastern Counties", sind drei Landschaftsformen charakteristisch: Die flachen **East Anglian Fens**, die südlich von *King's Lynn* und der Meeresbucht *The Wash* tief in das Land hineingreifen; ein tiefliegendes, früher oft überschwemmtes Land mit Sümpfen und Morasten, das erst im 17. Jahrhundert durch den Holländer *Cornelius Vermuyden* kanalisiert, entwässert und trockengelegt wurde und mit seinen vielen Kanälen einen ganz besonderen, eigenartigen Reiz ausstrahlt.

Dann die **Norfolk Broads** im Nordosten, der „windigste Teil von Großbritannien", aber auch sein sonnigster und der mit der geringsten Niederschlagsmenge. Die Flußläufe, die sich hier zu kleinen Seen erweitern, werden durch zahllose Kanäle miteinander verbunden, überall tummeln sich Segelboote, Ausflugsboote, Wohnboote. Auch hier sind die weiten Strecken des auf Meeresniveau liegenden Landes vor mehr als zweihundert Jahren trockengelegt worden, früher einmal war es das „Land der Windmühlen", von denen aber kaum noch eine übriggeblieben ist. Die Klippenküste ist sehr eindrucksvoll: bei *Hunstanton* sind die hohen Klippen aus weißen und rötlichen Kreidelagen und aus braunem Sandstein gebildet, die Getreidefelder reichen bis an sie heran, unter ihnen aber breiten sich meilenweite Sandstrände und Dünen aus. Weiter östlich wiederum findet man nur mehr riesige Sandflächen, weite Marschen und Salzpfannen. Und wo *Norfolk* und *Suffolk* (→ S. 16) zusammenstoßen, liegen die **Breckland** genannten riesigen, teils verwilderten Heideflächen, das am dünnsten besiedelte Gebiet Englands. Aber auch hier wurde schon vor einigen Jahren mit Aufforstungen begonnen.

Die *North Midlands,* die sich über die Grafschaften *Shropshire, Staffordshire, Derbyshire, Nottinghamshire* und *Lincolnshire* erstrecken, also der nördliche Teil Mittelenglands, sind durch zwei Landschaftsformen geprägt: die „Central Peaks" und die flachen *Lincolnshire Fens.* Der an Wales angrenzende westliche Teil der

North Midlands, Shropshire, ist ein Land, in dem die Viehzucht, die Milchwirtschaft und der Obstanbau dominieren. Das östlich benachbarte *Staffordshire* besteht einerseits aus üppigem Farmland und andererseits aus den Heiden und Wäldern von „Cannock Chase" zwischen *Stafford* und *Lichfield,* während *Derbyshire* durch den **Peak District** charakterisiert wird; eine Landschaft aus Bergen, rauhen Felsklippen, tief eingeschnittenen grünen Tälern und stillen Hochmooren. Das Wort „Peak" ist eigentlich irreführend: es handelt sich nicht um einzelne, hoch aufragende Berggipfel, sondern um ein ausgedehntes Hochland mit gezackten Sandsteinfelsen und riesigen Torf- und Heideflächen. Im Sommer, wenn die Heide blüht, sieht die Landschaft noch freundlich und „bunt" aus; aber im Herbst, wenn die Wolken tief hängen und die Heiden und Moore rauh und wild erscheinen, zeigt das Hochland sein „düsteres" Gesicht. Der *Peak District* gehört zu den **Penninen** (Penninische Kette, (→ S. 199 und 203), dem sogenannten „Rückgrat Englands", und ist ein ideales Gebiet zum Wandern und Bergwandern. Nach Osten hin, in *Nottinghamshire,* erstreckt sich der **Sherwood Forest,** ein immer noch weiträumiges Waldland, das durch die legendäre Gestalt des „Robin Hood" (→ S. 61) berühmt wurde.

Dann aber folgt – zur Nordsee hin – das fruchtbare Weide- und Ackerland von *Lincolnshire,* Englands große „Kornkammer" und das landwirtschaftlich am reichsten erschlossene Gebiet des Landes. Es wird durch zwei in Nord-Süd Richtung verlaufende Hügelketten unterteilt, der *Lincolnshire Edge* und den *Lincolnshire Wolds* (→ S. 296). Die **Lincolnshire Fens,** jenes flache und von Kanälen durchzogene „Wasserland" südlich von ihnen, sind eine Fortsetzung der südöstlich benachbarten *East Anglian Fens* (s. oben) und diesen im Charakter gleich. Bemerkenswert ist die Küste von Lincolnshire: besonders bekannt sind die Badeorte *Skegness, Mablethorpe* und *Cleethorpes,* alle von ihnen mit weiten Sandstränden. Hohe Dünen schützen die etwas landeinwärts gelegenen Ferienorte (auch die Campingplätze!) vor den kräftigen Ostwinden.

Zwei Flüsse geben den *North Midlands* ihr Gepräge: der lange **Severn** im Westen, der weiter südlich in den *Bristol Channel* mündet (Südwestküste), und im Osten der **Trent,** der nach Norden hinauf zur Humbermündung strömt (Nordostküste).

4. Ein paar Worte
zu Klima und Kleidung

Um es gleich vorwegzunehmen: Egal, ob man im Hochland über Berge und einsame Moore wandert oder seine Ferien an der Küste verbringt, warme Kleidung (Wollsachen, Pullover) sind da wie dort auch im Sommer von Vorteil, da die kräftigen Winde immer Abkühlung bringen. Was den Regen betrifft, so sollte man bedenken, daß die Regentage im Landesinneren zwar fast so häufig sind wie an der Küste, die Regenfälle aber doppelt so heftig sind als im Küstenland. Ein Regenmantel ist immer von Nutzen. Ein Regenschutz aus Plastik erfüllt in England kaum seinen Dienst, da man ihn in der Regel recht oft benötigt und er daher lange Zeit zum Trocknen braucht. Im Sommer ist das recht lästig. Mit dem Regenschirm mag man in der Stadt ganz gut zurechtkommen, aber im Bergland und an der Küste, wo der Wind recht stark blasen kann, hilft er nicht viel. Ein leichter Trenchcoat ist empfehlenswert. Vergessen Sie auch nicht gute, robuste Schuhe. Ob Sie über das holprige Kopfsteinpflaster alter Städte gehen oder über steinige Feldwege oder Hochmoore wandern, oder ob Sie meilenweite Märsche über hohe, grasbestandene Dünen an der Küste unternehmen wollen, mit leichten Sandalen sind Sie fehl am Platz.

Die immer wiederkehrende Frage: „Was trägt man am Abend?" ist einfach zu beantworten. Wenn Sie in einem Ferienort ins Restaurant gehen, erwartet man von Ihnen „korrekte" Kleidung (was immer man auch darunter verstehen mag), zum Dinner kommt der Herr nicht ohne Jackett (oft verlangt man noch immer Krawatte), die Dame läßt sich auch tagsüber außerhalb des Strandes oder des Sportplatzes nicht in Shorts blicken. In manchen Gasthöfen und Restaurants tut man des guten wohl ein bißchen zu viel, und wenn ich persönlich Hinweisschilder folgender Art angebracht sehe: „Your holiday-hotel expect you to dress for dinner" oder „Not entering without being properly turned out", dann suche ich mir auf alle Fälle ein anderes Lokal, auch wenn ich sehr „properly turned out" bin.

Die nachfolgenden Klimatabellen geben einen „unparteiischen" Überblick über das englische Wetter; es gibt allerdings Ausnahmen. So zum Beispiel gibt es in den *Norfolk Broads* (East

Anglia) die niedersten Niederschlagsmengen von Großbritannien, dafür aber ist es dort doppelt so windig als anderswo. Im Sommer können die Temperaturen dort bis auf 28 Grad Celsius ansteigen. In *Norfolk* gibt es auch „the worst of East Anglia's winter", nämlich mit heftigen Schneefällen zwischen Dezember und März, um 15 Tage pro Monat, doch bleibt der Schnee nie lange liegen. Sehr extreme Temperaturunterschiede findet man in den *Chiltern Hills:* dort kann es im Juli Temperaturen um 30 Grad geben, die schon tags darauf auf 15 Grad fallen können. In den Winternächten sinkt dort die Temperatur bis auf minus 12 Grad ab. Was das Bergland der *Penninen* betrifft, so gibt es von Mai bis Juli die meisten Sonnenstunden, der Regen ist gleichmäßig über das ganze Jahr verteilt (im Durchschnitt um 16-18 Tage pro Monat), nur im Juni regnet es weniger (um 10 Regentage). Schneefälle gibt es dort von Oktober bis Mai, am meisten schneit es im Bergland von Dezember bis März. In den flachen, meeresnahen Gebieten *Lincolnshires* wiederum gibt es die meisten starken Gewitter des Landes: im Durchschnitt pro Jahr 16 „thunderstorms".

Im übrigen hat der Engländer eine ganz andere Einstellung zum Wetter als der Mitteleuropäer. Wenn er beispielsweise sagt, daß bei ihm das Wetter „relatively dry", also relativ trocken, oder „generally moderate" sei, so meint er damit vielleicht, daß es nur jeden zweiten oder dritten Tag regnet. Und wenn Sie in englischen Reisebeschreibungen lesen, „sunshine is plentyful", so sind damit im Durchschnitt vier bis sechs Sonnenstunden pro Tag gemeint. Man kann also sagen, daß das englische Wetter „abwechslungsreich" ist. Wie überall auf der Welt ist auch hier das Wetterglück nicht vorhersehbar. Dem Urteil zahlreicher Autoren, die in ihren Reiseführern die kühne Behauptung aufstellen, daß „das englische Wetter besser sei als sein Ruf", getraue ich mich jedenfalls nicht anzuschließen. Boshafte Schotten behaupten sogar, daß es nur eine einzige Sache gäbe, die schlechter als das englische Wetter sei, nämlich die englische Küche. Aber darüber habe ich schon in den Goldstadt-Reiseführern „Schottland", „Nordengland" und „Südengland" alles gesagt, was mir dazu einfiel, so daß ich mich hier nicht wiederholen möchte.

Klima

East Anglia	Temperaturen in Grad C	Tägliche Sonnen-stunden	Regentage (Schneetage) pro Monat
Januar	2,0 – 5,5	2	17 (4)
Februar	0,0 – 6,2	3	13 (3)
März	3,5 – 8,8	4	16 (3)
April	3,8 – 12,0	5,5	13 (2)
Mai	7,1 – 13,8	5,5	13 (2)
Juni	9,8 – 19,0	6,2	10
Juli	12,2 – 20,5	6,5	12
August	11,0 – 20,0	6,5	13
September	9,5 – 17,8	5	11
Oktober	5,0 – 15,3	4	16
November	3,8 – 10,0	2,2	16 (1,5)
Dezember	1,0 – 5,8	2,8	21 (3,5)

South Midlands

	Temperaturen in Grad C	Tägliche Sonnen-stunden	Regentage (Schneetage) pro Monat
Januar	3,1 – 6,5	2	18 (4)
Februar	3,4 – 7,6	2,5	14 (4)
März	3,5 – 8,8	3,8	16 (3,5)
April	4,5 – 15,0	4,8	14 (2)
Mai	7,6 – 15,8	6	14
Juni	11,5 – 19,0	6,5	12
Juli	15,5 – 23,0	6	14
August	14,5 – 21,8	4,5	14
September	12,0 – 20,2	4,9	13
Oktober	7,8 – 15,9	3,8	17
November	3,8 – 10,0	2	17 (1,5)
Dezember	3,0 – 6,5	1,2	24 (2)

5. Ein flüchtiger Blick auf die Geschichte

Über die historische Entwicklung Englands von der Vorge-
schichte über die Römerzeit, die Angelsachsen, Dänen und Normannen, die Häuser Anjou-Plantagenet, Lancaster und York,
Tudor, Stuart und die republikanische Zwischenperiode lesen Sie
bitte im Goldstadt-Reiseführer „Südengland" nach. Einen kurz-
gefaßten geschichtlichen Überblick bis zu den „Rosenkriegen"
finden Sie auch im Goldstadt-Reiseführer „Nordengland".

ENGLANDS AUFSTIEG ZUR WELTMACHT

Schon in der zweiten Hälfte des 16. Jahrhunderts, als *Francis
Drake* die Erde umsegelte (1577-1580), *Walter Raleigh* die erste
englische Kolonie in Nordamerika gründete (1585) und unter
Elizabeth I. ein glorreicher Seesieg über die spanische Armada
errungen wurde (1588), begann Englands Aufstieg zur Weltmacht, die vorerst eine Herrschaft über die Weltmeere war.

Im 17. Jahrhundert kam es wegen Streitigkeiten in Kolonial-
fragen vor allem mit den Niederlanden immer wieder zu Auseinandersetzungen, die in der Kriegserklärung durch *Charles II.* an
die Niederlande (1665) ihren vorläufigen Höhepunkt fand. Stärke
und Kampfkraft der niederländischen Flotte kamen für die Briten
unerwartet. Sie kreuzte vor der englischen Küste, drang in die
Themsemündung ein und versenkte die englischen Kriegsschiffe.
Der Krieg wurde 1667 mit dem für England recht ungünstigen
Frieden von Breda beendet. Fünf Jahre später kam es neuerlich
zum Krieg, aber wiederum setzte es 1674 eine Niederlage gegen
die nun mit den Franzosen verbündeten Niederländer. Dafür
wurde Irland unterworfen, und 1707 kam es zur Union zwischen
England und Schottland, welche beide Länder unter dem Namen
Großbritannien zu einem Königreich mit gemeinsamer protestan-
tischer Thronfolge und einem gemeinsamen Parlament vereinigte.
Nach Siegen im **Spanischen Erbfolgekrieg** erhielt England 1713 im
Frieden von Utrecht Gibraltar, die Insel Menorca und große Besitzungen in Nordamerika (Neuschottland, Neufundland, Hudson-
bay) zugesprochen.

Nach dem Tod von *Queen Anne,* der letzten aus dem Hause
Stuart, fiel die Krone kraft der protestantischen Nachfolgeakte an
den Kurfürsten von Hannover, der als **George I.** den Thron be-

stieg. Ein Versuch von Prinz *Charles Edward,* die Krone für die Stuarts zurückzuerobern, schlug fehl, obwohl er mit schottischen Truppen bis in die Nähe Londons vorgerückt war. (Ausführliches darüber erfahren Sie im Goldstadt-Reiseführer „Schottland").

Unter **George II.** (1727-1760) besetzten englische Truppen ganz Kanada, und auf der anderen Seite des Erdballs verdrängten sie die Franzosen aus Indien. Englands Aufstieg zur Weltmacht war nach siegreichen Kriegen gegen Spanien und Frankreich (1763) im *Frieden von Paris* zur Tatsache geworden: England erhielt den größten Teil Nordamerikas, Florida, viele Antilleninseln und große Gebiete in Afrika.

Nach der Unabhängigkeitserklärung der *Vereinigten Staaten von Amerika* (damals waren es erst 13) und dem darauffolgenden Krieg (1776-1783) verlor England zwar große Teile seiner nordamerikanischen Besitzungen, verbesserte aber seine Situation in Indien und erwarb dort riesige Gebiete. In der ersten Hälfte des 19. Jahrhunderts gelangte fast das ganze Land in britischen Besitz, auch Ceylon, Burma und Teile des malaiischen Archipels wurden Teile des weltumspannenden britischen Kolonialreichs. 1858 erklärte *Queen Victoria* alle Inder zu britischen Staatsbürgern, **Indien** wurde dem britischen Weltreich eingegliedert, 1876 *Queen Victoria* zur Kaiserin von Indien ausgerufen.

Obwohl England zur Zeit *Georges I., II.* und *III.* aus dem Hause Hannover seinen Aufstieg zur ersten Industriemacht begründete und seine Stellung als Weltmacht festigte, krankte das Land an schweren inneren Gebrechen. Die Kriege hatten hunderte Millionen Pfund gekostet, das Geld zum Begleichen der Staatsschulden mußte durch hohe Steuern auf Grundbesitz, Handelsartikeln und Lebensmitteln hereingebracht werden. Da Grund und Boden zum überwiegenden Teil den Baronen und dem englischen Hochadel, aber auch der Kirche gehörten, wurde die Steuerlast auf die

---

König Georg III. regierte trotz seiner
unheilbaren Geisteskrankheit sechzig Jahre (1760-1820).
Unter seiner Herrschaft gingen die Kolonien
in Nordamerika verloren, hingegen wurde Indien erobert.

einfache Bevölkerung abgewälzt. Die kleinen Bauern und Grund-
besitzer, die die Steuerlast nicht tragen konnten, mußten ihren
Besitz aufgeben, die kleinen Gewerbetreibenden verarmten, die
Zahl der besitzlosen Arbeiter in den Städten stieg immer weiter
an. Da nach der damaligen englischen Verfassung die „niederen
Klassen" von fast allen politischen Rechten, insbesondere dem
Wahlrecht, ausgeschlossen waren, wurde der Ruf nach einer
Parlamentsreform immer größer.

Noch Anfang des 19. Jahrhunderts hatte es ausgesehen, als ob
die von **Napoleon** verhängte „Kontinentalsperre" England in die
Knie zwingen könnte, doch nach dem Sturz Napoleons war dem
Aufstieg Englands nichts mehr entgegenzusetzen. Die zahlreichen
Kriege, die England im **19. Jahrhundert** gegen Frankreich, Ruß-
land, die Türkei, Indien, Afghanistan, China usw. führte, festig-
ten das *Britische Weltreich,* das von Kanada bis Südasien, vom
Malaiischen Archipel bis Australien, von Ägypten bis Südafrika,
von der Karibik bis in den Stillen Ozean reichte. Aber trotz des
gewaltigen **Kolonialbesitzes** und des immensen Reichtums, trotz
einer parlamentarischen Regierungsform, in der sich die beiden
großen Parteien, die Konservativen („Tories") und die Liberalen
(„Whigs") abwechselten, blieb das Mutterland von politischen
Wirren nicht verschont. Die **industrielle Revolution** in England
brachte Hunderttausenden bitterste Armut und Not, die Klassen-
unterschiede wurden immer größer, das Proletariat immer un-
ruhiger. Arbeitsniederlegungen und Streiks wurden blutig unterdrückt. Kinderarbeit und Arbeitslosigkeit gingen Hand in Hand.
Im gleichen Ausmaß wie der Kolonialbesitz anstieg und England
seine Stellung als Weltmacht festigte, verarmte das Volk. Die
„Zwischendecks" der großen Schiffe waren mit Auswanderern
überfüllt. In den siebzig Jahren zwischen 1815 und 1885 sind vom
„Vereinigten Königreich" mehr als 11 Millionen Menschen (darunter über 6 Millionen Engländer, etwa 1 Million Schotten, knapp
4 Millionen Iren) ausgewandert.

In diese Zeit fällt der Bau der großen Schlösser und Paläste in
fast allen Grafschaften *(Counties)* des Landes. Die alten Burgen
und Herrensitze des englischen Adels wurden entweder prunkvoll
restauriert und neu ausgestattet, sie erhielten schloßartige Zubauten oder wurden überhaupt als **Prunkschlösser und Paläste**
neu erbaut, dann mit großen, oft einzigartigen Kunstschätzen
(Tapisserien, Gemälden alter Meister usw.) bereichert. Diese

Schlösser und Paläste zählen heute zu den bedeutenden Sehenswürdigkeiten Englands und sind touristische Hauptattraktionen, zumal die meisten von ihnen zu gewissen Zeiten auch besichtigt werden können. In diesen Prunkschlössern repräsentiert sich heute ein großer Teil des Reichtums des einstigen englischen Kolonialbesitzes. Aber auch die großen Kirchen und Kathedralen wurden zu dieser Zeit grundlegend restauriert, der nach *Queen Victoria* benannte „viktorianische Stil", der sich u.a. auch in einer Wiederbelebung des gotischen Baustils ausdrückte, feierte in monumentalen Denkmälern, in der Verherrlichung britischer Weltmacht, in großen öffentlichen Repräsentationsbauten Triumphe.

Die historische Geschichtsschreibung ist nach alter Tradition bemüht, Kriege, Eroberungen und außenpolitisches Geschehen in den Blickpunkt des Interesses zu rücken. Es sei mir daher auch gestattet, ein klein wenig Aufmerksamkeit auf die inneren Verhältnisse zur Zeit des „Aufstiegs zur Weltmacht" zu werfen. Fortlaufende Streikbewegungen und große Aufstände (z.B. in *Manchester* 1819) wurden durch die Regierung mit Waffengewalt unterdrückt, und die *Habeaskorpus-Akte,* die eine willkürliche und ungesetzliche Verhaftung von Engländern verbot und die wichtigsten persönlichen Grundfreiheiten garantierte, außer Kraft gesetzt. Die Pressefreiheit wurde eingeschränkt, Versammlungen verboten.

Als nach dem Tode *Georges III.* (1820) auch **George IV.** die liberalen Grundgesetze verleugnete, stieg die Unzufriedenheit so bedrohlich an, daß sich das Parlament 1828 gezwungen sah, zahlreiche dieser Verbote aufzuheben. Unter anderem wurde auch das Einfuhrverbot von Getreide zugunsten der hungernden Bevölkerung teilweise aufgehoben. Andere Reformvorschläge („Reformbills") und Vergünstigungen wurden aber trotz der immer mehr um sich greifenden Tumulte abgewiesen. Auch **William IV.,** der 1830 den Thron bestiegen hatte, verweigerte dem Volk seine Grundrechte. Die Empörung erreichte 1832 einen Höhepunkt, als in allen Kirchen die Trauerglocken läuteten, königliche Fahnen überall abgerissen wurden und der König bei einer Ausfahrt von der aufgebrachten Menge insultiert wurde. Nach diesen Ereignissen wurden die sozialen Verhältnisse vorübergehend verbessert, bis *William IV.* 1834 aus „Unzufriedenheit mit den liberalen Absichten des Parlaments" dasselbe auf-

löste. 1835 wurde in der Verfassung erstmals bei Kommunal-
wahlen das Wahlrecht für steuerzahlende Bürger verankert.
Eine Ausdehnung des Wahlrechts bei Parlamentswahlen wenigstens auf alle Haushaltungsvorstände einer Familie *(household
suffrage)* wurde aber abgelehnt. Mißernten im Land führten zu
eigenen „Korngesetzen", die Zölle auf Getreideeinfuhren wurden
aber nicht gesenkt, sondern erhöht. Hand in Hand mit den Erfolgen in Kriegen und mit dem Erwerb von Kolonialbesitz stieg die
Armut der „niederen Klassen" in England.

Im letzten Drittel des 19. Jahrhunderts hatte das britische Weltreich mit seinen Kolonien und auswärtigen Besitzungen sowohl
hinsichtlich der Größe wie auch nach der Volkszahl den Gipfel-
punkt erreicht. Das *Vereinigte Königreich* umfaßte damals
313 726 qkm, das seiner Kolonien und Besitzungen in Asien,
Afrika, Australien und Amerika 23 034 067 qkm. Einer Bevölkerung des Mutterlandes von rund 36 Millionen standen rund 274
Millionen in den Kolonien gegenüber. Für die Aufrechterhaltung
der Ordnung in den britischen Kolonien sorgten 93 000 britische
Soldaten, 61 000 davon allein in Indien. (Statistische Quelle:
Meyers Konversations-Lexikon).

Das *Haus Hannover* erlosch in England mit dem Tod von
Queen Victoria (1901). Mit *Edward VII.* folgte das Haus *Sachsen-
Coburg,* nach dem Tod dieses Königs (seit 1910) das **Haus
Windsor** mit *George V.* (bis 1936), *George VI.* (bis 1952) und
Queen *Elizabeth II.* (ab 1952).

Herrschertafel

Angelsachsen

827- 836	Egbert
837- 858	Ethelwulf (Aethelwulf)
866- 871	Ethelred (Aethelraed)
871- 901	Alfred the Great
901- 921	Edward the Elder
925- 940	Ethelstan (Aethelstan)
959- 975	Edgar
975- 978	Edward the Martyr
978-1016	Ethelred the Unready
1016-1035	Canute the Dane (Knut der Däne)
1035-1040	Harold I.
1041-1042	Hardicanute the Dane (Harthaknut der Däne)
1042-1066	Edward the Confessor (Edward der Bekenner)
1066	Harold II.

Normannen

1066-1087	William the Conqueror (Wilhelm der Eroberer)
1087-1100	William II. Rufus
1100-1135	Henry I.
1135-1154	Stephen of Blois

Anjou-Plantagenet

1154-1189	Henry II.
1189-1199	Richard I. („Löwenherz")
1199-1216	John „Lackland" (Johann „Ohneland")
1216-1272	Henry III.
1272-1307	Edward I.
1307-1327	Edward II.
1327-1377	Edward III.
1377-1399	Richard II.

Lancaster und York

1399-1413	Henry IV. Lancaster
1413-1422	Henry V. Lancaster
1422-1461	Henry VI. Lancaster
1461-1483	Edward IV. York
1483	Edward V. York
1483-1485	Richard III. York

Haus Tudor

1485-1509	Henry VII.
1509-1547	Henry VIII.
1547-1553	Edward VI.
1553-1558	Mary I.
1558-1603	Elizabeth I.

Haus Stuart

1603-1625	James I.
1625-1649	Charles I.
1649-1660	republikanische Zwischenperiode
1660-1685	Charles II.
1685-1688	James II.
1688-1694	Wilhelm III. (Wilhelm von Oranien) in Gemeinschaft mit Mary II.
1694-1702	William III. (Alleinregierung)
1702-1714	Anne

Haus Hannover

1714-1727	George I.
1727-1760	George II.
1760-1820	George III.
1820-1830	George IV.
1830-1837	William IV.
1837-1901	Victoria

Haus Sachsen-Coburg

1901-1910	Edward VII.

Haus Windsor

1910-1936	George V.
1936	Edward VIII.
1936-1952	George VI.
1952	Elizabeth II.
Thronfolger:	Prinz Charles (Charles III.)

6. Architektur und Baustile

Bei der Betrachtung englischer Burgen und Schlösser, Herren-
häuser, Kirchen und Kathedralen stößt man immer wieder auf
Baustile, die am Kontinent weder der Form noch den Namen
nach bekannt sind. Mit der Übersetzung der verschiedenen englischen
Bezeichnungen tut man sich recht schwer, weil die englische
Bedeutung für ein und dasselbe Wort eine sehr vielgestaltige sein
kann. Ein „castle" zum Beispiel kann ein altes, befestigtes
Herrenhaus, eine Burg, ein Schloß, aber auch eine verfallene
Burgruine oder nur eine Erdaufschüttung, auf der einmal eine
Burg stand, sein. Was das Wort „house" betrifft, so ist diese
Bezeichnung insofern irreführend, da man in England darunter
nicht nur ein gewöhnliches Haus versteht, sondern auch pracht-
volle Schlösser und Paläste so bezeichnet. „Boughton House" in
Northamptonshire ist keineswegs ein Haus der Familie *Boughton,*
sondern ein im Stil von Versailles um sieben Höfe herum ange-
legter, palastartiger Gebäudekomplex, und „Hatfield House" ist
ein prachtvolles Schloß mit reich ausgestatteten Gemächern.
Solche Beispiele gibt es viele. Auch mit dem Wort „hall" weiß der
Kontinentaleuropäer in der Regel wenig anzufangen. Was unser
Schulenglisch schlicht und einfach mit „Halle" übersetzt, ist in der
Regel eine alte Ritterburg oder ein Schloß, in dem es einen Rittersaal oder einen Prunksaal gibt oder gegeben hat; die Bezeichnung
bleibt dem Bauwerk auf jeden Fall erhalten. Ich möchte versu-
chen, nachfolgend ein wenig Licht in die für uns zumindestens
recht ungewöhnlichen Bezeichnungen oder Benennungen der
englischen Baustile und Architektur zu werfen.

BURGEN UND SCHLÖSSER

Als die Angelsachsen England besiedelten, bestanden ihre Wehr-
bauten noch aus befestigten Holzblockgebäuden und hölzernen
Auslugen, zumeist an erhöhter Stelle. Erst die Normannen brachten im 11. Jahrhundert den Burgenbau nach England. Man schüt-
tete zuerst einen künstlichen Erdhügel auf, den man „motte" oder
„mound" nannte, und erbaute auf diesem dann die Burg, von der
aber nur das Fundament aus Stein war; der Festungsturm war
noch aus Holz gezimmert. Da solcherart „Burgen" den Brandpfeilen der Belagerer oder Angreifer schutzlos ausgeliefert waren,
umgab man später die befestigte Anlage mit Palisaden und legte

davor einen Graben an. Das nannte man „bailey". Es hing von der Anzahl der Verteidiger ab, ob man die Angreifer in die Flucht schlagen konnte oder nicht. Das Schicksal dieser frühnormannischen Burgen war jedenfalls überall das gleiche: früher oder später wurden sie niedergebrannt.

Kurz nach 1200 und im ganzen 13. und 14. Jahrhundert begann man mit dem Bau von Steinburgen, die Schutz vor Brandpfeilen und brennenden Wurfgeschossen boten. Die lokalen Barone und Landbesitzer wetteiferten darin, ihre Burgen mit immer stärkeren, wuchtigeren, „uneinnehmbaren" Mauern zu versehen. Man unterschied aber dabei streng zwischen dem „castle", worunter man praktisch nur die befestigten Wehrmauern und Einzäunungen verstand, und dem „tower", womit man die eigentlicher Burg bezeichnete. Der *„tower"* war also keineswegs ein gewöhnlicher Turm, sondern ein turmartiger, befestigter Wohnblock, Mittelding zwischen *Palas* und Bergfried. Wenn also der Engländer von einem mittelalterlichen „tower" spricht, so meint er damit eine richtige Burg. (Auch der „Tower" von London ist so benannt.)

Später dann, als die Wehrmauern immer stärker wurden und die Burgen nicht mehr durch bloße Angriffe, sondern nur durch lange Belagerungen eingenommen werden konnten, begann man den „tower" immer wohnlicher auszustatten, ihn zu vergrößern und mit einem großen Saal zu bereichern, der viele Ritter aufnehmen konnte; das war dann die „hall" oder der Rittersaal. Aus dem *tower,* ursprünglich noch ein relativ einfacher Festungsbau, entstand nun der „Keep". Ein *Keep* ist ein mit Wohngemächern und Sälen ausgestatteter *Tower,* der schon mehrere Stockwerke hatte und auch ohne Wehrmauern rundherum verteidigt werden konnte. In deutschen Übersetzungen bezeichnete man den *keep* oft fälschlich als Bergfried; er war immer mehr als das.

Anfang des 15. Jahrhunderts entstanden die ersten *palatial castles;* wörtlich übersetzt „palastähnliche Burgen", was sie aber keinesfalls waren. Ihnen entspricht eher das deutsche Wehrschloß oder Burgschloß des Mittelalters. Im Unterschied zu früher gab man sich nicht mehr mit einem „tower" zufrieden, sondern wünschte mehr Komfort. Mittelpunkt dieser neuartigen Burganlage wurde die „Hall", die jetzt nicht mehr ein Rittersaal oder ein Saal unter vielen anderen war, sondern ein großer Versammlungssaal, der auch für Bankette, für große Empfänge, für Festgelage verwendet wurde. Je reicher der Burgherr, desto reicher und kostbarer ausgestattet war seine „Hall". Heute noch bezeichnet man Burgen oder Schlösser, die große, reich ausgestattete Säle besitzen, einfach als „Hall". Das ist deshalb verwirrend, weil eine „Hall" sowohl der Teil eines Schlosses, wie auch der gesamte Schloßbau sein kann (z.B. die Schlösser *Hagley Hall, Aston Hall, Ragley Hall, Kentwell Hall, Helmingham Hall* usw.).

Mit der Einführung der Kanonen im 16. und 17. Jahrhundert erfuhr dann der englische Burgenbau eine weitere Veränderung, da die bisherigen Befestigungen und Verteidigungsanlagen nutzlos geworden waren. Sie wurden in kurzer Zeit zusammengeschossen, und zahlreiche Burgruinen in allen Landesteilen künden davon. Aber auch die Politik begann nun eine größere Rolle zu spielen, und Belagerungen wurden immer seltener. An die Stelle alter Wehrburgen traten nun feudale Schlösser, da man mehr Wert auf Repräsentation, auf Bequemlichkeit und auf Eleganz legte. Viele englische Feudalschlösser stehen an der Stelle ehemaliger Wehrburgen, von denen oft noch große Bauteile existieren. Als Adelssitze entstanden also Paläste oder palastähnliche Herrenhäuser und Schlösser, für die Verteidigung dienten separate Bauten. All das wird heute mit dem verwirrenden, weil vielseitigen Sammelbegriff „Castle" bezeichnet. Ein *Castle* kann also eine alte Burg sein oder eine Burgruine, aber auch ein Palast, ein Feudalschloß oder nur eine befestigte Einzäunung. Viele Schloßherren, die es sich leisten konnten, ohne Befestigung auszukommen, nannten ihre Schlösser überhaupt nur „Houses".

Einen genauen Unterschied gibt es im Englischen nur zwischen dem „keep" und der „hall". Das geht so weit, daß man alte Burgen oft überhaupt nur als *Keep* bezeichnet und ein feudales Schloß ganz einfach als *Hall*. Im fortlaufenden Text werden solche Gebäude genau beschrieben, damit durch die namentliche Bezeichnung „Tower", „Hall", „Castle", „House" (oft auch nur „Garden" oder „Park", wenn das Schloß von einer solchen Anlage umgeben wird) keine Mißverständnisse entstehen.

Einen ganz besonderen Rang nehmen die „Abbeys" ein. Wir alle wissen, daß wir unter diesem Namen eine klösterliche Anlage, eine Abtei, zu bezeichnen haben. Nicht so in England. Eine „Abbey" kann sowohl ein einfaches Herrenhaus wie auch ein Prunkschloß sein (natürlich auch eine „wirkliche" Abtei). Diese Benennung rührt daher, daß nach den Kirchenstürmen, den Aufhebungen, Brandschatzungen und Zerstörungen der Klöster und mittelalterlichen Abteien unter *Henry VIII.* (16. Jh.) ebendieser einst klösterliche Besitz mit seinen noch vorhandenen Abteiruinen in die Hände von Baronen, Grafen, Herzögen und anderen Mitgliedern des Großadels gelangte, die ihn nun als Privatbesitz verwalteten und an der Stelle der früheren Abtei (oft mit Baumaterial derselben) Schlösser und Paläste bauen ließen. Der Name der (zerstörten) mittelalterlichen Abtei blieb im neuen Schloßbau oder Herrensitz erhalten. Zuweilen kann man noch prachtvolle, als „Abbey" bezeichnete Feudalschlösser bewundern, die große Teile der früheren Abtei (Dormitorium, Kapelle, Kapitelhaus u. dgl.) umschließen. *Woburn Abbey* beispielsweise ist der prächtige Palast der Herzöge von Bedford, die seit mehr als dreihundert Jahren dort residieren, wo sich einst die Abtei befand. Andere Beispiele sind *Anglesey Abbey, Vale Royal Abbey, Delapre Abbey, Newstead Abbey* usw.

Die wirklichen „Paläste" entstanden fast alle im 18. und 19. Jahrhundert, als England zur Weltmacht aufstieg und sich ein riesiges Kolonialreich erwirtschaftete (→ S. 28). Aber auch diese *Palaces* erbaute man nur sehr selten an Stellen, an denen früher noch kein Schloß gestanden hatte. Man wählte vielmehr einen historischen Herrensitz und baute das ursprünglich dort befindliche Schloß zu einem Palast um, oder man bezog es als „historische Erinnerung" einfach in den neuen Palastbau mit ein. Während also ein „Tower" oder eine „Hall" eine richtige Burg, ein „Castle" oder ein „House" ein wahres Prunkschloß, eine „Abbey" ein fürstlicher Herrensitz sein kann, ist ein „Palace" immer ein Palast. Im fortlaufenden Text wird jeweils genau darauf hingewiesen werden.

KIRCHEN UND KATHEDRALEN

Auch in den Baustilen der Kirchenarchitektur gibt es in England andere Bezeichnungen, wobei sich – für den Laien recht verwirrend – oft mehrere überschneiden. In der Regel bezeichnet der Engländer die Architektur bis zum 15. Jahrhundert als *Medieval Period,* also mittelalterlich, das 16. und 17. Jahrhundert wird als *Transitional Period,* als die Übergangszeit bezeichnet, während das 18. Jahrhundert der *Classical Era,* also der klassizistischen Epoche angehört. Innerhalb dieser Epochen gibt es einzelne Stilrichtungen, ab dem 16. Jahrhundert werden diese nach verschiedenen Herrscherpersönlichkeiten benannt, unter deren Regierungszeit Veränderungen im Baustil oder in der Ausschmückung stattgefunden haben. Eine Kirche wird also nicht immer nach ihren Baustilen der Gotik, sondern auch auch als „elisabethanisch", „jakobeanisch", „viktorianisch" usw. bezeichnet; eine Benennung „neugotisch" gibt es nicht. Es ist deshalb wichtig, beispielsweise eine im *Perpendicular*-Stil erbaute Kirche entweder als „spätgotisch" (15. und 16. Jh.) zu bezeichnen, wenn sie tatsächlich diesem Zeitraum angehört, oder aber als „viktorianisch", wenn sie erst im 19. Jahrhundert im (nachempfundenen) *Perpendicular*-Stil erbaut wurde.

Der *Medieval Period* gehören die romanischen und gotischen Baustile an. Bei der Romanik unterscheidet der Engländer in der Regel zwischen *Saxon* und *Norman*, also zwischen sächsischem (angelsächsischem) Stil (5. bis Mitte 11. Jh.) und normannischem Stil (spätes 11. und 12. Jh.). Im Unterschied zur sächsischen Kirche, die aus einem einzigen Raum mit unregelmäßigen Öffnungen zum Lichteinfall bestand, gab es bei der normannischen Kirche bereits ein Kirchenschiff und dahinter eine (halbrunde) Apsis, die Pfeiler waren nicht mehr gedrungen, sondern kannten schon Kapitäle mit Reliefdarstellungen.

Der **gotische Baustil** gliedert sich in England in drei Hauptformen: *Early English,* den „frühenglischen" oder einfach frühgotischen Stil; *Decorated,* den sogenannten „Schmuckstil", der in die Zeit der Hochgotik fällt; *Perpendicular,* der „senkrecht-gotische" Stil, weil den senkrechten Formen besonderes Augenmerk gewidmet wird, zur Zeit der Spätgotik.

Im Unterschied zum normannisch-romanischen Stil mit seinen kleinen Fensteröffnungen und seinen runden Bögen, entfaltet der frühgotische **Early English Stil** eine bis dahin noch nicht gekannte Höhe und Weite im Kirchenbau. Charakteristisch sind lange Spitzbogenfenster, die fast bis an den Boden reichen. Neben dem Kirchenschiff gab es auch schon einen Portalvorbau und hinter dem Altarplatz einen langen Chor mit einer *Sedilia* (Sitze für die Geistlichkeit). Der angesehensten Familie des Ortes, in dem die Kirche stand, wurde gestattet, an ihre Südseite eine „Chantry Chapel" (Stifterkapelle) anzubauen. Da die Größe des Kirchenraums einen stärkeren Lichteinfall verlangte, wurde bei allen großen Kirchen das Mittelschiff über die Seitenschiffe erhöht, um Platz für weitere Fenster zu finden. Im 14. Jahrhundert, also hundert Jahre nach der Einführung des gotischen Stils, entwickelte sich der hochgotische **Decorated Stil,** bei dem größtes Augenmerk auf die Dekoration, den Schmuck, die Einzelornamentik gelegt wurde. Er heißt deshalb auch „Schmuckstil". Noch höhere und größere Kirchenfenster beeindrucken durch ihr kunstvolles Maßwerk, das Glas ist mit bunten Malereien verziert. Die im Vergleich zu *Early English* auch wesentlich höheren und schlankeren Säulen werden durch eng aneinanderstehende Schäfte gegliedert, die Bögen werden breiter, bei den Verzierungen herrschen Ballenblumen und Blätterwerk vor. Wesentlich breiter wird auch das Langhaus, das zumeist in drei Schiffe gegliedert ist, auch der Chor ist breiter und erhält eigene Chorumgänge, die Kirchtürme werden erneuert bzw. erhöht.

Wieder rund hundert Jahre später entsteht der **Perpendicular Stil,** der wieder zu einfacheren Formen zurückfindet. Diesen gotischen Baustil findet man nur in England. Erstmals lösen sich die Kirchenbaumeister von französischen Vorbildern und schaffen Eigenständiges im Rahmen der Spätgotik. Dieser elegante, „senkrecht-gotische" Stil zeichnet sich hauptsächlich durch seinen getäfelten Flächenschmuck aus. Charakteristisch sind die ungewöhnlich großen und breiten Fenster mit reich gegliedertem Maßwerk und vielfach durchbrochenen Verzierungen. Oft füllt so ein Fenster die ganze Schauseite der Kirche über dem Portal aus. Auch sind die Bögen oben nicht mehr spitz zulaufend, sondern flacher. Die großen Kirchen erhalten kunstvolle Fächergewölbe. Da dieser Stil zur Regierungszeit des Hauses *Tudor* vorherrscht, findet man unter den Ornamenten immer wieder die „Tudorblume".

Die Baustile der Renaissance, die den gotischen Stilrichtungen folgen, reichen bis tief in das 17. Jahrhundert hinein, klassizistische Bauformen findet man auch noch im späten 18. Jahrhundert. Eine „Barockzeit" wird im großen und ganzen umgangen, mit Ausnahme einiger barocker Formen im 18. Jahrhundert. Charakteristisch für das 17. und 18. Jahrhundert ist der Einbau von Galerien in die bestehenden Kirchen, der Choraufbau mit der Orgel gleich hinter dem westlichen Portal, die Erneuerung von Türmen, die Stellung der Kanzel in das Mittelschiff (anstatt als Säulenanbau). Das 19. Jahrhundert ist im Kirchenbau als „Victorian Restoration" bekannt. Die berühmtesten Architekten ihrer Zeit werden herangezogen, um die bestehenden Kirchen zu „restaurieren", oft auch zu erneuern (hauptsächlich die Innenausstattung mit der

Altarwand, dem Chorgestühl, der Erhöhung des Altars und dem Einbau von Altargittern), wobei als Baumaterial auch Marmor verwendet wurde. Charakteristisch für diese Bauperiode ist die Rückführung in den gotischen (hauptsächlich *Perpendicular-*) Stil und der Anbau einer eigenen Sakristei an der Nordseite.

Obwohl es in England eine Vielfalt an großen und auch reich ausgestatteten Pfarrkirchen gibt, sind es doch die **Kathedralen** *(Cathedrals),* die unser Hauptaugenmerk erwecken. In der Regel sind die Kathedralen auch die größten Kirchen ihrer Diözese. Man unterscheidet bei den 48 Kathedralen Englands zwischen solchen, die ursprünglich Teil eines mittelalterlichen Klosters bzw. einer Klosterkirche gewesen sind, und solchen, die nie zu einer klösterlichen Anlage gehört haben und unabhängig von Klöstern waren. Erstere sind Kathedralen der „New Foundation", letztere Kathedralen der „Old Foundation": Die ursprünglich römisch-katholischen Kathedralen oder Klosterkirchen wurden nach der Aufhebung der katholischen Klöster durch *Henry VIII.* (nach 1530) als anglikanische Kathedralen „neu" gegründet (daher *New Foundation*). Ihre Verwaltung oblag nicht mehr Mönchen und einem Prior, sondern einem Dekan *(Dean)* und einem Domkapitel, dem sowohl Geistliche, wie auch Laien *(lay People; non clergy)* angehören. Solche Kathedralen sind: Bristol, Canterbury, Carlisle, Chester, Durham, Ely, Gloucester, Norwich, Oxford, Peterborough, Rochester, Winchester und Worcester. Sie alle gehen aus mittelalterlichen Klostergründungen hervor.

Kathedralen, die nie einem Kloster angehört haben, werden von einer geistlichen Körperschaft verwaltet, die als *canons* bezeichnet wird. Im Mittelalter wurden diese „Canons" oft als *secular* oder „of the world" bezeichnet und von den Klostermönchen befehdet. Diese Kathedralen der „Old Foundation" sind: Bangor, Chichester, Exeter, Hereford, Lichfield, Lincoln, Llandaff, London (St.Paul's), St.Asaph, St.David's, Salisbury, Wells und York.

Ein dritte Gruppe von Kathedralen gehört der „Modern Foundation" an, das sind jene Kirchen, die erst nach 1836 (hauptsächlich in Gebieten mit rasch ansteigender Bevölkerungszahl) den Kathedralstatus erhielten. Sie gehen aus gewöhnlichen Pfarrkirchen hervor oder wurden überhaupt neu gebaut. Verwaltet werden sie von einem „Provost" und dem Domkapitel *(chapter).* Kathedralen der *Modern Foundation* sind: Birmingham, Blackburn, Bradford, Brecon, Chelmsford, Coventry, Derby, Guildford, Leicester, Liverpool, Manchester, Newcastle, Newport, Portsmouth, Ripon, Sheffield, Southwell, St.Albans, St.Edmundsbury (Bury St.Edmunds), Truro und Wakefield.

DIE WICHTIGSTEN STILRICHTUNGEN

Saxon oder *Pre-Conquest* (sächsisch; angelsächsisch)
  5. Jh. bis 1066

Norman oder *Romanesque* (normannisch; romanisch)
  spätes 11. und 12. Jh.

Early English (frühenglisch; frühgotisch) 13. Jh.

Decorated („dekoriert", Schmuckstil; hochgotisch) 14. Jh.

Perpendicular (senkrechter Stil; spätgotisch) 15. und 16. Jh.

Tudor und *Tudor-Renaissance* (mit gotischen Stilelementen
  beeinflußte Renaissance) spätes 15. und frühes 16. Jh.

Elizabethan und *Jacobean* („elisabethanisch" und „jakobeanisch";
  Renaissance mit gotischen und klassizistischen Einflüssen)
  spätes 16. und frühes 17. Jh.

Palladian (nach dem Italiener *Palladio* benannte Renaissance)
  zweite Hälfte 17. Jh.

Classical (klassizistisch) ganzes 17. und 18. Jh., auch später

Baroque und *Queen Anne* (einfache barocke Formen)
  frühes 18. Jh.

Georgian („georgianisch"; eine Art barocker Klassizismus)
  spätes18. Jh.

Regency (Fortsetzung des *Georgian,* elegantere Formen)
  frühes 19.Jh.

Gothic Revival (nachempfundene Gotik; neugotisch) 19. Jh.

Victorian („viktorianisch", hauptsächlich neugotisch mit allen
  erdenklichen anderen Stilrichtungen vermischt, oft romantisch,
  oft „monumental"), zweite Hälfte 19. und Anfang 20. Jh.

B
STRECKENBESCHREIBUNGEN

Mit Stern * sind jene Städte bezeichnet, denen im Teil C ein eigenes Kapitel gewidmet ist.

1. Von London über Luton, Northampton, Coventry und Birmingham nach Manchester und Liverpool

Von **London** nach *Liverpool* sind es 338 km, nach *Manchester* 320 km. Beide Städte erreicht man am schnellsten auf der Autobahn M-1, von der man westlich von *Coventry* auf die M-6 abzweigt. Im großen und ganzen parallel zur M-1 verläuft die A-5 bis zum Knoten nördlich *Birminghams*. Wer nicht die Autobahn fahren will, kann dann von *Birmingham* die parallel zur M-6 verlaufende A-34 nach *Manchester* benutzen.

Auf der Autobahn M-1 gibt es zur Zeit folgende größere **Rasthäuser mit Tankstellen:** gleich nach der Auffahrt im Nordwesten Londons, dann kurz nach der Ausfahrt 11 *(Luton)*, zwischen den Ausfahrten 14 und 15 *(Northampton), knapp vor der Ausfahrt 17 (Coventry).* Auf der folgenden Autobahn M-6: knapp nach der Ausfahrt 15 *(Newcastle-under-Lyme* und *Stoke-on-Trent)*, knapp vor der Ausfahrt 19 *(Chester – Manchester)*, sowie auf der zwischen *Manchester* und *Liverpool* verlaufenden Autobahn M-62.

Um auf die M-1 zu gelangen, verläßt man London im Nordwesten im Stadtteil *Hendon* beim *Brent Shopping Centre.* Dort führt auch die A-5 vorbei, auf die man schon beim *Hyde Park (Park Lane – Edgware Road)* auffahren kann. Die A-5 führt durch die berühmte Kathedralstadt **St. Albans,** über die Sie im Goldstadt-Reiseführer „Südengland" ab Seite 258 nachlesen können. Dann zieht die A-5 durch **Redbourn** und **Flamstead,** beides Orte mit sehenswerten normannisch-gotischen Pfarrkirchen, kreuzt die M-1 und führt schließlich westlich von *Luton* am nordöstlichen Rand der *Chiltern Hills* (→ S. 19) vorbei.

Luton (Autobahn-Ausfahrt 10) ist eine wichtige Industriestadt (*Vauxhall*-Motorenwerk) und für Touristen hauptsächlich wegen ihres am südlichen Stadtrand liegenden Schlosses **Luton Hoo** von Bedeutung. Das Schloß wurde 1767 von dem bekannten Architekten *Robert Adam* erbaut, es besitzt sehenswerte Fassaden und eine hohe Säulenvorhalle, die nach dem Schloßbrand von 1843 wiederhergestellt wurde. Die prunkvolle Innenausstattung in französischem Stil entstand erst nach dieser Zeit. Die Staatsgemächer enthalten einzigartige Kunstsammlungen, darunter die berühmte *Fabergé-* Juwelensammlung aus dem Besitz der russischen Zarenfamilie und eine Sammlung von Porträts, Kleidern, Hofgewändern und anderen Erinnerungen an das russische Kaiserhaus, eine Gemäldegalerie mit Werken von *Rembrandt, Tizian* und anderen alten Meistern, englisches Silber und Porzellan, mittelalterliche Elfenbeinschnitzereien, Schmuck aus dem 16. und 17. Jahrhundert, auch berühmte deutsche Goldschmiedearbeiten aus der Zeit nach 1500. Der riesige Speisesaal enthält sehenswerte Tapisserien aus dem Anfang des 18. Jahrhunderts mit Darstellungen aus dem chinesischen Kaiserhaus. Umgeben ist das Schloß von weiträumigen Gartenanlagen, die *Capability Brown* gestaltete. Es ist in der Regel von Ende März bis Oktober mittwochs, donnerstags, samstags und sonntags von 11-17 Uhr (sonntags erst ab 14 Uhr) geöffnet.

Man kann gleich von der Autobahn (Exit 10) zum Schloß gelangen, ohne durch die Stadt fahren zu müssen; doch lohnt auch **Luton** wegen seiner sehenswerten gotischen *St. Mary's Church* (13. bis 15. Jh.) und seines Museums im *Wardon Park* (Archäologie, angelsächsischer Schmuck, Zeitgeschichte, Naturgeschichte, Volkskunde, Trachten, Textilien, Möbel und Kunstgewerbe, alte Puppen und Spielzeug) einen Besuch.

Von der A-5 führt eine Zufahrt (B-4550) links zum **Whipsnade Park Zoo** (Tiger, Leoparden, Nashörner, Bären, Giraffen, Zebras, Nashörner, Affen und viele andere Tiere in großen Freigehegen), in die hügeligen **Dunstable Downs,** (viele schöne Wanderwege) und in die nördlichen *Chiltern Hills* (→ S. 19 und 23). Dann führt die A-5 weiter nach **Dunstable,** wo man ein prachtvolles normannisches Kirchenschiff einer ehemaligen Abteikirche von 1150 vor der gotischen *Church of St. Peter* (13. bis 15. Jh.) sehen kann. Kurz darauf zweigt links von der A-5 die B-4012 nach **Leighton Buzzard** ab, dessen große, eindrucksvolle *Church of All Saints* (13. Jh.) eine sehr sehenswerte mittelalterliche Innenausstattung besitzt. Rechts von der A-5 führt eine Zufahrt nach **Woburn,** das man auch von der Autobahn M-1 rasch über die Ausfahrt 12 erreicht. Im Ort sieht man schöne georgianische Häuser, aber die wichtigste Sehenswürdigkeit ist das etwas außerhalb, inmitten eines riesigen Landschaftsgartens liegende Schloß **Woburn Abbey,** das über dreihundert Jahre lang die Residenz der Familie *Russell, Dukes of Bedford* war. Die 1145 gegründete Abtei, die ursprünglich hier stand und dem Schloß den

Routen 1 bis 6

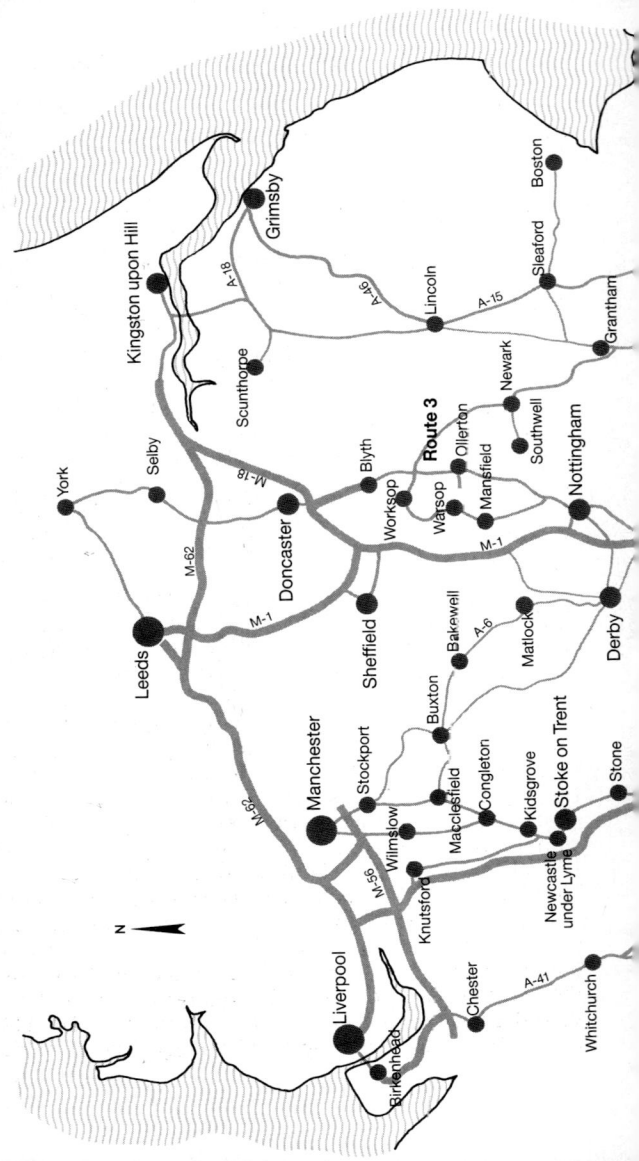

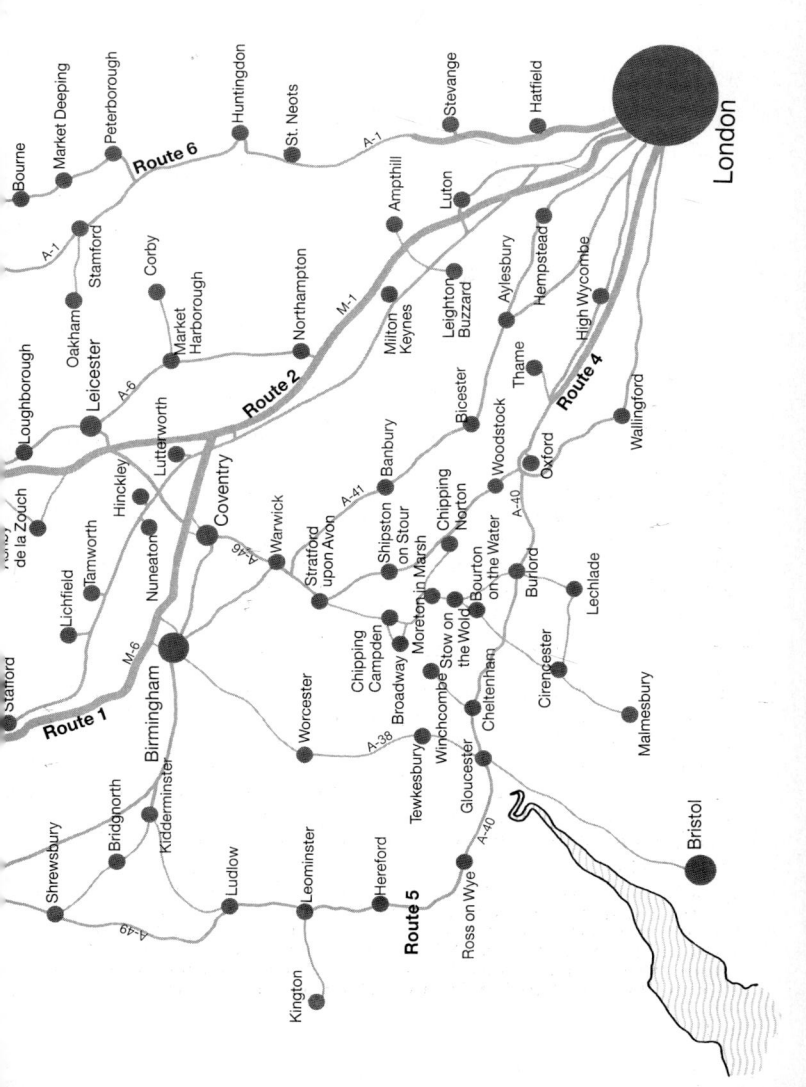

Namen gegeben hat, wurde unter *Henry VIII.* aufgelöst und zerstört, dann als Herrenhaus erneuert. Das heutige Schloß stammt aus den Jahren 1747-1761 und wurde von **Henry Holland** 1788 teilweise verändert und vergrößert.

Woburn Abbey besitzt mit großer Pracht ausgestattete Säle und Gemächer und beherbergt eine der größten privaten Kunstsammlungen Europas, darunter Antiquitäten, alte Keramiken, französische und englische Stilmöbel des 18. Jahrhunderts, das berühmte Sèvres-Porzellanservice, das eigens für den französischen König *Louis XV.* angefertigt wurde, wie eine berühmte **Gemäldegalerie** mit Werken von Holbein, Van Dyck, Teniers, Rembrandt, Canaletto, Velasquez, Reynolds, Gainsborough u.v.a.

Weltberühmt ist der **Wild Animal Kingdom** genannte Freiluftzoo, das größte Wildreservat Europas, das der Herzog von Bedford im Jahr 1900 ursprünglich aus dem Grund anlegte, um den amerikanischen Bison und verschiedene Arten asiatischen Wildes (chinesische Hirsche, mandschurische Sika, indische Barasingha-Hirsche, javanisches Wild usw.) vor dem Aussterben zu bewahren. Die riesige Anlage enthält heute auch Herden von Löwen, Giraffen, Zebras, Elefanten, Straußen und viele anderen Tieren. Man muß sich einen Nachmittag Zeit nehmen, wenn man die ganze Anlage zu Lande, zu Wasser und von der Luft aus kennenlernen will: man fährt mit dem Wagen, dem Boot oder der Gondelbahn.

Schloß und Freiluftzoo sind von März bis Oktober täglich ab 11 Uhr, die übrige Jahreszeit nur samstags und sonntags, bis 17 oder 18 Uhr geöffnet.

Von der gleichen Ausfahrt (Exit 12) der M-1 kann man auch einen Abstecher in das rechts neben der Autobahn liegende Dorf **Harlington** machen, wenn man eine schöne kleine normannische Kirche (12. Jh.) ansehen will. Im Ort liegt auch der aus dem 17. Jahrhundert stammende Herrensitz *Harlington Manor.* Etwas weiter nördlich liegt an der B-5120 das alte Städtchen **Ampthill**, mit vielen charakteristischen georgianischen Häusern des 18. Jahrhunderts. An der Stelle einer mittelalterlichen Burg ließ *Lord Ashburnham* 1694 das heutige *Ampthill Park House* erbauen. Das Herrenhaus ist innen nicht zu besichtigen, man kann es aber von der großen Parkanlage (alter Eichenbestand) aus bewundern. Die Stelle der alten Burg wird durch ein Kreuz aus dem 18. Jahrhundert gekennzeichnet. Bemerkenswert ist auch die aus dem 14. Jahrhundert stammende *Church of St. Andrew*, die das interessante Grabmal von *Richard Nicolls* enthält, der in Amerika erster Gouverneur von *Long Island* wurde. Die Kanonenkugel, die ihn in der *Battle of Solebay* 1672 tödlich verwundete, ist am Grabmal angebracht.

Unweit östlich von **Ampthill** liegt an der A-6 der kleine Ort **Silsoe** mit dem Herrensitz **Wrest Park.** Das 1834 in französischem Schlösserstil erbaute Herrenhaus steht an der Stelle eines befestigten Wohnsitzes des 13. Jahrhunderts und späteren kleinen Schlosses des 16. Jahrhunderts. Seit 1280 residierten hier die *Earls* und späteren *Dukes of Kent.* Heute dient das Herrenhaus als landwirtschaftliches College. Sehr sehenswert sind die **Wrest Park Gardens,** im französischen Stil angelegte Gärten mit

*Vor dem Schloß Woburn Abbey breitet sich
ein riesiger Freiluftzoo aus,
der als „Wild Animal Kingdom",
als das größte Wildreservat Europas,
Berühmtheit erlangt hat.*

kleinen Seen und langen Kanälen, Marmorbrunnen, Statuen, einem Gartenpavillon (1735), einer Orangerie und vielen Rosenbeeten. (Geöffnet in der Regel von April bis September samstags und sonntags von 9.30 bis 18.30 Uhr.)

Silsoe westlich benachbart liegt das Dorf **Flitton,** dessen Pfarrkirche (15. Jh.) große und bedeutende Grabmonumente der *Earls* und *Dukes of Kent* (s. oben) enthält.

Während die M-1 über *Newport Pagnell* weiter nach *Northampton* (Exit 15)* führt, zieht die etwas weiter westlich der Autobahn verlaufende A-5 über *Bletchley, Stony Stratford* und **Towcester** (altertümliches Städtchen mit gotischer Pfarrkirche aus dem 13. bis 15. Jh.) im Westen an *Northampton* vorbei.

Towcester im Süden benachbart liegt **Silverstone** mit seiner berühmten *Grand Prix* Rennbahn. Wenn Sie Lust zu weiteren Abstechern von der Hauptstraße haben, dann schlagen Sie bitte unter „Ausflüge" nach den Stadtbeschreibungen von *Bedford** und *Northampton** nach.

Um nach **Coventry*** zu gelangen, verläßt man die M-1 bei der Ausfahrt 17 und folgt dann der M-45 bis in die Stadt. Auch die A-45, die links von der A-5 abzweigt, führt direkt nach *Coventry* weiter.

Beim Autobahnknoten *Swinford (Exit 19)* verläßt man die M-1 und biegt auf die westlich abzweigende Autobahn M-6 ab, die im Norden an *Coventry* vorbei und nach *Birmingham** führt. Von dieser Ausfahrt 19 sind es nur etwa 2 km zu dem östlich liegenden großen Herrenhaus **Stanford Hall.** Es wurde 1680 an der Stelle eines älteren Gebäudes von 1430 erbaut und 1730-1745 umgestaltet bzw. vergrößert. Die Räume des Herrenhauses sind noch zeitgenössisch mit kostbaren Stilmöbeln eingerichtet und enthalten viele Bilder und Erinnerungen an die *Stuarts* (17. Jh.) und eine Sammlung von Kostümen und Familiengewändern vom 16. Jahrhundert an. In den einstigen Stallgebäuden ist eine bemerkenswerte Sammlung alter Fahrzeuge, Autos und Motorräder, sowie eine „Flying Machine" aus dem Jahr 1898 zu sehen. Der berühmte Flugzeugpionier *Percy Pilcher,* der hier seine ersten „Flugmaschinen" ausprobierte, fand bei einem Flug 1899 den Tod. **Stanford Hall** ist von weiträumigen Gärten und Parkland umgeben, durch das der *River Avon* fließt und ein „Nature Trail" führt. Auch eine Cafeteria, ein (Kunst-) Handwerkszentrum und einen Souvenirladen gibt es hier. (Geöffnet von Ostern bis Ende September an Donnerstagen, Samstagen und Sonntagen von 14.30 bis 18 Uhr). Der Ort **Stanford on Avon** wird vom Fluß zweigeteilt: sein südl. Teil liegt in *Northamptonshire,* sein nördl. in *Leicestershire.* Bemerkenswert ist die alte gotische Pfarrkirche.

Die Weiterfahrt auf der M-6 führt am Nordrand von *Coventry* vorbei und direkt weiter nach *Birmingham**. Auch von diesem Streckenabschnitt aus lassen sich lohnende Abstecher unternehmen (→ Weg 4 und unter „Ausflüge" nach den Stadtbeschreibungen). Die A-5 hingegen zieht jetzt – großteils als Schnellstraße – zuerst westlich, dann nördlich der Autobahn M-6 an **Nuneaton** (→ S. 255), *Atherstone*, **Tamworth** (→ S. 184) und der sehr sehenswerten Kathedralstadt **Lichfield** (→ S. 184) vorbei, links führen mehrere Zufahrtsstraßen nach *Coventry** und *Birmingham**.

Wenn man Zeit hat, lohnt sich der Abstecher zu dem etwa 6 km nördlich von *Lichfield* an der B-5014 liegenden Herrenhaus **Hanch Hall.** Es stammt aus dem 16. Jahrhundert, wurde aber bis in das 19. Jahrhundert hinein immer wieder verändert und vergrößert. Aus elisabethanischer Zeit stammt noch ein Kellergewölbe mit einem Fluchtgang. Das Herrenhaus ist vor allem wegen seiner Innenausstattung mit prächtigen Eichenholztäfelungen und Stilmöbeln aus allen Zeitepochen seit der Tudorzeit besuchenswert. Weiters gibt es hier umfangreiche Sammlungen alter Puppen, alter Teekessel, Meeresmuscheln, Trachten, Kostüme u.v.a. Vom *Observation Tower* des Hauses bietet sich ein schöner Rundblick. Im angrenzenden Landschaftspark gibt es Fasane, Truthähne, Pfaue, Schwäne, Enten und viele andere Wasservögel.

(Geöffnet im Juli und August jeden Mittwoch, Donnerstag, Samstag und Sonntag von 14.30 bis 18 Uhr, von April bis Juni und im September nur sonntags, bzw. nach Voranmeldung).

Die A-5 mündet schließlich direkt in die Autobahn M-6 (Exit 12). Man kann jetzt entweder auf der Autobahn seine Fahrt nach *Manchester* und *Liverpool* fortsetzen oder auf der parallel zu ihr direkt nach *Manchester* führenden A-34 weiterfahren. Man kommt dann an dem großen Naturschutzgebiet **Cannock Chase** (rechts) vorbei, einem riesigen, wildreichen Waldgebiet, das im Norden vom Tal des *River Trent* begrenzt wird, mit kilometerlangen Wanderwegen.

Hier gibt es auch einen deutschen Soldatenfriedhof für die Gefallenen beider Weltkriege, u.a. auch mit den Gräbern der Flieger des ersten deutschen Zeppelins, der im 1. Weltkrieg hier abgeschossen wurde.

Neben der A-34 liegt **Brocton Coppice,** mit sehr altem Eichenbestand. Vom über 180 m hohen *Coppice Hill* genießt man einen weiten Rundblick.

Bei **Stafford** treffen M-6 *(Exit 13* und *14)* und A-34 wieder zusammen, die Autobahn umgeht die reizvolle alte Markstadt am *River Sow* im Westen. In der großen normannischen *Church of St. Chad* gibt es prächtige mittelalterliche Langhausarkaden und einen sehr eindrucksvollen Chorbogen zu bewundern. Die *St. Mary's Church* besitzt noch ihren imposanten Mittelturm aus dem 13. Jh. Sie steht in einem „Garden of Remembrance", der den Gefallenen beider Weltkriege geweiht ist. Dann gibt es in der Stadt noch sehr gut erhaltene Häuser aus dem 17. und 18. Jahrhundert, bemerkenswert ist vor allem das *High House* in der *Greengate Street,* in dem während des Bürgerkrieges im Jahr 1642 *Charles I.* und *Prince Rupert* mehrere Tage lang wohnten.

Etwa 5 km östlich von *Stafford* liegt das schloßartige Herrenhaus **Shugborough Hall** aus dem Jahr 1693, mit hoher Säulenvorhalle und Flügelbauten aus dem 18. Jahrhundert. Weitere Zubauten erfolgten 1803. Das Haus ist die Residenz der *Earls of Lichfield* und wegen seiner Innenausstattung mit kostbaren französischen Stilmöbeln aus dem 18. Jahrhundert und seiner Gemäldesammlung sehenswert. Im ehemaligen Stallgebäude und im Küchenflügel des Hauses ist das **Staffordshire County Museum** untergebracht. In den angrenzenden Landschaftsgärten gibt es einen kleinen See, Spazierwege führen an mehreren Bauten vorbei, die Baudenkmälern der Antike nachgebildet sind; bemerkenswert vor allem der Triumphbogen aus dem Jahr 1761, der eine Nachbildung des Hadrianstores aus Athen ist. Auch ein elegantes kleines „Chinesisches Haus" gibt es hier, eine bemerkenswerte Musterfarm, ein Café und Picknickplätze. (Geöffnet von Mitte März bis Oktober dienstags bis freitags von 10.30 bis 17.30, samstags und sonntags von 14.30 bis 17.30 Uhr; die übrige Jahreszeit nur dienstags bis freitags von 10.30 bis 16.30 Uhr).

Noch weiter östlich liegt der Herrensitz **Blithfield Hall** (15. Jh. mit späteren Veränderungen), der zahlreiche alte Sammlungen (Puppen und Puppenhäuser, Kinderspielzeug, Trachten und Kostüme) beherbergt. Im angrenzenden Landschaftsgarten befindet sich eine Orangerie aus dem 18. Jh. Ob und wann das Haus besucht werden kann, muß beim nächstgelegenen Touristenamt erfragt werden. Sehenswert ist hier auch die *Church of St. Leonard* (13. Jh.), mit mittelalterlichen Glasfenstern und bemerkenswerten Figurengräbern.

Etwa 5 km nordöstlich von Stafford liegt das Herrenhaus **Sandon Hall,** dessen prächtige Landschaftspark zu gewissen Zeiten öffentlich zugänglich ist. Im Ort **Sandon** ist die im 11. Jahrhundert gegründete und 1310 neu erbaute *Church of All Saints* sehenswert. Sie enthält u.a. ein normannisches Taufbecken, eine Kanzel aus dem 17. Jahrhundert und Wandmalereien aus der gleichen Zeit sowie beachtliche

Grabmonumente. Der Turm wurde 1450 angefügt. Nur wenige Fahrminuten von hier entfernt liegt **Ingestre,** dessen in klassizistischem Stil erbaute *Church of St. Mary* (1676) *Sir Christopher Wren* zugeschrieben wird. Das Herrenhaus **Ingestre Hall** wurde im 19. Jahrhundert einem früheren aus dem 17. Jahrhundert nachgebildet und ist zur Zeit nicht zugänglich.

Die A-34 führt weiter nach **Stone,** einem hübschen kleinen Städtchen mit mittelalterlichen Klosterruinen, wo der *River Trent* und der *Trent and Mersey Canal* nebeneinander parallel verlaufen. Kurz nach *Trentham* (großer Erholungspark mit Schwimmbädern, Sportplätzen und *Pleasure Garden)* erreicht man die Industriestadt **Newcastle-under-Lyme,** ein Zentrum der englischen Keramik- und Steingut-Produktion, mit der östlichen Nachbarstadt **Stoke-on-Trent,** ebenfalls durch die Keramikproduktion *(Staffordshire pottery)* berühmt geworden. Es war die Kunst von *Josiah Wedgwood* (1730-1795), dem Erfinder und ersten Hersteller von „Wedgwood Porzellan", die der Stadt Wohlstand brachte. Im Stadtteil **Hanley** befindet sich in der *Broad Street* in einem modernen Neubau das *City Museum,* das eine der größten Sammlungen Europas an Porzellan und englischen Keramik- und Steingutwaren besitzt. Auch Keramiken aus dem Nahen Osten, aus China, Japan und Südamerika sind hier zu sehen.

Weiters enthält das Museum naturgeschichtliche, archäologische, geologische und heimatkundliche Sammlungen, angeschlossen ist eine Kunstgalerie, die hauptsächlich Werke britischer Maler und Bildhauer des 18. bis 20. Jahrhunderts enthält. (Geöffnet wochentags 10.30 bis 17 Uhr.) Wer sich für Kampfflugzeuge interessiert, kann in der *Bethesda Street* von *Hanley* das **Spitfire-Museum** ansehen. Im südöstlichen Stadtteil **Longton** befindet sich das **Gladstone Pottery Museum,** das die Geschichte der heimischen Keramikindustrie illustriert. Vom Abbau der Tonerde bis zum Brennofen wird dem Besucher alles gezeigt, was für die englische „Pottery" von Bedeutung ist. In wiederhergestellten alten Werkstätten finden Vorführungen statt. (Geöffnet täglich von 10.30 bis 17.30, sonntags 14-18 Uhr.) Im nördlichen Vorort **Smallthorne** ist das Herrenhaus **Ford Green Hall** erwähnenswert, ein schöner Fachwerkbau aus dem 16. Jahrhundert, der täglich außer dienstags und freitags museal zugänglich ist.

Die M-6 führt in nördlicher Richtung weiter und quert die M-56, auf der man von Süden her in *Manchester* einfahren kann. Folgt man aber der M-6 noch ein Stück weiter, so quert sie die M-62, auf der man *Manchester* von Westen her erreicht, bzw. *Liverpool* von Osten her. (Die M-62 verbindet *Liverpool* mit *Manchester* und *Leads;* (→ Goldstadt-Reiseführer „Nordengland").

Die A-34 führt von *Newcastle-under-Lyme* zuerst nach **Kidsgrove,** einem Zentrum der elektronischen und Computer-Industrie, wo links von der A-34 die direkt nach *Liverpool* führende A-50 abzweigt. Die A-34 hingegen zieht direkt weiter nach *Manchester.*

VON NEWCASTLE-UNDER-LYME
NACH MANCHESTER

An der A-34 nach Manchester liegen mehrere sehenswerte Orte, die einen Aufenthalt lohnen; so etwa gleich nach *Kidsgrove* bei der berühmten **Little Moreton Hall.** Das Herrenhaus gilt als das schönste und besterhaltene Beispiel eines in Fachwerk ausgeführten und von einem Wehrgraben umgebenen alten Herrensitzes in England. Das dreigeschossige, unregelmäßig gestaltete Fachwerkgebäude stammt aus dem 15. und 16. Jahrhundert und verbindet auf harmonische Art mittelalterliche Bauelemente mit jenen der englischen Renaissance. Während es außen die kunstvollen Giebel und Fachwerkdekorationen sind, die den Betrachter erfreuen, sind es innen die aus dem 16. Jahrhundert stammenden Wandmalereien. Besonders erwähnenswert die *Great Hall,* die getäfelte *Long Gallery* und die *Chapel.* (Geöffnet von April bis September täglich außer dienstags von 14-18 Uhr, die übrige Jahreszeit nur samstags und sonntags.) Erwähnenswert ist auch das nur wenige Fahrminuten weiter westlich liegende herrschaftliche Landhaus *Rode Hall* (18. Jh.).

Eine Zufahrt von der A-34 führt in östlicher Richtung nach **Mow Cop** mit der auf einer 350 m hohen Felsenklippe thronenden künstlichen Ruine („Sham Castle"), die das Aussehen einer verfallenen mittelalterlichen Burg hat. Die Ruine, die sich ein reicher Landwirt im Jahr 1750 bauen ließ, hatte allerdings nur den Zweck „to decorate the landscape".

Noch etwas weiter östlich liegt an der A-527 mitten in der einsamen Moorlandschaft die kleine Industriestadt **Biddulph.** Auf dem 330 m hoch gelegenen **Biddulph Moor** entspringt der **River Trent,** der (nach *Severn* und *Themse*) drittlängste Fluß Englands. Die am Nordrand des Moores liegenden „Bridestones" sind Grabkammern aus angelsächsischer Zeit.

Die A-34 führt weiter durch **Astbury,** wo man eine sehenswerte alte Wehrkirche aus dem 14. und 15. Jahrhundert, mit eindrucksvoller Innenausstattung (u.a. viele Figurengräber seit dem 14. Jahrhundert) ansehen kann. In **Congleton** ist die 1742 in klassizistischem Stil erbaute *Church of St. Peter* bemerkenswert, die auf den Grundmauern einer mittelalterlichen Kirche steht und im Stil des 18. Jahrhunderts eingerichtet ist. Wenig später liegt links an der A-34 die **Capesthorne Hall,** ein großer, schloßartiger Landsitz aus dem Jahr 1722, der später mehrmals verändert wurde, aber eine bemerkenswerte zeitgenössische Innenausstattung besitzt. Neben dem langgestreckten Schloßbau steht eine sehenswerte

Die aus dem 15. und 16. Jahrhundert stammende
„Little Moreton Hall" zählt zu den schönsten und besterhaltenen
Fachwerkbauten dieser Zeit. Das dreigeschossige alte Herrenhaus
ist heute von einem Wehrgraben umgeben.

kleine georgianische Kapelle. (Geöffnet im Mai und Juni mittwochs, samstags und sonntags, von Juli bis September zusätzlich noch dienstags und donnerstags von 14-17 Uhr, die angrenzenden Gärten von 12-18 Uhr.)

Gleich nachdem man die A-537 gekreuzt hat, sieht man neben der Straße die **Nether Alderley Mill,** eine bis in das 15. Jahrhundert zurückreichene alte Wassermühle, wie man sie in so guter Erhaltung kaum noch anderswo findet. Sie wurde erst kürzlich restauriert und wieder in Betrieb gesetzt. Man kann sie von Juli bis September täglich außer montags von 14-17.30 Uhr besichtigen, von April bis Juni und im Oktober nur mittwochs und sonntags. Wenig später durchfährt man *Wilmslow* und *Handforth* (Herrenhaus *Handforth Hall,* ein kleiner Fachwerkbau aus dem 16. Jh.) und erreicht die südlichen Vororte von **Manchester** (→ Goldstadt-Reiseführer „Nordengland").

Eine Alternative zu der oben beschriebenen Strecke von *Congleton* nach *Manchester* auf der A-34 ist das Abzweigen bei *Congleton* auf die A-536, die über *Macclesfield* und Stockport nach *Manchester* führt. An dieser Straße lohnt sich die Zufahrt (rechts) nach **Gawsworth,** einem malerischen alten Dorf mit sehenswerter Pfarrkirche aus dem 15. Jahrhundert (sie enthält mehrere beachtliche Grabmonumente der Adelsfamilie *Fitton*) und sehr schönem Herrensitz **Gawsworth Hall.** Der Tudor-Fachwerkbau aus dem späten 15. und 16. Jahrhundert kann von Ende März bis Ende Oktober in der Regel täglich zwischen 14 und 18 Uhr besichtigt werden. Das Haus war der Wohnsitz von *Lady Mary Fitton,* einer Ehrendame am Hof Elizabeths I., die *Shakespeare* als „Dark Lady" in seinen Sonetten unsterblich machte. Der angrenzende Park war im Mittelalter und später ein berühmter Turnierplatz.

Macclesfield ist eine altertümliche Kleinstadt, die ihren Wohlstand der Seidenproduktion verdankt. Mehrere Seidenspinnereien aus dem 18. und 19. Jahrhundert sind noch gut erhalten. In den schmalen, steilen Straßenzügen kann man auch noch schöne Fachwerkhäuser sehen. Die hochgelegene, aus dem 13. Jahrhundert stammende gotische *Church of St. Michael* (von einer Seite

---

Über fünfhundert Jahre alt ist „Adlington Hall",
ein langgestrecktes Fachwerkhaus auf noch älteren Grundmauern (1315).
Auch innen hat es sich noch sein altertümliches Aussehen
unverändert erhalten.

ist sie über 108 Stufen zu erreichen) wurde im 18. und 19. Jahrhundert erneuert, hat sich aber ihr altertümliches Aussehen bewahrt. Sie enthält u.a. großartige Grabmonumente und Figurengräber vom 15. Jahrhundert an; herausragend ist das von *Lord Rivers* aus dem Jahr 1695. Besuchenswert ist ferner das *West Park Museum* in der *Prestbury Road,* das neben naturgeschichtlichen und lokalen Sammlungen auch Bilder englischer Maler und eine große Sammlung an ägyptischen Altertümern beherbergt.

Unweit nordwestlich von *Macclesfield* liegt an der B-5087 in **Over Alderley** der Herrensitz **Hare Hill,** dessen wunderschöne Gärten mit vielen Azaleen und Rhododendren in der Regel von April bis Oktober jeden Mittwoch, Donnerstag und Sonntag von 14 bis 17.30 Uhr zugänglich sind.

Östlich von *Macclesfield* erstreckt sich ein romantisches Moorland mit hoch aufragenden Felsen und engen Tälern. Die A-537 führt durch den Ort **Macclesfield Forest** zu dem in 510 m Höhe einsam daliegenden historischen alten Gasthof „Cat and Fiddle Inn", der einst ein berüchtigter Schlupfwinkel für Straßenräuber war.

Auf der A-523 gelangt man wenig später zum Herrenhaus **Adlington Hall,** einem alten Fachwerkbau aus dem 15. und 16. Jahrhundert, mit georgianischem Anbau (Südfront) aus dem Jahr 1757, der von einer über zwei Stockwerke reichenden giebelbekrönten Säulenvorhalle im Mittelteil beherrscht wird. Die *Great Hall* blieb mit ihren alten Wandmalereien und ihrer kunstvollen Balkendecke (1450) fast unverändert erhalten; die Orgel stammt aus dem Jahr 1670. Sehr schön sind die angrenzenden Gärten. (Geöffnet von Ostern bis Anfang Oktober jeden Sonntag von 14.30 bis 18 Uhr, im August in der Regel auch mittwochs und samstags).

Kurz ehe man *Stockport* erreicht, lohnt links der Abstecher nach **Bramhall,** mit dem sehr sehenswerten Herrensitz **Bramall Hall.** Der langgestreckte Fachwerkgebäudekomplex aus dem 14. bis 16. Jahrhundert zählt zu den schönsten alten Fachwerkensembles Englands. Über ein halbes Jahrtausend wohnten hier die Lords *Davenport.* Besonders beachtenswert sind die Familienkapelle, die mit reichem Stuck verzierten Räume und die alten Wandmalereien. Das Haus wird von einem großen Landschaftspark umgeben. (Geöffnet täglich außer montags von 12-17 Uhr, im Winter bis 16 Uhr.)

Über **Stockport,** einer großen Industriestadt (Baumwollspinnereien), in der es aber auch einen alten Stadtteil mit malerischen Fachwerkhäusern gibt, erreicht man nun rasch die Vororte von **Manchester.**

VON NEWCASTLE-UNDER-LYME
NACH LIVERPOOL

Wer es eilig hat, fährt auf der Autobahn M-6 (s. oben). Parallel zu ihr verläuft die A-50. Bei *Holmes Chapel* zweigt links die A-54 ab nach *Chester**, rechts führt die A-535 zum riesigen Radioteleskop von **Jodrell Bank** aus dem Jahr 1957. Der Reflektor mißt 76 m im Durchmesser und empfängt Radioimpulse aus dem Weltraum. 1966 wurde hier eine Ausstellung für Radio-Astronomie eröffnet.

Eine Zufahrt führt von der A-50 links nach *Over Peover* mit dem Herrenhaus **Peover Hall,** einem ernsten Steinbau aus dem Jahr 1585 mit späteren Veränderungen. Bemerkenswert sind auch die noch aus dem Mittelalter stammenden Stallgebäude, dann ein elisabethanisches Sommerhaus (Ende 16. Jh.) mit Lilienteich, sowie die *Church of St. Lawrence* (1811 erneuert), die noch zwei Kapellen einer früheren Kirche enthält: die sogenannte „Mainwaring Chapel" ist wegen ihrer hervorragenden Grabmonumente der Adelsfamilie *Mainwaring* (die in Peover Hall residierte) aus dem 15. und 17. Jahrhundert sehenswert. Vor dem großen Landschaftspark, durch den schöne Spaziergänge führen, liegen mehrere reizvolle Gärten. (Geöffnet von Mai bis September jeden Montag von 14-17 Uhr, die Gärten und Ställe auch donnerstags.)

Die nahe *Church of St. Oswald* von **Lower Peover** (16. Jh., restauriert 1852), besitzt eine kostbare Innenausstattung aus dem 16. Jahrhundert. Die Kirche selber ist ein einzigartiges Beispiel eines Kirchenbaus in schwarz-weiß Fachwerk (schwere Eichenholzsäulen tragen die Bögen und die Balkendecke), nur der massive Turm (1852) wurde aus Sandstein aufgeführt.

Knutsford ist eine malerische alte Stadt mit engen Straßenzügen und vielen Fachwerkhäusern. Die in klassizistischem Stil erbaute Pfarrkirche stammt aus dem Jahr 1744. Etwa 3 km weiter nördlich liegt rechts von der A-50 der riesige **Tatton Park,** ein unter Naturschutz stehender Landschaftspark mit freilebendem Wild, zwei Seen (Segeln, Schwimmen), vielen schönen Wander- und Reitwegen, einem „Nature Trail" und einem interessanten „Medieval Village Trail", Picknickplätzen, Restaurant und anderen Einrichtungen. Im Park liegt das sehenswerte georgianische Herrenhaus **Tatton Hall,** Wohnsitz der *Lords Egerton of Tatton.* Von dem ursprünglichen Haus aus dem 15. uind 16. Jahrhundert, das an der Stelle eines noch älteren stand, ist nur mehr die (restaurierte) *Old Hall* erhalten. Das heutige Gebäude, mit Kolonnaden und Säulenvorhalle, wurde um 1800 von dem berühmten Architekten *Samuel Wyatt* aufgeführt. Es ist als „Familienmuseum" zugänglich und wegen seiner kostbaren Innenausstattung besuchenswert (Stilmöbel, Gemälde Alter Meister, darunter Werke von *Canaletto* und *Van Dyck,* Porzellan, altes Glas und viele andere Kunstwerke). Vor dem Haus liegen sehr schöne Terrassengärten mit Statuen, Teichen, vielen Azaleen und Rhododendren, sogar einen authentischen japanischen Garten mit einem Shinto-Tempel gibt es hier, der aus Japan hergebracht und 1910 von japanischen Baumeistern neu aufgestellt wurde. Zum Besitz gehört auch eine große, frei zugängliche Musterfarm. (Park und Gärten sind das ganze Jahr über täglich ab 10 oder 11 Uhr bis 19 Uhr bzw. bis zur Dämmerung zugänglich, das Herrenhaus und die *Old Hall* von 12 oder 13 Uhr bis 16 oder 17 Uhr).

Die Weiterfahrt nach *Liverpool* kann nun über die M-6 (Auffahrt am Westrand von *Knutsford) und die M-62* erfolgen.

Schließlich gibt es noch die Möglichkeit, von der A-50 westlich von *Kidsgrove* (s. oben) links auf die A-553 abzuzweigen, und über **Sandbach,** einer hübschen kleinen Marktstadt (die aus sächsischer Zeit stammenden Teile von Marktkreuzen wurden wieder zusammengefügt und am Marktplatz aufgestellt) mit Fachwerkhäusern und schöner Pfarrkirche aus dem 16. Jahrhundert, dann über *Middlewich* und **Northwich,** einem alten Zentrum des Salzbergbaus, weiterzufahren. Am Nordrand von *Northwich* liegt der sehenswerte **Anderton Boat-Lift,** eine 1875 gebaute Hebeanlage für Lastkähne, die das hier gewonnene Salz auf dem Wasserweg transportieren. Die Hebeanlage verbindet den *Trent and Mersey Canal* mit dem 16 m tiefer liegenden *River Weaver.* Im Norden grenzt der *Marbury*-Naturpark an, mit kleinem See und Wanderwegen. Eine schmale Landstraße führt von hier über **Great Budworth** (sehenswerte Pfarrkirche aus dem 14. und 15. Jahrhundert mit Figurengräbern) nach *Arley,* mit dem herrschaftlichen Landsitz **Arley Hall.** (Von der M-6 Abfahrt 19 und 20, von der M-56 Abfahrt 9). Das Herrenhaus stammt aus dem Jahr 1840 und besitzt kunstvolle Stuckarbeiten und Eichenholztäfelungen (bemerkenswert ist auch eine Sammlung von Aquarellen des 19. Jahrhunderts), die angrenzenden Gärten und Parkanlagen zählen zu den schönsten des Landes.

Die A-533 quert schließlich die M-56 und erreicht die Hafen- und Industriestadt **Runcorn,** von wo sich die Zufahrt zu **Norton Priory** lohnt, mittelalterliche Klosterruinen mit einer Unterkirche des 12. Jahrhunderts. Die Ruinen liegen in einer schönen Gartenanlage und können – ebenso wie das angrenzende Museum, das Keramiken und kostbare Bauteile und Steinmetzarbeiten aus dem ehemaligen Kloster enthält, – täglich von 12 bis 17 oder 18 Uhr besichtigt werden.

Man überquert jetzt den *River Mersey* und fährt an *Speke* vorbei (lohnende Zufahrt zum Herrensitz **Speke Hall,** → Goldstadt- Reiseführer „Nordengland") nach **Liverpool.**

Über die Strecke von Liverpool und Manchester über Preston (Blackburn – Burnley) nach Lancester, in den Lake District und nach Carlisle (– Schottland) informieren Sie sich bitte in unserem Goldstadt-Reiseführer „Nordengland", Route 1.

2. Von London über Northampton, Leicester und Nottingham nach Sheffield, Leeds und York (Nordengland)

Der schnellste Weg von London nach Nordengland führt über die Autobahn M-1. Den ersten Streckenabschnitt nach **Northampton** (105 km) finden Sie im Weg 1 beschrieben. Die zahlreichen sehenswerten Orte rund um diese Stadt sind nach der Stadtbeschreibung unter „Ausflüge" (→ S. 301 ff) angeführt. Der zweite Streckenabschnitt führt von **Northampton*** nach **Leicester***. Für diese Strecke gibt es drei gute Möglichkeiten: 62 km auf der M-1, 50 km auf der A-50 und 52 km auf der etwas weiter östlich bis *Market Harborough* (s. unten) verlaufenden A-508, dann A-6.

Wenn man auf der Autobahn M-1 fährt, so lohnt sich der Abstecher *(Exit 19)* zum nahe gelegenen Herrenhaus **Stanford Hall** (→ S. 46). Nur wenige Fahrminuten darauf liegt links neben der Autobahn *(Exit 20)* die kleine Stadt **Lutterworth,** wo man noch zahlreiche gut erhaltene alte Fachwerkhäuser sehen kann. Die Pfarre rühmt sich heute noch ihres berühmten Pfarrers *John Wyclif,* der hier von 1374-1384 – als einer der ersten – gegen die mißbräuchliche und verworfene Art päpstlicher Politik wetterte. Die gotische Kirche wurde im 19. Jahrhundert restauriert, besitzt aber noch Wandmalereien aus dem 15. Jahrhundert. Bemerkenswert ist auch die aus dem 18. Jahrhundert stammende Brücke, die in drei Bögen den *Rifer Swift* überspannt. Sehr schön ist auch die Fahrt durch das reiche Farmland auf der A-50, von der aus sich kurz nach dem Verlassen von *Northampton** Abstecher nach *Holdenby, Coton* und *Guilsborough* (→ S. 304) lohnen. Wenn man aber die A-508 wählt, so lohnen sich Aufenthalte in *Pitsford, Brixworth* und *Lamport* (→ S. 302) sowie in der ansehnlichen kleinen Marktstadt **Market Harborough,** die sich ihrer großen Rindermärkte rühmt, die seit 1203 in ununterbrochener Folge hier abgehalten werden. Neben schönen georgianischen Häusern gibt es hier in der Stadt zwei herausragende Sehenswürdigkeiten: die ehemalige *Grammar School* (1614), ein Fachwerkhaus auf hölzernen Pfeilern über dem Straßenniveau, und die *Church of St. Dionysius* (13. bis 15. Jh.), mit besonders schönen gotischen Maßwerkfenstern und einem eindrucksvollen Turm. Ein Seitenarm des 1811 erbauten **Grand Union Canal** verbindet *Market Harborough* mit *Leicester**. Anstelle der zahlreichen Lastkähne früherer Zeiten ist er heute mit Ausflugs- und Wohnbooten bevölkert.

Die A-427, die man in *Market Harborough* kreuzt, führt links (westlich) über *Lutterworth* (s. oben) nach *Coventry** und rechts (östlich) in die Industriestadt **Corby** (20 km). Knapp vor der Stadt zweigt links von der A-427 eine Zufahrt nach **Rockingham** ab, einem hübschen Ort mit steiler Hauptstraße, die zur Pfarrkirche (sehenswerte große Grabmonumente aus dem 16. bis 19. Jh.) und zur Stelle der ehemaligen Normannenburg *William the Conquerors* hinaufführt, an der sich heute das aus dem 15. und 16. Jahrhundert stammende **Rockingham Castle** erhebt, das immer noch den Eindruck einer wehrhaften mittelalterlichen Burg macht. Aus normannischer Zeit ist noch das von wuchtigen Rundtürmen flankierte Torhaus erhalten. Ein Rosengarten kennzeichnet die Stelle des ehemaligen normannischen *Keep*. Die Schloßgebäude aus dem 15. bis 18. Jahrhundert sind noch zeitgenössisch eingerichtet, bemerkenswert ist eine Gemäldesammlung englischer Maler des 18. bis 20. Jahrhunderts. *Charles Dickens* weilte oft im Schloß zu Gast und verewigte es als „Chesney Wold" in einem seiner Werke. Sehr schön ist der Rundblick, den man von den angrenzenden Gärten genießt. (Geöffnet von Ostern bis Ende September donnerstags und sonntags von 14-18 Uhr, im August zusätzlich auch dienstags.)

Nur wenige Fahrminuten weiter östlich liegt das Herrenhaus **Kirby Hall** (16. und 17. Jh.), von dem aber großteils nur mehr Ruinen erhalten sind. Beeindruckend ist die mit schwungvollen Giebeln geschmückte Fassade (1570) im Frührenaissancestil, die im 17. Jahrhundert von *Inigo Jones* verändert wurde. Vor dem Haus breiten sich weite Park- und Gartenanlagen aus. (Geöffnet täglich von 9.30 bis 16 oder 17 Uhr, sonntags erst ab 14 Uhr.)

Wieder nur wenige Fahrminuten weiter östlich liegt der kleine Ort **Dene** (der Kirchturm der *Church of St. Peter* stammt noch aus dem 13. Jh.) mit dem großen Schloß **Dene Park** (16./17. Jh.) an der Stelle eines Herrenhauses von 1514. Anbauten stammen aus dem 19. Jahrhundert. An das Schloß grenzt ein großer, prächtiger Landschaftspark. (Geöffnet von Ostern bis August an Sonntagen nachmittags.) Der **Rockingham Forest** war einst ein bevorzugtes Jagdgebiet der englischen Könige.

Rockingham nördlich benachbart liegt das große *Eve Brook Reservoir,* auf dem auch Wassersport betrieben wird. Auf einem einsamen Hügel bei **Stoke Dry** steht die aus normannischer Zeit stammende *Church of St. Andrew,* mit sehenswertem Lettner und Wandmalereien aus dem 15. Jahrhundert und alten Grabdenkmälern. Auch im östlich benachbarten **Lyddington** gibt es eine *Church of St. Andrew* (14./15. Jh.), ebenfalls mit mittelalterlichen Wandmalereien. Das **Lyddington Bede House**, ein Altersheim und Armenhaus, geht aus der mittelalterlichen Residenz der Bischöfe von Lincoln hervor. Die ehemalige *Banqueting Hall* im Oberstock besitzt noch eine Decke und kostbare Holztäfelungen aus elisabethanischer Zeit.

In dem *Corby* östlich benachbarten Dorf **Weldon** kann man noch das seltene Beispiel eines Inland-Leuchtturms sehen. Das gotische Kirchturmspitze der *Church of St. Mary the Virgin* wurde im 18. Jahrhundert entfernt, an ihre Stelle trat eine 4,50 m hohe, achteckige Steinlaterne, die Reisenden im *Rockingham Forest* den Weg in den nahen Ort weisen sollten.

Kurz nach dem Verlassen von **Market Harborough** auf der nach *Leicester** ziehenden A-6 führt eine Abfahrt in den kleinen Ort **West Langton,** dessen dreigeschossiges Herrenhaus **Langton Hall** bis ins Mittelalter zurückgeht, später aber sehr oft verändert wurde. Es enthält eine kostbare und für England auch einzigartige Innenausstattung in chinesischem Stil mit alten chinesischen Möbeln. Im *Drawing Room* kann man venezianische Spitzentapeten aus dem 18. Jahrhundert bewundern. Weiters gibt es hier eine kleine Kunstausstellung und eine Sammlung alter Puppen zu sehen. Durch die weiträumigen Gartenanlagen in französischem Stil gelangt man auf einen schönen „Nature Trail" und zu einem Gehege mit exotischen Vögeln. (Geöffnet von Ostern bis Oktober donnerstags, samstags, und sonntags von 14-18 Uhr.)

Wenn man den dritten Streckenabschnitt von **Leicester*** nach *Nottingham** auf der Autobahn zurücklegt (50 km), kann man von der Ausfahrt 22 einen lohnenden Abstecher in den **Charnwood Forest,** mit hoch aufragenden, oft fantastisch geformten Felsen unternehmen. Vom 280 m hohen **Bardon Hill,** auf den man vom Dorf *Copt Oak* aus ansteigen kann, genießt man einen weiten Rundblick. Über *Bardon* gelangt man auf der A-50 nach **Ashby de la Zouch** (15 km westlich vom *Exit 22* der M-1), von wo aus man dann auf der M-42 nach *Nottingham** weiterfahren kann. Der im allgemeinen nur **Ashby** genannte Ort war im 19. Jahrhundert dank seiner heilkräftigen Quellen ein Badeort und besitzt noch einige in klassizistischem Stil dieser Zeit gebaute Häuser. In der breiten *Main Street* gibt es auch noch Fachwerkhäuser aus dem 16. und 17. Jahrhundert und interessante georgianische Läden mit gebogenen Fassaden zu sehen. Von der aus dem 15. Jahrhundert stammenden Burg sind nur mehr Ruinen erhalten (in *Sir Walter Scott's* „Ivanhoe" wird sie als berühmter Turnierplatz erwähnt). Die *Church of St.Helen* (15. Jh.) enthält prachtvolle alte Grabmonumente mit Alabasterfiguren.

Auf dem Weg von *Ashby* nach *Nottingham* auf der A-453 lohnen sich zahlreiche kurze Abstecher. **Staunton Harold** ist ein schloßartiges Herrenhaus von 1763, das einen wesentlich älteren Bau umschließt, und besitzt eine sehenswerte Fassade in palladianischem Renaissancestil. Heute ist hier ein Spital für unheilbar Kranke eingerichtet. Sehr schön ist der weiträumige Landschaftspark. Die Kirche des Ortes wurde zur Zeit *Cromwells* gebaut, bei Gottesdiensten sitzen heute noch Männer und Frauen in voneinander getrennten Bankreihen.

Vor dem Ort **Breedon on the Hill** kann man auf einer schmalen Landstraße zur hochgelegenen normannischen *Church of SS. Mary and Hardulph* auffahren, einem Wahrzeichen der ganzen Umgebung, die an der Stelle eines im 9. Jahrhundert von den Dänen zerstörten sächsischen Klosters steht; von diesem sind noch Figurenfragmente und Bauteile erhalten. Außerdem enthält die Kirche Figurengräber aus dem späten 16. Jahrhundert. Ein anderer Abstecher lohnt sich – wenn man gerade an einem Sonntagnachmittag unterwegs ist – zu dem nur zu diesem Zeitpunkt zugänglichen Herrensitz **Melbourne Hall** (bemerkenswerte Innenausstattung mit Stilmöbeln und alten Gemälden), der Residenz des *Marquess of Lothian*, sehenswert vor allem wegen der herrlichen Gartenanlagen (mit langen Alleen, Statuen, Springbrunnen, einer Muschelgrotte und einer kunstvollen Pergola von 1725 aus Schmiedeeisen).

Man kann aber auch *Leicester** im Norden verlassen und auf der A-6 über **Loughborough,** einer Universitätsstadt mit berühmten Glockengießereien (im *Queen's Park* steht ein 47 m hoher Glockenturm mit berühmten Glockenspiel aus 47 Glocken) auf die M-1 auffahren.

Das knapp 4 km östlich von *Loughborough* liegende Herrenhaus **Prestwold Hall** aus dem frühen 19. Jahrhundert ist wegen seiner kunstvollen Marmor- und Stuckarbeiten und seiner schönen Stilmöbel aus dem 18. Jahrhundert sehenswert, ist aber derzeit nur für Gruppen zu besichtigen.

Ehe man *Nottingham* erreicht, lohnt sich noch die Besichtigung von **Thrumpton Hall** (→ S. 326). Die Weiterfahrt von **Nottingham*** nach Norden sollte nicht ausschließlich auf der Autobahn, sondern auf den parallel zur M-1 ziehenden A-60 oder A-614 erfolgen, um auch einen Teil des berühmten **Sherwood Forest** (→ Weg 3) kennenzulernen.

Auch von der M-1 kann man zu den sehenswerten Orten im **Sherwood Forest** abzweigen: *Exit 27* nach *Newstead Abbey* (→ S. 323); *Exit 28* nach *Mansfield, Hardwick Hall, Warsop, Edwinstowe, Ollerton* (→ S. 64 bis 66); *Exit 29* nach *Bolsover* (→ S. 65); *Exit 30* nach *Creswell, Worksop* (→ S. 65).

Nach **Sheffield** (60 km von *Nottingham)* kann man vom *Exit 30* oder *31* abfahren, oder aber gleich auf der M-1 nach **Leeds** weiterfahren (→ Goldstadt-Reiseführer „Nordengland"). Um nach **York** zu gelangen, muß man von der M-1 östlich von *Sheffield* bei *Exit 32)* auf die M-18 überwechseln, die über **Doncaster** zur M-62 führt. Dort fährt man von der Autobahn ab und gelangt über **Selby** nach **York.**

Doncaster ist ein wichtiges Landwirtschafts- und Industriezentrum, Freunden des Pferdesports sicher auch als Zentrum des Rennsports (seit 1615) bekannt, vor allem des klassischen „St. Leger"-Rennens, das alljährlich in der zweiten Septemberwoche stattfindet. An sehenswerten Gebäuden sind das *Mansion House* (1745) in der *High Street,* mit prächtig ausgestattetem *Ballroom,* und die *Church of St. George* (19. Jh.) am *River Don* zu nennen.

Man kann auch von *Doncaster* auf der A-19 direkt nach **Selby** und **York** weiterfahren. Beide Städte finden Sie im Goldstadt-Reiseführer „Nordengland" beschrieben.

3. Rundfahrt durch den Sherwood Forest
Von Nottingham über Ollerton und Edwinstowe nach Worksop und zurück über Warsop und Mansfield

Der **Sherwood Forest** erstreckt sich in einer Länge von knapp 40 km nördlich von *Nottingham**. Er wurde durch die legendäre Gestalt des **Robin Hood** und seiner „Merry Men" (13. Jh.) berühmt. Gegen Ende des 18. Jahrhunderts wurden große Teile des ursprünglichen Eichenbaumbestandes abgeholzt, der Erschließung des Kohlenreviers und durch den Kohlebergbau fielen später weitere große Waldbestände zum Opfer. Immerhin gibt es heute noch – vor allem in seinem nördlichen Teil – 8 bis 15 km breite, zusammenhängende Waldstreifen, die auch teilweise durch Wanderwege erschlossen sind. Im großen und ganzen kann man sagen, daß das Gebiet von den von *Nottingham** nach Norden verlaufenden Straßen A-60 im Westen und A-614 im Osten begrenzt wird.

Wer von London auf der Autobahn M-1 nach Norden unterwegs ist (bzw. von Nordengland zurück nach London), kann ebenfalls schöne Abstecher in den *Sherwood Forest* unternehmen. Zu diesem Zweck verläßt man die Autobahn über eine der Abfahrten Nr. 27, 28, 29 oder 30. Wer gerne Waldspaziergänge unternimmt und sich ein Herz voll Romantik bewahrt hat, wird bei der nachfolgend beschriebenen Rundfahrt bestimmt auf seine Rechnung kommen.

Was **Robin Hood** betrifft, der nicht nur in England als eine Art „Volksheld" gefeiert wird, so zweifeln englische Geschichtsschreiber sehr an seiner Existenz: „Was there a real Robin Hood? The answer ist – probably; just as the answer is that there was probably a King Arthur, probably a Wilhelm Tell, – a remote historical figure upon which legends have been grafted." Nun, was diese „vage historische Figur" betrifft, so sind die Bewohner der *Midlands* felsenfest davon überzeugt, daß es

einen „echten" Robin Hood gegeben hat, daß seine abenteuerlichen Kämpfe gegen die Truppen des *Sheriffs of Nottingham* tatsächlich stattgefunden haben (wenn das auch schon 700 Jahre zurückliegt!) und daß auch an der Existenz seiner nicht minder legendären Gefolgsleute, den „Merry Men", keinesfalls gezweifelt werden darf.

Es wird sogar noch die „Major Oak" gezeigt, jener riesige, hohle Eichenstamm, der dem Geächteten Zuflucht bot. Und in dem Dorf **Hathersage** verkündet die Inschrift auf einem Grabstein: „Here lies buried Little John, the friend and lieutenant of Robin Hood". In **Blidworth** wiederum liegt das „authentische" Grab von *Will Scarlet,* einem anderen seiner Gefolgsleute, und in der Pfarrkirche von **Edwinstowe** soll der legendäre Volksheld seine geliebte *Maid Marian* geehelicht haben.

Einige Entfernungen: Von *Nottingham** auf der A-614 nach *Ollerton* bzw. *Edwin-stowe,* zum **Visitor Centre** des **Sherwood Forest Country Park** sind es rund 31 km, von dort auf der B-6005 weiter nach *Worksop* noch etwa 13 km. Die Strecke von *Worksop* auf der A-60 über *Mansfield* (22 km) zurück nach *Nottingham* ist rund 46 km lang. Für die gesamte Rundfahrt sind also mehr als 90 km (mit Abstechern 100 bis 110 km) zu rechnen.

Verlassen Sie **Nottingham*** im Norden auf der *Mansfield Road,* die direkt auf die A-60 stößt, aber passen Sie auf, daß Sie bei der großen Straßengabelung (etwa 8 km ab Stadtzentrum) die A-60 links liegenlassen und auf der A-614 weiterfahren. Sie erreichen kurz darauf eine Zufahrt (links) zum **Burnstump Country Park,** einen weiträumigen Landschaftspark im südlichen Teil des *Sherwood Forest,* mit schönen Spazierwegen.

Östlich von *Rainworth* kreuzt man die A-617, die *Mansfield* (s. unten) mit *Newark-on-Trent* (→ S. 121) verbindet. Es folgt die Zufahrt zu **Rufford Abbey,** was sowohl der Name für einen großen Naturpark mit vielen schönen Wanderwegen, wie auch für eine 1148 gegründete Zisterzienserabtei ist, von der aber nur mehr spärliche Ruinen (gewölbte Krypta aus dem 13. Jh.) erhalten blieben. Sie sind von dem vor fast vierhundert Jahren er-

---

*Mitten im Sherwood Forest
liegt das Schloß Thoresby Hall (auch Thoresby Park),
dessen dreigeschossige „Great Hall"
reich mit Stilmöbeln und Kunstwerken
der verschiedensten Art ausgestattet ist.*

bauten elisabethanischen Herrenhaus gleichen Namens umschlossen, das aber derzeit nicht besichtigt werden kann. Links führt eine Landstraße nach *Edwinstowe* (s. unten), geradeaus geht es auf der A-614 weiter nach **Ollerton.**

Ollerton ist eine geschäftige kleine Marktstadt und ein beliebter Ausgangspunkt für Touren durch den *Sherwood Forest.* Sie besitzt auch eine bemerkenswerte Pfarrkirche mit schönem Turm aus dem 13. Jahrhundert.

Unweit nördlich des Ortes liegt das 1867-1871 erneuerte Herrenhaus **Thoresby Hall,** das zwar viele Kostbarkeiten beherbergt, aber nur selten öffentlich zugänglich ist. Das Haus liegt inmitten eines sehr schönen Naturparks mit viel freilebendem Wild.

Ollerton im Westen benachbart liegt **Edwinstowe,** wo sich das *Visitor Centre* des unter Naturschutz stehenden **Sherwood Forest Country Park** befindet. Dieses „Besucherzentrum" am Nordrand des Ortes enthält eine umfassende Ausstellung über den *Sherwood Forest,* ein Informationsbüro und einen Souvenirladen, es werden auch Filme gezeigt, und man kann sich hier mehrstündigen Wanderungen anschließen, die von ortskundigen *Rangern* geleitet werden. Naturgemäß spielen dabei die Erinnerungsstätten an *Robin Hood* eine herausragende Rolle. So wird unter anderem auch die schon eingangs erwähnte riesige Eiche gezeigt, die „Major Oak", die *Robin Hood* Unterschlupf bot und die 1400 Jahre alt sein soll.

Es folgt nun ein sehr schöner Streckenabschnitt nach *Worksop;* man hat die Wahl, entweder der A-614 zu folgen und vor ihrer Einmündung in die A-1 links auf die A-57 abzubiegen, oder auf der direkten Landstraße B-6005 nach *Worksop* zu fahren (diese Straße ist 5 km kürzer). Von beiden Straßen aus führen kurze Zufahrten zum **Clumber Park,** einem prachtvollen großen Naturpark, in dem zweihundert Jahre lang die Residenz des *Duke of Newcastle* stand, ehe sie 1937 abgetragen wurde. An der Stelle des Adelssitzes befindet sich noch die *Church of St. Mary* (auch „Clumber Chapel" genannt) aus den Jahren 1886-1889, eine Erinnerungskirche an den Herzog. Sie ist vor allem wegen ihrer kunstvollen neugotischen Innenausstattung sehenswert. Der Naturpark wiederum ist ein beliebtes Wandergebiet, es gibt hier ein Restaurant, man kann auch Fahrräder und Tandems mieten. Landschaftlicher Höhepunkt ist ein langgestreckter See; die Brücke und die kleinen Tempel stammen alle aus dem 18. Jahrhundert. Sehr malerisch ist das Land rund um das Dorf *Carburton.*

Worksop, das man kurz darauf erreicht, ist zwar eine wichtige kleine Industriestadt mit Kohlebergbau, lohnt aber wegen ihrer **Augustinerpriorei** aus dem Jahre 1103, am südlichen Stadtrand, einen Besuch. Zu den noch erhaltenen Bauresten zählen die Türme, das 43 m lange normannische Langhaus aus dem Jahr 1150, das südliche Kreuzschiff und die gotische *Lady Chapel* (13. Jh.), die 1929 wiederhergestellt und zu einer Kriegergedächtnisstätte ausgestaltet wurde. In den Jahren 1932-1935 wurde das nördliche Kreuzschiff aus altem, ursprünglichem Baumaterial rekonstuiert. Das Torhaus vor der Kirche stammt aus dem 14. Jahrhundert.

Wenn man Zeit hat, kann man auch das in der *Memorial Avenue* liegende **Worksop Museum** besichtigen, das u.a. archäologische Grabungsfunde aus der Umgebung, historische Erinnerungsstücke, eine Sammlung englischer Vögel und Schmetterlinge beherbergt.

Ehe man auf der A-60 die Rückfahrt antritt, sollte man auf der *Crags Road* zu den nahen **Creswell Crags** fahren, eine malerische Schlucht mit zahlreichen Höhlen, aus denen die umfangreichsten Knochenfunde Englands aus der frühen Steinzeit stammen. Es gibt hier ein eigenes **Visitor Centre** mit einer Ausstellung, Dia- und Filmvorführungen. (Man erkundige sich vorher über die Öffnungszeiten.)

In der Nähe liegt **Welbeck Abbey,** der aus dem 17./18. Jahrhundert stammende palastartige Herrensitz des *Duke of Portland,* mit den Resten einer Prämonstratenserabtei des 12. Jahrhunderts. Er ist zur Zeit der Öffentlichkeit nicht zugänglich.

Die von der A-60 rechts abzweigenden Straßen führen alle zur Autobahn M-1 bzw. nach *Chesterfield. Eine dieser Nebenstraßen, die A- 632,* führt nach **Bolsover** (9 km), wo sich im 11. Jahrundert eine Normannenburg befand. Auf den Resten ihres *Keep* wurde 1613 ihr Turm nachgebildet, eine interessante architektonische Mischung aus Gotik und Renaissance, mit bemerkenswerten marmornen Kaminteilen. Von einem 1613-1617 an dieser Stelle errichteten Herrenhaus, das 1634 König *Charles I.* als Gast sah, sind nur Ruinen erhalten.

Warsop heißt der folgende Ort an der A-60. Er besitzt noch eine ansehnliche Pfarrkirche aus dem 12./13. Jahrhundert. Die links abzweigende Landstraße führt direkt nach *Edwinstowe* und *Ollerton* (s. oben).

Mansfield ist eine geschäftige kleine Industriestadt mit Wirkwarenfabriken und Kohlengruben, aber auch ein beliebter Ausgangspunkt für Touren in den umliegenden Wäldern. Bemerkenswert sind die gotische Pfarrkirche (13. bis 15. Jh.) und das *Mansfield Museum* mit angeschlossener Kunstgalerie (zoologische Sammlungen, Keramiken, Porzellan, Aquarelle u.a.) in der *Leaming Street.*

*Prachtvoll eingerichtet ist die 50 m lange „Long Gallery"
des Schlosses Hardwick Hall, einst eine Residenz
der Herzöge von Devonshire, heute auch museal zugänglich.*

Ein lohnender Abstecher führt von hier zum großen Naturpark **Hardwick Hall** (9 km westlich), durch den schöne Spazierwege führen. **Hardwick Hall,** einst eine Residenz der *Dukes of Devonshire,* ist auch der Name des Herrenhauses, das gegen Ende des 16. Jahrhunderts von *Elizabeth, Countess of Shrewsbury* („Bess of Hardwick") erbaut wurde. Es zählt zu den ungewöhnlichsten Adelssitzen aus elisabethanischer Zeit; an den Fassaden sind vor allem die zahlreichen, ungewöhnlich großen Fenster augenscheinlich, die zu dem Sprichwort führten: „Hardwick Hall, more glass than wall". Die 50 m lange *Long Gallery* des Gebäudes enthält u.a. ein großes Porträt von Maria Stuart und andere Bildnisse. Viele Räume sind mit kostbaren alten Stilmöbeln, Tapisserien und Stickereien ausgestattet. Vor dem Gebäude breiten sich schöne Gartenanlagen aus. (Genaue Öffnungszeiten – in der Regel mehrmals wöchentlich immer an Nachmittagen – erfrage man am Touristenamt.)

Von der A-60 zweigt noch rechts die Zufahrt zur **Newstead Abbey** (→ S. 323) ab, links die zum **Burnstump Country Park** (s. oben), dann erreicht man die nördliche Stadtgrenze von *Nottingham*.*

4. Rundfahrt von London über Oxford und Stratford-upon-Avon nach Warwick (– Coventry – Birmingham) und zurück über Banbury und Aylesbury

Diese Rundfahrt ist zwar nur knapp über 320 km lang und verleitet viele Touristen zu einem „Tagesausflug" ab London, doch bieten sich an der Strecke so viele sehenswerte Orte zum Aufenthalt und zur Besichtigung und auch zahlreiche lohnende Abstecher an, daß man sich viel Zeit (drei Tage wären angebracht) für diese Rundfahrt nehmen sollte. Auch die Landschaft ist malerisch und abwechslungsreich, und in vielen kleinen Orten gibt es entzückende Privatpensionen mit „Bed and Breakfast" oder altertümliche, oft historische Gasthöfe, die zum Übernachten einladen.

Entfernungsangaben: Vom Stadtzentrum **Londons** auf der A-40 nach *Oxford* 85 km, von **Oxford** auf der A-34 nach *Stratford-upon-Avon* 65 km, von **Stratford** auf der A-46 nach *Warwick* 13 km. Von **Warwick** nach Coventry 17 km, nach Birmingham 36 km. Von **Warwick** auf der A-41 nach *London* 148 km. Die zahlreichen Abstecher von dieser Strecke sind in diesen Entfernungstabellen kilometermäßig nicht berücksichtigt.

Den ersten Streckenabschnitt nach *Oxford,* bei dem man die *Chiltern Hills* überquert, kann man auf der Autobahn M-40 (lohnender Abstecher nach *High Wycombe* bei der Ausfahrt 4) oder der parallel zu ihr verlaufenden A-40 über *High Wycombe* oder aber durch das sehr malerische Themsetal über **Windsor** und **Maidenhead** (→ Goldstadt-Reiseführer „Südengland"), dann auf der A-423 über **Henley-on-Thames,** bekannt durch seine Bootsregatten auf der Themse (fünfbogige Themsebrücke aus dem 18. Jh., schöne alte Fachwerkhäuser, darunter das *Chantry House* aus dem 14. Jh., und *Wallingford* (lohnender Abstecher nach **Ewelme,** mit sehr sehenswerter mittelalterlicher Pfarrkirche, die bedeutende Figurengräber enthält) zurücklegen.

Die Stadtausfahrt aus **London** erfolgt am besten über die *Marylebone Road* durch den Stadtteil *Paddington,* wo sich die Auffahrt auf den „Westway", die M-40, befindet.

Die A-40 führt über **Beaconsfield,** einer schönen Kleinstadt mit alten Gasthöfen und Fachwerkhäusern, zuerst nach *High Wycombe* (s. unten). Links von der A-40 zweigen Landstraßen ab nach *Windsor, Cliveden* und *Maidenhead,* die Sie alle im Goldstadt-Reiseführer „Südengland" beschrieben finden. Rechts zweigen Straßen ab zum *Chiltern Open Air Museum* und nach *Amersham* (→ S. 80).

High Wycombe ist eine durch ihre Möbelherstellung seit dem 18. Jahrhundert zu Wohlstand gelangte Industriestadt, aber auch ein Ausgangspunkt für Ausflüge durch die *Chiltern Hills* (s. unten). In der Stadt sind die Pfarrkirche (13. bis 16. Jh.), die *Guildhall* (1757) und das *Little Market House* (1761) bemerkenswert. In der Straße *Castle Hill* liegt das *Wycombe Chair and Local History Museum* an der Stelle, wo sich vor mehr als zweitausend Jahren ein eisenzeitliches Hügelfort befunden hat. Das Museum enthält eine einzigartige Sammlung alter Stühle und Sessel, auch andere Möbelstücke und Werkzeug zur Möbelherstellung aus fast allen Zeitepochen. Angeschlossen ist eine kleine zeitgeschichtliche und volkskundliche Ausstellung. (Geöffnet täglich außer mittwochs und sonntags von 10-13 und 14-17 Uhr.)

Etwa 4 km weiter nördlich liegt das Schloß **Hughenden Manor,** die einstige Residenz des berühmten Staatsmannes *Benjamin Disraeli* (1804-1881), der es 1847 kaufte und in viktorianischem Stil erneuern ließ. Es ist heute noch zeitgenössisch eingerichtet und enthält viele Erinnerungsstücke und Sammlungen *Disraelis,* der auch hier bestattet ist. (Geöffnet von April bis Oktober mittwochs bis samstags 14-18 Uhr, sonntags 12-18 Uhr; im März und November nur samstags und sonntags von 14-18 Uhr.)

Wieder auf der A-40, erreicht man nach wenigen Fahrminuten **West Wycombe,** einen malerischen kleinen Ort mit vielen schönen Fachwerkhäusern und Cottages aus dem 17. und 18. Jahrhundert. Auf einem Hügel steht die von *Sir Francis Dashwood,* dem Schloßherren von *West Wycombe Park* (s. unten), 1763 erbaute eigenartige Kirche, deren Turm eine riesige vergoldete Kugel schmückt, die mehreren Personen des „Hell Fire Club" Platz bot.

Dashwood gründete Mitte des 18. Jahrhunderts den berüchtigten „Hell Fire Club", der wegen seiner blasphemischen Rituale bekannt war. Die Grotten und Höhlen, die es auf dem Hügel gibt, waren oft Schauplatz der Orgien, welche die Mitglieder des Clubs hier feierten. Auf dem Hügel liegt auch das sogenannte „Mausoleum", ein dachloser, sechseckiger Bau, reich mit Steinvasen und Stucksäulen verziert, in dem das Herz eines „Poeten" aus dem 18. Jahrhundert beigesetzt ist.

Der schloßartige Herrensitz **West Wycombe Park** aus dem 17. Jahrhundert wurde von *Sir Francis Dashwood* um 1750 im palladianischen Renaissancestil neu erbaut. Bemerkenswert ist die über zwei Stockwerke reichende Kolonnade aus toskanischen und korinthischen Säulen zwischen den Flügeln der Südfront. An der Westseite befindet sich eine ionische Säulenvorhalle (1770), an der Ostseite eine toskanische (1755). Die reich ausgestatteten Räume besitzen prachtvolle Stuckdecken und Fresken, die jenen von römischen Palästen und von Tempeln aus Palmyra (Syrien) nachgebildet sind. Kostbare alte Spiegel, Stilmöbel, Tapisserien und Gemälde ergänzen die Ausstattung. Von besonderer Schönheit ist der riesige Landschaftsgarten, der das Schloß umgibt; Spazierwege führen über Hügel und durch Wälder, bemerkenswert sind ein kleiner See, Kaskaden, im griechischen Stil nachgebildete Tempel, eine künstliche Ruine in gotischen Stil und natürlich auch die schon oben genannte Kirche und das eigenartige Mausoleum. (Öffnungszeiten: Juli und August täglich außer samstags, im Juni montags bis freitags, immer von 14-18 Uhr).

Man durchquert jetzt auf der A-40 (M-40) die **Chiltern Hills** und erreicht bei **Stokenchurch** eine Seehöhe von 240 m (schöner Rundblick).

Die **Chiltern Hills** sind eine sanft gewellte Hügellandschaft mit vielen Erhebungen über 200 m; malerischen kleinen Dörfern, in denen man strohgedeckte Landhäuser, schöne alte Fachwerkbauten, uralte Kirchen, die teilweise noch bis in die Normannenzeit zurückreichen, und viele historische alte Gasthöfe findet. An den Hängen grasen Schafherden, in den Ebenen wird Milchwirtschaft betrieben; die Landstraßen sind eng und kehrenreich, man findet oft schöne Wanderwege *(Nature Trails)*, Naturschutzgebiete und reizvoll gelegene Picknickplätze. An den Hügeln kann man da und dort noch Spuren frühgeschichtlicher Erdwälle und Siedlungen sehen.

Kurz nach **Stokenchurch** (Naturschutzpark, schöne Wanderwege) überqueren die A-40 und M-40 den „Ridgeway Path", einen langen Wanderweg, der über den Hügelkamm führt und der schon in prähistorischer Zeit **(Icknield Way** von *Watlington* über *Chinnor* bis *Great Kimble)* begangen wurde. Wenig später zweigt rechts von der A-40 die B-4012 ab, auf der man einen kurzen Abstecher in die alte Marktstadt **Thame** unternehmen kann. Ihre ungewöhnlich breite Hauptstraße wird von malerischen alten Häusern gesäumt, vier Gasthöfe des Ortes stammen noch aus dem 15. Jahrhundert, besonders sehenswert ist der Fachwerkbau „The Bird Cage". In der gotischen Pfarrkirche gibt es außergewöhnlich schöne mittelalterliche Grabplatten zu sehen. Auf der A-418 gelangt man dann rasch wieder zurück zur A-40.

Eine andere Zufahrt führt bei *Wheatley* in das rechts neben der Straße liegende *Waterperry*, mit dem sehenswerten **Waterperry Horticultural Centre,** einer weiträumigen Gartenanlage mit vielen gepflegten Blumenbeeten und seltenen Pflanzen, Obstpflanzungen und Glashäusern. In den Gärten liegt auch eine uralte kleine Kirche sächsischen Ursprungs mit mittelalterlichen Grabplatten,

Glasmalereien und Holzschnitzereien. (Geöffnet täglich von 10-18 Uhr, im Winter bis 17 Uhr.)

Die A-40 erreicht kurz darauf **Oxford***. Rund um die Stadt liegen sehenswerte Schlösser und Herrensitze, die Sie unter „Ausflüge" nach der Stadtbeschreibung beschrieben finden. Die Straße umgeht die Stadt im Norden, man biegt auf die A-34 ab und erreicht wenig später **Woodstock** (→ S. 353). Links neben der Straße führen Zufahrten nach *Bladon* und zum *Blenheim Palace* (→ S. 352) sowie zum Schloß *Ditchley Park* (→ S. 355). Gleich darauf führt von der A-34 links eine neue Zufahrt von *Enstone* zum **Hoar Stone Megalith,** einem großen steinzeitlichen Hügelgrab, und nach *Charlbury (*→ S. 355).

Enstone ist ein Doppelort: *Church Enstone* und *Neat Enstone,* vom *River Glyme* voneinander getrennt. Hier liegt ein Getreidespeicher aus dem Jahr 1382, zweifellos einer der ältesten noch erhaltenen in England. Die Pfarrkirche enthält sächsische und normannische Bauteile.

Wenn Sie Zeit und für hübsche Dörfer etwas übrig haben, so lohnt sich der Abstecher in das knapp 5 km weiter nördlich liegende **Great Tew,** ein sehr malerisches Dorf mit vielen teilweise noch strohgedeckten Cottages aus dem 17. Jahrhundert.

Wenig später erreicht man die Zufahrt nach **Chipping Norton,** eine schöne alte Marktstadt am Ostrand der *Cotswold Hills* (→ S. 17), 210 m hoch gelegen, mit einer Reihe schöner alter *Almshouses* aus dem 17. Jahrhundert, einer *Guildhall* aus dem 16. Jahrhundert und einer der größten Pfarrkirchen Oxfordshires: die *Church of St. Mary the Virgin* besitzt ein ungewöhnlich hohes, sechseckiges Südportal und schöne Figurengräber aus dem 16. Jahrhundert im Inneren.

Von der A-34 führt links eine Zufahrt zu dem „Rollright Stones" genannten prähistorischen Steinkreis, mit einigen über 2 m hohen aufrecht stehenden Steinen. Etwas abseits steht der sogenannte „King Stone", der die Form eines gebeugten alten Mannes hat. Etwas weiter östlich liegt eine weitere prähistorische Steingruppe, die als „Whispering Knights" bekannt ist und eine Begräbnisstätte war.

Die Straße zieht über **Long Compton** und **Shipston on Stour** (Herrenhaus Honington Hall von 1680) weiter bis zu einer großen Straßengabelung, wo die A-34 links weiter nach **Stratford-upon-Avon*** und die A-429 rechts direkt nach **Warwick*** führt.

Von der A-34 lassen sich zahlreiche lohnende Abstecher bzw. Umwege zu sehenswerten Orten und Herrenhäusern unternehmen, so etwa von *Chipping Norton* auf der A-44 nach *Chastleton* und *Moreton-in-Marsh,* oder auf der A-436 nach *Stow-on-the-Wold,* oder bei *Skipton-on-Stour* ostwärts nach *Compton Wynyates* (→ S. 383).

Chastleton House ist ein Herrenhaus aus dem Jahr 1603, teilweise noch in zeitgenössischem Stil eingerichtet, mit schönen Stuckarbeiten, Täfelungen und Tapisserien. Der Ziergarten stammt aus der Zeit um 1700 und ist wegen seiner in fantastischen Formen zugeschnittenen Hecken bekannt. (Besuchszeiten täglich außer mittwochs von 10.30 - 17.30 Uhr, samstags und sonntags erst ab 14 Uhr.) In **Chastleton** findet man noch schöne charakteristische Steinhäuser mit Strohdächern.

Nahe bei dem Marktort **Moreton-in-Marsh** gibt es zwei besuchenswerte Gartenanlagen. Nordwestlich des Ortes liegt das **Batsford Park Arboretum** (von April bis Oktober täglich von 10-17 Uhr geöffnet) mit sehr schönen, teils von asiatischen Bronzestatuen gesäumten Spazierwegen, Picknickplätzen und freilebendem Wild. Man findet hier über tausend verschiedene Arten von Bäumen, seltene exotische Gewächse und eine herausragende Bambusanpflanzung. – Am Westrand des Ortes liegt der **Sezincote Garden** (geöffnet ganzjährig donnerstags, freitags und an manchen Montagen von 14-18 Uhr) mit einem sehenswerten „Orientalischen Wassergarten" und prächtigem Baumbestand. Das gleichnamige Herrenhaus in indischem Mogulstil ist dem „Royal Pavilion" in *Brighton* nachempfunden.

Stow-on-the-Wold ist ein malerisches *Cotswold*-Städtchen mit großem Marktplatz (Marktkreuz aus dem 14. Jh.), das von vielen altertümlichen Häusern und Gasthöfen gesäumt wird. – Schlagen Sie bitte auch unter „Ausflüge" in den Stadtbeschreibungen von **Stratford-upon-Avon*** und **Warwick*** nach.

Während die A-34 von *Stratford* über *Henley-in-Arden* (→ S. 380) nach **Birmingham*** weiterführt, gelangt man auf der A-46 in wenigen Fahrminuten nach **Warwick*** und dort weiter über *Kenilworth* (→ S. 254) nach **Coventry***.

Die Rückfahrt nach London tritt man von *Warwick* auf der A-41 an, bzw. von *Stratford* über **Ettington** (*Church of St. Nicholas* mit sehenswertem Marmorgrab von 1775) und *Upton House* auf der A-422, die bei **Banbury** auf die A-41 stößt.

Upton House ist ein langgestrecktes, eher unscheinbares Herrenhaus aus dem Jahr 1695, das aber wegen seiner reichen Kunstsammlungen (*Sèvres*-Porzellan, Brüsseler Tapisserien, Stilmöbel des 18. Jahrhunderts, Gemäldegalerie mit Meisterwerken niederländischer, flämischer, deutscher, spanischer, italienischer und englischer Malschulen) besuchenswert ist. Vor dem Haus liegen schöne Terrassengärten. (Geöffnet von April bis September von Montag bis Donnerstag 14-18 Uhr, sowie an einigen Wochenenden.)

Auf den hier ansteigenden **Edge Hill** führt ein schöner Wanderweg *(Nature Trail)*. Oben wurde 1750 ein Turm im Stil eines befestigten Wehrturms erbaut („Edgehill Tower"), der an der Stelle steht, wo während der „Battle of Edgehill" der ersten Schlacht im englischen Bürgerkrieg, die königliche Standarte von *Charles I.* aufgepflanzt war. Man genießt von hier aus einen weiten Rundblick. Der Turm ist heute ein Teil des Gasthofs „The Castle".

Banbury ist eine alte Marktstadt mit rund 25 000 Einwohnern, die sich in den letzten Jahren auch zu einer bedeutenden Industriestadt entwickelt hat. Im Stadtzentrum sind noch einige Häuser aus dem 16. und 17. Jahrhundert erhalten, die alte Burg hingegen wurde während des Bürgerkriegs zerstört, ihre Steine abgetragen. Bemerkenswert ist das ursprünglich mittelalterliche, aber von den Puritanern 1602 als „zu päpstlich" zerstörte Marktkreuz („Banbury Cross"), das 1858 durch ein neues in neugotischem Stil ersetzt wurde. Dem Kreuz gegenüber liegt das Museum der Stadt, mit zeitgeschichtlichen und volkskundlichen Sammlungen. Dem Engländer ist *Banbury* auch wegen seiner berühmten Kuchen („Banbury Cakes") bekannt, die nach einem mehr als dreihundertjährigen Rezept hergestellt werden, dem Touristen hauptsächlich als Ausflugszentrum, denn in der Umgebung der Stadt liegen einige sehenswerte Orte und Herrenhäuser.

Farnborough Hall ist ein herrschaftliches Landhaus in einer Art italienischem Renaissancestil, das im 18. Jahrhundert erneuert wurde. Es liegt rund 9 km nördlich von Banbury (Zufahrt von der A-423) und ist wegen seiner schönen Innenausstattung (prächtige Stuckarbeiten, italienische Gemälde und Skulpturen) bemerkenswert. Durch die angrenzenden Terrassengärten und den Landschaftspark (mit zwei kleinen Tempeln und einem Obelisken) führt ein Spazierweg auf den *Edge Hill* (herrliche Aussicht!). Besichtigungszeiten April bis Ende September mittwochs und samstags 14-18 Uhr.

Edcote House liegt etwa 8 km nordöstlich von Banbury (Zufahrt von der A-361). Das Mitte des 18. Jahrhunderts in palladianischem Renaissancestil erbaute Herrenhaus besitzt reich ausgestattete Innenräume im Rokokostil und prächtige Stuckarbeiten. (Nach Voranmeldung zu besichtigen).

Wroxton Abbey ist ein jakobeanisches Herrenhaus, etwa 4,5 km westlich von Banbury an der A-422 gelegen. Es wurde 1618 von *Sir William Pope* erbaut und umschließt noch Teile eines früheren Augustinerklosters aus dem 13. Jahrhundert. Das Haus war über zweihundert Jahre lang die Residenz der Lords *North* und wird von einem großen Landschaftspark umgeben, der von April bis September montags bis freitags von 12 Uhr bis Sonnenuntergang zugänglich ist (das Herrenhaus selber nur nach Voranmeldung). In **Wroxton** ist die große gotische Kirche sehenswert, die bemerkenswerte Grabdenkmäler aus dem 17. und 18. Jahrhundert enthält, darunter auch jenes von *Sir William* Pope und jenes von *Lord North,* dem englischen Premierminister von 1770-1782.

Sulgrave Manor (knapp 11 km nordöstlich von Banbury nahe an der B-4525 gelegen) ist ein malerischer alter Landsitz, hundertzwanzig Jahre lang Heim der Familie *Washington* (Vorfahren von **George Washington,** dem ersten Präsidenten der USA). *Colonel John Washington* wanderte 1656 nach Virginia aus. Das heutige Haus stammt aus dem Jahr 1558 und steht an der Stelle eines klösterlichen Gebäudes, das 1539 aufgelöst wurde. 1920 und 1930 wurde es restauriert und teilweise umgebaut. *Sulgrave Manor* ist als Museum zugänglich und enthält viele Gegenstände, die an *George Washington* erinnern. Interessant ist das Familienwappen der Washingtons, drei Sterne und Querstreifen, das als Ursprung der amerikanischen Nationalflagge bezeichnet wird. (Geöffnet täglich außer mittwochs von 10.30 bis 16 oder 17 Uhr). Dem Herrenhaus gegenüber liegt das malerische „Thatched House Hotel". Im Dorf **Sulgrave** findet man noch zahlreiche malerische, strohgedeckte Cottages.

*Das Herrenhaus Sulgrave Manor war der Wohnsitz
der Familie Washington. Die Vorfahren von George Washington,
der als erster Präsident der USA in die Geschichte einging,
wanderten Mitte des 17. Jahrhunderts nach Amerika aus.*

Kurz nach dem Verlassen von **Banbury** gabelt sich bei *Adderbury* die Straße: Rechts zweigt die A-423 ab und führt über *Deddington* (malerischer Marktplatz mit vielen alten Häusern) nach *Oxford**, während die A-41 in südöstlicher Richtung weiterzieht. **Adderbury** besitzt noch schöne Häuser aus dem 17. Jahrhundert, darunter auch *Adderbury House*, eine Residenz des *Earls of*

Rochester. Bemerkenswert ist auch die gotische Pfarrkirche des Ortes, die noch aus dem 14. Jahrhundert stammt. Es folgt **Aynho,** wo es wieder ein Herrenhaus (*Aynho Park* aus dem 17. Jh., im 18. Jh. umgebaut) anzusehen gibt. Es steht noch auf den Grundmauern einer früheren normannischen Burg. Die A-41 führt weiter über **Bicester,** einem Reiterzentrum und Mittelpunkt für große Jagden. Auf dem alten Marktplatz stehen noch einige schöne Häuser aus dem 16. Jahrhundert, andere findet man in der *Sheep Street* und nahe bei der Kirche. Die *Church of St.Edburg* stammt noch aus dem 12. Jahrhundert, wurde aber in gotischer Zeit erweitert, ihr Turm wurde im 15. Jahrhundert aufgeführt.

Von der A-41 führt wenig später bei *Kingswood* eine Zufahrt (3 km) rechts nach *Wotton Underwood* mit dem Herrensitz **Wotton House.** Das große Herrenhaus wurde 1704 nach den gleichen Plänen wie „Buckingham House" (dem späteren *Buckingham Palace)* errichtet und 1820 innen von *Sir John Soane* umgestaltet. Der Landschaftspark von *Capability Brown* wurde 1757 angelegt. (Zur Zeit ist die Besichtigung nur an Mittwochnachmittagen im August und September möglich).

Wieder auf der A-41, erreicht man nun den Ort **Waddesdon,** wo man das auf einem 180 m hohen Hügel thronende Schloß **Waddesdon Manor** besichtigen kann. Der prächtige Schloßbau wurde 1874-1889 für Baron *Ferdinand de Rothschild* in Renaissanceformen im Stil eines französischen Loire-Schlosses erbaut und wird von einem nicht minder sehenswerten Garten und wildbestandenen Landschaftspark (viele Spazierwege, Kinderspielplätze, Vogelflugkäfige) umgeben. Auch die Innenräume des Schlosses sind prunkvoll ausgestattet: kunstvolle Täfelungen, französische Stilmöbel des 18. Jahrhunderts, kostbare *Savonnerie*-Teppiche (17. Jh.), Sèvres-Porzellan, Terrakottafiguren von *Claude Michel* („Clodion", 18. Jh.) u.v.a. Es gibt auch eine Sammlung alter Gemälde niederländischer, flämischer und italienischer Meister, englische Gemälde und Porträtbildnisse von Gainsborough, Reynolds und Romney. Andere Räume enthalten französische Zeichnungen des 17. und 18. Jahrhunderts, Textilien, Spitzen,

---

Sulgave Manor enthält zahlreiche Gegenstände aus dem Besitz der Familie Washington, wie Möbel, Hausrat, alte Waffen und dergleichen.

eine große Sammlung von Trachten und Kleidern aus der Mitte des 19. Jahrhunderts, Erinnerungsstücke an die Familie Rothschild. Der Flügelbau „Bachelors' Wing" enthält eine Sammlung alter Waffen. Das Schloß ist in der Regel von Ende März bis Ende Oktober mittwochs bis sonntags von 14-18 Uhr geöffnet.

Von *Waddesdon* kann man einen Abstecher auf einer nordwärts führenden Landstraße nach *Middle Claydon*, zum großen Herrenhaus **Claydon Manor** unternehmen. Es stammt aus dem 16. Jahrhundert, wurde im 18. Jahrhundert erneuert und erhielt hundert Jahre später eine neue Südfront. Das Herrenhaus ist wegen seiner prächtigen Innenausstattung im Rokokostil, wegen seiner reichen exotischen Holzschnitzarbeiten im „Chinese Room" und wegen seines kunstvollen Stiegenhauses sehenswert. Es enthält auch zahlreiche Erinnerungen an **Florence Nightingale** (einer Schwester der Schloßherrin *Lady Verney*), die oft hier wohnte. Bei Führungen wird auch ihr Schlafzimmer gezeigt. Das Herrenhaus wird von schönen, weiträumigen Gärten umgeben. (Geöffnet von April bis Oktober samstags, montags bis mittwochs 14-18 Uhr, sonntags schon ab 12 Uhr).

Erwähnenswert ist auch das südlich von *Waddesdon* bei **Lower Winchendon** liegende Herrenhaus **Nether Winchendon House** aus der Tudorzeit (16. Jh.), das im 18. Jahrhundert vergrößert wurde.

Eine andere Landstraße führt von *Waddesdon* in das unweit nördlich liegende **Quainton**, mit dem **Quainton Railway Centre,** das an jedem letzten Sonntag von April bis Oktober von 10-18 Uhr zugänglich ist. Man kann hier eine der größten Sammlungen Großbritanniens an alten Dampflokomotiven und Eisenbahnwagen sehen. Bemerkenswert ist auch die gotische *Church of the Holy Cross and St. Mary,* die 1877 restauriert wurde und besonders schöne und kunstvolle Grabdenkmäler und Figurengräber besitzt. Im Ort findet man noch mehrere schöne alte Gebäude aus dem 16. und 17. Jahrhundert.

Aylesbury, Hauptstadt von Buckinghamshire, ist eine geschäftige und moderne Stadt mit über 42 000 Einwohner, in deren Zentrum es allerdings noch viele alte Gassen und (Fachwerk-)Häuser aus dem 17. Jahrhundert gibt, vor allem in der *Church Street (Hickman' Almshouses, Prebendal House* u. a.) und rund um die *St. Mary's Church* (13. Jh.), die 1848 von *Sir Gilbert Scott* restauriert wurde. In der *Church Street* liegt auch das *Buckingham County Museum* (es ist in einem Gebäude aus dem frühen 18. Jh. eingerichtet), das einen Eindruck über die Geschichte der Stadt und der Grafschaft vermittelt. Es enthält aber auch beachtliche römische Grabungsfunde, archäologische, geologische und naturgeschichtliche Sammlungen, eine Sammlung alter Trachten und Kostüme. (Geöffnet täglich außer sonntags von 9.30-17 Uhr). Auch rund um den weiträumigen *Market Square* findet man noch interessante alte Gebäude und historische alte Gasthöfe aus dem 15. und 16. Jahrhundert. Bemerkenswert ist vor allem „The King's Head" (15. Jh.), das noch seinen mittelalterlichen Zugang bewahrt hat und in dessen *Hall* man noch über 500 Jahre alte

Glasfenster sehen kann. Etwa 3 km weiter südlich liegt der jakobeanische Herrensitz **Hartwell House** , der u. a. von 1808-1814 der Wohnsitz von *Louis XVIII.* war, der erst nach dem Sturz Napoleons im Jahr 1814 auf den Thron Frankreichs zurückkehrte.

Ein anderer Abstecher führt von **Aylesbury** auf der A-418 in den etwa 12 km weiter nördlich liegenden Ort **Wing**, wo es nun eine der vier in Englangd existierenden angelsächsischen Kirchen mit einer sächsischen Apsis und einer Krypta darunter gibt. Zwischen dem 13. und 15. Jahrhundert wurde der restliche Teil der Kirche gotisch verändert bzw. erneuert. Sie enthält eine sehenswerte alte Innenausstattung, darunter Gräber aus dem 15. und 16. Jahrh. Am Ortsrand liegt **Ascott,** ein Fachwerkbau aus dem Jahr 1870, den sich Baron *Anthony de Rothschild* als Jagdhaus bauen ließ. Es enthält heute die Kunstsammlungen des Barons, darunter kostbare französische und Chippendale-Möbel und altes chinesisches Porzellan. Sehr schön sind die angrenzenden Gärten. (Geöffnet derzeit von April bis September mittwochs und donnerstags, im August und September zusätzlich auch samstags von 14-18 Uhr; die Gärten auch jeden letzten Sonntag im Monat). Unweit nördlich von *Wing* liegt *Leighton Buzzard* (→ S. 41).

Nur wenige Fahrminuten südöstlich von **Wing** erhebt sich inmitten eines riesigen Landschaftsparks das monumentale viktorianische „Bilderbuchschloß" **Mentmore** (19. Jh.), die frühere Residenz von Baron *Mayer Amschel de Rothschild*, mit prunkvoller Innenausstattung. Heute befindet sich hier das Hauptquartier der **Maharishi University of Natural Law,** die von *Maharishi Mahesh Yogi* (Lehrer der „transzendentalen Meditation") gegründet wurde. (Besuchszeiten von April bis Mitte Oktober an Sonntagen von 13- 17 Uhr, restliche Jahreszeit bis 16 Uhr oder nach Vereinbarung).

Eine Alternative zu der oben beschriebenen Strecke ist die nördlich der A-41 verlaufende A-422 und A-413 **von Banbury über Buckingham und Winslow nach Aylesbury.** Sie führt über **Brackley** (gotische *Church of St. Peter, Town Hall* aus dem 18. Jh.) zuerst nach **Buckingham,** einer alten Stadt an der *Ouse,* mit großem Marktplatz, auf dem früher Rindermärkte abgehalten wurden. Beachtenswert sind die schöne georgianische *Town Hall* und das Stadtgefängnis (heute ein Restaurant), das 1758 in der Form einer kleinen Burg erbaut wurde, wie auch die 1875 restaurierte *Chantry Chapel* von 1475, mit noch erhaltenem Portal einer normannischen Vorgängerkirche. Im **Castle House** wohnte einst Katharina von Aragonien, Gemahlin von *Henry VIII.,* ein Jahrhundert später hielt *Charles I.* hier Kriegsrat. Eine Landstraße führt in das nordwestlich angrenzende **Stowe,** dessen *Public School* (18. Jh.) einst der Sitz der Herzöge von Buckingham war; sehr sehenswert sind die angrenzenden, von *Capability Brown* und *William Kent* gestalteten Gärten, mit Nachbildungen kleiner antiker Tempel und Pavillons. (Geöffnet während der Oster- und der Sommerferien von Mitte Juli bis Anfang September an Freitagen, Samstagen und Sonntagen nachmittags).

Es folgt **Winslow,** ein altertümliches Städtchen mit vielen, teils strohgedeckten Fachwerkbauten mit überhängenden Giebeln. Auf dem Marktplatz verdienen zwei historische alte Gasthöfe Beachtung: „The Georg" und „The Bell". Das Herrenhaus **Winslow Hall** wurde 1698-1702 nach Plänen von *Sir Christopher Wren* erbaut und beeindruckt durch seine streng gegliederte Fassade mit Giebelfeld und ungewöhnlich hohen Schornsteinen. Es ist im Stil des 18. Jahrhunderts eingerichtet und enthält auch eine Sammlung alter chinesischer Kunstwerke. Angeschlossen ist ein großer, schöner Garten. (Geöffnet in der Regel von Juli bis September täglich außer montags, an Nachmittagen; die Gärten auch im Mai und Juni an Sonntagen).

Auch in **Whitchurch** findet man schöne alte Fachwerkhäuser. Nahebei liegt das Farmhaus „Creslow Manor", das aus einem mittelalterlichen Herrensitz hervorging und noch gute Bauteile und einen Turm aus der Zeit um 1300 besitzt; auch an den Stallgebäuden sieht man noch normannische Bauteile.

Der letzte Abschnitt der Rückfahrt nach London führt wieder über die *Chiltern Hills* (→ S. 69). Wenn man der A-41 folgt, erreicht man London über *Berkhamsted* und *Hemel Hempstead,* wenn man auf der etwas weiter südlich verlaufenden A-413 fährt, über *Wendover* und *Amersham.*

A. VON AYLESBURY ÜBER BERKHAMSTED NACH LONDON

Wer rasch zurück in London sein möchte, fährt diese letzten 60 km der Rundfahrt auf der Autobahn bzw. Schnellstraße; wer sich aber Zeit nimmt, kann von der A-41 noch viele lohnende Abstecher unternehmen und sehenswerte Orte am nordwestlichen Stadtrand Londons kennenlernen.

Von **Tring,** wo es ein bemerkenswertes Zoologisches Museum mit vielen ausgestopften Tieren und eine Pfarrkirche aus dem 13./14. Jahrhundert zu sehen gibt, kann man einen Abstecher in das nordöstlich benachbarte **Aldbury** unternehmen. In dem hübschen kleinen Dorf gibt es noch Fachwerkhäuser, einen alten Pranger und eine bemerkenswerte gotische Kirche (13./14. Jh.), die ein prächtiges Figurengrab aus dem 15. Jahrhundert enthält. Nördlich von *Tring* liegen vier große Wasserreservoire, Teil eines weiträumigen Naturschutzgebietes. Noch etwas weiter nördlich ist der 230 m hoch gelegene **Ivinghoe Beacon,** eine alte Signalstelle und schöner Aussichtspunkt. Durch eine lange Allee erreicht man das *Bridgewater Monument,* das an den Herzog von *Bridgewater* (1736-1803) erinnert, einen Pionier des englischen Flußkanalsystems; 172 Stufen führen auf seine Spitze (weiter Rundblick!).

Östlich von *Aldbury* (Zufahrt von der A-41 links über die B-4506) liegt das Herrenhaus **Ashridge House,** das *James Wyatt* 1808 an der Stelle eines mittelalterlichen Klosters in neugotischem Stil erbaute, heute ein Ausbildungszentrum für Industriemanager ist und von einem großen Landschaftspark umgeben wird. Vom Kloster des 13. Jahrhunderts ist nur mehr eine Krypta erhalten, aus dem 15./16. Jahrhundert stammt ein alter Speicherbau. (Park geöffnet samstags und sonntags von 14-18 Uhr).

Noch etwas weiter nördlich liegt das **Little Gaddesden Manor** (1575), ein elisabethanisches Herrenhaus, das sich sein mittelalteriches Aussehen bis zum heutigen Tage bewahrt hat.

Auf der A-41 folgt **Berkhamsted,** ein hübsches Städtchen am *Grand Union Canal,* mit großer gotischer Pfarrkirche (Teile aus dem 13. Jh.). Von der früheren Normannenburg sind nur mehr der Burghügel und spärliche Ruinen erhalten; *Elizabeth I.* hielt sich gerne hier auf.

Es folgt **Hemel Hempstead** mit einer modernen Neustadt und einem alten Stadtkern mit schönen Tudor-Cottages und (Fachwerk-) Häusern aus dem 17. und 18. Jahrhundert in der *High Street.* Die sehenswerte *St. Mary's Church* stammt noch aus der Normannenzeit und besitzt einen hohen gotischen Kirchturm; bemerkenswert ist ihr mittelalterliches Chorgewölbe. Am nördlichen Stadtrand liegt **Piccotts End,** ein altes Haus aus dem 14./15. Jahrhundert, das möglicherweise eine Pilgerherberge war und beachtliche Wandmalereien aus dieser Zeit besitzt.

Noch etwas weiter nördlich liegt **Great Geddesden** mit der normannischen **Church of St. John the Baptist** (12. Jh.), die im 15. Jahrhundert gotisch vergrößert wurde und bemerkenswerte Grabdenkmäler (hauptsächlich aus dem 18. Jh.) enthält.

B. VON AYLESBURY ÜBER AMERSHAM NACH LONDON

Die A-413 führt über einen der schönsten Teile der Chiltern Hills (→ S. 69). **Wendover** ist ein reizvolles altes Städtchen mit vielen Fachwerkhäusern; berühmt ist der alte Gasthof „Red Lion" *(Oliver Cromwell* übernachtete hier 1642). Am Westrand des Ortes steigt der 257 m hohe *Coombe Hill* an (sehr schöne Aussicht!), auf dem sich ein Kriegerdenkmal für die Toten im südafrikanischen Burenkrieg befindet.

Von der A-413 führt links eine Zufahrt zu **The Lee,** einem Dorf mit über 700 Jahre alter Kirche und einem kleinen Platz mit zwei erratischen Felsblöcken, Überresten aus der Eiszeit. Etwa 1,5 km weiter nordöstlich liegt **Bray's Wood,** mit Spuren von altbritischen und römischen Siedlungen.

Rechts von der A-413 führt eine Landstraße nach **Great Hampden,** mit einer Pfarrkirche aus dem 13. Jahrhundert und dem „Hampden House", einem Herrenhaus aus dem 17. Jahrhundert, das heute als Schule dient. Nahebei verläuft „Grim's Ditch", ein langgestreckter prähistorischer Erdwall mit Bastionen. Überall findet man lange, reizvolle Wanderwege und schöne Picknickplätze.

Über **Great Missenden,** dem „Herz der Chilterns", erreicht man **Amersham,** das sich bis heute sein altertümliches Aussehen bewahrt hat. Die breite *High Street* wird von schönen georgianischen Bauten gesäumt, dazwischen sieht man alte Giebel- und Fachwerkhäuser; kopfsteingepflasterte Passagen und Höfe führen zu reizvollen strohgedeckten Cottages. Beachtung verdienen auch die alten Gasthöfe „Swan Inn" (1643 erneuert), „The Crown", „Elephant and Castle" und „Mill Stream House", durch den der Mühlbach führt. Im Zentrum der *High Street* liegt die Markthalle aus dem 17. Jahrhundert mit offenen Arkaden; nahebei erweckt ein Haus mit Wandmalereien (u.a. mit Bildnissen aus der Antike) aus dem 18. Jahrhundert Aufmerksamkeit. Die im 19. Jahrhundert restaurierte große gotische *Church of St. Mary* stammt aus dem 13. bis 15. Jahrhundert ist wegen ihrer großen Zahl an prächtigen Figurengräbern und alten Grabplatten aus dem 15. bis 19. Jahrhundert besuchenswert. Ein Monument auf dem neben dem Ort ansteigenden Hügel erinnert an viele Mitglieder der Familie *Lollard,* die im 15. und 16. Jahrhundert auf dem Scheiterhaufen verbrannt wurden, weil sie die Dogmen der Kirche und die Macht der Priester verurteilten.

Nur wenige Fahrminuten östlich von *Amersham* liegt das malerische Dorf **Chenies** mit seiner gotischen *Church of St. Michael,* in der man ein normannisches Taufbecken, schöne Grabplatten aus dem 15. und 16. Jahrhundert und die großartigen Figurengräber der Familie *Cheyne* und der Herzöge von Bedford (15. bis 19. Jh.) in der „Bedford Chapel" bewundern kann. Sehenswert ist auch das alte herrschaftliche Landhaus **Chenies Manor** (15./16. Jh.), das von überaus reizvollen Gärten umgeben ist. Das Haus war die Residenz der **Earls of Bedford,** hier weilten u. a. *Henry VIII.* und *Elizabeth I.* als Gäste. Das Haus enthält noch zeitgenössische Möbel und schöne Tapisserien, eine Sammlung alter Puppen, und ist auch wegen seiner „Geheimgänge" bemerkenswert. Ein Gewölbe stammt noch aus dem 12. Jahrhundert. (Geöffnet von April bis Oktober mittwochs und donnerstags von 14-17 Uhr).

Von *Amersham* führt die A-413 weiter nach **Chalfont St. Giles,** mit „Milton's Cottage", einem entzückenden kleinen Fachwerk-Landhaus, in dem 1665 der berühmte Dichter *John Milton* sein

Epos *Lost paradise* („Verlorenes Paradies") vollendete und seine Fortsetzung *Paradise Regained* („Das wiedergewonnene Paradies") zu schreiben begann. Die Gedenkräume enthalten viele Erinnerungen an *John Milton* und eine kostbare Bibliothek mit Erstausgaben seiner Werke. (Geöffnet von Februar bis Oktober täglich außer montags von 10-18 Uhr, sonntags erst ab 14 Uhr).

Kurz nach Verlassen von *Chalfont St. Giles* führt eine Zufahrt zu dem im *Newland Park* liegenden, sehr sehenswerten **Chiltern Open Air Museum.** Eine Gruppe verschiedener alter Häuser und Speicher aus den *Chilterns,* die das Leben der Menschen über einen Zeitraum von rund fünfhundert Jahren umspannen, sowie die Nachbildungen eines eisenzeitlichen Hauses sind hier im offenen Wald- und Parkland aufgestellt. Wanderwege mit Picknickplätzen und ein „Nature Trail" führen rund um die Anlage und durch uralte Kreidegruben, in denen man früher Kreidestein abbaute. (Geöffnet von Ostern bis Ende September mittwochs und sonntags von 14-18 Uhr).

Kurz nach *Chalfont St. Peter* mündet die A-413 wieder in die A-40. Östlich breitet sich der große Naturpark *Bayhurst Wood* aus, südlich erstreckt sich der noch größere Naturpark *Colne Valley Park* mit den Naturschutzgebieten *Black Park* und *Langley Park*. Auf der A-40 erreicht man die westlichen Vororte von **London.**

5. Von London über Oxford, Hereford und Shrewsbury nach Chester (– Liverpool)

Diese landschaftlich sehr schöne Strecke nach Nordengland führt zuerst über die **Chiltern Hills** (→ S. 69), dann über die **Cotswold Hills** („Cotswolds") und schließlich längs des Berglandes an der Grenze zu Wales nordwärts, an sehr sehenswerten Städten und historischen Orten vorbei. Man benutzt dafür die A-40 und A-49, von der sich viele lohnende Abstecher unternehmen lassen.

Entfernungsangaben: Von **London** suf der A-40 nach Oxford 85 km, von Oxford nach Gloucester 76 km, von Gloucester nach Hereford 48 km, von Hereford nach Shrewsbury 84 km, von Shrewsbury nach Chester 66 km.

Die Strecke von London nach *Oxford** über die *Chiltern Hills* finden Sie im Weg 4 beschrieben. Man verläßt **Oxford** im Norden und gelangt rasch wieder auf die A-40, die die Stadt im Norden umgeht. (In der unmittelbaren Umgebung von *Oxford* liegen viele schöne Ausflugsziele, die man in kurzen Abstechern von der Hauptstraße aus erreicht. Sie finden sie unter „Ausflüge" nach der Beschreibung von **Oxford** genannt). Über **Eynsham** und **Witney** (→ S. 356), wo sich Aufenthalte lohnen, fährt man weiter nach **Minster Lovell,** mit Ruinen eines alten Herrenhauses (→ S. 356).

In **Burford,** das malerisch am *River Windrush* liegt (schöne alte Brücke), verdient die große *Church of St. John the Baptist* (12. bis 15. Jh. mit normannischen Bauteilen) mit ihrem eindrucksvollen Turm Aufmerksamkeit. Sie enthält viele alte Grabdenkmäler, sehenswert ist auch ihr hohes Südportal im *Perpendicular*-Stil. Im *Tolsey,* einem ehemaligen Zollhaus des 16. Jahrhunderts, ist heute ein Museum eingerichtet, das einen interessanten Überblick über die Entwicklung einer kleinen Stadt wie *Burford* und ihrer unmittelbaren Umgebung von der Normannenzeit bis zum Industriezeitalter vermittelt. Auch das lokale Handwerk ist im Museum vertreten, gezeigt werden auch eine „Schatzkiste" aus dem 16. Jahrhundert und ein schönes altes Puppenhaus. Zu den bemerkenswerten alten Gebäuden der Stadt zählen auch die *Town Hall,* die mittelalterliche *Grammar School* und der *Bear Inn* (15. Jh.). Die mittelalterliche *Burford Priory* hingegen wurde 1808 neu erbaut. Erwähnt werden soll auch der durch schöne Spazierwege erschlossene *Cotswold Wild Life Park.*

Burford ist auch ein beliebter Ausgangspunkt für Touren durch den östlichen Teil der **Cotswolds** (s. unten), so etwa auf der A-424 nordwärts nach **Stow-on-the-Wold** (→ S. 71) und **Moreton-in-Marsh** (→ S. 70), oder auf der A-433 in südwestlicher Richtung in den hübschen und malerisch am *River Coln* gelegenen Doppelort **Bibury-Arlington,** mit sehenswerter großer Mühle („Arlington Mill") aus dem 17. Jahrhundert mit einem *Country Museum:* alte Möbel und landwirtschaftliches Gerät, Porzellan, Trachten, Kostüme u.a. Am Flußufer liegen in der *Arlington Row* eine Reihe charakteristischer Steinhäuser aus dem frühen 17. Jahrh.

Das malerische kleine Dorf Bibury
besitzt noch eine Reihe charakteristischer
Steinhäuser aus dem frühen 17. Jahrhundert.

Sehenswert ist auch die große *Church of St. Mary,* ursprünglich
sächsisch, später normannisch und gotisch erweitert, mit einem
bemerkenswerten Taufbecken (13. Jh.) im Innern. Auf dem
Kirchhof verdienen die mit Rokokomotiven geschmückten Gräber reicher Wollhändler des 18. Jahrhunderts Beachtung. (Auf
der A-433 gelangt man von hier in wenigen Minuten über **Barns-
ley,** mit großem Landschaftsgarten, nach *Cirencester;* s. unten).

Von **Burford** kann man auch auf der A-361 einen Abstecher über **Filkins** (Heimat-
haus mit Dorfmuseum) in das etwa 15 km südlich gelegene hübsche kleine Städtchen
Lechlade, an der Mündung des *River Leach* in die Themse, unternehmen. Die „Half-
penny Bridge" geannte alte Brücke (eine ehemalige Mautbrücke, deren Überqueren
einen halben Penny kostete) ist der Endpunkt, bis zu dem die Themse für Ausflugs-
und Wohnboote schiffbar ist. Am Ufer des *River Leach* liegen die Ruinen der alten
St. Johns's Priory. Sehenswert ist die *Church of St. Lawrence* (15. Jh.) im *Perpendicular*-Stil.

Rund um *Lechlade* liegen einige bemerkenswerte kleine Orte: **Inglesham** mit
Naturpark und sehenswerter Pfarrkirche (13. Jh.) an der Themse; **Buscot** mit 1703
erbautem alten Pfarrhaus („Old Parsonage") am Themseufer und Herrenhaus *Buscot
Park* (1780) mit großem Garten und See; **Kelmscot** mit bemerkenswerter Pfarrkirche
mit normannischem Südportal, mittelalterlichem Glas und Wandmalereien und
Herrenhaus *Kelmscot Manor* (16./17. Jh.); **Fairford** mit Pfarrkirche (15. Jh.), die
wegen ihrer prächtigen mittelalterlichen Glasmalereien in den gotischen Fenstern
sehenswert ist. Auch die anderen Orte in dieser Gegend besitzen sehr schöne und gut
erhaltene mittelalterliche Kirchen.

Die A-361 zieht von *Lechlade* weiter nach **Swindon** (→ Goldstadt-Reiseführer
„Südengland"), die A-417 nach *Cirencester* (s. unten).

Die A-40 quert bei **Northleach** (malerisches altes Städtchen mit
großer Pfarrkirche aus dem 15. Jh.) die A-429, die rechts über
Bourton-on-the-Water, einem englischen „Bilderbuchdorf" mit
mittelalterlichen Häusern und malerischen alten Brücken über
den *River Windrush,* durch das an prähistorischen Resten reiche
Gebiet der *Cotswolds* (erwähnenswert ist das bei *Notgrove* liegende steinzeitliche Hügelgrab) nach *Stow-on-the-Wold* (→ S. 71)
und links nach *Cirencester* (s. unten) führt.

Cotswolds nennt man die sanften, langgestreckten Hügelketten, die sich südlich
von *Stratford-upon-Avon** über *Chipping Campden* und *Cheltenham* bis an den
Ostrand von *Bristol* bzw. nach *Bath* erstrecken. Die Hügel sind teils mit Wäldern,
teils mit fruchtbarem Gras- und Weideland bedeckt, überall kann man große Schafherden sehen. Vom Mittelalter bis über das 15. Jahrhundert hinaus wurde in den
Cotswolds der größte Teil der britischen Schafwolle produziert, und die malerisch im
Hügelland verstreuten kleinen Städte und Dörfer künden heute noch mit ihren ansehnlichen Kirchen und Wohnsitzen vermögender Kaufleute und Wollproduzenten
von ihrem damaligen Wohlstand. Ein Teil der früheren Weidelandes wird heute auch
von Äckern und Obstgärten bedeckt. Die malerisch liegenden kleinen Orte werden
gerne zum Ferienaufenthalt aufgesucht, überall findet man Wanderwege. Der
„Cotswold Way" ist ein über 150 km langer Wanderweg über die Hügel.

Cirencester ist eine uralte Wollhandelsstadt (bis zum 18. Jh. der größte Wollmarkt Englands), heute hauptsächlich als Markt für Getreide und Käse bekannt. Die viel von Touristen besuchte Stadt liegt am Kreuzungspunkt fünf ehemaliger römischer und mittelalterlicher Straßen (heute der A-417, A-419, A-429, A-433, A-435) und wird gerne als „Hauptstadt der Cotswolds" bezeichnet. Von den Römern wurde die nahe am Ursprung der Themse liegende Stadt *Corinium Dobunorum* genannt, sie war (nach London) die zweitgrößte Römerstadt in Britannien. Auf dem *Querns Hill,* nahe beim Stadtzentrum, lag das Amphitheater, von dem noch Reste erhalten sind. Das *Corinium Museum* in der *Park Street* enthält eine der bedeutendsten Sammlungen römischer Altertümer (Bauteile, Inschriftensteine, Skulpturen, Mosaiken, Münzen, Hausrat u. v. a.), außerdem kann man hier wunderschön rekonstruierte römische Räume bewundern. (Geöffnet von Mai bis September werktags 10-18 Uhr, sonntags erst ab 14 Uhr; die übrige Jahreszeit täglich außer montags 10-17 Uhr, sonntags ab 14 Uhr).

Bei einem Stadtbummel lernt man viele schöne alte Gebäude und Häuser aus dem 17. und 18. Jahrhundert kennen, sehenswert ist vor allem die große Pfarrkirche *(Church of St. John the Baptist),* die schon zur Normannenzeit aufgeführt, aber im Laufe der folgenden drei Jahrhunderte so oft verändert und erweitert wurde, daß sie heute als eine der schönsten gotischen Kirchen Englands im *Perpendicular*-Stil bezeichnet wird.

Besondere Beachtung verdienen das prächtige hohe Südportal von 1498, das hohe Kirchenschiff, die Kanzel aus dem 15. Jahrhundert, das Fenster über dem Chorbogen, das Fächergewölbe in der *St. Katharine's Chapel* und die alten Grabdenkmäler in der *Lady Chapel.*

Der Herrensitz **Cirencester Park** (1718) liegt an der Stelle eines früheren elisabethanischen Herrenhauses, ist aber zur Zeit nicht zugänglich. Der angrenzende große Landschaftspark, der sich über Hügel und weites Farmland erstreckt (mit einer 8 km langen Kastanienbaumallee), steht jedoch Fußgängern und Reitern offen.

Nur etwa 6 km nördlich von *Cirencester* liegt das malerische alte Dorf **North Cerney** an der A-435 nach *Cheltenham* (s. unten). Neben schönen altertümlichen Häusern kann man im Dorf auch eine normannische Pfarrkirche bewundern. Im nördlich benachbarten **Rendcomb** verdient die prächtige *Church of St. Peter* (Anfang 16. Jh.) im *Perpendicular*-Stil (mit mittelalterlichen

Glasmalereien und normannischem Taufbecken mit Apostel-
reliefs) Beachtung.

Unweit südlich von *Cirencester* liegt an der A-429 das Dorf
Kemble, das wegen seines *Smerrill Farm Museums,* mit vielen
alten Pferdewagen und landwirtschaftlichen Geräten, erwähnt
werden soll. Auf der A-429 gelangt man kurz darauf in das sehenswerte alte Cotswold-Städtchen **Malmesbury,** mit normannischer
Abteikirche (→ Goldstadt-Reiseführer „Südengland").

Von *Cirencester* führt die A-419 in westlicher Richtung nach **Stroud** (ein landschaftlich sehr schöner Streckenabschnitt) und weiter zur Autobahn M-5 bzw. zur
A-46 über *Painswick* (Herrenhaus in palladianischem Renaissancestil inmitten eines
schönen Landschaftsparks, zur Zeit nur im August an Nachmittagen geöffnet) nach
Cheltenham und *Gloucester* (s. unten).

Von der A-40 kann man kurz nach *Northleach* (s. oben) auch
einen lohnenden Abstecher nach **Chedworth** unternehmen
(bemerkenswerte normannisch/gotische *Church of St. Andrew),*
in dessen Nähe die berühmte **Chedworth Villa** liegt, der besterhaltene Hausbau aus der Römerzeit in Großbritannien.

Cheltenham (auch **Cheltenham Spa**) ist nicht nur ein eleganter
englischer Kurort mit vornehmen Häuserreihen im „Regency"-
Stil (Anfang 19. Jh.) und breiten, baumgesäumten Alleen, sondern auch – seit Mitte des 18. Jahrhunderts – ein Heilbad mit alka-
lischen Quellen und ein Mittelpunkt des kulturellen Schaffens.
Alljährlich findet hier im Herbst ein Literaturfestival und im Juli
das vielbeachtete *Cheltenham Music Festival* statt, bei dem britische Komponisten ihre neuen Werke vorstellen. Die Stadt besitzt
zahlreiche sehr schöne Garten- und Parkanlagen, Sportplätze
(u.a. eine berühmte Pferderennbahn), Hotels und Pensionen aller
Preisklassen und gute touristische Einrichtungen. Die Straßen
werden von vielen schönen und vornehmen Häusern aus dem
Ende des 18. und dem 19. Jahrhundert gesäumt, als schönstes
Gebäude der Stadt wird der kuppelbekrönte *Pittville Pump Room*
bezeichnet. Im Stadtmuseum in der Clarence Street kann man
archäologische, naturgeschichtliche und heimatkundliche Sammlungen sehen, angeschlossen ist eine bemerkenswerte Kunstgalerie mit englischem und chinesischem Porzellan, Keramiken,
alten Stilmöbeln, Trachten und Kostümen, holländischen Gemälden und Aquarellen. Das *Gustav Holst Birthplace Museum
(4 Clarence Road)* enthält viele Erinnerungen an den Komponisten, der 1874 hier geboren wurde, ist aber auch wegen seiner in
viktorianischem Stil eingerichteten Räume besuchenswert.

*Der Kurort Cheltenham verdankt seinen Aufstieg
dem Herzog von Wellington, der sein Leberleiden
mit dem Heilwasser des Ortes kurierte. Cheltenham entwickelte
sich in der Folgezeit zu einem eleganten Badeort.*

Südlich von *Cheltenham* wurde viele Jahrhunderte lang Kalkstein abgebaut. Aus einem dieser alten Steinbrüche ragt am *Leckhampton Hill* der 16 m hohe markante Kalksteinfelsen „Devil's Chimney" empor, ein Wahrzeichen der Gegend.

Etwa 6 km nordöstlich von Cheltenham liegt an der A-46 **Cleeve Hill** mit dem „Cleve Cloud", einem kleinen eisenzeitlichen Hügelfort. Westlich benachbart liegt **Bishop's Cleeve,** mit einer prächtigen normannischen Pfarrkirche (mit gotischem Chor und alten Figurengräbern). Wenige später erreicht man **Winchcombe,** einst Hauptstadt des alten *Kingdoms of Mercia,* heute ein altertümliches Marktstädtchen mit bemerkenswerter Pfarrkirche im *Perpendicular*-Stil. Südöstlich benachbart liegt das sehenswerte große **Sudeley Castle,** das bis auf das 12. Jahrhundert zurückgeht, später zerstört und Mitte des 15. Jahrhunderts neu erbaut wurde. Die später zum schloßartigen Herrensitz ausgestaltete Burg war der Wohnsitz von *Katharine Parr,* der sechsten (und überlebenden) Ehefrau und Witwe nach *Henry VIII.* und späteren Gemahlin von *Lord Seymour of Sudeley.* Im Bürgerkrieg war die Burg das Hauptquartier von *Charles I.* und hatte zwei lange Belagerungen (1643 und 1644) zu überstehen.

Die in Ruinen liegende **Banqueting Hall** stammt noch aus dem Jahr 1450, die aus der gleichen Zeit stammende Burgkapelle enthält das Grab von *Katherine Parr.* Bei Führungen werden einige reich mit alten Möbeln, Tapisserien, Porträtbildnissen und Gemälden (darunter auch Werke von *Van Dyck, Rubens, Turner* und *Coastable*) ausgestattete Gemächer und Säle sowie – im ehemaligen Kerkerturm – eine der größten und schönsten Sammlungen alter Puppen und Kinderspielzeugs der letzten dreihundert Jahre gezeigt. (Geöffnet von April bis Oktober täglich von 12-17.30 Uhr. Mehrmals wöchentlich finden Vorführungen von hier gezüchteten Jagdfalken statt).

Die A-40 quert jetzt die Autobahn M-5, die von *Bristol* nach *Birmingham** führt, und umgeht kurz darauf *Gloucester* im Norden.

Gloucester ist heute eine wichtige Handels- und Industriestadt, nahe an der Mündung des *Severn,* doch ihre Geschichte reicht bis in die Römerzeit zurück, als sie unter dem Namen *Glevum* den Flußübergang an der Straße nach Wales zu bewachen hatte. Dank des 1827 eröffneten Schiffahrtskanals, der bis *Sharpness* führt, ist Gloucester auch ein wichtiger Inlandhafen geworden; an den neuen Kais ankern Frachtschiffe aus den skandinavischen Ländern, aus Kanada, der Sowjetunion und vielen anderen Ländern. Für Touristen ist die Stadt hauptsächlich wegen ihrer noch erhaltenen mittelalterlichen Gebäude bemerkenswert, hauptsächlich natürlich der **Kathedrale,** die an der Stelle eines schon 681 gegründeten Benediktinerklosters steht. Sie wurde 1089-1100 erbaut, ihre wuchtigen, fast zehn Meter hohen normannischen Säulen tragen heute noch das Gewölbe des Langhauses. Im 14. Jahrhundert wurde der östliche Teil der Kirche erneuert, die normannische Apsis entfernt und an ihrer Stelle an der Ostseite des neuen Chors 1350 ein riesiges gotisches Fenster (das zweitgrößte in England nach dem von York) zur Erinnerung an *Edwards III.* Sieg in der Schlacht von *Crécy* (1344) angebracht. Ende des 14. Jahrhunderts wurde auch das Innere der Kirche umgestaltet, Chor und Kreuzschiffe gelten als das früheste Beispiel des *Perpendicular*-Stils in England. Bemerkenswert sind die Schnitzarbeiten am Chorgestühl (14. Jh.).

An der Nordseite des Chors befindet sich das kunstvolle Alabastergrab des 1327 im *Berkeley Castle* ermordeten Königs *Edward II.* mit dessen prächtiger Liegefigur (1330). Im Mittelalter wurde er als „Märtyrerkönig" und Heiliger verehrt. Neben dem Grabmal liegt das nicht minder sehenswerte Figurengrab von *Robert,* Herzog der Normandie und ältestem Sohn von *William the Conqueror.* Die aus dem Ende des 12. Jahrhunderts stammende Figur des Herzogs ist aus Eichenholz geschnitzt und bemalt; der Sarg darunter wurde im 15. Jahrhundert erneuert.

An das Presbyterium wurde in der zweiten Hälfte des 15. Jahrhunderts die langgestreckte *Lady Chapel* angebaut. Um 1450 wurde auch der imposante, 69 m hohe Mittelturm aus dem 13. Jahrhundert erneuert. Vom südlichen Kreuzschiff gelangt man in die große normannische Unterkirche.

Von besonderer Schönheit ist auch der im 14. Jahrhundert erneuerte **Kreuzgang** mit dem berühmten „Monks' Lavatorium" und einem einzigartigen Fächergewölbe, dem ältesten noch existierenden in einer englischen Kirche.

Rund um die Kathedrale sind noch zahlreiche sehenswerte mittelalterliche Kirchen und Gebäude erhalten, u. a. das *Bishop Hooper House* (16. Jh.) in der *Westgate Street,* das inmitten einer Gruppe von ausgezeichnet erhaltenen Fachwerkhäusern des 15. und 16. Jahrhunderts steht. Es enthält ein volkskundliches Museum und illustriert die Geschichte der Stadt nach dem Mittelalter. (Geöffnet werktags 10-17 Uhr). Sehenswert ist auch das *City Museum* in der *Brunswick Road* mit wertvollen archäologischen wie mit naturgeschichtlichen, geologischen, heimatkundlichen und Kunstsammlungen (Stilmöbel, Keramiken, Glas, Bronzen, Silber, Trachten u.v.a.).

Unter den zahlreichen bemerkenswerten Kirchen der Stadt soll noch die ursprünglich normannische *Church of St.Mary-de-Crypt* (12. Jh.) erwähnt werden, mit vielen Grabdenkmälern aus dem 17. und 18. Jahrhundert.

In der Straße *King's Walk* betritt man den noch erhaltenen Teil der ursprünglich römischen und später mittelalterlichen *City Walls* mit einer Bastion und einem unterirdischen Raum, der als Museum zugänglich ist.

In der an der Ostseite der Kathedrale vorbeiführenden *Northgate Street* verdient der alte Gasthof „New Inn", ein Fachwerkbau aus dem Jahr 1450, Beachtung. In seinem Hof soll *Lady Jane Grey* 1553 zur Königin ausgerufen worden sein.

Von *Gloucester* führt die A-38 (weiter östlich auch die M-5) über *Tewkesbury* (→ S. 397) und *Worcester** nach *Birmingham**, und südwärts – nahe am berühmten *Berkeley Castle* vorbei – nach *Bristol* (→ Goldstadt-Reiseführer „Südengland"). Die A-48 wiederum folgt von *Gloucester* dem Lauf des *River Severn* an der Ostseite des weiträumigen Nationalparks *Forest of Dean* und überschreitet noch vor der walisischen Grenzstadt *Chepstow* (prachtvolle Burg aus dem 14. Jh. mit normannischem Turm und Resten der mittelalterlichen Stadtmauer) die Grenze nach *Wales.* Von dieser Straße aus lassen sich wunderschöne Ausflüge in das romantische Tal des *River Wye* unternehmen, der hier die Grenze zu *Wales* bildet, u. a. zur sehenswerten mittelalterlichen *Tintern Abbey,* mit sehr malerischen Ruinen.

Man verläßt **Gloucester** im Westen und folgt weiter der A-40 nach **Ross-on-Wye,** einem beliebten Ferienort und Touristenzentrum am *River Wye,* mit großer Pfarrkirche aus dem 13. und 14. Jahrhundert (sie enthält bedeutende Figurengräber aus dem 16. Jh.) und einem ansehenlichen *Market House* mit Arkaden aus der Zeit um 1670. Bemerkenswert sind auch die über dreihundert Jahre alten *Almshouses* in der *Church Street.* Bei der Kirche liegt der „The Prospect" genannte Park, von dem aus man sehr schöne Ausblicke über den Fluß und die malerischen Hügel hat. Wenn man Zeit hat, kann man ein Ruderboot mieten und erholsame Stunden am Fluß verbringen.

Lohnend ist ein Abstecher auf der B-4288 zu dem etwa 7 km südwestlich liegenden **Goodrich Castle,** einer imposanten normannischen Burgruine aus dem 12. Jahrhundert, die sich über dem *River Wye* erhebt.

Man verläßt jetzt die A-40, die sich nach Süden wendet und nach *Wales* weiterzieht („Symonds Yat" an der Grenze ist eine sehr malerische Schlucht, die der *Wye* dort formt) und folgt der nordwärts abbiegende A-49, von wo man links einen Abstecher auf der B-4521 zum **Pembridge Castle** (8 km) unternehmen kann, wenn man die Ruine einer mittelalterlichen walisischen Grenzburg (13. Jh.) ansehen will. Eine andere Grenzburg, **Skenfrith Castle** (13. Jh.) liegt wenige Fahrminuten weiter nördlich am *River Monnow.* Einen anderen Abstecher von der nach *Hereford* weiterziehenden A-49 kann man in den rechts neben der Straße liegenden Ort **Hoarwithy** unternehmen, dessen *Church of St. Catherine* (19. Jh.) das Aussehen einer italienischen romanischen Kirche hat; sie enthält eine byzantinisch nachempfundene Apsis und Goldmosaiken.

Links (westlich) neben der Straße liegt **Kilpeck,** das wiederum wegen seiner wunderschönen kleinen normannischen Kirche (1145) den Abstecher lohnt.

Ross-on-Wye ist ein beliebter Ferienort.

Die 1145 erbaute Pfarrkirche von Kilpeck zählt zu den schönsten noch erhaltenen kleinen Kirchen normannischen Stils.

Hereford ist eine sehr sehenswerte Kathedralstadt am *Wye,* inmitten eines reichen Farm- und Weidelandes. (Der Engländer sagt, daß vom *Hereford Cattle* das beste Rindfleisch der Welt käme). In der Stadt findet man viele sehenswerte alte Gebäude und charakteristische Gasthöfe (bemerkenswert ist „Green Dragon" aus der Zeit um 1600), es gibt auch noch Reste mittelalterlicher Stadtmauern und eine aus dem 15. Jahrhundert stammende Bogenbrücke, die neben der modernen *Wye-Bridge* den Fluß überspannt. Im Stadtzentrum („High Town"; Fußgängerzone) liegt der wunderschöne, „Old House" genannte Fachwerkbau aus dem Jahr 1621, mit zeitgenössischer Innenausstattung. Er ist wochentags zwischen 10 und 17 Uhr museal zugänglich und enthält volks- und heimatkundliche Sammlungen. Nur wenige Schritte weiter liegt in der *St. Peter's Street* die gotische *St. Peter's Church* mit einem Turm aus dem 13. Jahrhundert. Die naheliegende *Shire Hall* wurde 1819, die *Town Hall* 1904 gebaut.

Die normannische **Hereford Cathedral** (12. Jh. mit späteren gotischen Veränderungen) ist das wichtigste Baudenkmal der Stadt. Sie steht an der Stelle, wo schon im Jahr 676 eine erste Kathedralkirche gegründet worden war. Wegen ihrer Nähe zur walisischen Grenze wurde sie bei Überfällen und in Kriegen oft zerstört. Ihr Langhaus ist normannisch, die *Lady Chapel* hingegen ist ein Beispiel schönsten frühgotischen *Early English*-Stils, das Nordportal wurde im *Perpendicular*-Stil erbaut, der Turm ist ein besonders schönes Beispiel des hochgotischen *Decorated*-Stils aus dem 14. Jahrhundert.

Ein zweiter Turm an der Westseite der Kirche fiel 1786 zusammen und zerstörte dabei einen großen Teil des Langhauses, das aber später wiederhergestellt und Anfang des 20. Jahrhunderts restauriert wurde; zu dieser Zeit wurde auch die gotische Westfront erneuert.

Im Innern beachte man das mit Schnitzarbeiten geschmückte Chorgestühl (14. Jh.), die zahlreichen alten Grabplatten und Grabdenkmäler, die Kanzel und den aus dem 11. oder 12. Jahrhundert stammenden „Königsstuhl" (*King Stephen's Chair*) aus Eichenholz, der älteste bekannte dieser Art. Zu den größten Kirchenschätzen zählt die links neben dem Chor angebrachte weltberühmte **Mappa Mundi,** eine auf Pergament gemalte große Weltkarte aus der Zeit um 1290, ein Ausdruck des fundamentalen Glaubens dieser Zeit über Natur und Form der Welt, mit dem Mittelpunkt in Jerusalem. Vor der Weltkarte liegt der Eingang zur nicht minder berühmten **Chained Library,** in der an die 1500 mittelalterliche Bücher und Handschriften noch wie in alten Zeiten üblich an Ketten hängen; jedes Kettenschloß besitzt seinen Schlüssel, und erst nach dem Öffnen des Schlosses können die Bücher von der Kette entfernt werden. Es handelt sich hierbei um die größte „Kettenbuchbibliothek" der Welt. Sehenswert ist auch der alte Kreuzgang. Schließlich soll noch der *Cathedral Choir* erwähnt werden, der zu den berühmtesten Kirchenchören Englands zählt.

93

*Das Wahrzeichen von Hereford ist seine mittelalterliche Kathedrale.
Eine malerische alte Steinbrücke, die bis auf das 15. Jahrhundert
zurückgeht, überspannt hier den Fluß Wye.*

Nur wenige Schritte von der Kathedrale entfernt liegt in der *Broad Street* die Stadtbibliothek mit dem *City Museum*. Das Museum enthält bedeutende archäologische, geologische, heimatkundliche und volkskundliche Sammlungen, mit bronzezeitlichen und römischen Grabungsfunden, altem Hausrat, Werkzeug, Trachten und Kostümen, Militaria, mit einer kleinen Kunstgalerie (Glas, Porzellan, Aquarelle lokaler Maler) u.v.a. (Geöffnet werktags 10-18 Uhr).

An der Ostseite der Kathedrale liegt die Parkanlage *Castle Green* an der Stelle, wo sich früher eine Burg befand. Ein dort abgestellter Mörser aus dem 17. Jahrhundert wurde im Bürgerkrieg von den parlamentarischen Truppen dazu verwendet, *Goodrich Castle* (s. oben) zu beschießen und zu zerstören.

Die *Newmarket Street,* die am Nordrand der Stadt verläuft, ist Schauplatz eines sehr charakteristischen „Livestock Market", dem vielleicht lebhaftesten Bauernmarkt Englands, wo (hauptsächlich mittwochs) Rinder, Kälber, Pferde, Schafe und Schweine in einer Arena vorgeführt und versteigert werden, was auch für Touristen immer wieder ein interessantes Schauspiel ist.

Über den *Aylestone Hill* am östlichen Stadtrand breiten sich die **Churchill Gardens** aus, von denen man einen sehr schönen Ausblick bis zu den *Black Mountains* von Wales hat. Hier befindet sich in der *Venn's Lane* das *Churchill Gardens Museum* mit reichen Sammlungen an alten Möbeln, Trachten, Kostümen, alten Puppen und Bildern des lokalen Malers *Brian Hatton.* (Geöffnet täglich 14-17 Uhr).

Westlich von **Hereford** liegen zwischen den Flüssen *Wye* und *Monnow* viele kleine Dörfer mit sehenswerten mittelalterlichen Pfarrkirchen. Von den ebenso zahlreichen Herrenhäusern dieser Gegend sind zumeist nur die umliegenden Garten- und Parkanlagen zugänglich.

Man folgt jetzt der A-49 in nördlicher Richtung nach *Leominster.* Auf halber Strecke lohnt sich die Zufahrt zum nahe an der A-49 liegenden Herrensitz **Dinmore Manor** (14. Jh.), wo eine aus dem 14. Jahrhundert stammende Kapelle und ein Kreuzgang sowie ein schöner Felsgarten täglich von 14-18 Uhr besichtigt werden können.

Leominster liegt inmitten eines reichen Farmlandes (Schafzucht, Rinderzucht, große Hopfenfelder, Obstgärten, hauptsächlich Äpfel) am *River Lugg* und ist seit dem 13. Jahrhundert auch für seine Wollprodukte bekannt. In der Stadt gibt es viele schöne Fachwerkhäuser, im 12. Jahrhundert gab es auch eine Abtei hier, deren Mönche sich ein halbes Jahrtausend lang mit der Schafzucht beschäftigten. Heute sind nur mehr Teile der mittelalterlichen Abteikirche (nördliches Seitenschiff mit normannischer Arkade und Triforium, Chorumgang, Seitenportal) in der dreischiffigen gotischen Pfarrkirche des 14. und 15. Jahrhunderts erhalten geblieben. Südlich der Kirche liegt das schöne alte Markthaus *Grance Court* (1633).

Etwa 8 km westlich liegt an der A-44 und am *River Arrow* der hübsche kleine Ort **Eardisland** mit dem Herrenhaus **Burton Court** (18. Jh.), das noch eine *Great Hall* aus dem 14. Jahrhundert umschließt. Es enthält auch eine interessante Sammlung europäischer und orientalischer Kostüme und verschiedene Kuriositäten. (Geöffnet in der Regel von Pfingsten bis Mitte September Mittwoch, Donnerstag, Samstag und Sonntag von 14.30 bis 18 Uhr). Der westlich benachbarte Ort **Pembridge** ist wegen seiner sechshundert Jahre alten Pfarrkirche und seiner vielen schönen Fachwerkhäuser besuchenswert. Der freistehende, massiv aus Holz gefügte Glockenturm (14. Jh.) war früher ein Zufluchtsort der Dorfbevölkerung bei walisischen Überfällen; heute noch kann man darin die Öffnungen sehen, durch die früher die Pfeile der Belagerten abgeschossen wurden.

Von der hoch aufragenden Normannenburg genießt man einen schönen Blick auf das altertümliche Städtchen Ludlow.

Nahe an der Grenze zu Wales liegt an der A-44 und am *River Arrow* die kleine Marktstadt **Kington,** auch ein Ferienort und Ausgangspunkt für Wanderungen und Touren über die umliegenden Hügel (sehr schöne Ausblicke genießt man vom *Hergest Ride* und *Bradnor Hill*). Blumenliebhaber werden beim Besuch der **Hergest Croft Gardens** (Rhododendren, Azaleen u. v. a.) auf ihre Rechnung kommen. (Von Ende April bis September von 13.30 bis 18.30 täglich geöffnet; im Oktober nur sonntags). Man kann hier auch noch Erdschanzen des berühmten Grenzwalls sehen („Offa's Dyke"), den König *Offa of Mercia* im 8. Jahrhundert längs der Grenze zu Wales zum Schutz gegen Überfälle keltischer Stämme anlegen ließ.

Die Weiterfahrt von *Leominster* nach *Ludlow* kann auf der A-49 oder auf der westlich parallel verlaufenden B-4361 erfolgen. Von der A-49 führt kurz nach dem Verlassen *Leominsters* links eine Zufahrt zum Herrenhaus **Berrington Hall** (1788), mit prachtvoll ausgestatteten Räumen (besonders sehenswert sind die Stuckdecken und Deckenmalereien), das in der Zeit von Mai bis September mittwochs bis sonntags (im April und Oktober nur samstags und sonntags) von 14-18 Uhr geöffnet ist und von einem sehr schönen Landschaftspark umgeben wird, den *Capability Brown* 1780 anlegte. Bemerkenswert ist auch das westlich benachbarte Herrenhaus **Eye Manor** (17. Jh.), ebenfalls mit reich ausgestatteten Räumen, das aber zur Zeit nicht besichtigt werden kann.

Von der B-4361 führt links eine Zufahrt zur ehemaligen Grenzburg **Croft Castle,** die seit dem Mittelalter von der Familie *Croft* bewohnt wurde und die sich noch ihre alten Wehrmauern und runden Ecktürme aus dem 14. Jahrhundert bewahrt hat, ansonsten aber zwischen dem 16. und 18. Jahrhundert zu einem reich ausgestatteten Wohnschloß umgestaltet wurde. Aus der Mitte des 18. Jahrhunderts stammen das gotisch nachempfundene Stiegenhaus und die kunstvollen Decken. Durch den großen angrenzenden Landschaftspark führen schöne, von Kastanienbäumen und Eichen gesäumte Alleen. (Gleiche Öffnungszeiten wie *Berrington Hall*). Nahe beim *Castle* steht die frühgotische *Church of St. Michael* (um 1300) mit sehenswerten Grabmonumenten der Familie *Croft.* Auf einem nahegelegenen Hügel liegt das eisenzeitliche Hügelfort „Croft Ambrey".

Ludlow liegt malerisch am *River Teme* inmitten eines fruchtbaren Ackerlandes und besitzt mit dem hoch über dem Fluß thronenden **Ludlow Castle** aus der Normannenzeit eine richtige „Bilderbuchburg", genauso wie man sich eine mittelalterliche Ritterburg vorstellt. Sie wurde 1085 erbaut und im 13. und 14. Jahrhundert palastartig ausgestattet, bei Belagerungen mehrmals zerstört und wieder instandgesetzt, bis sie im 18. Jahrhundert zur Ruine verfiel und aufgegeben wurde. Die Burg ist reich an historischen Ereignissen; viele gekrönte Häupter weilten hier zu Gast. 1326 ließ der Burgherr *Roger Mortimer* den Gatten von *Queen Isabella*, seiner Geliebten, den hier zu Gast weilenden König *Edward II.* ermorden und hob ihren Sohn auf den Thron. Später wurden die beiden Söhne *Edwards IV.* hier eingekerkert, ehe man sie im *Tower of London* ermorden ließ. Im Jahr 1501 besuchte *Prince Arthur,* der ältere Bruder des späteren *Henry VIII.* mit seiner Gemahlin *Catherine of Aragon* die Burg, wo er starb. Damit war der Weg frei für *Henry VIII*, der *Catherine* heiratete und im Verlauf seiner Regierung die Geschichte Englands entscheidend veränderte. Besonders sehenswert in der Burg sind die noch erhaltene normannische Rundkapelle *St. Mary Magdalene* und die gotischen *State Rooms* aus dem späten 13. Jahrhundert.

Auch die auf die Normannenzeit zurückgehende *Church of St. Lawrence,* die die Ausmaße einer Kathedrale hat, zählt zu den herausragenden Bauwerken der Stadt. Sie ist im *Perpendicular-*Stil erbaut und besitzt ein überaus sehenswertes Inneres (berühmte Schnitzarbeiten am Chorgestühl, mittelalterliche Glasmalereien am großen Ostfenster mit Szenen aus dem Leben des hl. Lorenz). Nahebei steht das große und eindrucksvollste *Reader's House,* das im 16. Jahrhundert vergrößert wurde und später ein hohes Portal vorgesetzt bekam. In den malerischen, schmalen Straßen stehen viele altertümliche Häuser und Gasthöfe; aus dem 17. Jahrhundert stammt die „Angel Inn" (auch *Lord Nelson* wohnte einmal hier als Gast), aus dem 16. Jahrhundert das „Feathers Hotel" auf dem *Bull Ring*, mit prächtigen Balkendecken, Täfelungen und Wandmalereien. Das *Buttercross Museum* enthält heimatkundliche Sammlungen von der prähistorischen bis zur viktorianischen Zeit, eine Ausstellung über die Geschichte von *Ludlow Castle* und eine sehr bemerkenswerte geologische Sammlung mit über 20 000 Fossilien. Sehr schöne Spaziergänge führen am bewaldeten Flußufer entlang.

Unter den zahlreichen roten Sandsteinfelsen, die man rund um die Ufer findet, ist **Hermitage Cave** am bekanntesten; die Höhle soll im 10. Jahrhundert die Einsiedelei von *Ethelred,* König *Athelstans* Bruder, gewesen sein. Südöstlich der Stadt liegt der kleine Ort **Caynham,** mit Erdaufschüttungen eines eisenzeitlichen Forts auf dem *Tinker's Hill.*

Ludlow ist auch ein beliebter Ausgangspunkt für Touren durch das malerische Hügelland von *Shropshire.* Mehrere schöne, nordwärts ziehende Täler nehmen hier ihren Ausgang. Das von der B-4378 durchzogene und im Westen von dem Hü-

*Im Jahr 1777 wurde die erste Eisenbrücke in England erbaut.
Sie überspannt heute noch den Fluß Severn und gab
dem kleinen Ort Iron-Bridge den Namen.*

gelzug *Wenlock Edge* gerahmte **Corve Dale** ist reich an gut erhaltenen herrschaftlichen Farmhäusern aus dem 15. und 16. Jahrhundert, oft mit prachtvollem Fachwerk. In diesem Flußtal liegt die sehenswerte kleine Ortschaft **Munslow**, mit alten
Fachwerkhäusern und Gasthöfen, einer normannischen Pfarrkirche und einem Herrenhaus („White House") aus dem 14. Jahrhundert mit einem Flügel aus Fachwerk
(16. Jh.) und späteren Anbauten. Es enthält ein kleines landwirtschaftliches
Museum. Etwas weiter nördlich liegt das sehenswerte elisabethanische Herrenhaus
Shipton Hall, mit einem großen mittelalterlichen Taubenschlag und einer Kirche,
deren Grundmauern bis auf das 8. Jahrhundert zurückgehen.

Östlich der B-7380 verläuft die B-4364 längs der **Clee Hills** durch das Tal des
Ledwyche Brook bis nach **Bridgnorth,** einem alten Markt, dessen sehr malerische
alte Stadtteile („High Town" und „Low Town") auf einem hohen Sandsteinfelsen
durch Treppenaufgänge und eine „Cliff Railway" miteinander verbunden sind. Viele
schöne alte Fachwerkhäuser und Gasthöfe, die aus dem 17. Jahrhundert stammende
„Diamond Hall", der Bischofssitz *Bishop Percy's House* (1580), der Fachwerkbau
der *Town Hall* (1652), ein normannischer Burgturm, der sich stark zur Seite neigt, die
1792 in klassizistischem Stil mit hohen toskanischen Säulen erbaute *Church of
St. Mary Magdalene* und die 1860 in neugotischem Stil erneuerte *Church of
St. Leonard* mit Stichbalkendecke aus dem 17. Jahrhundert im Schiff sind die wichtigsten Sehenswürdigkeiten der Stadt.

Von *Bridgnorth* führt die A-458 über **Morville** (normannische Pfarrkirche und elisa-bethanisches Herrenhaus aus dem 16. Jh. mit späteren Zubauten) und **Acton Round** (kleine gotische Pfarrkirche und Herrenhaus von 1695) nach **Much Wenlock** und von dort weiter nach *Shrewsbury (s. unten)*. **Much Wenlock** ist ein mittelalterliches Städt-chen und allein schon wegen der Ruinen der *Wenlock Priory* besuchenswert. Das um 680 gegründete Nonnenkloster wurde 896 von den Dänen zerstört und um 1080 als Mönchskloster neu gegründet. Die Ruinen der unter *Henry VIII.* zerstörten norman-nischen Abteikirche (11. Jh.) und von *Prior's Lodging* (15. Jh.) liegen in einem malerischen kleinen Park. Nahebei steht die nicht minder sehenswerte normannische *Church of the Holy Trinity*, mit gotischen Erweiterungen. Andere Sehenswürdig-keiten der Stadt sind die vielen Fachwerk-Cottages, das *Raynald's Mansion* (1682), das *Gaol House* (1577) und der Fachwerkbau der alten *Guildhall*.

Etwa 5 km weiter nördlich liegen die ausgedehnten Ruinen der 1135 gegründeten **Buildwas Abbey;** ebensoweit nordöstlich von *Much Wenlock* liegt **Benthall Hall,** ein Herrenhaus (16. Jh.) mit romantischen halbrunden Erkerbauten und ungewöhnlich hohen Schornsteinen, schönen Täfelungen, Stuckdecken und einem kunstvollen Stie-genhaus (1610) aus Eichenholz. (Geöffnet von Ostern bis September dienstags, mitt-wochs und samstags von 14- 18 Uhr). Besuchenswert ist auch das unweit südlich liegende kleine Herrenhaus **Broseley Hall** von 1767.

Die Brücke, die von dem benachbarten Ort **Iron-Bridge** den Fluß *Severn* über-spannt, ist die erste in England erbaute Eisenbrücke.

Kurz nach dem Verlassen von **Ludlow** (s. oben) überquert die A-49 die **Shropshire Hills,** links flankiert von „The Long Mynd", einer kahlen und öden Hügelkette, rechts von der „Wenlock Edge", mit Erhebungen bis zu 500 m. Durch das teilweise sehr romantische Hügelland ziehen schmale und kehrenreiche Land-straßen, in den kleinen, altertümlichen Dörfern stehen viele Fach-werkhäuser und mittelalterliche Kirchen, Wanderwege führen zu den schönsten Aussichtspunkten.

Die A-49 führt auch an dem von einem Wehrgraben umge-benen **Stokesay Castle** vorbei, einem burgartigen Herrensitz aus dem 12. Jahrhundert mit gut intakten Wehrmauern und einem aus Fachwerk angebauten Oberstock (16. Jh.) hoch oben am Nordturm. Auch das **Gate House** stammt aus dem 16. Jahr-

Stokesay Castle ist ein befestigter Herrensitz
aus dem 12. bis 16. Jahrhundert
und besitzt noch prächtig erhaltene
mittelalterliche Bauteile.

hundert, während die mittelalterliche *Great Hall* zu den ältesten überhaupt noch erhaltenen in England zählt. Die nahebei stehende, ursprünglich normannische *Church of St. John the Baptist* wurde nach ihrer Zerstörung im Bürgerkrieg im 17. Jahrhundert erneuert.

Links neben der A-49 liegen die altertümlichen Orte **Little Stratton** und **Church Stratton,** Ausgangspunkte für Touren in das romantische Hügelland und das angrenzende **Cardingmill Valley,** von wo aus man die berühmten Aussichtspunkte von „Long Mynd" am besten erreichen kann. Es gibt dort auch ein *Information Centre* und einen „Chalet Pavilion" mit Gasthaus und Cafeteria.

Shrewsbury* wird an drei Seiten vom *River Severn* umflossen und wird gerne als malerischste mittelalterliche Tudorstadt Englands bezeichnet. Es lohnt sich, in die Stadt einzufahren und bei einem Spaziergang etwas von der altertümlichen Atmosphäre einzufangen (→ S. 361 ff.).

Die von *Shrewsbury* westlich abzweigenden Straßen führen alle nach *Wales:* die A-5, nahe an der Grenzstadt **Oswestry** (Burgruinen; großes eisenzeitliches Hügelfort „Old Oswestry") vorbei nach *Llangollen;* die A-528 über **Ellesmere** (in der Nähe liegen sechs kleine Seen) nach *Wrexham* (→ Goldstadt-Reiseführer „Wales").

Die A-49 führt von **Shrewsbury** weiter nach **Whitchurch,** dem alten römischen Legionslager *Mediolanum.* Auch unter den Sachsen (als „Blancminster") und den Normannen war *Whitchurch* ein bedeutender Ort. Heute ist nichts mehr von seiner mittelalterlichen Burg und seinem Münster erhalten. Die große *Church of St. Alkmund,* die heute an seiner Stelle steht, wurde auf den Resten früherer Kirchen 1713 errichtet und ist wegen der bedeutenden Grabmonumente aus dem 15. und 16. Jahrhundert, die sie enthält, erwähnenswert.

Man verläßt jetzt die A-49, die nordwärts über *Bunbury* und *Taporley* (→ S. 240) weiterzieht, und fährt auf der A-41 weiter (lohnender Abstecher nach *Malpas,* → S. 238; zum *Cholmondeley Castle,* → S. 238; nach *Bruera,* → S. 238), bis **Chester***, einer der sehenswertesten alten Städte Englands. Von *Chester* kann man dann auf der M-53 oder der A-41 über *Birkenhead* weiterfahren nach **Liverpool** (→ Goldstadt-Reiseführer „Nordengland"). Über die zahlreichen sehenswerten Orte in der Umgebung von *Chester** lesen Sie bitte unter „Ausflüge" nach der Stadtbeschreibung nach.

6. Von London über Peterborough
nach Lincoln, Kingston-upon-Hull, Leeds und York

Die A-1 war vor der Fertigstellung der Autobahn M-1 (Weg 1), die weiter westlich verläuft, die Hauptverkehrsstraße von London nach Nordengland. Durch den Ausbau der A-1 zur Schnellstraße, die alle Orte umgeht (teilweiser Ausbau sogar als Autobahn), ist auch auf dieser Straße ein relativ rasches Erreichen des im Norden liegenden Reiseszieles möglich und für Touristen auch deshalb interessant, weil man von der A-1 zu vielen sehenswerten Orten auf der Strecke (z. B. *Hatfield, Knebworth, Benington, St. Neots, Buckden, Huntingdon, Peterborough, Stamford, Grantham* usw.) fahren und dort die Fahrt unterbrechen kann.

Entfernungsangaben: Von **London** (City) nach Peterborough 132 km, nach Stamford 145 km, nach Grantham 177 km, nach Newark-upon-Trent 202 km, nach Lincoln (über Grantham auf der A-607) 215 km, nach Doncaster 264 km, nach York 315 km, nach Kingston-upon-Hull (ab Doncaster auf der M-18 und M-62) 337 km. Von **Lincoln** direkt nach Hull 64 km, von London über Lincoln nach **Hull** 279 km. Die zahlreichen Abstecher von der Hauptstrecke sind in diesen Entfernungsangaben kilometermäßig nicht berücksichtigt.

Man verläßt London im Norden durch die Stadtteile *Islington, Hampstead* und *Hendon (New North Road)*, fährt dort nicht auf die M-1 auf, sondern bleibt auf der A-1, die an den Vorstädten *Borehamwood, Potters Bar* und *Hatfield* vorbeiführt. **Hatfield** ist sehenswert wegen seiner vielen alten Giebel- und Fachwerkhäuser aus dem 16. und 17. Jahrhundert, teilweise noch mit überhängenden Oberstockwerken (vor allem in der *Church Street, Fore Street* und *Park Street*), darunter auch dem „Eight Bells Inn", einem sehr schönen Fachwerkbau von 1630. Die aus dem 13.Jh. stammende und im 17. und 19. Jahrhundert erneuerte *Church of St. Etheldreda* besitzt bemerkenswerte alte Grabmonumente und schöne Glasmalereien. Dem Bahnhof gegenüber liegt der Eingang zum prachtvollen Palast **Hatfield House,** der inmitten eines großen Landschaftsparks mit herrlichen Gärten liegt. Der 160 m lange und über 80 m breite Bau wurde 1607- 1611 im Tudorstil als Residenz der Familie *Cecil, Earls of Salisbury*, errichtet und besteht aus mehreren sehr reich ausgestatteten, aneinandergrenzenden Gebäuden; die hohen Seitenflügel mit Ecktürmen, der Mittelteil mit Arkaden und reich verziertem Glockenturm.

Die **State Apartments,** die in der Regel von Ende März bis Anfang Oktober täglich außer montags von 12-17 Uhr (sonntags erst ab 14 Uhr) bei Führungen besichtigt werden können (die Gärten sind auch montags offen), enthalten viele Kunstwerke,

Routen 7 bis 11

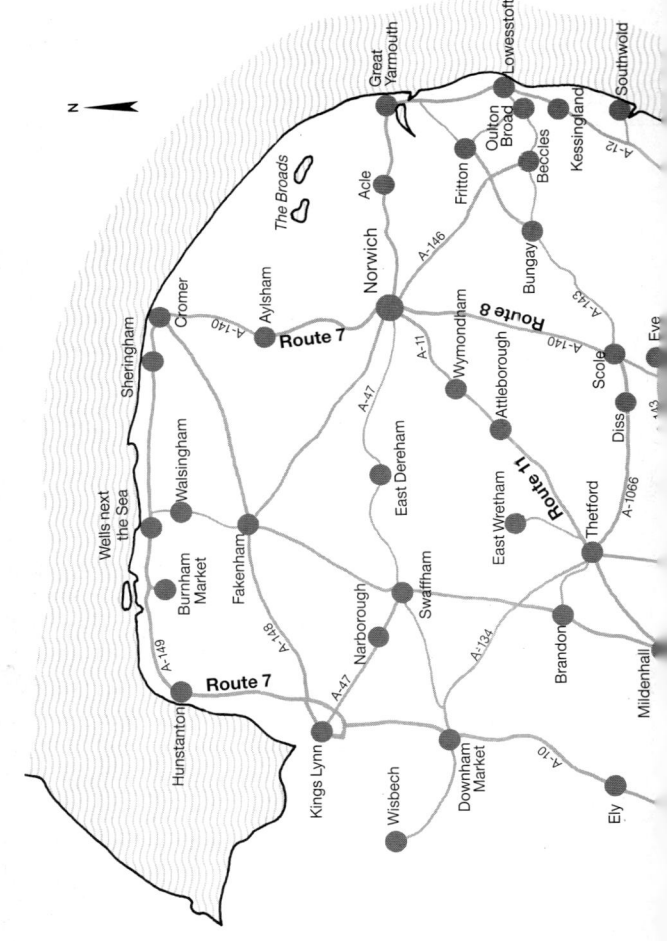

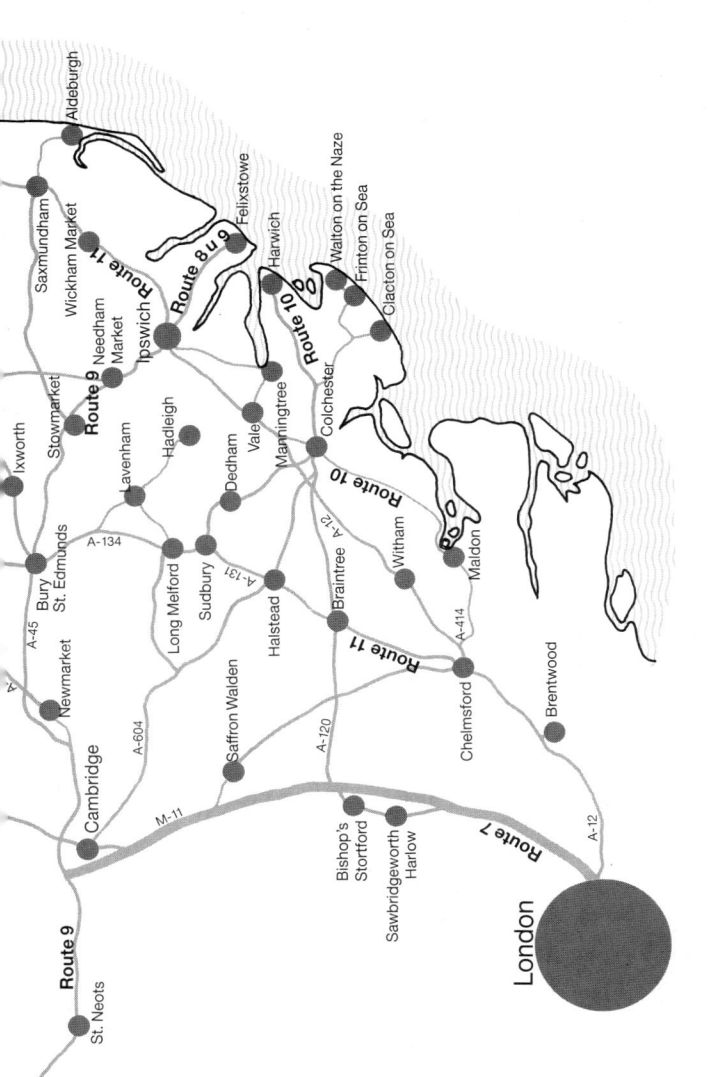

Gemälde (darunter Werke von *Van Dyck, Zucchero, Kneller* und *Reynolds*), flämische Tapisserien aus dem 17. Jahrhundert, kostbare Stilmöbel, reiche Deckentäfelungen, historische Waffen und Rüstungen. Besonders eindrucksvoll sind die über zwei Stockwerke reichende **Great Hall,** das Stiegenhaus mit großartigen Holzschnitzereien, die Palastkapelle mit kostbarem altem Glas, der *King James' Drawing Room* mit prächtigem Kamin. Die **Long Gallery** nimmt mit 55 m Länge die gesamte Südfront des Hauptgebäudes ein.

Ehe der Palast erbaut wurde, stand hier ein Schloß aus dem 15. Jahrhundert, das den Bischöfen von *Ely* als Wohnsitz diente. Nach der Aufhebung der Klöster wurde es eine Königsresidenz. Sie wurde u. a. von *James I.* bewohnt, die spätere *Queen Elizabeth I.* verbrachte hier ihre Jugend, und 1558 versammelte sie hier ihren ersten Staatsrat; dabei erwählte sie *William Cecil* zu ihrem *Chief Minister.* Ein Flügel dieses alten **Royal Palace** (mit der *Banqueting Hall*) ist heute noch erhalten und enthält sehr viele Erinnerungen an diese Königin. Heute wird **Hatfield House,** das immer noch im Besitz der *Cecils, Marquesses of Salisbury* ist, auch für Großveranstaltungen und verschiedene Ausstellungen verwendet. Es gibt hier auch ein Restaurant und eine Cafeteria, oft finden „elisabethanische Bankette" statt.

An *Hatfield* grenzt die **Welwyn Garden City,** eine erst 1920 angelegte Satellitenstadt im neogeorgianischen Stil, mit vielen schönen Park- und Gartenanlagen. Von *Welwyn* aus läßt sich ein schöner Abstecher in das nahe gelegene Dorf **Ayot St. Lawrence** unternehmen, um dort **Shaw's Corner** anzusehen, den Wohnsitz von *George Bernard Shaw* von 1906-1950. (Geöffnet von April bis Oktober montags bis donnerstags und sonntags von 12-18 Uhr, die übrige Jahreszeit nur donnerstags und sonntags).

Auch der folgende Ort **Knebworth** verdient einen Aufenthalt, um das schloßartige **Knebworth House** anzusehen. Das Herrenhaus wurde 1492 erbaut, aber 1812 grundlegend restauriert. Mit seinen zinnengekrönten Mauern und Türmen macht es immer noch einen altertümlichen und recht „romantischen" Eindruck. Seit dem 15. Jahrhundert residiert hier die Familie *Lytton.* Der berühmte Staatsmann und Schriftsteller *Sir Edward Bulwer-Lytton* (1803-1873) ließ 1843 die Fassade mit Verzierungen in gotischem Stil bereichern. Das Haus ist noch im Stil des 17. und 18. Jahrhunderts eingerichtet, bemerkenswert ist vor allem die *Tudor Great Hall* (16. Jh.). Sehr schön sind die angrenzenden Gärten und der mit Rehen und Hirschen bevölkerte Wildpark, es gibt auch Picknickplätze und einen Abenteuer-Spielplatz hier, einige alte Speicher und Scheunen stammen noch aus dem 16. Jahrhundert.

Weiteres beherbergt *Knebworth House* die sehenswerte **Delhi-Durbar-Exhibition,** die einen guten Überblick über die englische Kolonialherrschaft in Indien gibt. (*Robert Earl of Lytton* und Vizekönig von Indien ließ 1877 *Queen Victoria* zur Kaiserin von Indien ausrufen). **Knebworth House** ist von Juni bis Mitte September täglich außer montags an Nachmittagen geöffnet, die übrige Jahreszeit nur sonntags. Die im Landschaftspark liegende *Church of St. Mary and Thomas of Canterbury* stammt noch aus normannischer Zeit (12. Jh.), wurde später oft verändert und vergrößert und enthält bemerkenswerte Familiengräber der *Lyttons* aus dem 18. Jahrhundert.

Es folgt die Stadt **Stevenage,** der das kleine Dorf **Aston** östlich benachbart ist. Dort kann man noch sehr alte mit Stroh bedeckte (Fachwerk-) Häuser und Scheunen sehen, auch ein Herrenhaus *(Aston Bury)* aus dem 16. Jahrhundert und eine frühgotische Pfarrkirche (13. Jh.). Aston nördlich benachbart liegt **Benington,** ebenfalls mit vielen schönen Cottages aus dem 16. Jahrhundert, einer Kirche aus dem 14. Jahrhundert und – teilweise erneuerten – Ruinen einer Normannenburg. Das wuchtige „normannische" Torhaus mit den flankierenden Rundtürmen ist allerdings eine Nachbildung. Das georgianische Herrenhaus **Benington Lordship,** dessen weiträumige Parkanlage mit herrlichen Blumenbeeten, Terrassengärten und kleinen Seen kann in der Regel von Mai bis Anfang August mittwochs und sonntags von 14-17 Uhr besichtigt werden.

Am Nordwestrand von *Stevenage* liegt das Dorf **Little Wymondley** mit einer Farm, auf der noch eine 30 m lange mittelalterliche Scheune und Baureste der im 13. Jahrhundert gegründeten *Wymondley Priory* zu sehen sind. Aus dem frühen 17. Jahrhundert stammt der Fachwerkbau *Wymondley Hall,* mit seinen auffälligen elisabethanischen Schornsteinen. Das benachbarte **Great Wymondley** rühmt sich seiner *Lords,* die Mundschenke von Königen waren und im 16. Jahrhundert das Recht besaßen, bei Krönungsfeierlichkeiten als „Cup Bearer" zu fungieren. Das um 1600 erbaute dreistöckige *Delamere House* gehörte einem dieser Lords. Noch wenige Fahrminuten weiter sind es nach **Hitchin,** das eine bedeutende Wehrkirche aus dem 14./15. Jahrhundert und eine Altersherberge („The Biggin") aus dem 17. Jahrhundert besitzt.

Es folgen die Orte **Letchworth** (Englands erste, 1903 angelegte „Gartenstadt" mit vielen Grünanlagen) und **Baldock** (bemerkenswerte mittelalterliche *Church of St. Mary*). Die A-1 führt dann weiter nach **Biggleswade.** Hier lohnt sich der Abstecher zu dem etwa 4 km westlich liegenden entzückenden Dorf **Old Warden,** mit vielen strohgedeckten Cottages und einer bis in das 12. Jahrhundert zurückreichenden Pfarrkirche (bemerkenswerte Holzschnitzereien und Figurengräber)sowie dem „Swiss Garden", einer bemerkenswerten Gartenanlage aus dem frühen 19. Jahrhundert mit alten Bäumen, vielen seltenen Pflanzen und schönen Picknickplätzen. (Zutritt von Ende März bis Oktober mittwochs, donnerstags, samstags und sonntags 14-18 Uhr).

An die Gartenanlage grenzt das „Biggleswade Airfield" mit der **Shuttleworth Aeroplane Collection,** einer Sammlung alter Flugzeuge (auch Kampfflugzeuge wie „Hurricane" und „Spitfire"), die im Sommer auch im Flug vorgeführt werden. Weiters gibt es hier Sammlungen alter Fahrräder, Kutschen und Oldtimer-Automobilen.

Malerisch ist das nördlich angrenzende Dorf **Ickwell Green** mit vielen alten strohgedeckten Häusern. Nach alter Tradition wird alljährlich noch ein Maibaum aufgestellt, um den man bei Festlichkeiten tanzt und singt.

Die A-1 führt weiter über *Sandy* und **St. Neots** (→ S. 140). Viele lohnende Abstecher finden Sie im Weg 9 (→ zwischen *Cambridge* und *Northampton,* ab S. 139) und nach der Stadtbeschreibung von *Bedford** beschrieben.

Dann führt die A-1 an **Buckden** vorbei (lohnender Abstecher zum See *Grafham Water,* → S. 140). In *Buckden* ist **Buckden Palace** (15. Jh.), die ehemalige Residenz der Bischöfe von Lincoln sehenswert. Der Palast gilt als das älteste Backsteingebäude Englands und besitzt noch gut erhaltene Wehrmauern, ein großes *Gatehaus* aus der Tudorzeit, mit altem Bischofswappen an der Innenseite und einen sehenswerten Turmbau mit Ecktürmen, der eine Zeitlang Wohnsitz von *Katharina von Aragonien* (Ehefrau *Henrys VIII.*) war. Der Palast dient heute als Schule. Bemerkenswert sind auch die im *Perpendicular*-Stil erbaute *Church of St. Mary* mit hohem Südportal und viele schöne Fachwerkhäuser.

Auch in **Brampton** gibt es malerische alte Häuser zu sehen, darunter „Pepys' House", ein altes Farmhaus, in dem der berühmte Historiker *Samuel Pepys* (1633-1703) lebte. Bemerkenswert ist auch die mittelalterliche Pfarrkirche (13. Jh.) mit einem Chorgestühl aus dem 14. Jahrhundert.

Kurz darauf führt eine Zufahrt von *Brampton* nach **Huntingdon,** das malerisch an der *Great Ouse* liegt (eine alte Brücke stammt noch aus dem Jahr 1322). Sehenswert sind dort die *All Saint's Church* (15. Jh.) mit einem Turm aus dem 14. Jahrhundert und die *Old Grammar School* auf dem *Market Place,* die aus einer Pilgerherberge von 1565 hervorging (sie wurde u. a. von *Oliver Cromwell* und dem Historiker *Samuel Pepys* besucht) und die heute als *Cromwell Museum* eingerichtet ist. *Oliver Cromwell* (1599-1658) wurde hier in einem kleinen Haus in der *High Street* geboren. Weiters gibt es in dem Städtchen schöne georgianische Häuser zu sehen, u. a. auch das „George Hotel", das einst *Oliver Cromwells* Großvater gehörte und einen bemerkenswerten Innenhof mit Galerien (17. Jh.) besitzt. Zuweilen werden hier Shakespeare-Stücke aufgeführt.

Am Westrand des Ortes liegt **Hinchingbrooke House,** der einstige Wohnsitz der Familie *Cromwell* im 16. und 17. Jahrhundert. Früher lag hier ein im 13. Jahrhundert gegründetes Nonnenkloster. Das Herrenhaus (heute eine Schule, die Besichtigung ist an Sonntagen nachmittags möglich) wurde nach einem Brand im Jahr 1830 restauriert. Das mit Skulpturen geschmückte *Gatehouse* stammt noch aus dem 16. Jahrhundert.

Huntingdon ist mit dem auf dem jenseitigen Flußufer liegenden **Godmanchester** verbunden, ebenfalls ein reizvolles Städtchen mit altertümlichen Häusern und einer mittelalterlichen Kirche. Am Fluß liegt das aus der Mitte des 18. Jahrhunderts stammende Herrenhaus „Island Hall", mit schönen Täfelungen und zeitgenössischer Einrichtung. Es kann in der Regel von Juni bis Mitte September an Dienstagen, Donnerstagen und Sonntagen nachmittags besichtigt werden.

Etwa 8 km östlich von *Huntingdon* liegt die alte Marktstadt **St. Ives,** mit vielen alten Fachwerkhäusern und einer über die *Ouse* führenden Brücke aus dem 15. Jahrhundert, in deren Mitte noch eine mittelalterliche Brückenkapelle erhalten ist. *Oliver Cromwell* bewirtschaftete hier einen Bauernhof. Seine Statue steht auf dem Marktplatz.

Malerisch sind auch die beiden altertümlichen, an der *Ouse* liegenden Dörfer **Hemingford Grey** (mit mittelalterlichem Herrenhaus und gotischer *St. James' Church,* deren Turmhelm 1741 bei einem Sturm in den Fluß fiel) und **Hemingford Abbots,** beide mit schönen Fachwerkhäusern.

Die A-1 führt über **Alconbury** (sehenswerte Pfarrkirche aus dem 13. Jh.) weiter nach **Stilton,** das wegen des berühmten Käses („Stilton Cheese") bekannt ist, obwohl gerade diese Sorte nie in *Stilton* erzeugt wurde. Bemerkenswert ist der „Bell Inn", eine alte Kutschenstation.

Bei **Norman Cross** gabelt sich die Straße. Die A-1 zieht weiter nach *Stamford* (s. unten), rechts führt eine 10 km lange Zufahrt über **Yaxley** (sehenswerte mittelalterliche Kirche mit Einrichtungen aus dem 15. Jh. und Wandmalereien) und **Old Fletton** (normannische Kirche mit sächsischen Bauteilen und Steingravierungen) nach *Peterborough* (s. unten).

Die A-1 quert kurz nach *Norman Cross* die A-605, auf der man rechts über *Orton Waterville* und *Orton Longueville* (in beiden Orten bemerkenswerte mittelalterliche Kirchen) ebenfalls nach *Peterborough* (8 km) zufahren kann. Wenn man aber auf der A-605 links abbiegt, gelangt man nach etwa 5 km nach **Elton,** wo das kleine, in einer schönen Gartenanlage liegende Schloß **Elton Hall** einen Besuch lohnt. 1475 erbaut, wurde es im Laufe der folgenden Jahrhunderte oft umgestaltet, im 18. und 19. Jahrhundert vergrößert, so daß heute an ihm praktisch alle Baustile der letzten fünfhundert Jahre zu erkennen sind. Auch die reiche Innenausstattung (Stilmöbel, Gemälde, Bibliothek) stammt aus vielen Zeitepochen. Aus dem 15. Jahrhundert sind nur mehr der Turm des Torhauses und die Kapelle erhalten. (Derzeit geöffnet von Mai bis Juli jeden Mittwoch, im August mittwochs und sonntags von 14-17 Uhr).

Peterborough ist zwar eine Industriestadt, besitzt aber mit seiner normannischen Kathedrale eine der sehenswertesten Kirchen Englands. Schon im Jahr 635 ließ *Peada,* König von Mercia, hier ein Kloster gründen und eine große Kirche bauen, die aber 870 von den Dänen zerstört und nach ihrem Wiederaufbau (965) im Jahr 1116 neuerlich zerstört wurde. Reste dieser sächsischen Kirche sind 1888 unter dem südlichen Kreuzschiff der heutigen Kathedrale freigelegt worden. Mit Ausnahme der prächtigen und reich verzierten Westfront (13. Jh.) hat die Kirche noch ihr normannisch-romanisches Aussehen aus dem 12. Jahrhundert beibehalten.

Die **Westfront** besitzt drei ungewöhnlich hohe (25 m) Portale, von denen die beiden seitlichen wesentlich breiter sind als das mittlere, dem 1370 ein gotischer Vorbau angefügt wurde. Das normannische **Langhaus** ist wegen seiner einzigartigen getäfelten Holzdecke (1220) mit Deckenmalereien sehenswert. Ebenso sehenswert sind der normannische Chor und das kunstvolle Fächergewölbe (15. Jh.) in der Apsis. Im Presbyterium wurden Katharina von Aragonien und die enthauptete Maria Stuart beigesetzt; letztere wurde 1612 von ihrem Sohn *James I.* in die Londoner *Westminster Abbey* überführt. Ein Epitaph erinnert an den Totengräber *Robert Scarlett,* der beide Königinnen beisetzte und von dem berichtet wird, daß er im Laufe seines Lebens doppelt so viele Menschen beerdigte, als Peterborough Einwohner hatte.

Von den einstigen Klostergebäuden sind nur mehr *Abbot's Lodging, Prior's Lodging* und einige Torhäuser erhalten. Besonders schön ist **Knight's Gateway,** ein Torhaus aus dem Jahr 1302, das zum Bischofspalast führt. Sehenswert sind auch die **Guildhall** (1671) auf dem *Market Place,* die gotische *St. John's Church* (1401) im *Perpendicular*-Stil und das **Peterborough Museum** in der Straße *Priestgate,* das in einem imposanten Bau aus dem Jahr 1816 untergebracht ist. Es enthält bedeutende römische und angelsächsische Altertümer, auch naturgeschichtliche, geologische und volkskundliche Sammlungen; einige Zimmer sind noch in viktorianischem Stil eingerichtet, eine Abteilung befaßt sich mit den industriellen Errungenschaften. Als Kuriosität werden handwerkliche Erzeugnisse gezeigt, die während der napoleonischen Kriege von französischen Kriegsgefangenen gefertigt wurden. (Geöffnet dienstags bis samstags 12-15 Uhr).

Der **Peterborough** im Westen benachbarte Vorort **Longthorpe** besitzt noch ein befestigtes Herrenhaus aus dem 13. Jahrhundert mit späteren Veränderungen: **Longthorpe Tower** ist vor allem wegen seiner wuchtigen Steingewölbe und seiner 1945 entdeckten, faszinierenden Wandmalereien aus dem 14. Jahrhundert erwähnenswert.

An der A-47, der Zufahrtsstraße zur A-1, liegt der kleine Ort **Castor** (das römische *Durobrivae),* mit sehenswerter Pfarrkiche von 1124 mit prächtigem Turm aus dem 14. Jahrhundert. Im Innern sind noch mittelalterliche Wandmalereien aus der gleichen Zeit erhalten. In der Umgebung findet man viele interessante mittelalterliche Kirchen.

Etwa 10 km östlich von *Peterborough* liegt an der A-47 das reizvolle Dorf **Thorney,** von dessen 972 von den Sachsen gegründeten und von den Normannen erneuerten Benediktinerabtei noch Teile in der heutigen Pfarrkirche erhalten sind. Bemerkenswert sind vor allem die Arkaden aus dem 11. Jahrhundert. An der Stelle der alten Abtei liegt *Thorney Abbey House* (16. Jh.). Ein Herrenhaus der *Dukes of Bedford* stammt aus dem Jahre 1660.

VON PETERBOROUGH ÜBER LINCOLN NACH KINGSTON-UPON-HULL

Während die A-1 im Westen an *Peterborough* vorbei nach Norden führt, zieht die A-15 direkt weiter nach *Lincoln**. Man durchquert auf dieser Strecke die einst versumpften und jetzt großenteils trockengelegten und von Wasserläufen durchzogene „Fens" (→ S. 126) und lernt auch mehrere sehenswerte Orte kennen. In **Northborough** ist das aus dem Jahr 1320 stammende und im 16. und 17. Jahrhundert vergrößerte *Manor House* erwähnenswert. *Market Deeping* liegt **West Deeping** benachbart, wo es noch eine alte Wassermühle mit eleganter georgianischer Fassade zu sehen gibt. In **Deeping St. James** ist wiederum die bis in die Normannenzeit zurückreichende *Priory Church* erwähnenswert. Sie wurde im Laufe der Jahrhunderte so oft verändert, daß an ihr alle Bauteile bis zum 18. Jahrhundert zu erkennen sind. Im Innern beherbergt sie monumentale Figurengräber aus dem 14. Jahrhundert.

Bourne ist eine alte Marktstadt und war der Heimatort von „Hereward the Wake", dem letzten Sachsenkönig, der sich gegen den normannischen Eroberer *William the Conqueror* auflehnte. Von seiner einstigen Burg sind nur mehr Erdaufschüttungen zu sehen. Das „Burghley Arms Hotel" geht aus dem alten Herrenhaus hervor, in dem *Sir William Cecil,* der Schatzkanzler von

Elizabeth I. und spätere *Lord Burghley,* 1520 geboren wurde. Die *Church of St. Peter and Paul* steht an der Stelle einer normannischen Abteikirche, von der noch das Schiff (12. Jh.) erhalten ist. Schließlich soll auch noch „Red Hall" erwähnt werden, ein ansehnliches Herrenhaus im Tudorstil aus dem Jahr 1620. Schöne georgianische Häuser kann man im benachbarten **Cawthorpe** sehen.

Folkingham war im 18. Jahrhundert eine bedeutende Kutschenstation und besitzt aus dieser Zeit noch viele ansehnliche Häuser. Die *Church of St. Andrew* (14./15. Jh.) besitzt noch einen Chor in *Early English* und einen besonders schönen Turm im *Perpendicular*-Stil. Ein alter Gefängnisbau steht heute an der Stelle einer mittelalterlichen Burg.

Sleaford ist wie *Bourne* (s. oben) eine alte Marktstadt, die vor allem wegen ihrer *Church of St. Denis* (12. bis 15. Jh.) einen Aufenthalt lohnt. Die große gotische Kirche besitzt prachtvolle Maßwerkfenster, einen bemerkenswerten Lettner (15. Jh.) und viele schöne alte Grabdenkmäler. An die Zeit der Postkutschen erinnert noch der alte „Black Bull Inn".

Von Sleaford führt die A-17 in östlicher Richtung über **Heckington** (sehr sehenswerte hochgotische Pfarrkirche im *Decorated-Stil*) durch die „Holland-Fens" (→ S. 126) nach **Boston** (26 km), das vom *River Whitham* durchzogen wird und vom 13. bis 16. Jahrhundert ein bedeutender Seehafen war. Mit dem Versanden des Hafens und dem Zurücktreten des Wasserspiegels sank die Bedeutung der Stadt, die heute 7 km vom Meer entfernt liegt. Dank der breiten, gut ausgebauten Flußmündung „The Haven" wird aber Boston auch heute noch von vielen Schiffen, Frachtern und Bananendampfern, angelaufen. In der Stadt sind noch viele alte Gebäude erhalten, so die *Guildhall* (1450) und das nebenan liegende *Fydell House* (1726), der Fachwerkbau *Shodfriars Hall* (im 19. Jh. erneuert). Sehenswert ist vor allem die große, am Fluß liegende *St. Botolph's Church* (14. Jh.) mit prachtvoller gotischer Innenausstattung. Ihr 83 m hoher Turm („Boston Stump" genannt) war früher ein Wahrzeichen für Landreisende und Seeleute.

Eine andere Straße, die A-153, führt von *Sleaford* zum 19 km nordöstlich liegenden **Tattershall** mit dem burgartigen Herrensitz **Tattershall Castle,** das sich um 1440 *Ralph Cromwell,* Schatzkanzler von England, bauen ließ. Von ihm ist noch der 31 m hohe, aus Ziegelsteinen erbaute Wohnturm *(Keep)* mit zinnenbekrönten Ecktürmen erhalten. Von seiner Spitze genießt man einen weiten Rundblick. Im *Guard House* kann man ein Modell der alten Burg und andere Ausstellungsstücke sehen. Der *Keep* steht auf den Grundmauern einer Normannenburg aus dem Jahr 1231. Die nahebei stehende *Church of the Holy Trinity* wurde zwischen 1440 und 1480 erneuert und besitzt eine sehr schöne steinerne Altarwand aus dem 16. Jahrhundert.

Von *Sleaford* erreicht man auf der A-15 rasch die Stadt **Lincoln***, für deren Besichtigung (vor allem der Kathedrale) man sich genügend Zeit nehmen sollte. Die A-15 führt dann nordwärts weiter bis **Caenby Corner,** wo man die A-631 kreuzt.

Links liegt der kleine Ort **Harpswell,** dessen mittelalterliche Pfarrkirche noch einen Turm aus angelsächsischer Zeit besitzt. Auf der A-631 kann man einen Abstecher in das 17 km weiter westlich am *River Trent* liegende **Gainsborough** unternehmen, das wegen seiner großen, mittelalterlichen **Old Hall** (15. Jh.) im Mittelpunkt der Stadt einen Besuch lohnt. Viele Räume dieses Herrenhauses sind noch zeitgenössisch eingerichtet, auch die mittelalterliche Küche ist noch erhalten. *Richard III.* (1484) und *Henry VIII.* (1509 und 1540) waren die berühmtesten Gäste des Hauses. Im späten 16. Jahrhundert trafen sich hier die „Pilgrim Fathers", und *John Wesley,* Begründer des Methodismus, predigte hier. Das ehemalige Herrenhaus ist als Volksmuseum (alte Möbel, Bilder, Trachten, Kostüme, Porzellan usw.) zugänglich. (Geöffnet täglich von 10-17 Uhr, sonntags ab 14 Uhr).

Die A-15 quert jetzt die A-18, die links in die bedeutende Industriestadt **Scunthorpe** führt (10 km), an deren Nordrand inmitten eines großen, wildreichen Landschaftsparks das elegante Herrenhaus **Normanby Hall** (Anfang 19. Jh.) liegt. Es ist zeitgenössisch eingerichtet, enthält auch eine Kunstgalerie und eine Sammlung von Kostümen. Rechts führt die A-18 zum Fährschiffhafen **Immingham** und nach **Grimsby** (→ S. 295).

Auf dem letzten kurzen Streckenabschnitt bis **Barton-upon-Humber** (sehenswerte alte Hafen- und Marktstadt), wo man auf einer modernen Straßenbrücke den *Humber* nach **Kingston-upon-Hull** überquert, lohnen sich Zufahrten zum wunderschönen **Elsham Country Park** und zur sehenswerten **Thornton Abbey,** die Sie – ebenso wie die historische alte Hafenstadt **Kingston-upon-Hull** – im Goldstadt-Reiseführer „Nordengland" beschrieben finden.

VON PETERBOROUGH AUF DER A-1 WEITER NACH NORDENGLAND

Die A-1 führt im Westen an *Peterborough* (→ S. 110) vorbei und umgeht auch die historische alte Stadt **Stamford,** in die man unbedingt einfahren sollte, da sie zu den schönsten mittelalterlichen Städten Englands gehört. Schon die Römer siedelten hier, und unter den Sachsen war sie bereits im Jahr 660 eine königliche Stadtgemeinde. Zur Zeit der Dänenherrschaft war **Stamford** Bezirkshauptstadt, die Normannen bauten hier eine Burg, von der aber nur mehr Reste in der *Castle Street* erhalten sind. Die Wollwaren, die hier hergestellt wurden, begründeten bereits im 12. Jahrhundert den Wohlstand der Stadt, der im 16. Jh. seinen

Höhepunkt erreichte. Viele schöne Gebäude aus dieser Zeit erinnern heute noch daran. Auch Teile der alten Stadtmauer (13. bis 15. Jh.) und eine Bastion aus dem 13. Jahrhundert (in der *West Street*) sind noch erhalten. Sehr sehenswert sind die zahlreichen gotischen Kirchen (vor allem *St. Martin's, St. Mary's, St. John's* und *All Saints*), sie stammen alle aus dem 13. bis 15. Jahrhundert. In der *Church of St. Martin* befinden sich prachtvolle alte Figurengräber, darunter auch jenes von *Lord Burghley*, dem Schatzkanzler von *Elizabeth I.* (s. unten und S. 112).

In der *Old Grammar School* verdient das **Brasenose Gate** Beachtung. Es gehörte einst zur *Brasenose Hall,* einem College, das rebellierende Studenten aus Oxford im 13. Jahrhundert hier gegründet hatten. Andere bemerkenswerte Bauten sind das 1480 gegründete **Browne's Hospital** in der *Broad Street* und das aus einer Benediktinerstiftung des 11. Jahrhunderts hervorgehende **Burghley Hospital** und die *Almshouses,* die *Lord Burghley* im 16. Jahrhundert erneuern und vergrößern ließ. Am Ostrand der Stadt liegen die Ruinen der **St. Leonard's Priory** (12. Jh.). Sehr schöne alte Häuser aus dem 16. bis 18. Jahrhundert, oft noch mit mittelalterlichem Kern, kann man in den Straßen *St. Mary's Hill* (mit der georgianischen *Town Hall* von 1777), *St. Peter's Hill, All Saints' Street* und *All Saints' Place, High Street, Broad Street* und *Barn Hill* sehen. Das **George Hotel** geht auf eine alte Postkutschenstation des 14. Jahrhunderts und später zurück, es ist heute noch im Stil des 17. bis 19. Jahrhunderts ausgestattet, sein Kellergewölbe gehörte im Mittelalter zum *Hospital of the Knights of St. John of Jerusalem.* Das **Museum** in der *Broad Street* gibt erschöpfend Auskunft über die historische Entwicklung der Stadt.

Am Südostrand von *Stamford* liegt **Burghley House,** Englands größter und wahrscheinlich auch schönster und besterhaltener elisabethanischer Herrensitz des 16. Jahrhunderts. Königin *Elizabeth I.* ließ das riesige Schloß 1577-1585 für ihren Schatzkanzler *Lord Burghley* erbauen. Das Schloß ist überaus reich eingerichtet, silberbeschlagene Stuckkamine, viel Marmor, herrliche Deckengemälde, kostbare alte Tapisserien u.v.a. In der Gemäldegalerie kann man Werke von *Tizian, Velasquez, Veronese, Van Dyck, Holbein* und anderen berühmten Künstlern sehen. Bei einer Führung werden die am kostbarsten eingerichteten *State Apartments*

Eine malerische Marktstadt ist Stamford,
dessen Straßen noch von alten Häusern
aus dem 17. und 18. Jahrhundert gesäumt sind.

gezeigt, darunter auch die prachtvolle *Great Hall* mit einer doppelten Stichbalkendecke und prunkvollem Kamin, auch das von *Elizabeth I.* benutzte und besonders reich ausgestattete Schlafzimmer mit Schnitzereien von *Grinling Gibbons,* die mit Wandmalereien von *Verrio* ausgestatteten Gemächer „Hell Room" und „Heaven Room", das *Roman Staircase,* das zu den schönsten Stiegenhäusern seiner Art zählt, ferner die reich mit Kupfergeschirr ausgestattete mittelalterliche Küche. Sehenswert sind auch der weiträumige und mit Wild bevölkerte Landschaftspark mit vielen schönen Spazierwegen, die Rosengärten und die Orangerie, in der heute eine Cafeteria eingerichtet ist. (Geöffnet von April bis Anfang Oktober täglich von 11-17 Uhr). Auch das benachbarte **Wothorpe** besaß einst ein sehenswertes Herrenhaus („Wothorpe Towers"), von dem aber nur mehr Ruinen aus dem Jahr 1620 erhalten sind. Und das rund 4,5 km südöstlich von *Stamford* liegende Dorf **Barnack** darf sich rühmen, eine der schönsten und besterhaltenen Pfarrkirchen aus dem 12. bis 14. Jahrhundert (mit sächsischem Turm aus dem 11. Jahrhundert) zu besitzen.

Die A-606 führt von Stamford in westlicher Richtung über **Empingham** (sehenswerte gotische *Church of St. Peter*) und am großen *Empingham Reservoir* vorbei nach **Oakham** (17 km), das vor allem wegen seiner normannischen *Hall* aus dem Ende des 12. Jahrhunderts besuchenswert ist. Die prächtige normannische *Hall* von **Oakham Castle** ist über und über mit zum Teil sehr kunstvollen alten Hufeisen behangen, die wohl bedeutendste Hufeisensammlung dieser Art. Nach alter Tradition mußte jeder *Peer* und andere königliche Besucher dem Schloßherrn bei seinem ersten Besuch ein (zumeist mit einer Krone versehenes) Hufeisen als Antrittsgeschenk machen. Weitere Sehenswürdigkeiten der Stadt sind die 1687 gegründete *Grammar School,* das alte *Butter Cross* auf dem *Market Place,* die *All Saints' Church* aus dem 14./15. Jahrhundert.

Die Pfarrkirche im südlichen benachbarten **Egleton** besitzt noch ein sehenswertes normannisches Portal. Auch die anderen Dörfer der Umgebung besitzen sehenswerte mittelalterliche Kirchen.

Burghley House ist der Name
eines der schönsten englischen Schlösser
des 16. Jahrhunderts. Von seinen späteren Besitzern
wurde es reich ausgestattet;
bemerkenswert sind vor allem seine Deckengemälde.

*Woolsthorpe Manor ist ein bäuerliches Gehöft
aus dem frühen 17. Jahrhundert, in dem der später weltberühmt gewordene
Naturwissenschaftler Isaac Newton geboren wurde.*

Die A-1 führt von *Stamford* weiter über **Great Casterton** (wiederum mit bedeutender mittelalterlicher Pfarrkirche aus dem 13. Jh., ebenso im benachbarten *Little Casterton*) und über **Tickencote** (Pfarrkirche aus dem 12. Jh. mit berühmten normannischen Chorbogen) weiter nach **Colsterworth** mit dem **Woolsthorpe Manor,** einem Farmhaus aus dem frühen 17. Jahrhundert, Geburtsort von *Sir Isaac Newton* (1642). Der Überlieferung nach soll der berühmte Naturwissenschaftler hier beim Herabfallen eines Apfels vom Apfelbaum sein berühmtes Gesetz von der Schwerkraft erfunden haben.

Ehe man *Grantham* erreicht, kann man rechts von der A-1 einen Abstecher nach **Boothby Pagnell** machen, um das kleine *Manor House* anzusehen, das oft als das einzige noch vollständig erhaltene normannische Wohnhaus aus dem 12. Jahrhundert bezeichnet wird.

Grantham ist eine charakteristische alte Marktstadt mit einem mittelalterlichen Marktkreuz und mit vielen alten Gasthöfen, die daran erinnern, daß Grantham einst eine wichtige Postkutschenstation auf dem Weg zwischen London und Lincoln war. Der historische alte „Angel Inn" (heute *Angel and Royal Hotel*) in der *High Street* geht bis auf das 13. Jahrhundert zurück; *King John* hielt 1213 hier Hof, *Richard III.* unterzeichnete im gleichen Gasthof die Todesstraße für den *Duke of Buckingham.* Der heutige Gasthof stammt zum Teil noch aus dem 15. Jahrhundert. In der alten *Grammar School* studierte *Isaac Newton;* das Denkmal des berühmten Naturwissenschaftlers steht vor der *Guildhall.* Ein Wahrzeichen der Umgebung ist der 83 m hohe Turm der gotischen *St. Wulfram's Church* (hauptsächlich 14. Jh.); unter der *Lady Chapel* der Kirche befindet sich eine Doppelkrypta von 1340. Von einer normannischen Vorgängerkirche sind noch sechs Säulen erhalten.

Der Herrensitz **Grantham House** (1390) wurde 1570 vergrößert und im 18. Jahrhundert rigoros umgestaltet. Prinzessin *Margaret,* Tochter *Henrys VII.,* wohnte hier im Jahr 1503 auf ihrem Weg nach Norden, um *James IV.* von Schottland zu ehelichen. Andere sehenswerte Gebäude sind das *Vine House* (1764) in der *Vine* Street und das elegante *George Hotel* aus dem Jahr 1780. Das **Museum** der Stadt gibt Aufschluß über ihre historische Entwicklung seit der Frühzeit und enthält auch viele Erinnerungen an *Isaac Newton.*

Nördlich der Stadt liegt der ausgedehnte Herrensitz **Belton House** mit einem sehenswerten Herrenhaus aus dem Jahr 1684 (von *James Wyatt* 1777 teilweise umgestaltet) und einem prachtvollen Landschaftspark, Gärten, einer Orangerie und Stallgebäuden aus dem 17. Jahrhundert. Das schloßartige Herrenhaus, zu dem eine breite Freitreppe hinaufführt, enthält eine kostbare Innenausstattung, Stilmöbel, Tapisserien, alte Gemälde, kunstvolle Stuckdecken und hervorragende Holzschnitzereien von *Grinling Gibbons.* (Geöffnet von April bis Oktober mittwochs bis sonntags von 13 bis 17.30 Uhr; Park und Restaurant sind ab 12 Uhr geöffnet). Bemerkenswert ist auch die Pfarrkirche von **Belton,** die seit der Normannenzeit bis zum 18. Jahrhundert vielen Veränderungen unterworfen war und sehr schöne alte Grabmonumente enthält.

An der A-607/A-153, die Grantham mit dem 22 km entfernten *Sleaford* (→ S. 112) verbindet, liegen die beiden Orte *Honington* und *Ancaster,* mit Resten eisenzeitlicher Hügelforts. In **Ancaster** kann man auch noch Grabungsfunde aus dem römischen *Causennae* sehen, der letzten römischen Poststation auf dem Weg von London nach Lincoln.

Während die A-607 von Grantham über **Belton** (s. oben), **Caythorpe** (sehenswerte *Church of St. Vincent* aus dem 13. Jh.), **Fulbeck** (Herrenhaus *Fulbeck Hall* aus dem 18. Jahrhundert, reich mit Stilmöbeln und Gemälden ausgestattet), **Leadenham** (etwas weiter westlich liegt *Stragglethorpe* mit Englands am weitesten nördlich gelegenen Weingarten) und **Navenby** (bemerkenswerte gotische *Church of St. Peter*) direkt weiter nach **Lincoln*** führt, zieht die A-1 westlich an *Grantham* vorbei nach *Newark-on-Trent* (s. unten).

Wer sich die Zeit nehmen möchte, noch ein prachtvolles Schloß zu besichtigen, kann von der A-1 links abzweigen und zum etwa 10 km westlich von *Grantham* liegenden **Belvoir Castle** fahren. Die bis auf die Zeit *Henrys VIII.* zurückgehende Residenz der *Dukes of Rutland* wurde im 17. Jahrhundert neu erbaut und 1816 von *James Wyatt* zu einem Schloß mit mittelalterlichem Aussehen umgestaltet. An seiner Stelle stand schon im 11. Jahrhundert die Normannenburg *Roberts de Todeni*, Standartenträger von *William the Conqueror*. Das prachtvolle, auf einem Hügel thronende Schloß (herrliche Aussicht über die *Leicestershire Wolds*) mit seinem einem normannischen *Keep* nachgebildeten, zinnenbekrönten Rundturm, enthält ungewöhnlich reich ausgestattete Säle und Gemächer, unter denen der „Elizabeth Saloon" mit Deckengemälden und kunstvollen Schnitzereien herausragt. Unter den Kunstsammlungen findet man Rokoko- Skulpturen, kostbare alte Gobelins und Gemälde von *Holbein, Gainsborough, Reynolds* und *Poussin.* Berühmt ist auch das mit einem kunstvollen Fächergewölbe ausgestattete Stiegenhaus, das mit Jagdtrophäen, alten Waffen und Fahnen geschmückt ist. Besichtigt werden können auch ein Militärmuseum, ein Statuengarten, Terrassengärten und das Familienmausoleum, das 1826 in normannischem Stil erbaut wurde. Die wunderschönen Landschaftsgärten schuf *Capability Brown* im Jahr 1779. Das Schloß war früher Ausgangspunkt großer Fuchsjagden. (Geöffnet von Ende März bis Ende September dienstags bis donnerstags, samstags und sonntags von 12 bis 18 oder 19 Uhr).

Newark-on-Trent ist seit altersher ein wichtiger Verkehrsknotenpunkt an der Kreuzung der von London nach Norden führenden „Great North Road" und dem „Fosse Way", der alten Römerstraße zwischen Lincoln und Exeter. Am Schnittpunkt dieser Straßen steht das 1290 erstmals errichtete und im 15. Jahrhundert erneuerte *Beaumont Cross.* In der Stadt gibt es auch mehrere charakteristische Gasthöfe aus dem 14. bis 16. Jahrhundert. Die *Grammar School* wurde 1529 gegründet. Die *Town Hall* auf dem kopfsteingepflasterten, altertümlichen *Market Place* stammt aus dem Jahr 1773 und wird gerne als schönstes Rathaus in georgianischem Stil bezeichnet. Es beherbergt eine kostbare Sammlung alten Silbers, eine kleine Bildergalerie und viele Erinnerungen an den Bürgerkrieg. (Geöffnet montags bis freitags 10-12 und 14-16 Uhr). Am Südrand der Stadt kann man noch die im Bürgerkrieg aufgeschüttete Verteidigungsanlage „Queen's Sconce" sehen.

Viele historische Erinnerungen birgt **Newark Castle,** dessen malerische Ruinen sich am *River Devon* (einem Seitenfluß des *Trent*) erheben. Die Normannenburg geht auf das Jahr 1129 zurück, 1216 starb in ihr König *John,* wenige Tage nachdem er in der Bucht *Wash* bei der hereinkommenden Flut seine Kronjuwelen verloren hatte. Aus normannischer Zeit stammt noch der Tor-

Zu den originellsten Bauwerken der historischen alten Marktstadt Grantham zählt zweifellos seine Guildhall.

haussturm, die anderen Bauteile gehören dem 14. und 15. Jahrhundert an. Während des Bürgerkriegs überstand die Burg drei lange Belagerungen, danach wurde sie 1646 auf Befehl *Oliver Cromwells* zerstört.

Die sehr sehenswerte *Church of St. Mary Magdalene* im *Perpendicular*-Stil besitzt noch einen Turm in *Early English*, der 76 m hohe Turmhelm ist im *Decorated*-Stil, die Krypta stammt noch aus normannischer Zeit. Die prächtige Innenausstattung der Kirche gehört zum größten Teil dem 16. Jahrhundert an, das große Ostfenster im Chor stammt aus dem 15. Jahrhundert.

Newark im Süden benachbart liegt der kleine Ort *Hawton*, der wegen seiner sehenswerten gotischen Pfarrkirche (prächtiger Chor von 1330) erwähnt werden soll.

Nicht versäumen sollte man den Abstecher zum nur 12 km weiter westlich liegenden berühmten **Southwell Minster** (→ S. 326).

Kurz nach dem Verlassen von *Newark* führt die A-1 an **Carlton-on-Trent** vorbei, mit dem georgianischen Herrenhaus **Carlton Hall** inmitten eines schönen Landschaftsparks, in dem eine berühmte alte Zeder steht. Von der A-1, die in nördlicher Richtung weiterzieht, lassen sich sehr schöne Abstecher zu den sehenswerten Plätzen im **Sherwood Forest,** dem legendären „Robin Hood Country", unternehmen (→ Weg 3). Auch **Worksop,** an dem die A-1 östlich vorbeiführt, finden Sie auf Seite 65 beschrieben. Es folgt **Blyth,** eine hübsche kleine Stadt, die malerisch am *River Ryton* liegt. An eine im 11. Jahrhundert gegründete Benediktinerabtei erinnert nur mehr das wundervolle normannische Langhaus der Pfarrkirche.

Nur etwa 10 km westlich von *Blyth* liegen an der A-634 die sehenswerten Ruinen der mittelalterlichen **Roche Abbey,** die Sie ebenso wie die westlich der A-1 liegenden Städte **Sheffield** und **Rotherham,** wie das **Conisbrough Castle,** im Goldstadt-Reiseführer „Nordengland" beschrieben finden.

Die A-1 wird jetzt als Autobahn weitergeführt. Kurz ehe man **Doncaster** (→ S. 61) erreicht, quert man die Autobahn M-18, auf der man entweder in östlicher Richtung über *Barton-upon-Humber* und die neue Humberbrücke, oder nordwärts zur M-62 weiterfahren und auf dieser dann nach *Kingston-upon-Hull* gelangen kann. Die Autobahn M-1 führt an **Sheffield** vorbei nach **Leeds,** von dort fährt man auf der A-64 nach **York.** Man kann auch von der M-62 (s. oben) auf die A-19 abbiegen, die direkt nach **York** führt. Diesen Streckenabschnitt und die genannten Städte finden Sie im Goldstadt-Reiseführer „Nordengland" beschrieben.

7. Von London
über Cambridge und Ely nach King's Lynn und von dort nach Cromer und Norwich

Diese Strecke führt durch den westlichen und nördlichen Teil des einstigen Königreiches von **East Anglia,** also Ostenglands, und bietet dem Reisenden eine Fülle verschiedenartiger Landschaften, von weiten Marschen bis zur Klippenküste an der Nordsee, aber auch viele sehenswerte Orte, darunter die Universitätsstadt *Cambridge* mit ihren malerischen Colleges, die Kathedralstadt *Ely* mit einer der schönsten mittelalterlichen Kirchen Großbritanniens und *Norwich*, die historische alte Hauptstadt *East Anglias*.

Man kann den nachfolgend beschriebenen Weg auch mit den Routen 9 und 10 zu einer großen Rundfahrt durch *East Anglia* verbinden. Die geringen Entfernungen verleiten viele Touristen zu einem „Tagesausflug" ab London, bei einem solchen wird man aber bloß *Cambridge* und *Ely* flüchtig kennenlernen können. Man sollte sich für dieses eigenwillige Land mit seinen vielen historischen Erinnerungen und Sehenswürdigkeiten mehr Zeit nehmen.

Wer nicht viel Zeit hat, fährt den ersten Streckenteil, den ca. 85 km langen Weg von **London** nach *Cambridge* auf der Autobahn M-11. Nur geringfügig länger, aber wesentlich langsamer zu befahren ist die parallel zur Autobahn verlaufende A-11.

Man verläßt **London** (→ Goldstadt-Reiseführer „Südengland" Seite 217-260) im Nordosten durch den *Epping Forest* und folgt der A-11, die zuerst den östlichen Teil der sanften, wellenförmigen *Chiltern Hills* überquert, die zum Teil noch mit schönen Buchenwäldern bedeckt sind, ehe sie in die weite und landwirtschaftlich sehr genutzte Ebene südlich von *Cambridge* eintritt.

Wenn Sie eine besonders schöne alte Abteikirche kennenlernen wollen, so können Sie schon gleich nach dem Verlassen *Londons* von der A-11 links auf die A-121 abbiegen, um **Waltham Abbey** anzusehen, oder gleich durch den Londoner Stadtteil *Tottenham* auf der A-1010 (bei *Waltham Cross* rechts abbiegen) oder der A-112 direkt dorthin fahren. Den Anlaß für den Bau von **Waltham Abbey** bot *Henry II.* im 12. Jahrhundert, „um Gott nach dem Mord an Erzbischof Thomas Becket wieder zu versöhnen". Eine kleinere Abtei war schon vom Sachsenkönig *Harold* hier gegründet worden, in die auch sein Leichnam nach der verlorenen Schlacht bei *Hastings* (1066) gegen den Normannen *William* *the Conqueror* übergeführt wurde. Eine einfache Steinplatte kennzeichnet in der heutigen Abteikirche die Stelle, an der sein Grab vermutet wird. Obwohl nach der Reformation im 16. Jahrhundert viel zerstört wurde, hinterläßt die Abteikirche mit ihrem großartigen normannischen Langhaus (12. Jh.) einen bleibenden Eindruck. Aus dem 14. Jahrhundert stammt die *South Chapel,* aus dem 16. Jahrh. der Turm. Beachtung verdient aber auch das große Ostfenster („Jesse Window"), dessen berühmte Glasmalereien *Edward Burne-Jones* 1861 nach mittelalterlichen Motiven schuf.

Waltham Abbey ist auch ein beliebter Ausgangspunkt für Fahrten oder Wanderungen durch den *Epping Forest* und durch den malerischen *Lea Valley Park* mit zahlreichen kleinen Seen längs des (regulierten) *River Lea.*

Interessante Orte an der A-11 zwischen *London* und *Cambridge,* wo sich ein Aufenthalt lohnt, sind **Sawbridgeworth** am *River Ash,* wegen seiner großen Pfarrkirche aus dem 14. Jahrhundert, **Bishop's Stortford** (48 km), wo man die aus dem 15. Jahrhundert stammende *Church of St. Michael* und das als Museum eingerichtete Geburtshaus von *Cecil Rhodes* (1853-1902; Gegner *Paul Krügers* in den südafrikanischen Burenkriegen) ansehen kann, kurz darauf der kleine Ort **Newport** mit einer bemerkenswerten Pfarrkirche *(Church of St. Mary the Virgin)* aus dem 13. bis 15. Jahrhundert, dem Fachwerkbau *Monk's Barn* (15. Jh.) und anderen alten Häusern, wie auch **Saffron Walden** (63 km), das unweit östlich der A-11 (rechts Zufahrt) liegt.

Saffron Walden hat sich bis zum heutigen Tag sein altertümliches Aussehen bewahrt. Man kann in diesem Städtchen noch viele mittelalterliche Fachwerkhäuser sehen, zu den schönsten zählt die Jugendherberge am *Myddelton Place,* andere findet man in der *Castle Street,* der *Church Lane, Church Street* und *Market Hill.* Die *High Street* wiederum ist wegen ihrer schönen georgianischen Häuser bekannt (18. Jh.), die vom seinerzeitigen Wohlstand ihrer Bürger zeugen. Diesen verdankte die Stadt nicht nur ihrem großen Wollhandel, sondern auch – wie es schon ihr Name ausdrückt – dem Safran, der in großen Mengen hier angebaut wurde und sowohl in der Medizin, wie auch als Gewürz und als Färbemittel Verwendung fand. Die gotische Pfarrkirche *(Church of St. Mary)* zählt zu den schönsten Beispielen des *Perpendicular*-Stils (15./16. Jh.) in Südengland, ihr achteckiger Turm wurde allerdings erst 1831 erhöht.

Den Archäologen ist **Saffron Walden** wegen seiner sogenannten „Repell Ditches" bekannt, großer Grabanlagen am Westrand der Stadt, wo an die zweihundert Skelette aus sächsischer Zeit gefunden wurden. Erdaufschüttungen erinnern auch daran, daß hier schon in vor-römischer Zeit ein befestigter Platz lag, der von den alten Briten „Waledana" genannt wurde.

Aus der Normannenzeit (12. Jh.) stammt noch der *Keep* einer Burg. In der Nähe kann man noch Reste rundförmiger Erdaufschüttungen erkennen, deren Bedeutung sich aber nicht mehr feststellen läßt.

Nur etwa 1,5 km westlich der Stadt liegt an der Stelle eines früheren Benediktinerklosters, das von *Henry VIII.* aufgelöst wurde, der schloßartige Herrensitz **Audley End House,** Residenz von *Thomas Howard of Walden, Earl of Suffolk* und späterem Schatzkanzler Englands aus dem Jahr 1603. Damals war das Schloß mehr als doppelt so groß wie heute, was *James I.* zu der spöttischen Bemerkung veranlaßte: „It is too big for a king but it might do for the Lord Treasurer". Der Bau wurde 1721 von *Sir John Vanbrugh* umgestaltet und in seine heutige, kleinere Form gebracht; die Ausstattung der Innenräume besorgte der nicht minder berühmte *Robert Adam.* Sehenswert sind vor allem die prächtige getäfelte Eingangshalle mit ihrer reich geschmückten Holz- und Stuckdecke, das angrenzende Stiegenhaus und die mit kostbaren Stilmöbeln und anderem Zierrat ausgestatteten *Staterooms* mit einer umfangreichen Sammlung alter Gemälde und Porträtbildnissen. Es gibt hier auch eine Sammlung ausgestopfter Vögel. Das Herrenhaus wird noch von alten Stallgebäuden (17. Jh.) flankiert; in den weiträumigen Park- und Gartenanlagen sind ein von *Robert Adam* gestalteter Rundtempel und eine eindrucksvolle Brücke über den *River Cam* vom gleichen Künstler, der *Temple of Concord* (1781) und die hohe *Springwood Column* (1774) beachtenswert. (Von April bis September täglich außer montags an Nachmittagen geöffnet.)

Wenn ich Ihnen noch einen Tip geben darf, so folgen Sie der Zufahrt (B-1039) zu dem nur ein paar Steinwürfe entfernten **Wendens Ambo,** einem sehr hübschen kleinen Dorf mit einer bis in die Normannenzeit zurückreichenden, sehenswerten Kirche, zu der eine von vielen malerischen *cottages* und der alten *Hall Barn* gesäumte Straße hinführt (viele Fotomotive).

Wenn Sie Zeit haben, können Sie auch der in nordöstlicher Richtung ziehenden Landstraße folgen, die Sie nach wenigen Fahrminuten in das Dorf **Ashdon** bringt: seine *Guildhall* ist ein schöner alter Fachwerkbau, die Pfarrkirche stammt aus der Zeit um 1500, und der Gasthof „Rose and Crown" ist auch schon über dreihundert Jahre alt. Nördlich des Ortes steigen die sanften **Bartlow Hills** an, wo 1832-1840 eine Begräbnisstätte aus der romano-britischen Zeit freigelegt wurde, die viele bedeutende Grabbeigaben (Schmuck und Bronzen, Glas- und Emailarbeiten) enthielt.

Noch einen Abstecher möchte ich Ihnen vorschlagen: etwa 16 km südöstlich von *Saffron Walden* liegt an der A-130 die entzückende Kleinstadt **Thaxted** mit einer großartigen gotischen Pfarrkirche (14./15. Jh.), die schon eher wie eine Kathedrale aussieht. Ihr Turm ist 55 m hoch. Im Innern beachten Sie bitte die kunstvoll bemalte Decke. Weiters gibt es hier viele schöne Fachwerk- und Giebelhäuser, teilweise mit überhängenden Stockwerken, gleich hinter *Guildhall* (Fachwerkbau von 1475). Auch das gegenüber der Kirche liegende *Clarance House* (18. Jh.) verdient Aufmerksamkeit. Und wenn Sie sehr malerische alte *Cottages* fotografieren wollen, so folgen Sie ein Stück der nach **Cutler's Green** führenden Landstraße. Lohnend ist auch die Fahrt in das weiter östlich liegende **Finchingfield**, einem der malerischsten und meistfotografierten Dörfer Englands.

(Sie können auch schon kurz nach *Bishop's Stortford* rechts von der A-11 auf die B-1051 abbiegen und nach *Thaxted* fahren, von dort dann auf der A-130 nach *Saffron Walden*. Ein lohnender Umweg!)

Gleich nach dem Verlassen von *Saffron Walden* lohnt sich ein kurzer Aufenthalt in dem Dorf **Little Chesterford,** um die *Manor House Farm* anzusehen, das seltene Beispiel eines noch erhaltenen Landhauses aus dem frühen 13. Jahrhundert, das später einen Zubau erhielt. Gleich darauf können Sie links von der Hauptstraße nach **Ickleton** zufahren, dessen besuchenswerte *Church of St. Mary Magdalene* noch ein gut erhaltenes romanisches Langhaus mit mehreren römischen Säulen besitzt.

Die A-11 führt östlich an *Cambridge** vorbei und über *Newmarket* und *Thetford* direkt weiter nach *Norwich**. Die A-130 hingegen zieht über *Saxton* weiter nach **Cambridge***.

Der zweite Teil der Strecke, von *Cambridge* nach **King's Lynn,** ist 72 km lang. Man durchfährt dabei auf der A-10 die flachen Ebenen der Fens, die von vielen Flüssen und Wasserläufen durchzogen werden und sich bis zur Nordsee hin erstrecken. Bei den **Fens** handelt es sich um flaches Marschland mit sehr spärlichem Baumwuchs, über das der Wind zu jeder Jahreszeit darüberstreicht; das hat auch seinen Vorteil, wenn er die Regenwolken vertreibt. Früher war es ein Land der Windmühlen, mit denen die Pumpen betrieben wurden, die das Land entwässerten; heute werden die Pumpen mit Dieselmotoren oder Elektromotoren betrieben. Die Trockenlegung des Landes und die damit verbundene landwirtschaftliche Erschließung der einst unfruchtbaren, sumpfigen Marschen verdanken die Engländer dem Holländer *Cornelius Vermuyden*, der 1651 damit begann, die *Fens* zu entwässern. Auf den Flüssen, den Entwässerungskanälen und den anderen Wasserstraßen, welche die *Fens* durchziehen („Fen Waterways"), kann man heute mit Ausflugsbooten und gemieteten Hausbooten fahren.

Man verläßt **Cambridge*** im Norden auf der A-10 und gelangt recht rasch nach **Stretham,** wo sich noch eine 1831 erbaute und durch Dampfkraft betriebene Pumpstation zur Entwässerung der *Fens* (s. oben) befindet. Die große Anlage *(Stretham Old Beam Engine)* ist heute museal zugänglich. Im Maschinenhaus kann man auch eine kleine Sammlung von Grabungsfunden aus römischer Zeit sehen, hauptsächlich Bruchstücke von Töpferwaren, die bei der Entwässerung der *Fens* zutage traten. Im Ort ist auch das über sechs Meter hohe *Village Cross* aus der Zeit um 1400 sehenswert.

Von **Stretham** lohnt sich der Abstecher auf der rechts (westwärts) abzweigenden B-1123 in das ca. 5 km entfernte Dorf **Wicken,** mit mehreren alten Häusern aus dem 17. und 18. Jahrhundert. Etwas außerhalb des Ortes liegt „Spinney Abbey", ein mit Zwillingsgiebel bekrönter Steinbau aus dem Jahr 1775, der auf den Resten einer Augustinerabtei aus dem Jahr 1215 erbaut wurde. Was aber den Ort besuchenswert macht, ist die angrenzende **Wicken Fen,** ein Stück vollkommen unberührten Marschlandes, das weder entwässert noch sonstwie bearbeitet wurde und ein Paradies für Wildenten und andere Wasservögel ist. **Wicken Fen** ist heute ein Naturschutzgebiet mit einer reichen Insektenwelt.

Die A-10 führt weiter durch die berühmte Kathedralstadt **Ely***, für deren Besuch man sich genügend Zeit nehmen sollte. Über **Fordham** (Herrenhaus „Snore Hall" von 1490) und **Denver** (altes Pfarrhaus mit außergewöhnlich dekoriertem Schornstein; Windmühle; Schleusenanlage für die Boote und Jachten auf den „Waterways", s. oben) erreicht man rasch die kleine Marktstadt **Downham Market,** einem Mittelpunkt der „Fens" und wichtigen Straßenknotenpunkt.

Die A-112 (1104) führt in westlicher Richtung nach **Wisbech** (22 km), einem Zentrum des Obstanbaus am *River Nene,* mit vielen schönen georgianischen Häusern (18. Jh.) und einem interessanten *Fenland-Museum* (Heimatkunde, Naturgeschichte, Archäologie u.a.). Besuchenswert ist auch die große georgianische *Church of Saints Peter and Paul.* Im Stadtteil *North Brink* stehen am Flußufer schöne georgianische Häuser, unter denen das *Peckover House* (1722), das sich ein reicher Bankier bauen ließ, herausragt. Seine reiche Innenausstattung und sein Garten sind sehenswert. (Besuchszeiten sind in der Regel samstags bis mittwochs an Nachmittagen.)

In den nördlich angrenzenden Orten **Walsoken** und **West Walton** stehen beachtliche Marschlandkirchen aus normannischer bzw. frühgotischer Zeit. Schöne Gebäude aus dem 17. und 18. Jahrhundert findet man im westlich benachbarten **Leverington.** Aus dem etwa 8 km nördlich von *Wisbech* liegenden **Tydd St. Giles** stammt *Nicholas Breakspear* (gestorben 1159), Englands einziger Papst (Hadrian IV.). Im nördlich benachbarten **Tydd St. Mary** steht eine sehenswerte Kirche aus dem 12. bis 14. Jahrhundert.

Etwa 14 km südöstlich von *Downham Market* liegt links abseits der Hauptstraße A-134 nach *Thetford* (→ S. 161) inmitten einer sehr schönen Park- und Gartenanlage die von einem Wassergraben umgebene mittelalterliche Burg **Oxburgh Hall** (15. Jh.), die sich bis zum heutigen Tag ihr romantisches Aussehen bewahrt hat. In der Regel kann sie außer donnerstags und freitags an jedem Nachmittag besichtigt werden. Sehr sehenswert ist ihr 25 m

hohes, mit Zinnen bekröntes Torhaus. In der Nähe der alten *Hall*
steht eine 1835 aus mittelalterlichen Bauteilen errichtete kleine
Kapelle, die gotisch nachempfunden ist. Nahebei steht die Pfarrkirche des Ortes, in deren *Bedingfield Chapel* zwei reich geschmückte Grabmonumente (16. Jh.) aus Terracotta Beachtung
verdienen.

Von Downham Market nach Norwich (69 km) führen die B-1122 und A-47. Wer
diese Strecke befährt, sollte einen Aufenthalt in der kleinen Marktstadt **Swaffham**
einplanen, um die *Church of SS. Peter and Paul* (15./16. Jh.; prächtige Balkendecke
im Kirchenschiff), den schönen Rundbau mit dem *Market Cross* (18. Jh.) und das
gleichfalls am Market Place befindliche *Oakleigh House,* ein Herrenhaus aus dem
16. Jahrhundert mit georgianischer Fassade von 1755, zeitgenössischer Innenausstattung und hübschem Garten anzusehen.

Von Swaffham führt auch eine Zufahrt über die B-1065 zum ca. 5 km weiter nördlich liegenden **Castle Acre,** mit den malerischen Ruinen eines 1090 gegründeten
Benediktinerklosters und den Resten der von *William de Warenne* (dem Schwieger-
sohne von *William the Conqueror*) im 11. Jahrhundert erbauten Normannenburg.
Ein von Türmen flankiertes Torhaus (13. Jh.) der Burg führt in die steile Dorfstraße.
Nahebei steht die sehenswerte *Church of St. James* aus dem 13. bis 15. Jahrhundert,
mit wuchtigem, zinnenbekröntem Turm und Resten von Wandmalereien aus der Zeit
um 1400. Dem Dorf westlich benachbart liegt **West Acre,** wo noch Ruinen einer um
1100 gegründeten Augustinerpriorei zu beiden Seiten des *River Nar* zu sehen sind.

In **East Dereham,** dem einzigen noch folgenden größeren Ort an der Straße nach
Norwich*, verdient die *Church of St. Nicholas* Beachtung, an der man noch alle Bau-
teile von der normannischen Zeit bis zur Spätgotik ausmachen kann. Der Dichter
William Cowper (1731-1800) ist in der Kirche beigesetzt. Am Kirchhof kennzeichnet
„St. Withburga's Well" die Stelle, an der sich das Grab der Heiligen befunden hat,
die im 7. Jahrhundert hier ein Nonnenkloster gründete.

Von *Downham Market* erreicht man nun auf der A-10 rasch die
am nördlichen Ende der Marschen und an der Mündung der Flüsse *Nar* und *Great Ouse* in die Nordsee (die Bucht wird hier „The
Wash" genannt) liegende Stadt **King's Lynn*,** in der es viele
bemerkenswerte Bauten aus dem Mittelalter bis zum 18. Jahrhundert gibt. Wer von hier auf dem direkten Weg nach *Norwich** weiterfahren will, wählt am besten die A-47 über *Swaffham* und *East
Dereham* (s. oben). Diese Strecke ist rund 69 km lang. Wer von
King's Lynn direkt zu den Badeorten *Sheringham* und *Cromer*
(s. unten) fahren will, wählt die A-148 über *Fakenham* und *Holt*
(rund 68 km).

Am schönsten ist die Weiterfahrt auf der A-149, die nahe an der
Küste entlangführt. Nach *Cromer* sind es zwar nur 84 km, doch ist
die Straße oft schmal und sehr kehrenreich, so daß ein rasches
Fahren nicht ratsam ist. Auch lohnen sich von der A-149 mehrere
Abstecher zu sehenswerten Herrenhäusern und Abteiruinen, was
man bei der Reiseplanung berücksichtigen sollte.

Der burgartige Herrensitz Oxburgh Hall besitzt noch sein mächtiges, mit kleinen Türmen bekröntes Torhaus aus dem 15. Jahrhundert.

Schon kurz nach der Ausfahrt aus **King's Lynn** empfehlen sich die kurzen Zufahrten zu **Castle Rising** (→ S. 278) und **Sandringham** (→ S. 279), von der A-149 führen auch gute Zufahrten zu den an der Küste liegenden Campingplätzen bei *Southgate* und *Heacham,* das auch durch seine riesigen Anbaugebiete von Lavendel bekannt wurde. Die Lavendelfelder werden im Juli geerntet und die Essenz aus den Pflanzen zu Duftstoffen verarbeitet.

Hunstanton ist der größte Ferienort an der Westküste Norfolks. Hier findet man meilenweite Sandflächen und Dünen, dahinter hoch aufragende weiße und rötliche Kreideklippen und braune Sandsteinfelsen; hinter diesen breiten sich dann Felder und fruchtbares Ackerland aus, wo sich früher nur sumpfiges Marschland befand. In dem etwas weiter nördlich liegenden **Old Hunstanton** gibt es auch zwei Golfplätze. Die *Hunstanton Hall,* ein Herrenhaus aus der Zeit um 1500, ist nicht zu besichtigen, hingegen erinnern in der Pfarrkirche viele alte Grabmäler an die Familie *Le Strange,* die vier Jahrhunderte dort residierte. Es folgt **Holme-next-the-Sea,** dessen Kirche deshalb bekannt ist, weil sie die älteste Grabplatte mit einer englischen Inschrift (um 1400) enthält. Im Herbst wird die Küste hier von Zehntausenden von Zugvögeln bevölkert, die man von einem Vogelflug-Observatorium aus beobachten kann.

Weiter auf A-149, die nahe an der Nordküste Norfolks entlangzieht, nach **Brancaster:** gleichfalls mit weiten Sandstränden, wo aber das Schwimmen wegen der rasch wechselnden Gezeiten nicht ungefährlich ist. Der Ort ist bei Golfspielern beliebt. Nahe an der Küste lag das römische Fort *Branodunum,* an das aber nur mehr Erdaufschüttungen erinnern. Es folgt **Brancaster Straithe,** wo man einen Bootsausflug zum Vogelschutzgebiet von **Scolt Head Island** unternehmen kann (die Boote verkehren zwischen Mai und September).

Bei **Burnham Norton** (sehr sehenswerte *Church of St. Margaret* aus dem 13. bis 15. Jh. mit einem Rundturm, der noch aus angelsächsischer Zeit stammt) zweigt rechts die B-1335 nach *Fakenham* (→ S. 128) ab, man kann auf dieser Straße einen Abstecher zum benachbarten **Burnham Thorpe** unternehmen, wo 1758 *Lord Nelson* geboren wurde. In der *Church of All Saints* gibt es noch einige Erinnerungen an den berühmten Admiral, darunter ein Chorpult und ein Kruzifix, die aus dem Holz seines Flaggschiffs „Victory" gefertigt wurden. Am Südrand des Ortes liegen die Ruinen der 1221 gegründeten *Creake Abbey.*

Wenn man der B-1355 ein paar Fahrminuten weiter nach Süden folgt, gelangt man nach **North Creake** und nach **South Creake,** beides Orte mit sehr sehenswerten gotischen Pfarrkirchen aus dem 13. bis 15. Jahrhundert, beide mit gut erhaltenen Stichbalkendecken und bemerkenswerter Innenausstattung, großteils aus dem 15. Jahrhundert.

Bei **Holkham** lohnt sich die Zufahrt zu dem sehr sehenswerten Herrensitz **Holkham Hall.** Das schloßartige Herrenhaus wurde 1733-1759 in palladianischem Renaissancestil in der Art eines italienischen Palastes als Residenz von *Thomas Coke of Norfolk, Earl of Leicester,* erbaut. Eine Inschrift über dem Eingang verkündet, daß der Herrensitz „planned, planted, built, decorated, and inhabited the middle of the 18th century, by Thomas Coke, Earl of Leicester". Tatsächlich bereiste *Coke* von 1712-1718 Italien und brachte nach seinem sechsjährigen Aufenthalt das Wissen mit, um das Schloß und seine Gärten bis ins Detail selber zu entwerfen. Durch eine sehr sehenswerte Gartenanlage gelangt man zum Mittelportal des Schlosses mit seiner hohen Säulenvorhalle. Die prachtvolle Innenausstattung besorgte *William Kent* nach den Anleitungen *Cokes.* Durch eine prunkvolle, marmorne Säulenhalle gelangt man in die Salons, die mit ihren kunstvollen Stuck- und Kassettendecken, den kostbaren Tapisserien und alten Gemälden, Statuen und Stilmöbeln jeden Besucher beeindrucken.

Man beachte vor allem die Ausstattung der *Great Hall*, die 15 m hoch ist und fast die gesamte Länge des Mitteltraktes einnimmt. Bemerkenswert ist auch der ganz in Rot und Gold gehaltene Salon, in dem sich das große Rubens-Gemälde „Die Rückkehr aus Ägypten" befindet. In der Gemäldesammlung des Hauses findet man auch Werke von Leonardo da Vinci, Raffael, Veronese, Van Dyck, Poussin, Reynolds, Gainsborough u.v.a. Reich und üppig ausgestattet mit Kunstwerken aller Art ist auch der *State Bedroom*, also das Schlafzimmer, das auch einem König Ehre machen würde. Die Bibliothek enthält eine kostbare Sammlung alter Bücher aus dem 17. und frühen 18. Jahrhundert, die *Coke* aus Italien mitbrachte bzw. kommen ließ. – Später machte sich der Schloßherr um die Trockenlegung und Bewirtschaftung des gesamten umliegenden Landes verdient, weshalb er in englischen Geschichtsbüchern auch gerne als „Coke of Norfolk, the first farmer in England" bezeichnet wird.

Weiters sind zu besichtigen eine Keramikwerkstätte *(Holkham Studio Pottery)*, eine Ausstellung alter landwirtschaftlicher Geräte, alter Hausrat, ein Kunsthandwerkszentrum u.v.a. Besuchenswert ist auch der angrenzende Wildpark mit einem langgestreckten See und einem Alpengarten.

(Besichtigung: im Juli und August täglich außer freitags und samstags an Nachmittagen, im Juni und September sonntags, montags und donnerstags; da sich die Zeiten ändern können, erfrage man sie noch vor der Anreise in einem Touristenamt).

Sehr hübsch ist auch der folgende Ort **Wells-next-the-Sea,** der auch auf dem gastronomischen Sektor durch seine Meeresschnekken und Sprotten jedem Liebhaber von „sea food" ein Begriff ist. Malerisch ist der weiträumige, „Buttland" genannte Rasenplatz, der von schönen georgianischen Häusern umgeben wird. Ein kleiner Spaziergang durch die ungewöhnlich engen alten Straßen bleibt einem in Erinnerung. Bemerkenswerte alte Häuser sind „Ostrich House" in der *Burnt Street,* „Marsh House" in der *Marsh Lane,* der „Ship Inn" (17. Jh.) am Kai vor dem kleinen Hafen.

Die B-1105 verbindet das alte Hafenstädtchen mit *Fakenham* (→ S. 128). An dieser Straße liegt **Warham St. Mary** (etwa 3 km südlich von *Wells),* lohnend ist die Zufahrt zur gotischen Pfarrkirche, die noch normannische Bauteile (u. a. Nordportal) einer Vorgängerkirche besitzt und auch wegen ihrer alten Glasfenster bekannt ist. Nur wenig weiter südlich erinnern Wälle und Gräben links neben der Straße am *River Stiffkey,* daß sich hier einmal ein eisenzeitliches Fort befand („Warham Camp").

Nur wenig weiter südlich (etwa 6 km von *Wells)* liegt **Little Walsingham,** wo im Jahr 1061 *Lady Richeldis de Faverches* die hl. Jungfrau erschienen sein soll, der zu Ehren sie das „Santa Casa" oder den „Shrine of Our Lady" erbauen ließ, der eine Nachbildung des Hauses der Hl. Familie in Nazareth sein sollte. Bald darauf siedelten sich hier Augustiner- und Franziskanermönche an, und Mitte des 12. Jahrhunderts wurde die Anlage einem Kloster eingegliedert. Der „Shrine of Our Lady" wurde zu berühmtes Pilgerziel, die Könige *Henry III.* und *Edward I.* pilgerten hierher, sogar Henry VIII., der dann allerdings nach seinem Zerwürfnis mit dem Papst die heilige Stätte dem Erdboden gleichmachen ließ. Die Ruinen von **Walsingham Priory,** des Klosters aus dem Jahr 1153 (das monumentale „East Window" wurde wiederhergestellt), können in der Regel mittwochs, samstags und sonntags an Nachmittagen (im August zuzüglich noch montags und freitags) besichtigt werden.

Die sogenannten „Slipper Chapel" im benachbarten **Houghton,** wo die Pilger früher ihre Schuhe *(slippers)* ausziehen mußten, um barfuß zum Heiligtum zu gehen, gibt es heute noch und ist seit 1934 neuerdings sowohl ein anglikanisches, wie auch ein römisch-katholisches Pilgerzentrum. Unter den Katholiken (seit 1934) entstand auch ein neuer Marienschrein.

Sehenswert ist auch der Ort **Little Walsingham,** wo es neben den Klosterruinen auch bemerkenswerte alte Häuser am *Common Place, Market Place* und in der *High Street* gibt.

An der Straße nach *Fakenham* liegen auch die Ruinen eines 1347 gegründeten Franziskanerklosters.

Die Küstenstraße A-149 führt in zahlreichen Kehren weiter, bei **Stiffkey** zweigt rechts wieder eine Landstraße ab und führt nach **Binham,** dessen gotische Pfarrkirche zum Teil noch aus Teilen der im 12. Jahrhundert erbauten *Binham Priory* besteht. (Rund um die Kirche liegen ausgedehnte Klosterruinen).

Blakeney ist ein malerischer Fischerort und ein Jachtsportzentrum und besitzt einen durch eine Landzunge hinter der Mündung des *River Glaven* geschützten Hafen. Mit dem Boot kann man zum **Blakeney Point Nature Reserve** fahren, einer Brutstätte zahlreicher Wildvögel. Bemerkenswert ist die außerhalb des Ortes über dem Meer liegende gotische *Church of St. Nicholas.*

Auf der B-1156 kann man eine Abstecher in das kaum 3 km entfernte **Glandford** unternehmen, wo es ein Museum gibt, in dem eine große Sammlung von Meeresmuscheln aus aller Welt, Juwelen, alte Keramiken, u.a. ausgestellt sind.

Etwas weiter südlich liegen die aus dem 18. Jahrhundert stammenden Herrenhäuser *Bayfield Hall* und *Letheringsett Hall,* beide in Privatbesitz und derzeit nicht zu besichtigen.

Cley-next-the-Sea ist wie *Blakeney* ein malerischer kleiner Ort mit vielen „brick-and-flint" Häusern, also aus Ziegeln und Kieselsteinen erbauten Häusern, wie sie für diese Gegend charakteristisch sind. Auch eine Windmühle gibt es hier zu sehen. Das kleine, etwas außerhalb liegende Herrenhaus *Wiveton Hall* (1652) ist einem 1909 errichteten Gebäude angegliedert.

Links von der A-149 führen Wege zu der Küste, landeinwärts gibt es große Heideflächen, vereinzelt auch kleine Wälder, im Frühling sind die weiten Ebenen mit gelben Narzissen übersät. Bei **Kelling** führt eine Zufahrt zum *Kelling Park,* in dem auch Tropenvögel gehalten werden. Kurz nach **Weybourne** führt eine andere Zufahrt rechts zum Herrensitz **Sheringham Hall** (1812), dessen weiträumiger Park wegen seiner Rhododendren bekannt ist. Etwas weiter östlich kann man noch einige Ruinen der aus dem 13. Jahrhundert stammenden *Beeston Priory* sehen. Der Ort

Sheringham teilt sich in einen oberen Ortsteil am Hügel *(Upper Sheringham)* und einen am Meer gelegenen Fischerort *(Lower Sheringham)*, der sich seit der Jahrhundertwende auch zu einem beliebten Ferienort mit guten touristischen Einrichtungen entwickelt hat. Berühmt sind seine Krabben und Hummer. In **West Runton** und **East Runton** gibt es große Camping- und Caravanplätze nahe am Meer und viele schöne Wanderwege.

Die A-149 erreicht jetzt **Cromer,** das bekannteste Ferienzentrum an der Nordküste Norfolks, mit Hotels und Pensionen aller Preisklassen, einer sandigen Bucht mit Badestrand, Promenade, verschiedenen Vergüngungsstätten, Golfplätzen, einem Zoo, einem Bootsteich usw. Malerisch sind die engen Straßen in der Altstadt rund um die *Church of SS. Peter and Paul.* Ihr 50 m hoher Kirchturm ist der höchste von Norfolk. Das *Cromer Museum* in der *Tucker Street* enthält geschichtliche, heimatkundliche und naturgeschichtliche Sammlungen. An der Küste kann man die Boote der Krabbenfischer sehen, die hier ihren Fang sortieren. Ein schöner Fußweg führt über die Klippen zu einem Leuchtturm, ein anderer zu den rund 3 km landeinwärts liegenden Erdwällen eines alten römischen Camps nahe am *Beacon Hill,* der höchsten Erhebung Norfolks.

Man kann auch einen kurzen Abstecher in das etwa 3 km südwestlich liegende **Felbrigg** machen, wo es eine bemerkenswerte Pfarrkirche *(Church of St. Margaret)* gibt, die viele Figurengräber aus dem 14. bis 19. Jahrhundert enthält, darunter auch die Grabplatte des *Simon de Fellbrigg* (gestorben 1416), Standartenträger von König *Richard II.* Aus dem 14. Jahrhundert stammt der achteckige Taufstein.

Östlich des Ortes liegt das große jakobeanische Herrenhaus **Felbrigg Hall** (frühes 17. Jh.) mit später erneuerter Fassade, das wegen seiner schönen Innenausstattung aus dem 18. Jahrhundert und seiner Bildersammlung bemerkenswert ist. Das Haus enthält auch eine kostbare Bibliothek. Umgeben wird es von einem wunderschönen Landschaftspark, der durch Spazierwege erschlossen ist, mit Nußbäumen, Eichen, alten Buchen, Gartenanlagen, einem See. Die *Orangerie* (frühes 18. Jh.) beherbergt viele Kamelien. Haus und Garten sind in der Regel täglich außer montags und freitags an Nachmittagen zugänglich.

Auch das *Cromer* östlich benachbarte **Overstrand** ist ein beliebter Familienferienort mit sandigen Buchten und Klippen. von **Cromer** führt die B-1159 durch das flache Küstenland des nordöstlichen Norfolk, wo die weiten Marschen bis an die See heranreichen und oft kleine Salzpfannen bilden. An dieser von *Cromer* nach **Great Yarmouth** (→ S. 269) ziehenden Straße liegen viele schöne Aussichtspunkte, malerische Fischerdörfer und ruhige kleine Ferienorte mit Sandstränden.

Von *Cromer** nach *Norwich** sind es nun mehr 36 km. Man verläßt **Cromer** im Süden auf der A-140 und gelangt rasch nach **Aylsham,** einer kleinen Marktstadt mit schöner alter *Guildhall* und vielen Häusern aus dem 17. und 18. Jahrhundert. Auf dem *Market Place* verdankt der „Blacky Boy Inn" Beachtung, an der *Blickling Road* stehen mehrere Bauten aus dem späten 17. Jahrhundert, darunter *Aylsham Old Hall* (1689), mit unverkennbarem Walmdach. An der Ausfahrtstraße nach Norwich verdienen das *Bank House* (1710) und das *Manor House* (spätes 17. Jh.) erwähnt zu werden.

Lohnend ist die Zufahrt zum schloßartigen jakobeanischen Herrenhaus **Blickling Hall** (entweder gleich von der A-140 noch vor der Nordeinfahrt in *Aylsham,* oder von der B-1354). Früher lag hier das Landhaus der Familie *Boleyn;* man sagt, daß *Anne Boleyn* (spätere Gemahlin von *Henry VIII.)* hier geboren wurde. Das heutige Gebäude wurde von *Robert Lyminge* 1616-1624 als Landsitz für *Sir Henry Hobart* erbaut, um – wie die englische Beschreibung lautet – „to satisfy the most romantic conception of an English Country House". 1765-1770 entstanden Veränderungen und Zubauten. Es war dann die Residenz der *Earls of Buckinghamshire.*

Mit seinen Ecktürmen, dem hohen Glockenturm, den hohen Fenstern im Obergeschoß und den geschwungenen Giebeln verkörpert der rote Ziegelsteinbau einen recht eigenwilligen Architekturstil, der aber das Auge erfreut. Die *State rooms* sind im georgianischen Stil des 18. Jahrhunderts eingerichtet und enthalten kostbare Tapisserien und schöne Familienporträts. Man beachte vor allem das dekorative Stiegenhaus (17. Jh.), den „Peter the Great Room" mit russischen Tapisserien, die 40 m lange „Long Gallery" mit außergewöhnlich kunstvoller Stuckdecke und das reich ausgestattete Schlafgemach.

1729 wurde der vor dem Haus liegende Garten angelegt, Spazierwege führen durch die angrenzende Parkanlage, wo es auch einen Teich, eine Orangerie, einen kleinen Tempel und einen Picknickplatz gibt. Im Ostflügel des Hauses kann man in einem Café einkehren. (Besichtigungszeiten sind in der Regel täglich außer montags und donnerstags ab Mittag)

Weiter auf der A-140, von wo rechts mehrere schmale Landstraßen abzweigen, die zu hübschen kleinen Orten mit sehenswerten Kirchen *(Sall, Cawston, Reepham, Alderford)* führen. Die Einfahrt in **Norwich***, um das eine große Ringstraße herumführt, erfolgt über die *St. Augustine Street.*

8. Von Felixstowe über Ipswich nach Norwich

Diese 66 km lange Strecke führt den Reisenden, der im Fähr-schiffhafen **Felixstowe** englischen Boden betritt, nach **Norwich*** in das Herz von **East Anglia,** einer der sehenswertesten Städte Ostenglands und gleichzeitig wichtigen Straßenknotenpunkt: von hier aus führen ein Dutzend Hauptstraßen strahlenförmig in alle Richtungen *East Anglias.*

Felixstowe liegt an der breiten Mündung des *Orwell,* der sich hier mit dem *River Stour* zu einem doppelten Hafenbecken ver-einigt *(Felixstowe* gegenüber liegt *Harwich;* → S. 144). Für den kontinental-europäischen Touristen ist *Felixstowe* hauptsächlich als Fährschiffhafen und „Eingangstor zu Ostengland" *(East Anglia;* → S. 19 und 123) bekannt; dem Engländer aber auch als Seebad, in dem er gerne seine Ferien verbringt. Hier gibt es eine über 4 km lange Strandpromenade mit Hotels und Pensionen, Unterhaltungs- und Vergnügungsstätten verschiedenster Art, Golfplätze und andere touristische Einrichtungen.

Wenn man mit dem Fährschiff im Hafen ankommt, folgt man zuerst der A-45, die *Felixstowe* im Westen umgeht, und gelangt nach 16 km nach **Ipswich***, einer sehr sehenswerten Stadt. Die A-45 umgeht sie im Norden. Man folgt ihr bis zur großen Kreu-zung bei **Needham Market** (→ S. 138), wo man rechts auf die A-140 abbiegt. (Die A-45 zieht weiter über *Stowmarket* nach *Cambridge;* (→ Weg 9).

Wer sich gerne alte Landkirchen ansieht, kann von der A-140 gleich links einen Abstecher in das neben der Hauptstraße liegen-de **Earl Stonham** unternehmen, dessen Pfarrkirche u.a. eine sel-ten schöne Stichbalkendecke besitzt. Gleich darauf führt von der A-140 wiederum links eine Zufahrt nach **Mendlesham,** dessen *Church of St. Mary* bis in das 13. Jahrhundert zurückgeht. In der Kirche ist auch eine alte Waffenkammer („Parish armoury") untergebracht. Lohnend ist auch der folgende Abstecher von der A-140 rechts auf der B-1117 in das etwa 3 km östlich am *River Dove* liegende Städtchen **Eye,** in dem noch einige Reste einer Normannenburg zu sehen sind. Nach ihrer Zerstörung durch Truppen *Cromwells* im Jahr 1655 wurden ihre Steine im 19. Jahr-hundert zum Bau eines befestigten Gebäudes an der gleichen Stel-le verwendet. Von einer 1066 gegründeten Benediktinerabtei blie-ben nur ein *Guesthouse* und Fischteiche erhalten. Die *Guildhall*

stammt aus dem frühen 16. Jahrhundert. Die große gotische *Church of SS. Peter and Paul* (15. Jh.) im *Perpendicular*-Stil besitzt einen 30 m hohen Turm und im Innern einen reich mit Heiligenfiguren bemalten Lettner.

In dem nur etwas weiter östlich liegenden Dorf **Horham** steht das Herrenhaus **Thorpe Hall** aus dem 16. Jahrhundert; originell sind die vier mit Ornamenten geschmückten achteckigen Schornsteine.

Bei **Scole** (→ S. 167) kreuzt man die von *Great Yarmouth** kommende A-143 (→ Weg 11). Wenn es Ihre Zeit erlaubt, können Sie kurz vor der großen Straßenkreuzung rechts auf die Landstraße B-1118 abbiegen und einen Abstecher zum ca. 8 km weiter östlich liegenden, sehenswerten *Wingfield Castle* (→ S. 166) unternehmen oder links in das benachbarte malerische Marktstädtchen **Diss**. Die A-140 bringt Sie nun direkt nach **Norwich***. Einige sehenswerte Orte an diesem Streckenteil finden Sie im Stadtkapitel *Norwich* unter „Ausflüge" beschrieben.

9. Von Felixstowe
über Ipswich, Cambridge und Northampton
nach Coventry und Birmingham

Dieser Weg führt vom Fährschiffhafen *Felixstowe* quer durch England nach *Coventry* und *Birmingham*, von wo aus man direkten Autobahnanschluß nach *Liverpool* und Nordengland (in den *Lake District*, nach *York* usw.) hat. Er ist für jene Touristen von Bedeutung, die rasch zu ihrem Ziel in Mittel- oder Nordengland gelangen wollen, ohne auf der Anfahrt *London* berühren zu müssen; d.h. im Fährschiffhafen **Felixstowe** englischen Boden betreten. Man kann die gesamte Strecke nach *Birmingham* (261 km) auf der A-45 zurücklegen; von dieser Straße lohnen sich zahlreiche Abstecher zu nahegelegenen Schlössern, Herrensitzen und anderen sehenswerten Orten.

Entfernungsangaben: auf der A-45 vom Fährschiffhafen **Felixstowe** nach *Cambridge* 104 km, von **Cambridge** nach *Northampton* 81 km, von **Northampton** nach *Coventry* 49 km, von **Coventry** in das Stadtzentrum von *Birmingham* 17 km.

Ein malerisches kleines Marktstädtchen
im südlichen Norfolk ist Diss.

Die A-45 führt zuerst vom Fährschiffhafen am Westrand von **Felixstowe** (→ S. 135) vorbei nach **Ipswich***. Es lohnt sich, in die Stadt einzufahren und zumindestens die wichtigsten Sehenswürdigkeiten anzusehen (→ S. 271). Wenn man es eilig hat, kann man die Stadt auf der Ringstraße (Hauptstraße) im Norden umgehen. Man fährt dann auf der zum Teil als Schnellstraße ausgebauten A-45 (→ Weg 8) weiter und gelangt kurz darauf nach *Stowmarket*.

Wer schöne alte Landkirchen ansehen will, sollte kurz vor *Stowmarket* an der großen Straßengabelung, wo rechts die A-140 nach *Norwich** abzweigt (→ Weg 8), in das links neben der A-45 liegende **Needham Market** einfahren: die gotische *Church of St. John the Baptist* besitzt eine großartige Stichbalkendecke, möglicherweise sogar die schönste und kunstvollste in einer englischen Kirche überhaupt.

Stowmarket lohnt wegen seines *Museum of East Anglian Life* (auch *Abbot's Hall Museum of Rual Life* genannt), eines Freilichtmuseums mit alten bäuerlichen Gebäuden aus dem 14. bis 17. Jahrhundert, einen Aufenthalt. Den Namen trägt das Museum nach einer großen mittelalterlichen Mönchsherberge, die an dieser Stelle lag. Man kann hier an Hand einer großen heimat- und volkskundlichen Sammlung viel Wissenswertes über *East Anglia* (→ S. 19) erfahren. Ausgestellt sind u.a. bäuerliches Kunsthandwerk, alte landwirtschaftliche Geräte und Fahrzeuge. Das Museum ist in der Regel zwischen April und Oktober täglich von 11-17 Uhr (sonntags 14-17 Uhr) geöffnet.

Man kann auch *Stowmarket* auf der A-45 umgehen. Etwa 6 km später kann man bei *Wetherden* von der A-45 einen Abstecher zum sehr schönen **Haughley Park** unternehmen, wenn man gerade an einem Dienstag unterwegs ist. Derzeit ist an diesem Tag der zu einem kleinen Herrenhaus aus dem Jahr 1620 gehörende große Landschaftspark an Nachmittagen für Besucher geöffnet. (Das kann sich aber ändern, und wer Interesse hat, erkundige sich im voraus auf einem Touristeninformationsamt nach den Öffnungszeiten).

Wenig später führt von der A-45 links eine Zufahrt in den Ort **Woolpit,** der seinen Namen nicht von der Wolle, sondern von einem uralten angelsächsischen „wolf-pit" ableitet. Die in dieser Gegend gefangenen Wölfe wurden damals hier in eine Grube („wolf-pit") geworfen und getötet.

Alte Märchen und Sagen berichten von „The little Green Men of the Woolpit Brick-yard": hier sollen im 11. Jahrhundert zwei Kinder mit grünlicher Hautfarbe aufgetaucht sein, die weder sprechen konnten, noch irgendeine bekannte Sprache verstanden. Man glaubte, daß sie von Wölfen aufgezogen waren.

Der „Brick-yard" bezieht sich auf eine frühere Ziegelei, wo weiße Ziegel hergestellt wurden. Diese „weißen Ziegel von Woolpit" wurden u.a. auch nach *Washington* exportiert, mit ihnen wurde das *Weiße Haus* erbaut. Bemerkenswert im Ort ist die gotische *Church of St. Mary* mit interessantem altem Südportal, einer außergewöhnlich schönen Stichbalkendecke, mit geschnitzten Menschen- und Tierfiguren am Gestühl und einem prächtigen Chorpult aus dem 16. Jahrhundert.

Weiter auf der A-45 nach **Bury St. Edmunds***, einer sehr sehenswerten Stadt, die von der Hauptstraße im Norden umgangen wird. Man sollte wenigstens kurz einfahren, um den alten Klostergarten (heute eine öffentliche Parkanlage) mit uralten Abteiruinen und zwei sehenswerten Kirchen anzusehen. Auch ein Abstecher zum *Ickworth House* (→ S. 198) ist lohnenswert.

Die nächste Stadt, die von der A-45 umgangen wird und die Zufahrt lohnt, ist **Newmarket.** Die Stadt hat ca. 13 000 Einwohner und ist vor allem durch ihre Pferdezucht und ihre Pferderennen berühmt geworden. Die Rennsaison dauert von April bis Oktober, zu dieser Zeit dreht sich hier alles um Pferde; jeder Rennstall besitzt sein eigenes Trainingsgelände. Die Pferderennen in *Newmarket Heath* wurden bereits durch *James I.* Anfang des 17. Jahrhunderts hier eingeführt. In der *High Street* ist der alte Gasthof „The Rutland Arms" bemerkenswert, der bis auf die Zeit von *Charles II.* (17. Jh.) zurückgeht. Beachtenswert sind auch *Nell Gwynne's House* und das nach dem *Duke of Queensbury* benannte „Old Q House".

Nur etwa 3 km weiter nördlich liegt **Snailwell**, ein kleiner Ort mit erwähnenswerter Pfarrkirche, die noch einen normannischen Rundturm besitzt.

Die A-142 zweigt hier nordwärts ab nach *Ely**. Auf der A-45 erreicht man wenig später die berühmte Universitätsstadt **Cambridge***. Über die sehr zahlreichen sehenwerten Orte in der unmittelbaren Umgebung, die alle einen Abstecher lohnen, informieren Sie sich bitte nach der Stadtbeschreibung von *Cambridge* unter „Ausflüge" (→ S. 223).

Kurz nach dem Verlassen von Cambridge führt von der A-45 rechts eine Zufahrt nach **Madingley** (→ S. 225). Wenig später erreicht man *Caxton Gibbet,* wo man die A-14 kreuzt. Eine Zufahrt führt später rechts von der A-45 nach **Toseland,** wo noch ein schöner alter Herrensitz aus der Tudorzeit („Toseland Hall") erhalten ist. Gleich darauf erreicht man **St. Neots,** ein altes Marktstädtchen am *River Ouse,* dessen Ursprung noch in sächsische Zeit zurückreicht. Der schöne *Market Square* liegt direkt am Fluß und wird vom Turm der spätgotischen Pfarrkirche überragt, die im Innern bemerkenswerte Deckenschnitzereien (Tiere, Vögel, Engel) aufweist. Aus dem 17. Jahrhundert stammen noch das „Cross Keys Hotel" und das „Bridge Hotel" sowie mehrere alte Kaufmannshäuser. Das südlich angrenzende **Eynesbury** ist wegen seiner *Church of St. Mary the Virgin* aus der Normannenzeit (im 13. Jh. und später gotisch verändert) erwähnenswert.

Man hat jetzt die Wahl, entweder auf der A-45 über *Rushden* und *Wellingborough,* oder auf der weiter südlich verlaufenden A-428 über *Bedford* nach *Northampton* weiterzufahren. Beide Strecken sind fast gleich lang.

Die sehenswerten Orte an der Strecke über **Bedford*** finden Sie nach der Beschreibung dieser Stadt unter „Ausflüge" genannt (→ S. 178).

Kurz nach **St. Neots** quert die A-45 die Autobahn M-1. Wenig später führt rechts eine Zufahrt zum **Grafham Water,** einem großen Stausee mit Angelmöglichkeiten, vielen Picknickplätzen und Spazierwegen am Seeufer.

Links von der A-45 zweigt eine Zufahrt nach **Great Staughton** ab, wo ein originelles „Village Cross" aus dem Jahr 1637 zu sehen ist; an drei seiner vier Seiten ist eine recht komplizierte Sonnenuhr angebracht.

In **Kimbolton** kann man eine schöne gotische Kirche (s. unten) und ein mittelalterliches Herrenhaus sehen, in dem *Katharina von Aragonien* 1533-1536 ihre letzten vier Lebensjahre verbrachte. Das Haus wurde 1620 umgebaut, stürzte 1707 ein und wurde kurz darauf von dem berühmten Architekten *John Vanbrugh* neu errichtet, wobei aber der mittelalterliche Charakter teilweise beibehalten wurde. *Robert Adam* vergrößerte das Haus 1766 und schuf auch das neue *Gatehouse.* Heute dient *Kimbolton Castle* als Schule, eine Besichtigung ist in der Regel während der Sommerferien an Sonntagnachmittagen möglich. Die *St. Andrew Church* (13. Jh.) besitzt eine bemalte Altarwand aus dem 16. Jahrhundert und Grabdenkmäler der *Earls of Manchester* (17. Jh.).

Bei **Higham Ferrers** kreuzt die A-45 die A-6, die südwärts nach *Bedford** und nordwärts nach *Kettering* (→ S. 303) führt. Das Städtchen besitzt eine gotische Pfarrkirche und einige alte, ehemalige Schulgebäude beim Kirchhof, die Erzbischof *Chichele*

1424 in seinem Geburtsort errichten ließ. Vom einstigen *Chichele College*, etwa 1,5 km weiter nördlich am *River Nene* gelegen, sind nur mehr Baureste erhalten.

Man kann hier einen Abstecher von ca. 9 km über **Rushden** und **Wymington** (beide mit sehenswerten gotischen Kirchen) in südlicher Richtung nach **Hinwick** unternehmen, wenn man ein schönes Herrenhaus aus dem Jahr 1710 ansehen will. **Hinwick House** steht an der Stelle eines noch älteren Herrensitzes, von dem noch mehrere Gebäude aus der Zeit um 1430 existieren. Das Herrenhaus ist vor allem wegen seiner reichen Kunstschätze (Tapisserien, Stilmöbel aus dem 17./18. Jh., Gemälde von *Van Dyck, Lely, Kneller* und *Pieter Breughel*) erwähnenswert. Die ständige Ausstellung „A century of fashion" gibt anhand von Kleidungsstücken einen guten Überblick über die Mode zwischen 1840 und 1940. Die Besichtigungszeiten wechseln oft, man erkundige sich an einem Touristenamt.

Die A-45 führt dann am großen Naturpark von **Irchester** vorbei nach **Wellingborough.** Kurz darauf lohnt sich die Zufahrt nach **Earls Barton,** um die *Church of All Saints* anzusehen, die im 10. Jahrhundert erbaut wurde und den wahrscheinlich schönsten noch aus sächsischer Zeit stammenden Kirchturm Englands besitzt. Auch andere Teil der Kirche stammen noch aus sächsischer Zeit; unter den Normannen wurde sie zu Verteidigungszwecken befestigt und erweitert. Im 14. und 15. Jahrhundert erfolgten neuerlich Erweiterungen im gotischen Stil. Zu dieser Zeit wurde auch der alte Turm mit Zinnen bekrönt.

Ehe man **Northampton*** erreicht, führen links Zufahrten nach *Great Billing* und *Little Billing* (→ S. 301). Rund um die Stadt *Northampton* liegen einige recht sehenswerte Orte, die Sie nach der Beschreibung der Stadt unter „Ausflüge" angeführt finden (→ S. 301 ff).

Man folgt weiter der A-45, die die Autobahn M-1 quert (Ausfahrt bzw. Auffahrt Nr. 16) bis nach **Daventry,** einer Kleinstadt mit hübschem *Market Place,* alter Markthalle und Pfarrkirche aus dem 18. Jahrhundert. Am Ostrand des Städtchens steigt der *Borough Hill* an (sehr schöner Rundblick!), wo heute noch hohe Erdwälle von einem befestigten Fort aus der Eisenzeit künden.

Nur etwa 3,5 km weiter südlich liegt **Badby,** ein malerisches Dorf mit einigen alten, strohgedeckten Häusern, von wo aus ein Weg auf den **Arbury Hill** führt, wo man noch Erdaufschüttungen eines Römerlagers sieht. Noch etwas weiter südlich liegt das kleine Dorf **Fawsley,** dessen mittelalterliche *Church of St. Mary* sehenswert ist; sie enthält prächtige Figurengräber, darunter auch ein bemaltes Alabaster-Altargrab von 1534. Im **Fawsley Park** gibt es kleine Seen, ein Herrenhaus aus dem 16. Jahrhundert und Ruinen aus der Tudorzeit.

Die A-45 führt am südlichen Stadtrand von **Rugby** vorbei. Man kann auch nach *Northampton* auf die Autobahn M-1 auffahren und dann entweder links auf die direkt nach *Rugby* und *Coventry* führende M-45 abzweigen, oder – ebenfalls links – auf die M- 6, die direkt nach *Birmingham* führt.

Rugby (60 000 Einwohner) ist sowohl ein wichtiger Eisenbahnknotenpunkt, eine Industriestadt, ein Ausgangspunkt für Jagden (Fuchsjaden) durch die umliegenden Wälder, wie auch eine bedeutende Schulstadt. Die „Rugby School" wurde schon 1567 gegründet, an ihr wurde 1823 das *Rugby*-Fußballspiel erfunden. Bemerkenswert ist die aus dem 17. Jahrhundert stammende *Standford Hall*.

Kurz nach **Dunchurch** führt links von der A-45 eine Zufahrt zum schön gelegenen Picknickplatz am kleinen See **Draycote Water.** Die A-45 ist hier wieder als Schnellstraße ausgebaut und führt im Süden um **Coventry*** herum.

Sehr lohnend sind Abstecher von **Coventry*** zur **Stoneleigh Abbey** (→ S. 254), zum **Kenilworth Castle** (→ S. 254), nach **Royal Leamington Spa** (→ S. 388) und nach **Warwick** (→ S. 386), die alle in wenigen Minuten Fahrzeit zu erreichen sind.

Von *Coventry** führt die als Schnellstraße ausgebaute A-45 direkt weiter nach *Birmingham**. Etwa 9 km nach *Coventry* kann man den links neben der A-45 liegenden kleinen Ort **Meriden** besuchen, dessen mittelalterliches Marktkreuz als „geographischer Mittelpunkt Englands" bezeichnet wird. Am Westrand des Ortes liegt die aus dem 18. Jahrhundert stammende *Forest Hall,* Sitz der *Woodmen of Arden,* der ältesten „Bogenschützengilde" Englands. Etwa 3 km nordwestlich liegt der Herrensitz *Packington Hall* (17. Jh.) inmitten eines wildreichen Naturparks.

Man überquert nun die im Osten um Birmingham herumführende Autobahn M-42, fährt am *National Exhibition Centre* und am **Birmingham Airport** vorbei und erreicht kurz darauf die äußeren Stadtbezirke von **Birmingham***. Wer nach Norden *(Manchester, Liverpool, Blackpool, Lake District)* weiterfahren will, kann gleich auf die Autobahn M-6 auffahren, die *Birmingham* im Norden umgeht (→ Weg 1).

Der Rest des mittelalterlichen Marktkreuzes von Meriden wird als geographischer Mittelpunkt Englands bezeichnet.

10. Von Harwich über Colchester und Maldon nach London

Sehr viele Reisende benutzen für ihre Fahrt nach England das (Auto-) Fährschiff von Bremerhaven, Ostende, Hoek van Holland und anderen Kontinentalhäfen nach **Harwich.** Die meisten Englandreisenden, die in *Harwich* englischen Boden betreten, fahren mit dem Pkw zuerst weiter nach *London.* Die Strecke von knapp 120 km bis in das Stadtzentrum kann man auf der zum Teil als Schnellstraße ausgebauten A-12, die die meisten Orte umgeht und ein für britische Begriffe zügiges Fahren erlaubt, in kurzer Zeit zurücklegen.

Die Statistik zeigt, daß sich die Reisenden, die von *Harwich* nach *London* unterwegs sind, nur wenig um die neben der Straße liegenden Sehenswürdigkeiten kümmern. Jeder will so rasch wie möglich nach *London.* Warum eigentlich? Gerade auf dieser Strecke bieten sich viele Möglichkeiten, da und dort einen Aufenthalt einzuschieben oder einen Abstecher von der Hauptstraße zu einem sehenswerten Ort zu unternehmen. Für jene Pkw-Reisenden, denen es nicht darauf ankommt, drei oder vier Stunden später in London anzukommen, als das bei einer „Durchfahrt" möglich wäre, soll die nachfolgend beschriebene Strecke zu Abstechern und kleinen Umwegen anregen, um auch einen Eindruck von diesem Landesteil zu bekommen.

Harwich liegt am östlichen Ende der breiten Mündung des *River Stour* in die Nordsee, und zwar genau da, wo er mit dem vom Norden kommenden, ebensobreiten *River Orwell* zusammentrifft. *(Harwich* gegenüber liegt der nicht minder frequentierte Fährschiffhafen *Felixstowe,* → S. 135). Die Fährschiffhäfen liegen in den Stadtteilen *Parkeston* und *Dovercourt.* In **Dovercourt** findet man auch einen Strand, Strandpromenaden, Sportplätze und Unterhaltungsmöglichkeiten der verschiedensten Art für Feriengäste. Im Zentrum von **Harwich** gibt es noch einige altertümliche Straßenzüge, auch eine ganze Reihe von alten, charakteristischen Gasthöfen und Pubs. Im „Three Cups Inn" war Admiral *Nelson* Stammgast.

Man verläßt die Stadt im Westen und folgt zuerst der A-604 nach **Colchester** (27 km; → S. 243), das schon wegen seiner Normannenburg einen Aufenthalt lohnt.

*Im Fährschiffhafen von Harwich ist noch
ein Jahrhunderte alter Kran erhalten, dessen Rad- und Kettenwerk
einst händisch bedient werden mußte. Er steht unter Denkmalschutz.*

Von der A-604 zweigen rechts Landstraßen ab nach *Manningtree, Dedholm* und zu den anderen entzückenden Orten im sogenannten **Constable-Country,** wie Sie in der Route 11 (→ ab S. 150) beschrieben finden. Links von der A-604 zweigen Landstraßen ab nach **Walton on the Naze, Frinton on Sea** und **Clacton on Sea,** lauter bekannte Ferienorte an der Ostküste von *Essex,* mit Sandstränden, Golfplätzen, Hotels und Pensionen aller Preisklassen, Campingplätzen und guten touristischen Einrichtungen. In **Walton on the Naze** können Sie schöne Wanderungen zur „Naze", einer tief in die Nordsee hineinragenden Halbinsel unternehmen; die umliegenden kleinen Inseln sind Vogelparadiese. Es gibt hier Ferienhäuschen zu mieten, einen über 220 m langen Pier, einen geschützten Badestrand, ausgezeichnete Fischereimöglichkeiten, und obendrein ist der Ort durch seine Hummer bekannt. **Frinton on Sea** entstand erst um die Jahrhundertwende als „exklusiver" Ferienort, heute gibt es hier schon Hochhäuser mit Mietappartements. **Clacton on Sea** (25 km südlich der A-604) ist eine richtige „Ferienstadt" mit über 30 000 Einwohnern mit den vielseitigsten Unterhaltungs- und Vergnügungsmöglichkeiten an der Essex-Küste. Interessant ist die *Moot Hall,* ursprünglich ein mittelalterlicher Speicher, den man im mittelalterlichen Stil neu hergerichtet hat, daß er das Aussehen eines uralten Rathauses bekam.

Wenn Sie direkt von *Harwich* aus, oder von der A-604 nach **Clacton on Sea** abzweigen, so können Sie von dort auf der B-1027 direkt nach *Colchester** weiterfahren.

Dieser Umweg ist ca. 50 km lang. Von der B-1027, westlich von *Clacton* und rund 22 km südöstlich von *Colchester**, gelangen Sie in die entzückende kleine Ortschaft **St. Osyth,** deretwegen allein sich schon der Umweg bzw. der Abstecher lohnt, um die **St. Osyth's Priory** anzusehen. Das Augustinerkloster wurde im 12. Jahrhundert an der Stelle gegründet, wo sich schon im 7. Jahrhundert ein von *St. Osyth* gegründetes Kloster befunden hat. Die *hl. Osyth* war eine sächsische Königin von East Anglia, die von einfallenden dänischen Wikingern ermordet wurde. Die heutigen Klosterruinen werden als die weiträumigsten und besterhaltenen bezeichnet, die von einem mittelalterlichen Kloster noch erhalten sind. Aus dem 12./13. Jahrhundert stammen noch Kapelle und Turm, das große Torhaus wurde im 16. Jahrhundert großartig restauriert. Nach der Zerstörung des Klosters durch *Henry VIII.* (1537) erwarb *Lord D'Arcy,* ein Bevollmächtiger *Edwards VI.,* die Anlage, die seither im Privatbesitz blieb. Die sehr schöne Parkanlage, die Ruinen und einige wiederhergestellte Räume mit Kunstsammlungen *(Whistlejacket Room, Vyntner Hall* u.a.) können in der Regel von Mai bis September täglich von 10-17 Uhr besichtigt werden. Im 13. Jahrhundert entstand die *Church of SS. Peter and Paul,* die an die Abtei angrenzende Pfarrkirche von **St. Osyth.** Sie wurde im 16. Jahrhundert fast vollständig erneuert und besitzt eine einfache Stichbalkendecke und mehrere Grabdenkmäler aus der Zeit um 1580. Ganz in der Nähe liegt auch das sehenswerte **St. Clere's Hall,** eines der letzten aus dem 14. Jahrhundert noch erhaltenen befestigten Farmhäuser mit rundumlaufenden Graben; die Flügel wurden im 16. Jahrhundert angebaut.

Kurz vor *Colchester** zweigt rechts von der A-604 die A-133 nach *Clacton* (s.oben) ab. Hier liegt der kleine Ort **Elmstead Market** mit dem besuchenswerten, im Privatbesitz befindlichen Landschaftsgarten **Beth Chatto Garden,** der in der Regel täglich außer sonntags von 9-17 Uhr besichtigt werden kann. Gleich darauf fährt man an dem links neben der Straße befindlichen **Wivenhoe** vorbei, dem Sitz der *Essex University.* Die modernen Universitätsgebäude liegen im bewaldeten **Wivenhoe Park,** in dem es drei künstliche Seen gibt und der sich bis zur Mündung des *Rivers Colne* erstreckt. Dort gibt es auch eine Werft und im Ort selber einige schöne Häuser mit stuckverzierten Fassaden.

Sie können nun in **Colchester*** einfahren, oder die Stadt schon lange vor der Einfahrt auf einer Umgehungsstraße liegen lassen. Wenn Sie Zeit und Lust zu einem Abstecher haben, bringen Sie die A-12 und die A-134 nach ungefähr 10-15 km in das nördlich angrenzende **Constable Country** (→ Weg 11), mit vielen malerischen Orten. Über die A-12 erreichen Sie *Dedham* (→ S. 173) und *East Bergholt* (→ S. 173) und über die A-134 *Nayland* und *Stoke-by-Nayland* (→ S. 175).

Wenn Sie es eilig haben, nach *London* zu kommen, so folgen Sie der A-12, die Sie über *Chelmsford* rasch an Ihr Ziel bringt. Wenn Sie beschaulich dahinbummeln wollen, folgen Sie der Landstraße B-1022 bis *Maldon,* dann der A-414 nach Chelmsford, wo Sie wieder die A-12 erreichen. Diese Strecke ist nur um ca. 8 km länger als die auf der A-12, erlaubt aber nur langsames Fahren.

Die B-1022 bringt Sie zuerst nach *Tiptree.* Kurz vor Erreichen des Ortes lohnt sich links ein Abstecher zum nur 1,5 km entfernten Herrensitz **Layer Marney Towers,** dem *Gatehouse* eines im frühen 16. Jahrhunderts geplanten Schlosses, zu dessen Ausführung es aber nie kam. Heute gibt es nur dieses *Gatehouse* und einige kleinere angrenzende Gebäude, aber das *Gatehouse* ist mit acht Stockwerken das höchste existierende in England, und mit seinen Terracotta-Dekorationen an den Fenstern und Simsen, die an den frühen italienischen Renaissancestil erinnern, macht es den Eindruck eines großen Herrschersitzes aus der Tudorzeit. Man erreicht das riesige, von zwei Türmen flankierte Torhaus über eine breite Freitreppe von einer sehr schönen Gartenanlage aus. Der erste und der zweite *Lord Marney,* unter denen die Anlage zwischen 1510 und 1525 erbaut wurde, sind in der angrenzenden Pfarrkirche *St. Mary the Virgin* bestattet. Neben ihren beiden Figurengräbern kann man in der Kirche auch jenes von *Sir William Marney* in voller Rüstung sehen, das typische Beispiel englischer Alabasterarbeit des 15. Jahrhunderts. Das Grabmal des ersten *Lord Marney* hingegen, mit dessen aus schwarzem Marmor gefertigter Liegefigur unter einem Baldachin, hat mit englischer Tradition nichts zu tun: es wurde von einem italienischen Bildhauer im Stil der italienischen Frührenaissance gefertigt. In der Kirche ist auch noch eine Wandmalerei des hl. Christophorus (15. Jh.) erhalten. (Besuchzeiten des Herrensitzes: Von April bis September jeden Donnerstag und Sonntag nachmittags; im Juli und August zuzüglich auch dienstags).

Benachbart liegt der kleine Ort **Layer Breton,** mit malerischer alter Pfarrkirche, charakteristischem alten Gasthof und entzückenden *Cottages.* Ein malerisches Dorf ist auch das angrenzende **Layer-de-la-Haye,** von wo aus man das riesige *Abberton Reservoir* überblickt, das im Winter über 20 000 Wildvögeln Zuflucht bietet. Wenn Sie gerade im August unterwegs sind, können Sie von montags bis freitags das Herrenhaus **Shalom Hall** ansehen (erkundigen Sie sich aber vorher an einem Touristenamt, ob die Besuchszeiten noch richtig sind). Das aus dem 19. Jahrhundert stammende Herrenhaus ist wegen seiner reichen Sammlung an französischen Stilmöbeln des 17. und 18. Jahrhunderts und Gemälden (darunter Porträts von *Gainsborough, Reynolds* und anderen) sehenswert.

Von **Tiptree** (das durch seine Marmeladenerzeugung bekannt ist) führt links eine Zufahrt zum ca. 6 km südlich liegenden **Tolleshunt D'Arcy,** mit bemerkenswerter

Church of S. Nicolas (15. Jh.) und einem Herrenhaus aus der Zeit um 1500, das noch von einem Graben umgeben ist. (Die Steinbrücke stammt aus dem Jahr 1585). In einem im 17. Jahrhundert erneuerten Flügel gibt es über 400 Jahre alte Täfelungen zu sehen, doch ist das Haus nur selten Besuchern zugänglich. Nahebei steht ein großer Taubenschlag, der auch noch auf das 16. Jahrhundert zurückgeht. Auch das im westlich benachbarten **Tollenshunt Major** liegende Herrenhaus **Beckingham Hall** ist leider derzeit Besuchern kaum zugänglich; das Fachwerkhaus aus der Mitte des 16. Jahrhunderts wird von einem ungewöhnlichen Ziegelwall umgeben, dessen von Türmen flankiertes Torhaus beeindruckt. Die herrlichen Täfelungen dieses Hauses sind heute im *Victoria and Albert Museum* in London zu sehen.

Die B-1022 führt weiter nach **Maldon,** einer der noch unberührtesten kleinen Städte in Essex, mit vielen eindrucksvollen alten Gebäuden. Die Stadt liegt auf einem Hügel, der durch die berühmte dreitägige Schlacht im Jahr 991 gegen einfallende Wikinger in die Geschichte einging; eines der angelsächsischen epischen Werke Englands, „The Battle of Maeldune" (10. Jh.), berichtet davon. Sehenswert ist vor allem die *Church of All Saints,* die bis in das 13. Jahrhundert zurückgeht, später aber mehrmals verändert wurde. Das südliche Seitenschiff stammt noch aus dem 14. Jahrhundert und ist reich dekoriert. Schöne Grabmonumente stammen aus dem 17. Jahrhundert, das gotisch nachempfundene Langhaus entstand 1728. Einmalig ist aber ihr dreieckiger Kirchturm, der einzige dieser Art in England. Das Pfarrhaus *(vicarage)* ist ein bemerkenswertes Giebelhaus mit schönem Fachwerk (15. Jh.). Ein einfacher Ziegelbau aus dem Jahr 1435 ist die *Moot Hall,* nach ihrem Erbauer auch „D'Arcy Tower" genannt; der wehrhafte Turmbau erhielt im 19. Jahrhundert ein Säulenportal vorgesetzt. Die 1704 gegründete *Plume Library* steht an der Stelle der Kirchenruine *St. Peter's,* ihr ehemaliger Kirchenturm ist heute der Bibliothekseingang. Nicht übersehen bei einem Rundgang sollte man die beiden charakteristischen alten Gasthöfe des Städtchens: *Blue Boar Inn* und *Swan Hotel;* beide stammen aus dem 15. Jahrhundert.

Im Nordwesten des Städtchens liegt der Herrensitz **Beeleigh Abbey,** der auf eine 1180 gegründete Prämonstratenserabtei zurückgeht, von der noch das Kapitelhaus, Arkaden und ein Schlafsaal (um 1250) erhalten sind. Der ehemalige Schlafsaal enthält heute eine kostbare Bibliothek. Im 16. Jahrhundert wurde auf den Resten des zerstörten Klosters ein Fachwerkbau errichtet. Ob und wann eine Besichtigung möglich ist, erkundige man sich am Touristenamt.

Maldon liegt am westlichen Ende der breiten, **Blackwater** genannten Meeresbucht, die immer von Fischkuttern und Lastkähnen bevölkert ist. Nach Süden und Osten hin breitet sich weites Marschland bis zur Nordsee *(Blackwater Estate)* aus. Durch Entwässerung und Dämme wurde das Gebiet erst im 17. Jahrhundert dem Meer abgerungen. Da und dort grasen Rinderherden, überall hört man den Ruf der Seevögel, um die kleinen Döfer herum ist das Land bewirtschaftet. **Bradwell Lodge** ist ein schönes Landhaus und besteht aus einem Gebäude aus der Tudorzeit (16. Jh.) und einem 1785 angebauten Flügel. Im Ort gibt es auch einige charakteristische alte Gasthöfe.

Eine Zufahrt führt von hier zur Küste, wo einst das römische Fort „Othona" stand. Die Grundmauern seiner Wälle sind noch im hohen Gras zu sehen. Dort steht auch die kleine Kapelle **St. Peter-on-the-Wall,** die der sächsische Bischof *St. Cedd* im Jahr 654 aus Römersteinen erbaute, heute einer der ältesten in England erhaltenen Kirchenbauten. Das Gebäude diente Jahrhunderte lang als Speicher, Schmugglerlager und Rinderstall. Vor wenigen Jahren wurde das uralte sächsische Kirchenschiff konserviert.

Wer hier Campingferien verbringt (bei *St. Lawrence* und *Burnham on Crouch* liegen gute Campingplätze), kann sich auf einem über 20 km langen Küstenpfad, der über die Dämme südwärts führt, den Nordseewind um die Ohren blasen lassen. Es ist eine der einsamsten Küstenregionen Englands, man sieht meilenweit kein Haus, begegnet stundenlang keinem Menschen.

In **Burnham on Crouch** (19 km südöstlich von *Maldon* auf der B-1010), einem kleinen Fischerstädtchen mit Bootsbau, alten Gasthöfen und ehemaligen Schmugglerspelunken, kann man am Kai noch bunte kleine Häuser und Cottages sehen, die sich Seekapitäne früher hier bauten. Das Städtchen ist jetzt das Ziel vieler Segelsportler, neben den Fischerbooten sieht man schmucke Jachten, berühmt sind auch die von hier stammenden Austern.

Ein wegen 10 km langer Wanderweg führt am Ufer des breiten *Crouch* in westlicher Richtung bis zur Ansiedlung **North Fambridge** mit dem malerischen alten „Ferry Boat Inn".

Nördlich von *Burnham* liegt **Southminster,** ein hübsches Landstädtchen mit großer gotischer Kirche im *Perpendicular*-Stil.

Von **Maldon** folgt man der A-414 in Richtung *Chelmsford.* An der Strecke lohnt sich ein Aufenthalt in **Danbury,** wenn man einen sehr schönen Landschaftspark („Danbury Park", mit Herrenhaus von 1832) sehen will. Das Städtchen thront auf einem etwa 120 m hohen Hügel, von dem aus man einen weiten Rundblick über das mit Stechginster bedeckte Land bis zu den Gewässern des *Blackwater Estate* hat. Die gotische Pfarrkirche von **Danbury** enthält bemerkenswerte Holzschnitzfiguren von Rittern aus dem 13. Jahrhundert. Auch der alte Fachwerkbau des „Griffin Inn" (16. Jh.) ist erwähnenswert.

In **Chelmsford** (→ S. 151), das nicht zuletzt auch wegen seiner Kathedrale sehenswert ist, erreicht man wieder die A-12, der man bis **London** folgen kann. Die sehenswerten Plätze an diesem Streckenabschnitt *(Margaretting, Ingatestone, Brentwood* usw.) finden Sie – wie auch den Umweg durch den *Epping Forest* – im Weg 11 (in umgekehrter Richtung) beschrieben.

11. Von London
über Bury St. Edmunds und Thetford nach Norwich und über Great Yarmouth, Lowestoft und Ipswich zurück nach London (East Anglia Rundfahrt)

Bei dieser Rundfahrt lernt man einige der sehenswertesten Orte von **East Anglia** kennen *(Sudbury, Long Melford, Bury St. Edmunds, Norwich, Ipswich)* und gleichzeitig auch die beliebten Seebäder und Ferienorte *Great Yarmouth* und *Lowestoft* an der Ostküste Englands. Da die berühmte Universitätsstadt *Cambridge** und die nicht minder berühmte Kathedralstadt *Ely** in der Regel bei eigenen Ausflugsfahrten ab London angefahren werden, wurde für die Rundfahrt die A-131 über *Bury St. Edmunds* nach *Norwich* gewählt, um dem reiseerfahrenen Touristen eine Alternative zur üblichen Rundfahrstrecke über *Cambridge** und *Ely** aufzuzeigen. (Den Streckenabschnitt über *Cambridge* und *Ely* finden Sie im Weg 7 ab Seite 123 beschrieben).

Die hier beschriebene Strecke nach **Norwich*** liegt abseits der in der Regel befahrenen und ist also jenen Touristen zu empfehlen, die *Cambridge* und *Ely* schon kennen und andere bedeutende Kunststädte kennenlernen wollen. Auch ist sie eine lohnende Anfahrtsstrecke für Urlauber, die ihre Ferien in den Badeorten an der Ostküste verbringen wollen und genügend Zeit haben, sich unterwegs vieles anzuschauen.

Entfernungsangaben: Von **London** nach *Brentwood* 32 km, nach *Chelmsford* 48 km, nach *Braintree* 66 km, nach *Sudbury* 90 km, nach *Bury St. Edmunds* 116 km, nach *Thetford* 135 km, nach *Norwich* 180 km. Von **Norwich** nach *Great Yarmouth* 30 km. Von **Great Yarmouth** über *Lowestoft* nach *Ipswich* 90 km. Von **Ipswich** nach *London (City)* 120 km. Die zahlreichen Abstecher von der Hauptstrecke sind in diesen Entfernungsangaben kilometermäßig nicht berücksichtigt.

Der erste Streckenabschnitt führt Sie von *London* auf der A-12 über *Brentwood* (vorher queren Sie die Stadtringautobahn M-25) nach *Chelmsford*. Das am Nordoststrand von *Greater London* liegende **Brentwood** ist ein idealer Ausgangspunkt für ausgedehnte Wanderungen die angrenzenden Naturschutzparks **Weald Park** (Wälder und kleine Seen) und **Thorndon Park** (alte Eichen, kleine Seen, gut markierte Wanderwege).

Auf halbem Wege nach *Chelmsford* liegt **Ingatestone,** ein kleines Städtchen mit gut erhaltenen alten Häusern aus dem 16. bis 19. Jahrhundert, darunter den Gasthof „The Bell" (16. Jh.). Aus der Normannenzeit stammt die *Church of SS. Edmund and Mary,* wurde aber später verändert. Sie enthält die Figurengräber der *Petre*-Familie (16. und 17. Jh.), den früheren Bewohnern des Herrenhauses **Ingatestone Hall,** das noch auf die Tudorzeit zurückgeht und 1540 für den damaligen Staatssekretär *Sir William Petre* erbaut worden war. Es enthält noch eine kostbare Einrichtung aus dem 18. und 19. Jahrhundert, ist reich mit Kunstschätzen ausgestattet und beherbergt heute ein historisches Dokumentenarchiv von *Essex.* Zu gewissen Zeiten finden hier auch Ausstellungen statt.

Die A-12 führt nun durch den kleinen Ort **Margaretting,** dessen *Church of St. Margaret* (15. Jh.) schon wegen ihres berühmten Glasfensters („Jesse Window") mit bunten Glasmalereien (König David mit der Harfe und König Salomon) aus dem 15. Jahrhundert sehenswert ist.

Gleich darauf erreichen Sie die Industriestadt **Chelmsford,** die auch die Hauptstadt von *Essex* ist. Den Römern war sie als *Caersarmagnus* bekannt; Erinnerungen daran kann man im *Chelmsford and Essex Museum* im *Oaklands Park (Moulsham Street)* sehen. Das Museum enthält auch heimatkundliche, naturgeschichtliche und geologische Abteilungen, eine Sammlung alter Münzen, Bilder, Keramiken, Trachten, altes Glas, Militaria u.v.a. (Geöffnet werktags 10-17, sonntags 14-17 Uhr). Bemerkenswert ist auch die *St. Mary's Cathedral* aus dem Jahr 1424, die 1800 einstürzte und dann in altem Stil neu errichtet wurde. Sie besitzt aber noch ihren ursprünglichen Turm (15. Jh.) mit 1749 aufgesetztem Turmhelm. Beachtenswert sind ferner das Südportal und die Grabmonumente aus dem 16. bis 18. Jahrhundert.

Ein interessanter Abstecher führt Sie von hier in den nur 3 km westlich liegenden Ort **Writtle,** das einen sehr malerischen Dorfplatz mit Ententeich, schmucken alten Häusern (ein Fachwerkhaus stammt aus dem Jahr 1500), einer kleiner Kirche und einen Landsitz *(Moor Hall)* aus dem 15. Jahrhundert besitzt.

Ein anderer Abstecher führt Sie in das ca. 5,5 km östlich liegende Städtchen **Danbury,** das auf einem 120 m hohen Hügel liegt, von dem aus man einen weiten Rundblick genießt. Die Pfarrkirche ist sechshundert Jahre alt und enthält beachtenswerte hölzerne Grabfiguren von Rittern. Der Fachwerkbau „Griffin Inn" geht bis auf das 16. Jahrhundert zurück. **Danbury-Park** ist ein großer Naturschutzpark mit schönen Spazier- und Wanderwegen. Noch weiter östlich liegt das sehr sehenswerte kleine Städtchen **Maldon** (→ S. 148).

Man verläßt *Chelmsford* im Norden auf der A-131 Richtung *Braintree*. Unterwegs kann man links nach **Leighs** zu fahren, wo sich noch Teile der alten **Leez Priory** (auch *Leighs Priory*) befinden: Die aus dem 13. Jahrhundert stammende und verfallene Priorei wurde von *Lord Rich* im Jahr 1536 teilweise wiedererrichtet, wurde aber 1753 zerstört. Erhalten sind noch Torhäuser und einzelne Bauteile aus roten Ziegeln. **Braintree** ist ein geschäftiges kleines Marktstädtchen, das sich schon vor mehr als vierhundert Jahren durch die Wollproduktion und den Wollhandel einen gewissen Wohlstand erwarb. Altes und Neues verbinden sich hier harmonisch, in jeder Straße kann man noch schöne alte Häuser sehen; wenn es Ihre Zeit erlaubt, so sehen Sie sich den uralten, malerischen Innenhof des „Swan Hotels" an.

Wenn Sie genügend Zeit und Muße zum „Langsamfahren" haben, so können Sie **Braintree** von London aus auch auf recht „ungewöhnliche Art" auf der A-113 über **Chipping Ongar** und von dort auf der schmalen Landstraße A-184 über *Great Dunmow* erreichen. **Chipping Ongar** besitzt noch einen eindrucksvollen, rund 18 m hohen Burghügel, und seine *High Street* wird von vielen alten Häusern aus dem 17. und 18. Jahrhundert gesäumt. Im benachbarten kleinen Dorf **Greensted** steht die einzige noch existierende sächsische Kirche (1013), deren Wände in Blockbauweise aus Baumstämmen gefügt sind. Der Chor der Kirche stammt aus der Normannenzeit und wurde im 16. und im 19. Jahrhundert restauriert. Man fährt dann auf der A-184 über das teils bewaldete, teils aus Farmland bestehende sanfte Hügelland **The Rodings**, parallel zum mäanderförmigen, gleichnamigen Fluß. Unter „The Rodings" versteht man aber auch eine ganze Reihe von malerischen kleinen Dörfern aus dem 18. Jahrhundert, teils noch mit Fachwerkhäusern, ansehnlichen Landsitzen und alten Kirchen. Es ist jener Teil Englands, den der Maler *George Morland* im 18. Jahrhundert in zahlreichen Bilder verewigte. Von der Landstraße führen Zufahrten zu den Dörfern *Beauchamp Roding, Abbess Roding, White Roding* (alle westlich des *River Roding*), und *Berners Roding, Margaret Roding, Leaden Roding, Aythorpe Roding* und *High Roding,* östlich des Flusses.

Von **Braintree** führt die Straße weiter über *Halstead* nach *Sudbury*. Kurz nach *Braintree* zweigt links von der A-131 die B-1017 ab nach **Gosfield,** mit dem Tudor-Landsitz *Gosfield Hall,* der aber im 18. und 19. Jahrhundert stark verändert bzw. vergrößert wurde.

Sudbury ist der Geburtsort des Malers Gainsborough,
aber auch wegen seiner schönen alten Kirchen besuchenswert.

Noch ein paar Fahrminuten weiter nördlich liegt der Ort **Castle Hedingham** (auch über die A-604 von *Halstead* aus zu erreichen), der sich teilweise noch sein mittelalterliches Aussehen bewahrt hat. Auf einem etwa 40 m hohen Burghügel steht heute noch ein vierstöckiger normannischer *Keep* (1140) mit über drei Meter dicken Mauern. Die Brücke über den Burggraben stammt aus dem 15. Jahrhundert. Auch die sehenswerte Pfarrkirche des Ortes stammt noch aus der Normannenzeit, ihr Turm wurde 1616 angefügt.

Halstead besitzt eine gotische Pfarrkirche *(Church of St. Andrew)* aus dem 14./15. Jahrhundert (im 19. Jh. restauriert), mit interessanten alten Grabmälern. Bemerkenswert ist auch das 1713 um einen älteren Bau errichtete *Blue Bridge House.* Das Haus steht in einem umgrenzten Garten mit schönen Schmiedeeisentoren. Gleich nach *Halstead* führt die A-131 an **Little Maplestead** vorbei, wo sich eine der vier in England noch erhaltenen Rundkirchen der Tempelritter aus dem 14. Jahrhundert befindet. Kurz vor *Sudbury* überschreitet man die Grenze von *Essex* nach *Suffolk,* die hier der *River Stour* bildet. Nun befindet man sich im eigentlichen **East Anglia.** Das alte Königreich **East Anglia** bestand ursprünglich aus dem „nördlichen Volk" (North Folk = *Norfolk)* und dem „südlichen Volk" (South Folk = *Suffolk)* und wird heute von diesen beiden Grafschaften oder Regionen *(Norfolk* und *Suffolk)* gebildet.

Sudbury ist eine alte Marktstadt am *River Stour* und war früher auch ein Zentrum des Wollhandels. Aus dem 15. und 16. Jahrhundert existieren noch eine ganze Reihe schöner Gebäude, vor allem rund um den Platz *Market Hill (Moot Hall, Chantry, Salter's Hall* u.a.); auf der anderen Seite des Flusses verdienen der „Bull Inn" (1590) und *Ballingdon Hall* (um 1600) Erwähnung. Die drei Kirchen der Stadt stammen alle aus dem 15. Jahrhundert: *St. Peter's Church* (am *Market Hill)* besitzt sehr schöne Tafelmalereien, *St. Gregory's,* die Hauptkirche, ist wegen ihres prächtigen verzierten Taufbeckens besuchenswert, die dritte Kirche ist *All Saints.* Sudbury ist auch die Geburtsstadt des berühmten Malers *Thomas Gainsborough* (1727-1788). Sein Geburtshaus

Die langestreckte Pfarrkirche von Long Melford zählt zu den größten des Landes. Sie stammt aus dem 15. Jahrhundert und ist allein schon durch die strenge Gliederung ihrer Maßwerkfenster sehenswert.

(Gainsborough Street 46) reicht bis in die Zeit um 1600 zurück, wurde aber 1725 verändert und erhielt dabei auch eine neue Fassade. Das Haus ist heute als Museum zugänglich und enthält neben Bildern und Zeichnungen des Künstlers auch noch zeitgenössische Stilmöbel. Auch Ausstellungen finden heute im Haus statt. (Geöffnet dienstags bis samstags 10-12 und 14-17 Uhr, sonntags 14-17 Uhr).

Von *Sudbury* kann man einen Abstecher in das nordöstlich benachbarte Dorf **Acton** unternehmen, wenn man eine weitere Normannenkirche (13. Jh.; Türme erneuert) mit alten Figurengräbern sehen will.

Man fährt dann auf der A-134 weiter und sollte bereits 5 km nach der Ausfahrt aus *Sudbury* einen neuerlichen Aufenthalt in **Long Melford** machen, einer besonders sehenswerten, aristokratisch anmutenden Kleinstadt: die 3 km lange, sehr breite *Main Street* zählt zu den schönsten ihrer Art; sie führt auf einen weiten Platz, auf dem sich die langgestreckte, gotische *Church of the Holy Trinity* (15. Jh.) erhebt. Sie besitzt feine Maßwerkfenster mit prächtigen Glasgemälden aus dem 15. Jahrhundert, viele kunstvoll verzierte Grabmäler und Figurengräber (bemerkenswert ist vor allem das des *Sir William Cordell* von 1580) sowie eine prächtige Alabastertafel, die Anbetung der Könige darstellend.

Um die Kirche herum liegen viele sehenswerte Bauten: das *Holy Trinity Hospital,* um 1753 gegründete *almshouses* (Altersheime für Kranke und Bedürftige) sowie zwei alte Herrensitze aus dem 16. Jahrhundert. Das große, im Tudorstil erbaute Herrenhaus **Melford Hall** (1554-1578) war die Residenz von *Sir William Cordell* (s.oben), besitzt auch ein eigenes Torhaus und einen schönen Garten. Teilweise ist es noch mit zeitgenössischen Stilmöbeln eingerichtet, zu seinen Kunstwerken zählen viele alte Gemälde und kostbares Porzellan. Man kann das Haus in der Regel zwischen April und September mittwochs, donnerstags und sonntags an Nachmittagen besichtigen. Das zweite Herrenhaus, **Kentwell Hall,** wurde um 1564 in elisabethanischem Stil aus roten

Die der Heiligen Dreifaltigkeit geweihte Kirche von Long Melford beeindruckt durch ihr hohes gotisches Mittelschiff und durch die bemerkenswerten Figurengräber aus dem 16. bis 18. Jahrhundert.

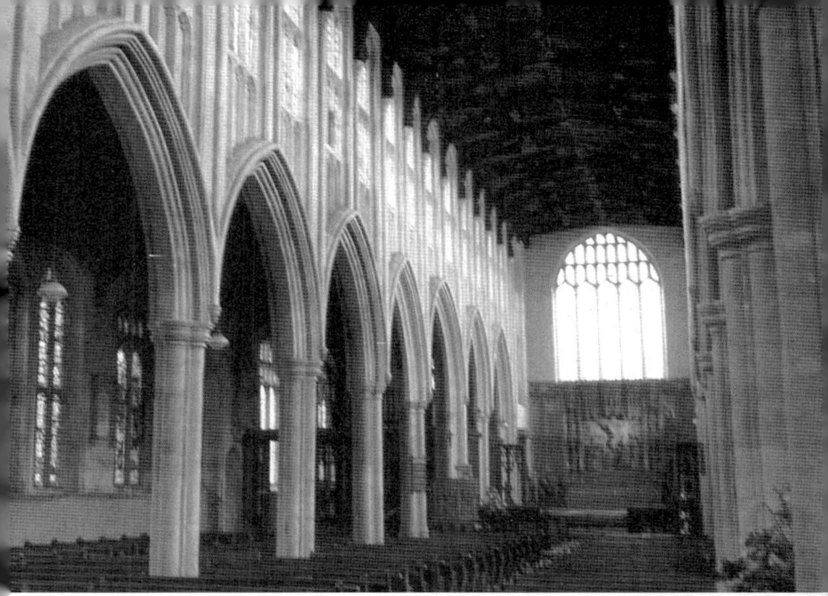

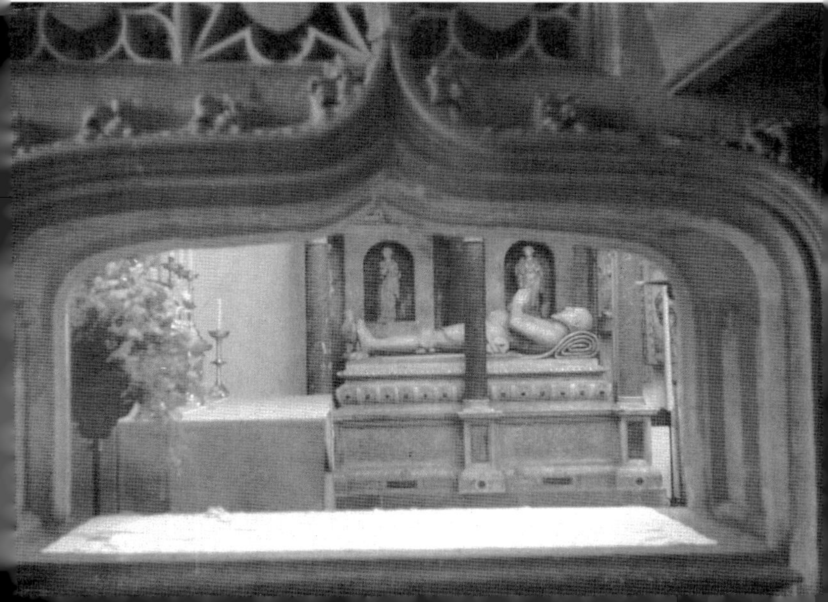

Ziegelsteinen erbaut, ist von einem Graben umgeben. Die Innen-
räume wurden restauriert, bzw. neu ausgestattet. Auch dieser
Herrensitz besitzt schöne Gartenanlagen, sehenswert ist vor allem
eine dreihundert Jahre alte große Allee von Lindenbäumen. Die
Besichtigungszeiten sind in der Regel von April bis Juni mitt-
wochs, donnerstags und sonntags, im August und September von
Mittwoch bis Sonntag, immer an Nachmittagen. Im Juli ist das
Haus fast immer geschlossen.

Bei *Long Melford* zweigt links die B-1092 ab und führt zum etwa 6 km entfernten
Dorf **Cavendish,** um dessen großen Platz („Village green") besonders schöne strohgedeckte alte Häuser liegen (Fotomotive!). Aufmerksamkeit verdient vor allem der
Fachwerkbau von *Netherhall* (15./16. Jh.), um den herum Weingärten legen (man
kann auch den hier hergestellten Wein kaufen), die *Manor Cottages* und die *Old
Rectory,* alle aus dem 16. Jahrhundert, wie auch die schöne alte Pfarrkirche. Der
westliche Nachbarort heißt **Clare,** wo man ebenfalls noch viele schöne Gebäude aus
dem 15. bis 17. Jahrhundert sehen kann *(The Grove, Bell Hotel, Swan Inn, Cliftons,
Nethergate Hotel, Stour House* u.v.a.) Vom **Clare Castle** aus dem 13. Jahrhundert
sind nur mehr malerische, von Bäumen und Sträuchern umwachsene Ruinen zu
sehen. Die uralte **Clare Priory** (1248 gegründet), die 1604 zum Herrenhaus umgestaltet wurde, ist ihrem ursprünglichen Zweck rückgeführt worden und wird wieder von
Augustinermönchen bewohnt. Aus dem 12. Jahrhundert stammt die *Wentford
Chapel* (auch „Chapel Cottage" genannt), die große *Church of SS. Peter and Paul* aus
dem 14. und 15. Jahrhundert, nur ihr Turm ist älter. Beachten Sie bitte auch das
schöne, reich mit Stuck verzierte ehemalige *Priest's House* aus dem Jahr 1473 vor
dem alten Kirchhof. Wenn man den Straßen folgt, die zu *Upper Common* hinauffüh-
ren, gelangt man zu eigenartigen Erdaufschüttungen, die manche Wissenschaftler als
eisenzeitliches Fort, andere als Schanzen von dänischen Wikingern, die als Eroberer
eingefallen waren, bezeichnen. Im benachbarten **Stoke-by-Clare** gab es ein mittelalterliches Benediktinerkloster, dessen Reste heute von einem Schulgebäude
umschlossen werden. Im Dorf erweckt ein besonders dekorativer großer Taubenschlag *(dovecot)* Aufmerksamkeit.

Von *Long Melford* kann man die A-134 direkt weiterfahren
nach *Bury St. Edmunds* (knapp 19 km), oder aber einen sehr lohnenden Umweg von knapp 4 km über *Lavenham* machen, das man
auf einer schmalen, kehrenreichen Landstraße erreicht. Von dort
führt dann die B-1141 zurück zur A-134. (Eine andere Landstraße
führt schon vom oben genannten *Sudbury* nach *Lavenham).*

Lavenham ist eine entzückende, altertümliche Kleinstadt (sie
wird als „malerischste Stadt Suffolks" bezeichnet), die ihren
Wohlstand dem einstigen Kleidermachergewerbe und dem Wollhandel des 16. Jahrhunderts verdankt. Man kann hier viele sehr
gut erhaltene Fachwerkhäuser aus dem 15. und 16. Jahrhundert
bewunden: *Wool Hall, Swan Hotel, De Vere House, Old Gram-*

mar School, Mullet House, Woolstaplers, Shilling Old Grange, viele Häuser in der *Church Street* usw. Der berühmte Maler *John Constable* (1776-1837) ging hier zur Schule. Auf dem *Market Square* steht ein bemerkenswertes Marktkreuz aus dem 16. Jahrhundert. Auch die **Guildhall** liegt hier: ein prachtvoller Fachwerkbau aus dem Jahre 1528, der von *John de Vere* als Sitz der „Corpus-Christi-Gilde" gegründet worden war. Die Gilde widmete sich dem Wollhandel und pflegte dabei starke religiöse Bindungen. Das Gebäude diente später auch als Aufführungsort für Mysterienspiele, als Wollhandelsbörse, als Gefängnis und als Armenhaus. Heute beherbergt es ein sehenswertes heimatkundliches Museum, das täglich von März bis November geöffnet hat. Auf einem Eckbalken hat ein unbekannter Künstler ein Schnitzbildnis von *John de Vere* gefertigt. An der Ostseite des *Market Place* liegt die **Little Hall,** ein sehenswertes Herrenhaus aus dem 15. Jahrhundert, mit reicher Innenausstattung. Es ist in der Regel von Ostern bis Mitte Oktober jeden Samstag und Sonntag an Nachmittagen geöffnet. In der *Water Street* erweckt der sehenswerte Fachwerkbau **The Priory** Aufmerksamkeit. Die sehr sehenswerten Gebäudeteile stammen aus dem 13. bis 16. Jahrhundert, die Räume sind komplett eingerichtet und enthalten verschiedene Kunstsammlungen (Gemälde, Zeichnungen, Glasmalereien u.a.). Man kann sie in der Regel von Ende April bis September täglich an Nachmittagen besichtigen. Sehr sehenswert ist auch die gotische Pfarrkirche (1480-1530), an der ihr wuchtiger Turm auffällt. Im Innern beachte man die schöne Altarwand (14. Jh.), die Holzschnitzereien am Gestühl, die Grabdenkmäler aus dem 15. bis 17. Jahrhundert und die mittelalterlichen Glasfenster.

Im Nachbarort **Brent Eleigh** ist die *Church of St. Mary* im gotischen *Decorated*-Stil sehenswert. Sie besitzt noch ein Portal aus dem 14. Jahrhundert, ihre Innenausstattung gehört zu überwiegendem Teil dem 17. und 18. Jahrhundert an.

Von *Lavenham* führt die A-1141 über *Brent Eleigh* weiter nach **Hadleigh** (prächtige *Guildhall* aus dem 15. Jh., gotische Marienkirche und *Deanery* im Tudorstil), in dessen unmittelbarer Umgebung viele sehr malerische Dörfer liegen (→ S. 272).

Die A-134 führt Sie rasch weiter nach **Bury St. Edmunds***, das nicht nur wegen seiner alten Abteiruinen einen Aufenthalt lohnt. Sie finden die Stadt in einem eigenen Kapitel (→ S. 190) beschrieben. Man verläßt **Bury St. Edmunds*** im Norden durch die am Bahnhof vorbeiführende *Northgate Street* und fährt dann auf der A-134 weiter nach *Thetford.* Kurz ehe man die Stadt erreicht, kann man bei *Barnham* rechts auf die Zufahrt nach **Euston** ab-

zweigen und von dort auf der B-1088 nach *Thetford* gelangen. Das ist ein unbedeutender Umweg von nur etwa 3 km, er lohnt sich aber, wenn Sie zufällig an einem Donnerstagnachmittag unterwegs sind, denn dann ist das sehenswerte, aus dem 18. Jahrhundert stammende Herrenhaus **Euston Hall** (bedeutende Gemäldegalerie, schöne Gärten und Parkanlage) für Besucher zugänglich. Erkundigen Sie sich aber vorher an einem Touristenamt, denn möglicherweise ändert sich die Besichtigungszeit.

Thetford ist eine berühmte alte Stadt an der *Little Ouse,* war auch der Sitz der Könige von *East Anglia* und im 11. Jahrhundert auch ein eigener Bischofssitz. **Thetford** gehört zu den wenigen Städten in England, in der noch bedeutende Ruinen aus angelsächsischer Zeit zu finden sind. Zu den Sehenswürdigkeiten der Stadt zählen die beim Bahnhof liegenden Ruinen der 1104 gegründeten *Thetford Priory (Club Priory of Our Lady),* die Ruinen des Augustinerklosters *Canons of the Holy Sepulchre* (12. Jh.) in der *Brandon Road,* die Ruinen eines Dominikanerklosters von 1340 hinter der *Old Grammar School* in der *London Road,* die mittelalterliche Ruinen umschließt. Von dieser Schule, die zu den ältesten in England gehört, wird behauptet, daß sie aus einer Chorschule des 7. Jahrhunderts hervorging. Die Bedeutung, die *Thetford* als klösterliches und religiöses Zentrum im Mittelalter hatte, ist also evident. Damals gab es mehr als zwanzig Kirchen in der Stadt. Nach der Reformation, als die Klöster aufgelöst und zerstört wurden, sank die Bedeutung der Stadt.

Am besten informiert man sich über die Geschichte der Stadt und East Anglias im *Ancient House Museum* in der *White Hart Steet,* das in einem uralten Fachwerkbau aus der Tudorzeit eingerichtet ist. Es enthält auch archäologische Funde aus der Gegend von der Steinzeit bis zum Mittelalter, auch eine naturgeschichtliche Abteilung mit einer interessanten Molluskensammlung. Ein schöner Fachwerkbau aus dem Jahr 1493 (mit modernem Anbau)

Die alten Abteiruinen von Bury St. Edmunds dienten späteren Gebäuden als Stützmauern.

ist auch das *Bell Hotel*. Aus dem Jahr 1581 stammt das 1968 wiederhergestellte Stadtgefängnis in der *Cage Lane*, aus dem 17. Jahrhundert das *King's House* (die Fassade wurde im 18. Jahrhundert erneuert), ein ehemaliger Jagdsitz von *James I*. Vor dem Haus steht eine Bronzestatue von *Thomas Paine*, dem Autor von „The Rights of Man" (18. Jh.); sein Geburtshaus steht in der *White Hart Street,* nahe beim Museum.

Am Ostende der Stadt steigt der rund 30 m hohe *Castle Hill* an. Von der alten sächsischen Burg, die 1173 zerstört wurde, ist nichts mehr erhalten. Heute erstreckt sich hier eine schöne Parkanlage. Vom Hügel aus genießt man aber einen schönen Blick auf die weiträumigen Erdwälle, die während der Eisenzeit eine Befestigung des alten britischen Stammes der *Iceni* waren.

Westlich der Stadt steht heute noch der **Thetford Warren** genannte Steinturm aus dem 15. Jahrhundert, der wahrscheinlich dem königlichen Jagdaufseher als befestigter Wohnsitz diente.

Etwa 12 km nordwestlich von *Thetford* (Zufahrt von der A-134 auf der B-1108) liegen die berühmten **Grime's Graves,** ursprünglich über vierhundert (später zugeschüttete) bis zu 12 m tiefe Gruben und Minenschächte, die von Steinzeitmenschen vor mehr als viertausend Jahren zur Förderung von „Flints" (Feuersteinen) aus dem kreidehaltigen Gestein angelegt worden waren. Diese „Flints" wurden von ihnen zu Pfeilspitzen, Äxten, Messern und anderen Werkzeugen geformt. 16 dieser Minenschächte, die auch durch Tunnels miteinander verbunden sind, wurden seit 1870 freigelegt; einen oder zwei kann man in der Regel immer „erforschen", wenn man die entsprechende Kleidung (die dabei sehr schmutzig wird) und eine Taschenlampe mithat. Archäologen fanden hier auch eine weibliche Steinfigur aus der Steinzeit, die möglicherweise eine Fruchtbarkeitsgöttin darstellt. Etwas weiter südlich liegt der Ort **Brandon,** der früher durch seine „Flint"-Industrie bekannt war: während der napoleonischen Kriege wurden hier „flints" für die britischen Kanonen hergestellt; heute noch werden „flints" hier verarbeitet.

Das Land rund um *Thetford,* bis in die Gegend von *Norwich**, wird **Breckland** genannt. Es handelt sich dabei um eine sehr ursprüngliche Landschaft aus weiten Heideflächen und Grundwasserseen, die bei Trockenheit austrocknen, und um eines der am wenigsten besiedelten Gebiete Englands. Das war nicht immer so, denn schon vor etwa zweitausend Jahren siedelten hier Menschen, die ihre Felder bestellten und bis zur Sachsenzeit waren die Menschen bemüht, dieses Land zu kultivieren. Nach der Eroberung des Landes durch die Normannen verfielen aber die Dörfer, das Land begann zu verwildern. Erst in jüngster Zeit begann man wieder mit dem Anpflanzen von Bäumen. Der Tourist kann jedenfalls neben den Landstraßen Wanderwege und Picknickplätze finden. Ein großer Teil des **Breckland** wird heute auch von der Armee als Truppenübungsgelände benutzt und ist als „Resitricted Area" (Sperrgebiet) gekennzeichnet.

(Über die „Fens", die sich weiter westlich und nördlich ausdehnen, lesen Sie bitte auf Seite 126 nach).

Man verläßt **Thetford** im Nordosten auf der A-11. Kurz nach der Stadtausfahrt teilt sich die Straße: die B-1075 führt links über *East Wretham* nach Norden, während die A-11 nordöstlich weiter über *Wymondham* nach *Norwich* zieht. Wer einen guten Eindruck vom „echten" *Breckland* (s.oben) bekommen will, sollte auf der B-1075 den Abstecher nach **East Wretham** unternehmen. Hier breiten sich die Heiden noch in ihrem faszinierenden „Urzustand" aus, kleine Seen *(Fowl Mere, Ring Mere* u.a.) mit schilfbestandenen Ufern werden zum „Vogelparadies", und bei Hochstand des Wassers ragen die Baumspitzen wie die Masten versunkener Schiffe heraus. In der trockenen Jahreszeit wiederum sind die Seen ausgetrocknet und leer. Ein guter Picknickplatz, wo man einen Eindruck von diesem **Breckland** erhält, ist der sogenannte „Devil's Punchbowl" nahe beim *Foul Mere*, westlich von *East Wretham*. Man kann ihn auch bei einem Abstecher von *Thetford* aus über *Croxton* erreichen.

Auf der A-11 gelangt man schließlich über **Attleborough** (gotische Pfarrkirche mit normannischen Bauteilen, prächtige Altarwand von 1475 und Wandmalereien) nach *Wymondham* (wird „Windham" ausgesprochen). **Wymondham** darf sich rühmen, eine der schönsten mittelalterlichen Kirchen Ostenglands zu besitzen. Die heutige *Church of SS. Mary and Thomas* hat nur mehr die Hälfte ihrer ursprünglichen Größe als seinerzeitige Abteikirche, die 1109 gegründet worden war. Das Kirchenschiff zeigt aber heute noch mit seinen Langhausarkaden den normannischen Ursprung. 1349 wurde die Kirche durch eine Mauer vor dem Hochaltar zweigeteilt: das Langhaus diente fortan als öffentliche Pfarrkirche, während der Chor (von dem nur mehr Reste erhalten sind) von den Mönchen als Klosterkirche benutzt wurde. Der Westturm wurde 1450 von der Pfarrgemeinde angebaut, während der achteckige Ostturm am anderen Ende der Kirche von den Klostermönchen errichtet wurde. Nach der Zerstörung des Klosters während der Reformation wurde das südliche Seitenschiff der Kirche 1544-1560 neu errichtet. Sehenswert in der kleinen Marktstadt ist auch der auf Arkaden ruhende imposante Fachwerkbau des *Market Cross* aus dem Jahr 1616.

Aus dem etwa 5 km weiter westlich liegenden Dorf **Hingham** stammen die Vorfahren von *Abraham Lincoln,* dem ersten Präsidenten der Vereinigten Staaten von Amerika.

Norwich*, das man kurz nach dem Überqueren des *River Yare* erreicht, ist die größte Stadt *East Anglias.* Sie finden sie ab Seite 306 beschrieben. Um nach *Great Yarmouth* zu gelangen, verläßt man **Norwich** im Osten auf der *Prince of Wales Road* und der *Thorpe Road,* die am Bahnhof der Stadt vorbeiführt und direkt in die A-47 mündet. Diese Strecke führt unter anderem auch durch **Acle,** wo man den Rundturm (11. Jh.) der *Church of St. Edmund* ansehen kann; er erhielt später einen achteckigen Aufbau. Bemerkenswert sind auch die schönen hohen Portale der Kirche und ihr kunstvolles Taufbecken von 1410.

Von **Acle** kann man auf der Landstraße B-1140 in ein paar Fahrminuten den mitten in den *Norfolk Broads* (→ S. 20) liegenden kleinen Ort **Ranworth** erreichen, in dessen sehr sehenswerter *Church of St. Helen* sich einer der schönsten bemalten Lettner aus dem 15. Jahrhundert befindet; die um 1845 gemalten Heiligenbilder auf der Empore stammen von einem deutschen oder einem flämischen Künstler. Beachtung verdient auch das außergewöhnlich schöne Chorpult aus dem 15. Jahrhundert. Etwas weiter östlich liegen am *River Bure* die Ruinen einer vor mehr als tausend Jahren gegründeten Benediktinerabtei, Grundmauern der **St. Benet's Abbey,** darunter auch ein Torhaus aus dem 15. Jahrhundert (Windmühle). Die heutige Scheune der naheliegenden *Horning Hall Farm* ging aus der Herbergskapelle hervor.

Great Yarmouth*, das Sie ab Seite 269 beschrieben finden, ist heute ein sehr beliebtes Seebad. Von **Great Yarmouth** führt die A-12 direkt weiter in das südlich benachbarte Seebad **Lowestoft,** das so wie *Great Yarmouth* auch ein bedeutender Fischereihafen ist. Die an einem Arm des hier in das Meer mündenden *River Waveney* liegende Stadt entwickelte sich in den letzten Jahrzehnten auch zu einem Ferienort mit Sandstränden, Unterhaltungs- und Vergnügungsstätten vielerlei Art und guten touristischen Einrichtungen. Im Zweiten Weltkrieg hatte die Stadt schwer unter Bombenangriffen zu leiden, besitzt aber eine immer noch malerische Altstadt mit engen Gassen („Scores"), alten Häusern und einer spätgotischen Pfarrkirche *(St. Margaret's)* aus dem 15. Jahrhundert. Das **Lowestoft Museum** besitzt archäologische und geologische Sammlungen, sowie Ausstellungsstücke von lokalhistorischer Bedeutung. **Lowestoft** ist die am weitesten östlich liegende Stadt, **Lowestoft Ness** der östlichste Punkt Englands.

Bei Motor- und Segelsportlern sehr beliebt ist der am Westrand der Stadt liegende See **Oulton Broad,** wo man auch Boote mieten kann. In den Parkanlagen am Ufer gibt es ein Schwimmbad, *Bowling Greens,* Kinderspielplätze und viele andere Freizeitmöglichkeiten.

Wer es nicht sehr eilig hat, der sollte allerdings die kurze Strekke von **Great Yarmouth** nach **Lowestoft** nicht auf der A-12 zurücklegen, sondern den kleinen Umweg über die von *Great Yarmouth* landeinwärts ziehende A-143 nach **Fritton** (8 km südwestlich von *Great Yarmouth,* 8 km nordwestlich von *Lowestoft)* und von dort auf der B-1074 nach *Lowestoft* machen, denn an dieser Strecke liegen der wunderschöne *Fritton Lake* und das Schloß **Somerleyton Hall** (11 km von *Great Yarmouth* bzw. 8 km von *Lowestoft* entfernt), beides sehr lohnende Ausflugsziele.

Der über 3 km lange **Fritton Lake** gilt als schönster der zahlreichen kleinen Seen *East Anglias.* Er entstand im 12. Jahrhundert an der Stelle, wo gewaltige Mengen von Torf gestochen wurden, als Grundwassersee und ist heute von einem bezaubernden **Naturpark** umgeben, mit alten Bäumen, Gärten, vielen Frühlingsblumen, Tulpen, Rhododendren u.a. Durch den Naturpark führen sehr viele Spazierwege, auf dem See kann man Bootfahren, es gibt auch Möglichkeiten zum Fischen, für Windsurfing, zum Ponyreiten usw., worüber Sie sich in einem eigenen „Visitor Centre" informieren können. Kinder finden hier einen riesigen Abenteuer-Spielplatz, der zu den schönsten seiner Art in England gehört. Als Erholungsort für Familien, aber auch für ruhiges Wandern in einer friedvollen Landschaft sind die Parkanlagen und Gärten rund um **Fritton Lake** geradezu ideal.

Die in **Fritton** liegende uralte *Church of St. Edmund* besitzt noch einen normannischen Rundturm und eine normannische Apsis. Im Innern erweckt eine ungewöhnlich hohe Kanzel aus dem 17. Jahrhundert Aufmerksamkeit; es existieren auch noch einige mittelalterliche Wandmalereien.

Auch in den östlich und südöstlich benachbarten kleinen Orten **Lound** und **Blundeston** gibt es noch bemerkenswerte mittelalterliche Kirchen zu sehen, beide mit normannischen Rundtürmen.

Somerleyton Hall ist ein zu Beginn des 19. Jahrhunderts neu erbautes und 1844 fertiggestelltes großes Schloß auf den Grundmauern eines früheren Herrenhauses des 16. Jahrhunderts. Es bietet den Anblick eines reichen, viktorianischen Adelssitzes. So prächtig wie seine mit einem hohen Mittelturm, Seitentürmen, Giebeln und Balustraden bereicherten und geschmückten Fassaden ist auch seine Innenausstattung mit kostbaren Stilmöbeln, alten Gemälden und anderen Kunstwerken. In den weiträumigen Park- und Gartenanlagen, die das Schloß umgeben, findet man seltene alte Bäume, Azaleen, Rhododendren, Glashäuser, viele mit Statuen geschmückte Spazierwege und ein 1846 angelegtes Gartenlabyrinth („The Maze"), das zu den originellsten Irrgärten seiner Art zählt. Es gibt auch eine etwa 400 m lange Liliputbahn, die den Besucher durch einen Teil des Schloßparks führt.

Bei der Führung durch **Somerleyton Hall** wird auch mit Stolz darauf hingewiesen, daß die kostbare, 1847 von *Vulliamy* gefertigte Turmglocke als Muster für jene gedient hat, die später für den Glockenturm des Parlamentsgebäudes in London gegossen wurde und als „Big Ben" berühmt wurde.

Besuchszeiten: Ostern bis Ende September donnerstags und sonntags an Nachmittagen, im Juli und August zusätzlich auch dienstags und mittwochs. Der Garten ist täglich außer samstags zugänglich.

Von **Lowestoft** hat man zwei Möglichkeiten, nach *Ipswich* weiterzufahren: entweder die direkte Strecke auf der A-12 über *Saxmundham* und *Woodbridge,* oder auf der etwas längeren über *Bungay* und *Scole.*

Von Lowestoft über Bungay und Scole nach Ipswich. Man verläßt **Lowestoft** im Westen auf der A-146, die zuerst an **Oulton Broad** (s. oben) vorbei nach **Beccles** zieht. In diesem altertümlichen Städtchen gibt es eine spätgotische Kirche im *Perpendicular*-Stil, ein ansehnliches Herrenhaus *(Roos Hall)* aus dem Jahr 1583 und zahlreiche Gebäude aus dem 17. und 18. Jahrhundert, wie die *Old Town Hall* von 1725, *Ravensmere House* von 1694. Auf der A-1116 gelangt man rasch weiter über **Barsham** (normannische Pfarrkirche mit Rundturm) nach **Bungay,** mit den immer noch ansehnlichen Ruinen einer Normannenburg und einem ebenso bemerkenswerten „Butter Cross" von 1689 am *Market Place.* Die *Church of the Holy Trinity* besitzt noch einen normannischen Rundturm. Aus dem 18. Jh. sind noch schöne georgianische Häuser erhalten.

Man fährt nun auf der A-143 weiter, eine landschaftlich sehr schöne Strecke längs des *River Waveney,* der hier die Grenze zwischen *Norfolk* und *Suffolk* bildet. Bei *Brockdish* lohnt sich der Abstecher links auf einer schmalen Landstraße über *Great Green* nach **Wingfield** (knapp 4 km südlich der A-143), mit dem sehr sehenswerten **Wingfield Castle** aus dem 14. Jahrhundert, von dem berichtet wird: „Wingfield Castle is probably the prettiest romantic moated and inhabited castle in England". Die Burg wird noch von einem breiten Wassergraben umgeben und besitzt ein eindrucksvolles mittelalterliches Torhaus. Im 16. Jahrhundert wurde ein Teil der Burg zu einem herrschaftlichen Wohnsitz *(Tudor Manor House)* umgestaltet. Dahinter liegt ein sehr schöner Garten. Die Burg war die Residenz der Familie *De la Pole* (der späteren Herzöge von *Suffolk),* im 15. Jahrhundert eines der mächtigsten Adelshäuser Englands. (Besichtigungszeit: von Ostern bis September in der Regel jeden Samstag und Sonntag nachmittags; doch ist auch ihr äußerer Anblick schon den kurzen Abstecher wert).

Das nicht minder sehenswerte, 1362 gegründete **Wingfield College** besitzt noch seine prachtvolle mittelalterliche *Great Hall* mit hoher Balkendecke. Ein Teil der Einrichtung stammt noch aus dem 16. bis 18. Jahrhundert. Da das Gebäude nach der Zerstörung durch die Truppen *Cromwells* verfiel, wurde ihm gegen Ende des 18. Jahrhunderts eine neue, neoklassizistische Fassade vorgesetzt, die nicht vermuten läßt, daß sich dahinter mittelalterliche architektonische Kostbarkeiten verbergen. Man kann hier Sammlungen von alten Drucken, Keramiken und Textilien sehen, mehrmals jährlich finden hier künstlerische Darbietungen statt. (Besichtigungszeiten wie *Wingfield Castle*). Die *Church of St. Andrew* (14. Jh.) ist wegen ihrer bedeutenden Grabmonumente der *Wingfield-* und *De la Pole-* Familien seit dem 14. Jahrhundert sehenswert.

Die A-143 führt weiter nach *Scole*. **Scole** ist ein wichtiger Straßenknotenpunkt: die A-143 führt weiter nach *Bury St. Edmunds**, die A-140 rechts nordwärts nach *Norwich**. Man beachte in **Scole** den prominenten alten Gasthof „White Hart Inn" von 1655. *Scole* westlich benachbart liegt das freundliche alte Marktstädtchen *Diss.* Man biegt jetzt auf die A-140 in südlicher Richtung ab nach *Ipswich.* Unterwegs lohnt sich die Zufahrt nach *Eye* (→ S. 167), um die alte Pfarrkirche anzusehen. Die hier genannte Strecke von *Lowestoft* nach *Ipswich* ist 74 km lang.

Man verläßt **Lowestoft** im Süden auf der A-12 und gelangt schon kurz nach der Stadtausfahrt nach **Kessingland,** einen vielbesuchten Urlaubsort mit Ferienbungalows und Ausgangspunkt für einen Besuch des **Suffolk Wildlife and Country Parks.** Neben dem riesigen „Freiluft-Zoo" mit zahlreichem Wild, auch mit Affen, Waschbären, Stachelschweinen usw. gibt es auch Vogelflugkäfige, einen Kinderzoo mit Streicheltieren, einen See mit Wasservögeln, Pfauen, Möglichkeiten zum Ponyreiten u.v.a. Angeschlossen ist ein großer Naturpark mit vielen Spazierwegen und schönen Picknickplätzen.

Von der A-12 kann man nun sehr oft auf links (östlich) abzweigenden Landstraßen zur nahen Küste fahren. Wer weite Marschen und Heiden liebt, wird hier auf seine Rechnung kommen. Am Meer liegen entzückende kleine Badeorte mit viel „Nostalgie": Seebäder, wie sie um die Jahrhundertwende die vornehme Gesellschaft liebte, seither kaum verändert; wegen der ständigen Nordseebrise und der Brandung wenig zum Baden geeignet, nur im Hochsommer mit annehmbaren Wassertemperaturen. Man kam auch nicht her zum Schwimmen, sondern um im Liegestuhl am Meer zu liegen, über die Promenade zu bummeln und die Sportplätze aufzusuchen. Einer dieser hübschen Badeorte ist **Southwold***, wo es nicht nur Hotels und Pensionen, sondern auch Campingplätze gibt. **Southwold*** liegt an der breiten Mündung des *River Blyth,* der sich landeinwärts zu einem großen See ausweitet (→ S. 368).

Wer sich für alte Kirchen interessiert, kann von der A-12 kurz nach **Blythburgh** (→ S. 371) nach **Wenhaston** (3 km) fahren, um die normannisch/gotische *Church of St. Peter* anzusehen (sehenswerte Innenausstattung, u.a. ein großes, 1520 auf Holz gemaltes Bild vom „Jüngsten Gericht"), oder – kurz darauf – nach **Bramfield** (3 km), dessen hochgotische Kirche noch einen normannischen Rundturm besitzt (innen sind die Altarwand von 1500 und ein Grabmonument von 1634, das eine Mutter mit einem Baby zeigt, bemerkenswert). Auch die etwa 9 km weiter westlich liegende **Heveningham Hall,** die im 18. Jahrhundert in palladianischem Renaissancestil erbaut wurde, ist wegen ihrer reichen Innenausstattung von *James Wyatt* besuchenswert. Man erkundige sich aber im voraus über Besuchszeiten. Sehr schön ist der den Herrensitz umgebende Landschaftspark mit kleinem See, ungewöhnlich die kurvenförmige Ziegelmauer, die den Besitz umgibt.

Die A-12 führt weiter über **Yoxford,** das wegen seiner schönen Lage und seiner Frühlingsblumen den Beinamen „the Garden of Suffolk" erhielt (sehenswerter Herrensitz *Cockfield Hall* von 1540, teilweise im 18. Jh. erneuert) nach **Saxmundham,** wo man die B-1120 kreuzt. Auf dieser Straße lohnen sich zwei Abstecher: rechts zum ca. 12 km entfernten *Framlingham Castle,* und links zum ca. 12 km entfernten *Minsmere Bird Sanctuary* an der Küste.

Framlingham ist ein alte Marktstadt mit vielen alten Häusern (vor allem *Castle Street, Market Hill),* einer im 15. Jahrhundert erneuerten Pfarrkirche *(Church of St. Michael)* mit prachtvollen Grabmonumenten des *Duke of Richmond* (1536) und der *Dukes of Norfolk* und der sehenswerten großen Normannenburg **Framlingham Castle** aus dem Jahr 1190. Die Burg war im Jahr 1553 der Wohnsitz von *Mary Tudor* (Tochter von *Henry VIII.* mit Katharina von Aragonien), die später als fanatische katholische Königin eine Schreckensherrschaft ausübte.

Etwa 3 km nördlich von *Framlingham* liegt das hübsche Dorf **Dennington,** mit sehr schöner Pfarrkirche aus dem 14. Jahrhundert; etwa 3 km südöstlich das Dorf **Parham,** mit romantischem altem Herrensitz **Moat Hall** aus dem 15. Jahrhundert; etwa 3 km westlich der Ort **Saxtead Green** mit einer schönen Windmühle aus dem Jahr 1796 (das Fundament ist noch älter), die 1854 erneuert wurde.

Saxtead Green südlich benachbart liegt das altertümliche Dorf **Earl Soham,** wo es noch Fachwerkhäuser gibt, teilweise sogar mit steilen Strohdächern, und eine Kirche aus dem 15. Jahrhundert.

Ein sehr lohnender Umweg für Reisende, die nicht im Zeitdruck stehen, ist die Weiterfahrt auf der von *Saxmundham* östlich abzweigenden B-1119 über **Leiston** (nördlich der Fabrikstadt liegen die Ruinen der 1182 gegründeten und im 14. Jh. an diese Stelle verlegten **Leiston Abbey,** die aber derzeit nur an Sonntagnachmittagen besichtigt werden können) zum berühmten Vogelschutzgebiet **Minsmere Bird Sanctuary,** und dann über das weite Marschland (lohnender Abstecher nach *Thorpeness)* auf der A-1122 nach **Aldeburgh** und von dort auf der A-1094 zurück zur A-12. Die gesamte Strecke ist etwa 25 km lang.

Thorpeness war einst ein kleiner Hafen, der aber um die Jahrhundertwende verfiel und zu Beginn unseres Jahrhunderts von *Captain Stuart Ogilvie* käuflich erworben wurde, der die ganze Ortschaft zu einem „Holiday Resort" für die obere Mittelklasse Londons ausbauen ließ: ein Golfplatz, Tennisplätze, ein kleiner künstlicher See („The Meare") wurden angelegt, Häuser und Ferienwohnungen teils in nachgemachtem Tudorstil, teils auf ganz und gar unkonventionelle, originelle Art erbaut, Unterhaltungs- und Vergnügungseinrichtungen für „feine Leute" geschaffen. Heute noch gibt es so originelle Bauwerke wie etwa „The House in the Clouds" (ein ehemaliger Wasserturm, auf den ein Wohnhäuschen gesetzt wurde), eine Betonkirche, die als „terrible concrete Monster" und als häßlichste Kirche Englands bezeichnet wird u.v.a. Auch eine Windmühle wurde hergebracht.

Südlich benachbart liegt **Aldeburgh**, ein beliebter Ferienort an der Küste mit entzückenden „altmodischen" Häusern an der Promenade, die noch den Charme eines Ferienortes der Jahrhundertwende ausstrahlen. An den großen mittelalterlichen Fischereihafen, wo auch Schiffe gebaut wurden, erinnert nichts mehr. Dafür gibt es in **Aldeburgh** Ferienhotels und Pensionen, gute Möglichkeiten zum Segeln und zum Fischen, Wanderwege führen durch die unberührten, angrenzenden Marschen, mit überwältigender Vogelwelt. Auf dem breiten *River Alde* kann man immer Fischerboote, kleinere Schiffe und Jachten sehen. Alljährlich findet in dem Ferienort das 1948 gegründete und heute fast schon weltberühmt gewordene Musikfestival *(Aldeburgh Festival)* statt, dessen Aufführungsorte u.a. auch mittelalterliche Kirchen in der Umgebung sind *(Orford, Blythburgh, Framlingham);* vorherrschend sind Werke von *Benjamin Britten,* der hier wohnte. Sehenswert ist die *Moot Hall,* ein teils aus Steinen, im Obergeschoß aus Ziegeln und Fachwerk erbautes Rathaus und Gefängnis aus dem 16. Jahrhundert (der Oberstock wurde im 17. Jh. erneuert). Heute dient das Gebäude als *Tourist Office,* Museum und *Town Hall.*

Die auf einem Hügel vor der Stadt stehende *Church of St. Peter and Paul* gehört großteils dem 16. Jahrhundert an, ihr Turm stammt noch von einer Vorgängerkirche des 14. Jahrhunderts; bemerkenswert sind die große Vorhalle mit drei Eingängen, der Taufstein (14. Jh.), die Kanzel (17. Jh.) und die Grabtafeln und Figurengräber aus dem 18. und 19. Jahrhundert.

Westlich von *Aldeburgh* liegt an der A-1094 der kleine Ort **Snape,** nahebei der „The Maltings" (nach einem früheren Lagerhaus für Malz) genannte, große Bau der *Festival Hall.* Sie ist der Mittelpunkt des *Aldeburgh Festivals* und wurde nach einem Brand 1970 neu erbaut. Das ganze Jahr über finden hier Musikdarbietungen, Jazzkonzerte, Ausstellungen und Messen statt.

Eine Landstraße führt in das unweit südlich liegende **Orford,** hinter dessen *Church of St. Bartholomew* (14. Jh.) noch die Ruine eines Altarraums einer früheren Kirche des 12. Jahrhunderts zu sehen ist. Vom alten **Orford Castle,** das von *Henry II.* zwischen 1165 und 1173 erbaut wurde, um in East Anglia die königliche Macht wiederherzustellen, ist noch ein prachtvoller *Keep* erhalten, der von hohen Seitentürmen flankiert wird. Etwas weiter westlich führt eine Zufahrt zur *Butley Abbey,* die wegen ihres einzigartigen mittelalterlichen Torhauses aus dem 14. Jahrhundert besuchenswert ist. Es ist das erste seiner Art in Europa, das heraldische Steinreliefs (Wappen von England und Frankreich, Kronen christlicher Reiche, Wappenschilder berühmter Adelshäuser East Anglias) trägt. Ein Weg führt von hier durch den uralten *Staverton Forest* zu den Ruinen des 1171 von *Ranulf de Glanville* (einem Gefährten von Richard Löwenherz auf dessen dritten Kreuzzug) gegründeten Augustinerklosters.

Von **Butley** kann man auf der A-1084 durch den *Rendlesham Forest* nach *Woodbridge* (s. unten) und zurück zur A-12 fahren.

Wenn man bei **Saxmundham** (s. oben) auf der A-12 bleibt, so lohnt sich bei *Farnham* rechts die Zufahrt zum Herrensitz **Glenham Hall,** einem zweigeschossigen elisabethanischen Ziegelbau aus dem Ende des 16. Jahrhunderts, der um 1700 umgebaut wurde und noch seine zeitgenössische Ausstattung (schönes Stiegenhaus, getäfelte Räume, Stilmöbel) bewahrt hat. Das Haus wird von einem schönen Garten umgeben und kann in der Regel von Ostern bis September mittwochs und sonntags an Nachmittagen besichtigt werden. Bemerkenswert ist auch die alte Pfarrkirche von *Great Glenham.*

Es folgt **Wickham Market** (beachtliche gotische Pfarrkirche), wo man die A-1078 kreuzt; sie führt links nach *Orford* (s. oben) und rechts nach *Otley* (→ S. 275). Wenig später führt die A-12 am Stadtrand von **Woodbridge** vorbei, dem malerisch am breiten *River Deben* gelegenen Mittelpunkt eines reichen Farmlandes. In **Woodbridge** kann man noch viele gut erhaltene Häuser aus dem 16. und 17. Jahrhundert sehen; sehenswert ist vor allem die im

Aldeburgh, an der Nordseeküste Sufffolks, besitzt noch den Charme eines „altmodischen" Ferienortes. Die Seepromenade wird von vielen alten Häusern aus der Zeit der Jahrhundertwende gesäumt.

holländischen Stil erbaute **Shire Hall** (16. Jh., mit Zubauten aus dem 19. Jh.) auf dem *Market Hill,* weiters das „Abbey" genannte Herrenhaus von *Thomas Seckford* (1654) mit flämischen Giebeln in der *Church Street* sowie die alten Gasthöfe „The King's Head" (Fachwerkbau in der *Seckford Street),* „Angel Inn" (Fachwerkbau mit überhängendem Oberstock in der *Theatre Street)* und *„Bell Inn",* mit charakteristischem *steelyard,* einer durch Hebelkraft betriebenen alten Waage („lever weighing-machine") in der *New Street.* Ansehnliche georgianische Häuser (18. Jh.) säumen die *Cumberland Street.* Das ehemalige Herrenhaus *Seckford Hall* (16. Jh.) wurde zum Hotel umgestaltet. Eine Sehenswürdigkeit ist auch die große, reich dekorierte *Church of St. Mary* im *Perpendicular-*Stil; im Innern beachte man den alten bemalten Lettner, das hochgetürmte Taufbecken und ein Grabmonument aus dem frühen 17. Jahrhundert.

Etwa 2 km weiter östlich liegt am jenseitigen Ufer des *Deben* der Tumulus des Schiffsgrabes von **Sutton Hoo,** wo man 1939 ein aus der Zeit um 650 stammendes, reich mit Schätzen beladenes sächsisches Schiff ausgrub. Die Funde sind heute im *Britischen Museum* in London ausgestellt. Landstraßen führen durch das weite Marschland (mehrere Camping- und Caravanplätze) bis zur Küste.

Auf der A-12, von der links eine Zufahrtsstraße zum Fährschiffhafen *Felixstowe* (→ S. 135) abzweigt, erreicht man wenig später **Ipswich***. Die A-12 umgeht die Stadt im Norden, es lohnt sich aber, sie zumindestens kurz zu besichtigen (→ S. 271).

Die Weiterfahrt von **Ipswich*** kann auf der A-12 erfolgen, die hier als Schnellstraße ausgebaut ist und die Orte umgeht, oder aber – wenn man Zeit hat – auf der A-137, die östlich der A-12 über **Manningtree** nach *Colchester* führt. Von der A-12 lohnen sich die Abstecher nach *Dedham* und *Nayland* (s. unten).

Manningtree liegt an der westlichen Innenseite der breiten Mündung des *River Stour* (an seiner östlichen liegt der Fährschiffhafen *Harwich;* → S. 144) und ist seit altersher als kleiner Handelshafen bekannt, heute allerdings mehr von Ausflugsbooten bevölkert und an den Wochenenden gerne von Segelsportlern angefahren. Berühmt sind seine zahlreichen Schwäne. Als **Gateway to the Constable Country** wird *Manningtree* viel von Touristen aufgesucht, die die stille, verträumte Landschaft kennenlernen wollen, aus deren malerischen kleinen Dörfern hohe Kirchtürme aufragen, wie sie der berühmte Maler **John Constable** (1756-1834) malte.

Schöne alte Häuser gibt es auch im östlich benachbarten **Mistley** zu sehen; bemerkenswert sind die von *Robert Adam* gegen Ende des 18. Jahrhunderts erbauten „Mistley Towers".

Unweit westlich von *Manningtree* liegt am *River Stour* die **Flatford Mill,** eine Wassermühle aus dem 18. Jahrhundert, die *Golding Constable,* dem Vater des berühmten Malers, gehörte. *John Constable* malte sie oft. Nebenan kann man auch das hübsche *Willy Lott's Cottage* (frühes 17. Jh.) ansehen, das *Constable* in seinem berühmten Bild „The Hay Wain" verewigte. Dank *Constable* ist der Ort zu einem Touristenzentrum geworden.

Noch weiter westlich im **Constable Country** liegt am *Stour* der entzückende kleine Ort **Dedham** (Zufahrt über die B-1029 bzw. direkt von der A-12), den *Constable* besonders gern malte. Hier gibt es mehrere sehenswerte Gebäude: das „Sun Hotel", ein Fachwerkbau aus der Zeit um 1600, mit alten Pferdeställen, den „Marlborough Head Inn" von 1500, dann die *Old Grammar School* (1732) und das aus der gleichen Zeit stammende *Shermans*-Haus. Auch der Turm der ansehnlichen Pfarrkirche (16. Jh.) scheint oft in *Constables* Bildern auf. Südlich des Ortes liegt „Southfields", ein Fachwerkbau mit Giebeldach aus der Zeit kurz nach 1500, der einst einem reichen Weber gehörte.

Das sogenannte *Castle House* war der Wohnsitz von *Sir Alfred Munnings* (1878-1959) und enthält viele Werke des bekannten Malers, der vor allem durch seine Pferdedarstellungen berühmt wurde (Öffnungszeiten: Mitte Mai bis Mitte Oktober mittwochs und sonntags nachmittags, im August zuzüglich auch donnerstags und samstags).

Wieder nur ein paar Fahrminuten weiter (Zufahrt auf der B-1070 oder direkt von der A-12) liegt **East Berholt,** ein sehr malerischer Ort mit ansehnlichen alten Häusern und vielen Gärten, der als Geburtsort von *John Constable* Berühmtheit erlangte. Das Haus, in dem der bekannte Maler 1756 geboren wurde, ist allerdings nicht mehr erhalten. Hier verbrachte *Constable* seine Jugend, hier schrieb er später: „I associate my careless boyhood with all that lies on the banks of the Stour; those scenes made me a painter." *Constables* Eltern sind am Kirchhof der im *Perpendicular*-Stil erbauten *Church of St. Mary-the-Virgin* beigesetzt. Da die Kirche nur einen unvollendeten Turm besitzt, sind die fünf Kirchenglocken (eine davon wurde 1450 gegossen) in einem ungewöhnlichen Holzgerüst aus dem Jahr 1531 aufgehängt.

Am Ufer des *Stour* breitet sich das wunderschöne „Stour Garden Centre" aus, der frühere Besitz des Politikers *Randolph Churchill* (Sohn *Winston Churchills),* rund um das „Stour" genannte große Herrenhaus. Die Gärten sind fast immer zugänglich.

Sehr malerisch ist auch das weiter westlich am *Stour* liegende „Talbooth Restaurant", ein über vierhundert Jahre alter gepflegter Fachwerkbau; auch über die A-12 mühelos zu erreichen.

Westlich der A-12 und über *Thorington Street* (sehenswertes Fachwerkhaus **Thorington Hall** aus dem 16.und 17. Jh.) auf der B-1068 in wenigen Fahrminuten zu erreichen, liegt **Stoke-by-Nayland,** dessen gotische *Church of St. Mary* einen hohen Ziegelsteinturm und ein zweistöckiges Südportal besitzt. Daneben stehen mehrere wunderschöne Fachwerkhäuser (Fotomotive!). Das südlich benachbarte **Nayland** ist ein kleines, malerisch am *River Stour* liegendes Marktstädtchen mit vielen gut erhaltenen Häusern und Gasthöfen aus dem 15. und 16. Jahrhundert. Das Fachwerkhaus *Alston Court* (1524) in der Church Street umschließt noch ein älteres Gebäude aus dem 15. Jahrhundert und ist besonders sehenswert. In der Umgebung findet man aber noch viele ähnliche reizvolle Orte.

Die A-12 umgeht *Colchester** im Westen. Die Stadt ist vor allem wegen ihrer Normannenburg (→ S. 243) sehenswert. Bei *Marks Tey* zweigt rechts die A-120 ab und führt über **Coggeshall** nach *Braintree* zur A-131 (→ S. 152).

Im knapp 4 km westlich liegenden **Little Coggeshall** kann man Ruinen einer 1140 gegründeten Zisterzienserabtei sehen, mit einer Torhauskapelle von 1225. Nach der Zerstörung der Abtei während der Reformation wurde 1581 aus den Steinen der Abtei an der gleichen Stelle ein Haus erbaut. Im benachbarten **Great Coggeshall** steht noch ein einzigartig erhaltenes, langgestrecktes Kaufmannshaus aus dem Jahr 1500, einer der schönsten erhaltenen Fachwerkbauten dieser Zeit, mit überhängendem Obergeschoß und reichen Holzschnitzereien, innen mit Balkendecken und reich getäfelt. Dieses „Paycocke's" genannte Fachwerkhaus ist in der Regel zwischen April und Mitte Oktober mittwochs, donnerstags und sonntags, im Juli und August zuzüglich auch freitags an Nachmittagen geöffnet. Es enthält u.a. auch eine reiche Sammlung lokalen Kunsthandwerks. Noch älter als „Paycocke's" ist das prächtige Giebelhaus „Woolpack Inn" (15. Jh.).

Die A-12 umgeht *Kelvedon* im Osten und zieht dann an **Rivenhall** vorbei, wo man auch einfahren sollte, um sich die berühmten mittelalterlichen Glasfenster (12. Jh.) in der Pfarrkirche anzusehen. Sie steht auf den Grundmauern einer römischen Villa. Gleich darauf erreicht man **Witham,** wo die B-1018 und die B-1019 nach *Maldon* abzweigen (→ Weg 10). Über **Chelmsford** (→S. 151) erfolgt dann die Weiterfahrt nach **London** wie zu Beginn des Kapitels beschrieben, in umgekehrter Richtung.

Die uralten Fachwerkhäuser und der hohe Ziegelsteinturm
der Pfarrkirche sind ein beliebtes „Fotomotiv" von Stoke-by-Nayland.

C
ORTSBESCHREIBUNGEN

BEDFORD

Die malerisch an der *Great Ouse* gelegene Landstadt mit rund 70 000 Einwohnern, etwa 80 km nördlich von London, geht auf eine befestigte sächsische Niederlassung aus dem 10. Jahrhundert zurück, die 1010 von den Dänen zerstört und 1166 unter *Henry II.* als Stadt mit neuen Privilegien versehen wurde. Mit Ausnahme einiger schöner Kirchen blieben aber keine mittelalterlichen Baudenkmäler erhalten. Als Schulstadt genießt Bedford seit dem 16. Jahrhundert einen hohen Ruf.

Von der einstigen Normannenburg, die den Flußübergang bewachte, kündet heute nur mehr der Burghügel mit schönen Gartenanlagen. Längs des Flusses gibt es sehr schöne Spazierwege durch Gärten und Parks. Von der *Ouse Bridge* führt die *High Street* in das Stadtzentrum. Südlich der Brücke liegen die Kirchen *St. Mary's*, die noch einen normannischen Turm besitzt, und *St. John's*, aus dem 14. Jahrhundert. Nördlich der Brücke verdienen die *Church of St. Paul* aus dem 14. und 15. Jahrhundert, und *St. Peter's*, an der noch Bauteile von Vorgängerkirchen aus sächsischer und normannischer Zeit zur erkennen sind, Beachtung. Auf dem *St. Paul's Square* erinnert ein Denkmal an *John Howard*, der in der Stadt geboren wurde und später *Lord Mayor* (Oberbürgermeister) von London wurde. Ihm verdankt Bedford die 1556 erste hier gegründete „free and perpetual School".

Im ehemaligen Burggelände *(Castle Close)* befindet sich das sehr sehenswerte **Cecil Higgins Museum** mit einer bedeutenden Kunstgalerie. Ein Teil des Museums ist in einem alten viktorianischen Haus mit zeitgenössischen Stilmöbeln eingerichtet. Man sieht hier eine Sammlung von Aquarellen (darunter von *Turner, Sickert, Ben Nicholson)*, alte Drucke (auch von *Dürer*), Bronzen (auch von *Epstein* und *Henry Moore)*, Glas und Porzellan (auch aus Meissen und Nymphenburg), Keramiken, Schmuck, Trachten, Kostüme, kostbare Spitzen u.v.a. (Geöffnet täglich außer montags 12-17 Uhr, sonntags 14-17 Uhr). Ein anderes bedeutendes Museum ist das am *Embankment* liegende **Bedford Museum** mit lokalen archäologischen, zeitgeschichtlichen und naturgeschichtlichen Sammlungen, darunter Grabungsfunde aus der Römerzeit, sächsische Urnen und Broschen, uralte Gegenstände des täglichen Bedarfs, Werkzeug, eine Ausstellung zur hier heimischen Spitzenerzeugung. (Geöffnet dienstags bis samstags 11-17 und 14-17 Uhr).

Mehrere Gedenkstätten in der Stadt erinnern an den berühmten protestantischen Prediger und Schriftsteller *John Bunyan* (1628-1688), der in dem südlich benachbarten Ort *Elstow* (s. unten) geboren wurde und wegen seiner Schriften zwölf Jahre hier im Gefängnis verbrachte. Die *County Hall* enthält die kostbare *Bunyan Memorial Library Collection* aus dieser Zeit, und in der *Mill Street* steht das **The Bunyan Meeting** genannte Gebäude aus dem Jahr 1850 an der Stelle eines alten Speichers, in dem *Bunyan* seine Predigten hielt. Es ist heute als Museum eingerichtet und enthält persönliche Gegenstände des Geistlichen, darunter auch eine Büchersammlung seines berühmten Werkes „The Pilgrim's Progress" in vielen verschiedenen Sprachen. Auf einer Bronzetür stellen Basreliefs zehn Szenen aus dem Werk dar. *Bunyans* Denkmal steht nahe bei der schon oben genannten *St. Peter's Church*.

Bedfords südlicher Stadtteil **Elstow** hat sich heute noch seinen ursprünglichen dörflichen Charakter bewahrt. Der Ort ist als Wohnsitz von *John Bunyan* (s. oben) bekannt geworden, der hier wie sein Vater als Kesselflicker arbeitete, ehe ihn seine Christus-Visionen zum Prediger machten und in Widerspruch zur Kirche brachten. Das schöne, auf einer weiten Rasenanlage stehende Fachwerkhaus **Moot Hall** (16. Jh.), eine alte Markthalle mit vorspringendem Obergeschoß, war lange Zeit ein Treffpunkt der Anhänger *Bunyans*. Es ist heute als ländliches Heimatmuseum eingerichtet und enthält viele Erinnerungen an den Prediger und Schriftsteller. Im Mai wird vor dem Haus ein Maibaum aufgestellt und um ihn herum getanzt, welche uralte Sitte heute nur mehr in wenigen Orten Englands verbreitet ist. Von dem im 11. Jahrhundert von der Schwester *William the Conquerors* gegründeten Nonnenkloster sind nur mehr spärliche Ruinen und Fischteiche erhalten. Auch die Ruinen des Herrenhauses *Elstow Place* (17. Jh.) umschließen noch Klosterruinen des 14. Jahrhunderts. Die Pfarrkirche **Church of SS. Mary and Helen** war einst das Langhaus der Stiftskirche und enthält noch gute Bauteile aus der normannischen Zeit. Später wurde die Kirche gotisch verändert.

1. Cardington und Willington. Bedford östlich benachbart liegt der kleine Ort **Cardington,** ein Zentrum des Ballonflugsports (heute auch Ausbildungszentrum für Fallschirmspringer). Ein markantes Wahrzeichen ist der über 300 m lange, hohe Luftschiff-Hangar, in dem auch die berühmte „R-101" gebaut wurde, die 1930 am Beginn ihres Jungfernfluges nach Indien in Frankreich abstürzte.

An der Südwestecke des Kirchhofes steht noch das Haus, das *John Howard* (1726-1790), der berühmte Reformer des englischen Gefängniswesens, bewohnte. Die Pfarrkirche besitzt ein ungewöhnliches Taufbecken aus schwarzem Basalt.

Nur ein paar Fahrminuten weiter östlich liegt an der A-603 das Dorf **Willington,** dessen „Manor Farm" an der Stelle eines Herrensitzes aus der Tudorzeit (1529) liegt. Von diesem sind noch ein interessantes Stallgebäude („King Henry's Stables") und ein prächtiger großer, wie eine Scheune gebauter Taubenschlag mit bemerkenswerter Fassade und Stufengiebel erhalten. Hier wurden über 1400 Tauben gehalten; gebratene (gemästete) Tauben waren damals ein von Königen bevorzugtes Gericht.

Am Ufer der *Great Ouse* kann man noch den von den dänischen Eroberern vor tausend Jahren angelegten Schiffskanal sehen; sie bauten hier einen Hafen, der 25 lange Segelboote aufnehmen konnte. Bemerkenswert ist auch die Pfarrkirche aus dem 16. Jahrhundert, ein schönes Beispiel des ausklingenden spätgotischen *Perpendicular*-Stils.

2. Clapham. Gleich nach der nördlichen Stadtausfahrt auf der A-6 liegt **Clapham,** dessen sehenswerte *Church of St. Thomas of Canterbury* noch aus der Normannenzeit stammt und einen hohen sächsischen Turm (10. Jh.) einer Vorgängerkirche besitzt. Innen ist ein reich geschmücktes Grabmal aus dem 17. Jahrhundert erwähnenswert.

3. Stagsden Bird Garden. Knapp 8 km westlich von Bedford (Ausfahrt über A-428, dann links auf die A-422) liegt nahe beim Ort *Stagsden* ein großer „Vogelzoo" mit einer Vogelbrutstation. Er enthält mehr als 1300 Vögel verschiedenster Arten, besonders hervorzuheben sind die Vogelgärten mit den Fasanen, Wasservögeln und verschiedenen Geflügelarten. Angeschlossen ist eine große Sammlung von Strauch- und Heckenrosen. Der Vogelzoo ist ganzjährig von 11 Uhr bis spätnachmittags geöffnet.

4. Turvey – Olney. Wer von Beford nach *Northampton** fährt, erreicht nach 11 km auf der A-428 **Turvey,** das wegen seiner alten *Church of St. Mary* einen Aufenthalt lohnt. Die Kirche geht bis auf die sächsische Zeit zurück, wurde im 14. und 15. Jahrhundert gotisch verändert und vergrößert und im 19. Jahrhundert durch *Sir Gilbert Scott* stilgerecht restauriert. Sie enthält eine kostbare Wandmalerei („Kreuzigung") aus dem frühen 14. Jahrhundert, ein Taufbecken aus dem 12. Jahrhundert und schöne Grabtafeln und Monumente vom 15. Jahrhundert an.

Gleich nach Turvey überquert die A-428 die *Ouse,* links führt eine Landstraße nach **Olney,** das innig verbunden mit *William Cowper* (1731-1800) ist. Sein Wohnhaus auf dem *Market Place* ist heute als **Cowper and Newton Museum** zugänglich und enthält viele Erinnerungen an den Dichter und seinen Zeitgenossen *John Newton,* den beiden Verfassern der „Olney Hymns". Die Pfarrkirche des Ortes besitzt einen 56 m hohen Turm und ist ein schönes Beispiel des gotischen *Decorated*-Stils.

Von **Olney** aus lassen sich viele Ausflüge und Abstecher zu entzückenden kleinen Dörfern in der Umgebung machen, so etwa in das westlich benachbarte **Weston Underwood** mit einem steinernen Stadttor von 1700, einem Herrensitz und vielen strohgedeckten alten Häusern, weiter in das benachbarte **Ravenstone,** dessen gotische *Church of All Saints (Early English* und *Perpendicular)* ein ungewöhnliches Grabmonument des ersten *Earl of Nottingham* (gest. 1682) enthält (Marmorfigur des Verstorbenen in einem „Himmelbett"), oder in das *Olney* östlich benachbarte Dorf **Clifton Reynes** (man erreicht den Ort auch auf einer Landstraße von *Turney,* s. oben), dessen vom 13. bis 15. Jahrhundert gotisierte, ursprünglich normannische *Church of St. Mary the Virgin* einen prachtvollen Reliefaufstein (14. Jh.) und viele Figurengräber seit dem 14. Jahrhundert enthält. Bei *Olney* liegt auch der wunderschöne **Emberton Park,** ein Landschaftspark mit 600 m langem „nature trail".

Weitere lohnende Ausflugsziele finden Sie in den Wegen 1 und 9 sowie nach der Stadtbeschreibung von *Northampton** angeführt.

BIRMINGHAM

Birmingham ist mit rund 1,2 Millionen Einwohnern nicht nur die zweitgrößte Stadt Großbritanniens, sondern auch die modernste Stadt des Landes, ein Zentrum der Industrie und des Handels, Universitätsstadt mit über hundert höheren Schulen und Colleges, und mit zahlreichen Museen und Kunstgalerien, Theatern und Konzerthäusern, wie auch mit dem *Midlands Arts Centre for Young People* ein richtiges kulturelles Zentrum. Daneben bildet die Stadt mit ihren vielen „zusammengewachsenen" Nachbarstädten und Hunderten von Industriebetrieben sowohl flächenmäßig wie auch an erzeugten Produktionsgütern eines der größten Industriezentren der Welt. Von der Metallverarbeitung, dem Maschinenbau und der Kraftfahrzeugindustrie über die chemische und die Elektroindustrie bis zur Glasbläserei, der Schmuckerzeugung und der Knopferzeugung sind praktisch alle Industriezweige hier vertreten. Nach schwersten Bombenschäden im Zweiten Weltkrieg hat die Stadt ihr Gesicht vollständig erneuert, sie wird nicht zu Unrecht zu den modernsten Großstädten gezählt.

Für den Touristen bietet die Innenstadt Birminghams mit ihren supermodernen Einkaufsvierteln, den weiträumigen Fußgängerzonen, riesigen Warenhäusern, Stadtautobahnen, Tunnelstraßen, den großen neuen Hotels und den monumentalen öffentlichen Bauten des 19. und 20. Jahrhunderts einen eindrucksvollen Anblick. Mit ihrem modernen „Großstadtzentrum" ist die Innenstadt Birminghams unter allen britischen Städten unerreicht.

Zur Zeit *Shakespeares* war **Birmingham** noch eine mitten im Grünen liegende und von Wäldern umgebene Marktstadt, aber damals schon durch ihr Schmiedehandwerk berühmt. Hier gab es mehr Schmieden als in jeder anderen Stadt Großbritanniens, erzeugt wurde praktisch alles vom Hufnagel über den Türklopfer bis zur Axt und zum Schwert. Während des Bürgerkrieges versorgten die Waffenschmieden der Stadt die Armee *Cromwells* mit 15 000 Schwertern.

Die **Geschichte** der Stadt reicht aber noch weiter zurück. Zur Römerzeit gab es hier ein großes Militärlager, unter den Normannen war Birmingham als wichtiger Markt bekannt, der von *Henry II.* im Jahr 1166 große Privilegien erhielt. Wollverarbeitung und die schon erwähnten Schmieden begründeten den Aufstieg der Stadt im Mittelalter, die industrielle Entwicklung setzte Ende des 17. Jahrhunderts ein und erreichte im 18. Jahrhundert einen vorläufigen Höhepunkt, als Birmingham durch den Bau schiffbarer Kanäle mit den reichen Kohlenfeldern in den großen Kohleabbaugebieten verbunden wurde. Seither wurde das Kanalnetz immer weiter entwickelt, man kann nur heute aus mit Booten auf den Inland-Wasserwegen in alle Richtungen fahren, auf dem „Grand Union Canal" sogar bis nach London. Im Jahr 1837 wurde Birmingham durch eine der ersten Eisenbahnen mit Liverpool und London verbunden.

180

Die **Sehenswürdigkeiten** im Stadtzentrum sind rasch aufgezählt, sie liegen alle ganz nahe beieinander. Die **Town Hall** ist das wohl originellste Gebäude der Stadt: im Jahr 1834 im antik-griechischen Stil nach dem Vorbild des *Castor und Pollux Tempels* in Rom erbaut, dient das Gebäude heute auch für Ausstellungen und als Konzertsaal für Aufführungen des berühmten *City of Birmingham Symphony Orchestra.* Ein paar Schritte weiter liegt das 1874-1881 erbaute **Council House,** ein mächtiger Bau im Neorenaissancestil mit 52 m hohem Glockenturm („Big Brum"). Hier sind die Stadtverwaltung, zahlreiche Behörden und auch das Touristen-Informationsamt untergebracht. Der *Town Hall* gegenüber liegt die **Central Library,** eines der modernsten und größten Bibliotheksgebäude Europas. Unter anderem enthält sie auch die umfangreichste Shakespeare-Bibliothek der Welt (40 000 Bände in neunzig verschiedenen Sprachen).

Neben dem *Council House* steht das **City Museum** mit angeschlossener **Art Gallery,** das zu den größten Museen und Kunstgalerien Englands gehört. Es enthält große archäologische Sammlungen mit prähistorischen, ägyptischen, griechischen und römischen Altertümern (berühmt sind die Grabungsfunde aus dem antiken *Jericho),* völkerkundliche Sammlungen aus Nordamerika und dem pazifischen Raum, eine große naturgeschichtliche Abteilung (Mineralien, Edelsteine, Tiere, Vögel u.v.a.), eine heimatkundliche Sammlung mit alten Kostümen, Textilien, Keramiken, Münzen u.v.a. Die **Kunstgalerie** enthält Gemälde von italienischen Meistern (darunter *Botticelli, Veronese, Castiglione, Gentileschi* und *Guardi),* englischen Meistern der *präraffaelitischen Schule (Millais, Ford Madox Brown, Holman Hunt* usw.) ferner von *Gainsborough, Reynolds, Ramsay, Lawrence, Constable* u.v.a., auch *Lucas Cranach, Van Dyck, Murillo* sind vertreten, und in den Skulpturensammlungen findet man Meisterwerke von *Donatello, Rodin, Epstein, Henry Moore* und anderen. (Geöffnet werktags ab 10 Uhr, sonntags ab 14 Uhr bis 17.30 Uhr).

Nur wenige Schritte weiter nördlich liegt das **Museum of Science and Industry** in der *Newhall Street.* Hier kann man Maschinen aller Art sehen, auch Dampfmaschinen, Werkzeugmaschinen, Turbinen, elektrische Generatoren, eine Sammlung alter Grammophone, Orgeln, Musicboxes u.ä., allerlei wissenschaftliche Geräte, Schreibmaschinen, auch alte Autos (darunter berühmte Rennautos), Motorräder und Fahrräder. (Öffnungszeiten wie oben).

Unter den Kirchen steht die **Church of St. Philip** inmitten des großen Stadtparks an erster Stelle. Sie wurde 1711-1725 von *Thomas Archer* in einer Art italienischem Barockstil erbaut und 1883 erweitert. Sie besitzt einen schönen, kuppelgekrönten Turm, im Innern sind die Glasmalereien von *Edward Burne-Jones* (1833-1898) bemerkenswert. Seit 1905 ist die Kirche die anglikanische Kathedrale der Stadt. Die im nördlichen Teil der Innenstadt, bei *St. Chad's Circus* am Innenring liegende **Cathedral of St. Chad** wurde 1839 von *Augustus Pugin*, einem Bewunderer mittelalterlicher Architektur, im nachempfundenen gotischen *Decorated*-Stil als erste römisch-katholische Kathedrale Englands nach der Reformation erbaut. Sie besitzt eine sehenwerte Kanzel aus dem 16. Jahrhundert und ein noch älteres Gestühl (15. Jh.) aus Köln. Die dritte bemerkenswerte Kirche ist die **St. Martin's Church,** die sich im berühmten „Bull Ring Centre" erhebt, einem der modernsten und größten Einkaufszentren Europas. Die Kirche wurde 1872-1875 auf den Resten einer mittelalterlichen Kirche im *Decorated*-Stil neu erbaut, an ihrem Turm sind noch Bauteile der früheren Kirche zu erkennen. Auch diese Kirche enthält schöne Glasmalereien von *Burne-Jones* und alte Grabdenkmäler der ursprünglichen Kirche. In der Nähe liegt der **Old Crown Inn,** ein Fachwerkbau, der bis auf das 15. Jahrhundert zurückgeht. Die „Rotunde" hingegen, ein fast 80 m hoher Rundbau im „Bull Ring", zählt zu den modernsten Wahrzeichen der Stadt. In diesem Zusammenhang soll auch die nahe gelegene **New Street Station** genannt werden, der Hauptbahnhof der Stadt, der zu den schönsten modernen Großbahnhöfen Englands zählt.

In Birminghams südlichem Vorort **Edgbaston** (4 km vom Stadtzentrum) liegt die **Universität** (ihr Glockenturm ist ein meilenweit sichtbares Wahrzeichen) mit zahlreichen Museen, darunter auch die Gemäldegalerie *Barber Institute of Fine Arts* mit Alten Meistern. Auch Golf- und Kricketplätze findet man hier, und der See *Edgbaston Reservoir* bietet gute Wassersportmöglichkeiten. Weiters befinden sich hier ein großer *Botanischer Garten* mit Alpingarten und Palmenhaus, wie auch der weiträumige Erholungspark **Cannon Hill Park.** Bei seinem Südwesteingang liegt das **Cannon Hill Nature Centre,** ein Zoo mit allen in Großbritannien heimischen Tieren, darunter Luchs, Fuchs, Dachs, Iltis, Eule usw. Es gibt auch Fischteiche, Ententeiche, Vogelflugkäfige, Bienenhäuser u.ä. Geöffnet von Ostern bis August werktags 10-18 Uhr, sonntags bis 16 Uhr; die übrige Jahreszeit werktags von 10-16 Uhr. Westlich des Universitätsgeländes und auch des *Worcester and Birmingham Canal* liegt das sogenannte **Weoley Castle,** die Ruinen eines befestigten Herrensitzes von 1264 und Grundmauern eines noch älteren Gebäudes aus der Zeit um 1100. In einem angrenzenden Museum kann man Grabungsfunde sehen. (Geöffnet mittwochs bis samstags 14-17 Uhr).

Im nördlichen Stadtbezirk **Aston** (3,5 km vom Stadtzentrum) liegt in der *Trinity Road* der sehenswerte jakobeanische Herrensitz **Aston Hall,** ein kleines Schloß aus den Jahren 1618-1635 mit zeitgenössischer Innenausstattung, kostbaren Schnitzereien (besonders im Treppenhaus), alten Täfelungen, prächtigen Stuckdecken und Kaminen, mit alten Gemälden, Stilmöbeln vom 17. bis 19. Jahrhundert und anderen Kunstwerken. (Geöffnet Ostern bis Oktober werktags 10-17 Uhr, sonntags 14-17 Uhr).

Am Ostrand der Stadt (4,5 km vom Stadtzentrum) liegt in der *Blakesley Road* des Stadtteils *Yardley* die **Blakesley Hall,** eines der besterhaltenen großen Fachwerkhäuser eines Gutsbesitzers aus dem Jahr 1575. Das malerische Farmhaus ist als Museum zugänglich (geöffnet werktags 10-20, sonntags 14-17 Uhr) und zeigt noch zeitgenössisch eingerichtete Räume mit heimat- und volkskundlichen Sammlungen.

In der westlich an Birmingham angrenzenden Satellitenstadt **West Bromwich** liegt in der *Oak Road* das **Oak House,** ein noch größerer, prächtiger Fachwerkbau eines Grundbesitzers aus der Zeit kurz nach 1500, mit einem in England einmaligen Turmaufbau aus Fachwerk und sehr hohen Kaminen. 1635 wurde das Haus vergrößert. Es enthält kostbare Eichenholztäfelungen, Holzschnitzereien, zeitgenössische Möbel aus dem 16. bis 18. Jahrhundert und ist von April bis September werktags außer Donnerstag nachmittags von 10-20 Uhr, sonntags von 14.30 bis 20 Uhr zugänglich. Vor dem Haus liegt ein reizender elisabethanischer Garten mit blühenden Sträuchern. Das Haus liegt in einem großen öffentlichen Park, nur zehn Fahrminuten von der Autobahnausfahrt (M-5) entfernt.

Etwas weiter nordöstlich liegt in **Great Barr** (nahe bei der Ausfahrt 7 der Autobahn M-6) der ehemalige Bischofssitz **Asbury Cottage,** Residenz von *Francis Asbury,* Bischof der *Methodist Church,* der von 1746-1771 hier lebte und das Haus mit kostbarer Einrichtung ausstatten ließ. (Geöffnet derzeit montags bis freitags 14-16 Uhr).

1. Sutton Park. Etwa 9 km nördlich des Stadtzentrums und über die A-38 und A-5127 rasch zu erreichen, liegt die mittelalterliche Marktstadt und Birminghams nördliche Vorstadt **Sutton Coldfield,** mit großer Pfarrkirche (gotische Bauteile) und zahlreichen Häusern aus dem 16. Jahrhundert. In der unmittelbaren Umgebung liegen einige schöne Herrenhäuser aus dem 15. bis 17. Jahrhundert, die aber nicht zu besichtigen sind. Sehr besuchenswert, vor allem für Touristen, die gerne wandern und weite Spaziergänge unternehmen, ist der riesige **Sutton Park,** einer der schönsten und größten Naturparks des Landes, mit Wäldern, malerischen Tälern, fünf großen Seen zum Baden, Angeln und Bootfahren, mit Heidekraut und Ginster bestandenen Mooren, mit Vogelschutzgebieten, mit Golfplätzen.

2. Tamworth. Die ca. 24 km nordöstlich von Birmingham, am *River Tame* liegende Stadt war schon in sächsischer Zeit besiedelt, als *Ethelfleda (Aethelflaed),* Tochter Alfreds des Großen, im Jahr 913 hier eine Burg errichten ließ. Im Jahr 1913 hat man der sächsischen Prinzessin und ihrem Neffen, dem Sachsenkönig *Athelstan,* hier ein Denkmal errichtet. Unter den Normannen wurde die Burg vollkommen neu errichtet, von ihr ist allerdings nur mehr der *Keep* erhalten geblieben. Die heutige Burg mit ihren schloßartigen Anbauten stammt zum größten Teil aus dem 17. Jahrhundert, ihre *State Apartments* sind noch zeitgenössisch eingerichtet. Das **Burgmuseum** *(Castle Museum)* enthält lokalhistorische Sammlungen, darunter römische, sächsische und normannische Münzfunde, alte Bücher und Frühdrucke, lokale Aquarelle. (Geöffnet täglich von 10-18 Uhr, sonntags erst ab 14 Uhr).

Sehenswert ist auch die der *hl. Editha,* Tochter des Sachsenkönigs *Edgar* geweihte Pfarrkirche, die zur Normannenzeit erneuert wurde, ihr heutiges gotisches Aussehen allerdings erst im 14. und 15. Jahrhundert erhielt. Aus dem Ende des 17. Jahrhunderts stammen die *Almshouses,* 1701 wurde die *Town Hall* erbaut.

Den Ausflug nach *Tamworth* kann man auch mit einer Besichtigung von **Lichfield** (s. unten) in der Form einer kleinen Rundfahrt verbinden. *Lichfield* liegt etwa 10 km westlich von *Tamworth.*

3. Lichfield. Man verläßt Birmingham im Norden, überquert die Autobahn M-6 und gelangt auf der B-5157 oder A-38 direkt nach **Lichfield** (ca. 22 km), dessen Kathedrale nicht nur zu den schönsten mittelalterlichen Kirchenbauten Englands zählt, sondern auch die einzige mit drei spitz zulaufenden gotischen Türmen (den sogenannten „Ladies of the Vale") ist. Eine erste Kirche wurde bereits unter den Sachsen zu Ehren von *St. Chad,* Bischof von Mercia (um 669), errichtet und war lange Zeit ein berühmtes Pilgerzentrum. Unter den Normannen wurde sie Ende des 12. Jahrhunderts neu gebaut, auch aus dieser Zeit sind nur mehr spärliche Bauteile erhalten. Die heutige Kirche aus rotem Sandstein stammt aus dem 13. und 14. Jahrhundert.

Kreuzschiffe, Chor und Kapitelhaus wurden zwischen 1200 und 1250 erbaut, das Langhaus um 1250, die großartige, von Türmen flankierte Westfront, die mit über hundert Statuen geschmückt ist und zu den schönsten mit Skulpturen geschmückten Kirchenfassaden zählt, entstand nach 1300. Das Innere birgt viele bedeutende Kunstschätze, darunter kostbare flämische Buntglasfenster in der *Lady Chapel* und großartige alte Grabdenkmäler, unter denen das der „Schlafenden Kinder" (1817) von Sir *Francis Chantrey* herausragt.

Im Bürgerkrieg wurde die Kathedrale durch die Truppen *Oliver Cromwells* beschossen und von über 2000 Kanonenkugeln getroffen; der Mittelturm stürzte ein. Nach 1661 wurde mit der Restaurierung begonnen.

Rund um die Kathedrale, den *Market Square* und die *Bird Street* findet man sehenswerte Bauten aus dem 14. bis 16. Jahrhundert, darunter das *Canons'House,* die *Friary, Vicar's Close* und *Milley's Hospital.* In der Bird Street liegt auch die *Lichfield Art Gallery.* In der alten *Dame Oliver's School* war *Dr. Samuel Johnson* (1707-1784) Schüler. Das Geburtshaus des berühmten Schriftstellers und Lexikographen in der *Breakmarket Street* (beim Marktplatz) ist als Museum zugänglich. Beeindruckend ist das Denkmal Dr. Johnsons auf dem *Market Square,* nahebei auch das von *James Boswell,* seines berühmten Biographen. Eine dritte Gedenkstätte am Marktplatz erinnert an *Edward Wightman,* den letzten Engländer, der wegen Ketzerei auf dem Scheiterhaufen öffentlich verbrannt wurde (1612).

Etwa 8 km nördlich von *Lichfield* liegt an der A-38 der altertümlich Ort **Alrewas,** mit vielen strohgedeckten Fachwerkhäusern aus dem 15. und 16. Jahrhundert. Die schöne gotische Pfarrkirche stammt aus dem 13. Jahrhundert.

Nur ein paar Fahrminuten nordwestlich von **Lichfield** liegt bei **Cannon Wood** das bedeutende eisenzeitliche Fort „Castle Ring", mit noch gut sichtbaren Erdaufschüttungen und vier umlaufenden Gräben.

Knapp 3 km südlich von *Lichfield* verdient auch der kleine Ort **Wall** Aufmerksamkeit, weil sich hier die römische Siedlung und das Fort **Letocetum** befanden. Mehrere Grundmauern, darunter auch die einer sehr gut erhaltenen Badeanstalt wurden freigelegt. Angeschlossen ist ein kleines Römermuseum.

*Einen Antiquitätenladen beherbergt heute der uralte
Fachwerkbau der einstigen „Dame Oliver's School" in Lichfield,
in der der später weltberühmt gewordene Schriftsteller
Dr. Samuel Johnson von der „Dame Oliver"
im Lesen und Schreiben unterrichtet wurde.*

4. Wolverhampton – Wightwick Manor – Moseley Old Hall. Man
kann sagen, daß *Birmingham** und **Wolverhampton** „zusammen-
gewachsene" Industriestädte sind. Wolverhampton schließt im
Nordwesten an Birmingham an und ist ein wichtiges Zentrum der
englischen Eisen- und Stahlindustrie, das sogenannte „Capitol of
the Black Country". Neben der *Church of St. Peter* (15. Jh.) sind
es hauptsächlich die Museen der Stadt, die die Aufmerksamkeit
des kunstinteressierten Besuchers verdienen: die *Central Art Gallery* (*Lichfield Street*) enthält eine bedeutende Gemäldegalerie
englischer Meister (darunter auch *Gainsborough, Wilson* und
Turner) und viel „moderne Kunst". Das *Bilston Museum* (*Mount
Pleasant*) ist einerseits der Volkskunde und der industriellen Ent-

wicklung gewidmet, andererseits auch der spezifisch englischen Kunst der Emailmalerei, mit vielen sehenswerten Stücken. Außergewöhnlich schöne Arbeiten der englischen Emailmalerei enthält das *Bantock House Museum* (im *Bantock Park)*, außerdem auch Keramiken, Porzellan und eine Sammlung alter Puppen.

Die Museen sind in der Regel wochentags von 10-17 oder 18 Uhr geöffnet, das *Bantock House Museum* auch sonntags von 14-17 Uhr.

Am Westrand der Stadt liegt der prächtige große Fachwerkbau **Wightwick Manor,** das *William Morris* 1887 im jakobeanischen Stil des 17. Jahrhunderts erbaute. Er besitzt ein vorspringendes Obergeschoß und kunstvolle Giebelfelder. Auch innen wurde es von *Morris* sehr dekorativ ausgestattet und enthält viele Gemälde der englischen „Präraffaeliten" (19. Jh.), wie *Gabriel Rossetti, Burne-Jones, Ford Madox Brown, John Ruskin* und *John Millais.* Umgeben wird der Fachwerkbau von einem sehr schönen Landschaftspark mit alten Eiben und Stechpalmen, Terrassengärten und kleinen Teichen. (Geöffnet ganzjährig außer Februar an Donnerstagen, Samstagen, manchen Sonntagen von 14.30 bis 17.30 Uhr und gegen Voranmeldung).

Am Nordrand von *Wolverhampton* liegt (zwischen der A-449 und der A-460) das aus mehreren Gebäudeteilen bestehende elisabethanische Herrenhaus **Moseley Old Hall,** in dem König *Charles II.* nach seiner verlorenen Schlacht bei Worcester (1651) gegen *Oliver Cromwell* Zuflucht fand. Viele Gedenkstücke und „Geheimgänge" erinnern an den Aufenthalt des Königs. Die Räume sind noch im zeitgenössischen Stil des 17. Jahrhunderts eingerichtet, besonders bemerkenswert ist die reich mit Kunstwerken ausgestattete *Hall.* Vor dem Haus liegt ein im Stil des 17. Jh. angelegter Garten. (Geöffnet von April bis Ende Oktober in der Regel mittwochs, donnerstags, samstags und sonntags von 14-18 Uhr, im März und November nur mittwochs und sonntags).

5. Dudley. Diese südlich *Wolverhamptons* und westlich *Birminghams* angrenzende Industrievorstadt wird von ihrer *Church of St. Thomas the Apostle* beherrscht, ein sehr schönes Beispiel neugotischen Kirchenbaus aus dem Jahr 1817. Im *Black Country Museum* (in der *Tipton Road)* kann man umfangreiche Sammlungen zum sozialen Leben und zur industriellen Entwicklung des „Black Country" sehen, wie diese mittelenglische Industriezone genannt wird; es gibt hier auch alte, noch vollständig eingerichtete Handwerkstätten, Werkzeug der verschiedensten Art, Bergwerkausrüstungen u. dgl. zu sehen. (Geöffnet von Mai bis Ende September täglich außer samstags von 10-17 Uhr). In der *St. James Road* liegt das **Dudley Central Museum,** mit großen geologischen Sammlungen, Fossilien, einer bedeutenden Sammlung von Glas, Glasbläserkunst und Glasmalerei, einer alten Schmiedewerkstatt u.v.a. Angeschlossen ist eine Kunstgalerie. (Geöffnet wochentags 10-18 Uhr). Wer sich für kunstvolle Glasbearbeitung interessiert, sei auch auf die große *Stourbridge Glass Collection* im *Mary Stevens Park* im südlich angrenzenden *Stourbridge* verwiesen. (Die Glasbläserei wurde schon im 16. Jh. hier eingeführt; heute ist *Stourbridge* das Zentrum der englischen Glasindustrie).

Vom normannischen **Dudley Castle** (13. Jh.), das sich in malerischer Lage auf einer Anhöhe erhebt und im 16. Jahrhundert ausgebaut wurde, sind noch eindrucksvolle Ruinen erhalten. Rundherum liegt ein großer *Zoologischer Garten* mit Freigehegen für wilde Tiere; man kann vom Burgeingang mit dem Sessellift über die Anlage schweben. In einem bewaldeten Tal unterhalb des *Castle Hill* gibt es auch noch Klosterruinen aus der Normannenzeit zu sehen.

Etwa 1,5 km nordwestlich der Burg erstreckt sich über **Wren's Nest Hill** ein Naturschutzgebiet, mit über 300 Millionen Jahre alten Fossilien.

6. Hagley Hall – Kidderminster – Hartlebury Castle. Man verläßt Birmingham im Westen auf der Schnellstraße A-456, überquert die Autobahn M-5 (Exit 3) und gelangt nach etwa 17 km nach *Hagley,* mit dem sehenswerten großen Herrensitz **Hagley Hall,** Residenz der *Lords Lyttelton* seit dem 13. Jahrhundert. Das heutige Herrenhaus wurde 1754-1760 inmitten eines wunderschönen Landschaftsparks im palladianischen Renaissancestil erbaut und enthält hervorragende italienische Rokoko-Stukkaturen von *Francesco Vassali,* Stilmöbel des 18. Jahrhunderts und die berühmte „Lyttelton-Sammlung" von Gemälden des 18. und 19. Jahrhundert, u. a. mit Werken von *Van Dyck, Reynolds* und *Lely.* (Besichtigungszeiten: von Juli bis Anfang September täglich außer samstags von 12.30-17 Uhr). Im Herrenhaus befindet sich auch ein Restaurant. Durch den Landschaftspark führen schöne Spazierwege, man findet hier u. a. einen ionischen Tempel, eine Rotunda und die Ruinen einer Burg, die 1740 aus Steinen der gotischen *Halesowen Abbey* errichtet wurde.

Nach weiteren 10 km auf der A-456 erreicht man **Kidderminster,** ein berühmtes Zentrum der Teppicherzeugung. Am

Nordrand der Stadt liegt am *River Stour* der Naturschutzpark *Kingsford,* und vom westlich benachbarten *Bewdley* gelangt man in den weiträumigen **Wyre Forest** mit weiten Wanderwegen. (Ein über 5 km langer Wanderweg beginnt beim Gasthof *Duke William Inn*). In **Bewdley** gibt es eine bemerkenswerte georgianische Pfarrkirche und zahlreiche schöne Häuser aus dem 18. Jahrhundert zu sehen, vor allem in der *Load Street.* Auf einem Hügel liegt *Tickenhill House,* mit einer Backsteinfassade von 1738, die dem noch erhaltenen Teil eines königlichen Palastes aus der Tudorzeit angefügt wurde.

Eine schöne alte Kirche mit noch erhaltenen normannischen Bauteilen kann man im südlich benachbarten **Ribbesford** sehen.

Von *Kidderminster* sind es nur wenige Fahrminuten auf der A-449 in südlicher Richtung zum **Hartlebury Castle,** seit dem Mittelalter viele Jahrhunderte lang die Residenz der Bischöfe von Worcester. Von der ursprünglichen Burg ist aber nur mehr der Wallgraben erhalten. Der heutige Bischofsitz wurde 1675 aus rotem Sandstein erbaut und 1964 restauriert. Die *Great Hall* enthält eine bemerkenswerte Porträt-Galerie; sehr schön ist auch der „Rokoko-Salon" aus dem 18. Jahrhundert. Im Nordflügel des Gebäudes ist das **Worcester County Museum** mit volkskundlichen Sammlungen (Möbel, Glaswaren, Trachten und Kostüme, Pferdekutschen, Zigeunerfahrzeuge u.v.a.), geologischen und archäologischen Sammlungen sowie einer Ausstellung zur Entwicklung der heimischen Industrie untergebracht. (Geöffnet von März bis Oktober mo.-fr. 14-17 Uhr und sonntags 14-18 Uhr).

Am Südostrand von *Kidderminster* und nach wenigen Fahrminuten auf der A-448 zu erreichen, liegt **Harvington Hall,** ein befestigtes Herrenhaus aus der Tudorzeit mit vielen Geheimgängen und Verstecken, in der zur Zeit der katholischen Priesterverfolgung die Geistlichen Zuflucht fanden. Das Haus ist derzeit nicht zu besichtigen.

Das benachbarte Dorf **Chaddesley Corbett** besitzt noch viele altertümliche Fachwerkhäuser und Cottages, bemerkenswert ist vor allem der bis in das 14. Jahrhundert zurückreichende Gasthof „Talbot Inn". Die Pfarrkirche des Ortes ist *St. Cassian* geweiht (er wurde hier ermordet), besitzt noch ein normannisches Langhaus und ein Taufbecken aus dem 12. Jahrhundert, einen gotischen Chor (14. Jh.) und bemerkenswerte alte Grabdenkmäler. Der Turm wurde im 18. Jahrhundert angefügt.

BURY ST. EDMUNDS

Bury St. Edmunds, die Hauptstadt von *West-Suffolk* mit mehr als 25 000 Einwohner, ist nicht nur ein wichtiger Verkehrsknotenpunkt und ein wichtiges Marktzentrum der Region, sondern auch eine berühmte Kathedralstadt und reich an historischen Erinnerungen. Den Namen trägt die Stadt nach dem hl. Edmund, dem von den Dänen im Jahr 870 ermordeten König von *East Anglia* (→ auch S. 193), der hier bestattet wurde. Ein wichtiges historisches Ereignis trug sich hier im Jahre 1214 zu, als die hier versammelten englischen Barone beschlossen, König *John* („Johann ohne Land") zur Unterzeichnung der *Magna Carta* zu zwingen. (Der Vertrag sieht u. a. die Freiheit der Person vor und gewährleistet die Sicherheit des persönlichen Eigentums). Beide Ereignisse sind durch den von *James I.* (17. Jh.) der Stadt verliehenen Wappenspruch *Sacrarium Regis, Cunabula Legis* („Heiligtum eines Königs, Wiege des Rechts") enthalten.

Unter den Angelsachsen hieß der Ort zu Beginn des 7. Jahrhunderts *Beodricsworth*. Er bestand praktisch nur aus einem im Jahr 636 gegründeten kleinen Kloster. Nach der Ermordung *Edmunds*, des letzten Königs von *East Anglia* durch die Dänen, wurde sein Leichnam später hier beigesetzt und der Name der Stadt wechselte – nach seiner Heiligsprechung – in *St. Edmundsbury*. Unter dem Dänenkönig *Knut (Canute)*, der ganz England 1016 unterwarf, wurde das kleine Kloster 1032 in den Rang einer Abtei erhoben. Die den gleichen Namen führende Stadt entstand aber praktisch erst zur Normannenzeit. Sie wurde schon kurz nach 1100 von einer Mauer umgürtet, in die fünf Tore, jedes mit einer eigenen Kapelle, hineinführten. Für die zahlreichen Pilger, die zum Schrein des hl. Edmund pilgerten, baute man Herbergen. Zu dieser Zeit fertigten hier die Klostermönche einige der prächtigsten Bilderbibeln und Bildhandschriften Europas an; man findet sie heute im *Britischen Museum* von London ebenso wie im *Metropolitan Museum* von New York oder im *Vatican* von Rom. Eine blutige Auseinandersetzung zwischen der Stadtbevölkerung und den Klostermönchen führte 1327 zur Zerstörung des Klosters. Wiederaufgebaut, fiel die Abtei 1465 einem Brand zum Opfer. Nach ihrem neuerlichen Aufbau, der 1538 vollendet war, wurde sie als „architectural glory of England" bezeichnet. Die Umfassungsmauern der Stadt wurden im 18. Jahrhundert abgetragen.

Durch einen gotischen Torbogen
betritt man den einstigen Klosterbezirk,
der heute als öffentliche Gartenanlage zugänglich ist.
Von der ehemaligen Abtei sind nur mehr Ruinen erhalten.

STADTBESICHTIGUNG

An die im 18. Jh. abgetragenen Stadttore erinnern nur mehr Straßennamen: *Northgate-, Risbygate-, Eastgate-, Westgate-* und *Southgate Street.* Kirchlicher und klösterlicher Mittelpunkt der Stadt war der Platz **Angel Hill,** der heute noch diesen Namen trägt. Hier steht das **Abbey Gateway** (1) genannte prächtige gotische Torhaus mit reicher Gliederung (1327-1347), durch das man den einstigen Kosterbezirk betritt, der heute eine öffentliche Park- und Gartenanlage mit vielen schöne Spazierwegen, Rasen und Blumenbeeten, alten Bäumen und Fischteichen ist. Dazwischen liegen die noch in Ruinen erhaltenen alten Klosterbauten. Am bedeutendsten ist wohl die noch stehende Westfront der mittelalterlichen **Abbey Church** (2), die allerdings ihrer ursprünglichen äußeren Verkleidung beraubt ist. Im Laufe der Jahrhunderte wurden an die Ruine der Kirchenfront mehrere recht bemerkenswerte Steinhäuser angebaut, was einen ganz ungewöhnlichen Eindruck vermittelt. Von der Kirche blieben auch Teile der Krypta unter der normannischen Apsis erhalten. Die Stelle, an der der von zahllosen Pilgern aufgesuchte Schrein des *hl. Edmund* stand, ist gekennzeichnet.

Ehe die Abteikirche zerstört wurde, zählte sie zu den mächtigsten Kirchenbauten Europas. Ein Chronist des 15. Jahrhunderts berichtet: „The three highest points of Christendom were St. Peter's, Rome, Cologne Cathedral and Bury Abbey Church." Die Abteikirche hatte damals eine Länge von 154 m, das Langhaus war 25 m breit, das Kreuzschiff 74 m, ebensoviel die Westfassade.

Auch vom einstigen **Kapitelhaus** (3) kann man noch bemerkenswerte Ruinen sehen, spärlicher sind die von anderen Klostergebäuden. Das wichtigste Baudenkmal der Stadt ist natürlich die nach der Zerstörung der Abteikirche neu erbaute *Church of St. James,* die seit 1914 in den Rang einer **Kathedrale** (4) erhoben wurde. Nach ihrer Fertigstellung 1538 wurde sie als „Ruhmesblatt in der englischen Architektur" (s. oben) bezeichnet. 1970 wurde sie vergrößert. Die Kirche zählt zu den schönsten Beispielen des spätgotischen *Perpendicular*-Stils und zeichnet sich durch die kühle Strenge ihres Kirchenschiffs aus. An ihrer Südseite steht der

---

Angrenzend an den früheren Klosterbezirk,
mit den malerischen Ruinen der einstigen,
St. Edmund geweihten Abtei, verlockt ein weiträumiger
Naturpark zu ausgedehnten Spaziergängen.

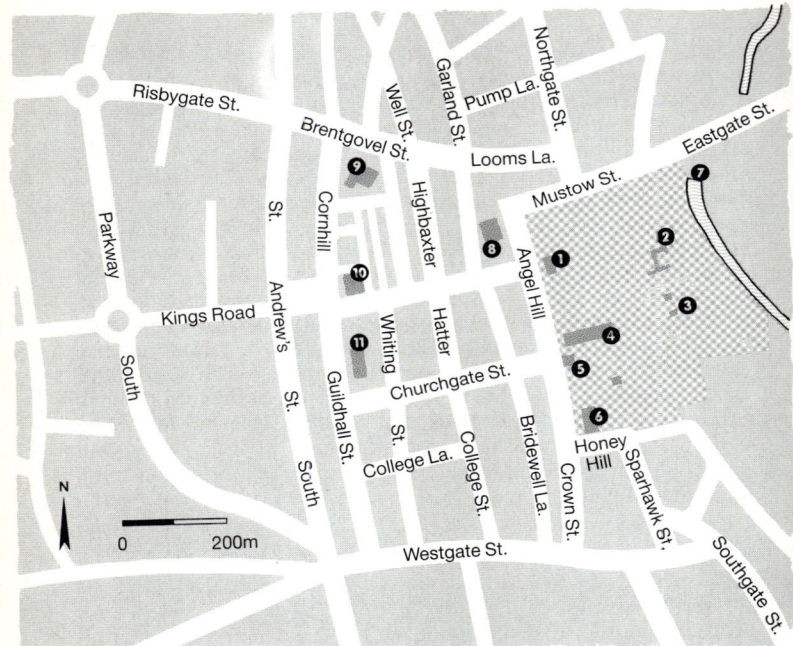

Bury St. Edmunds

1 Abbey Gateway
2 Abbey Church
3 Kapitelhaus
4 Kathedrale
5 Norman Gateway Tower
6 Church of St. Mary
7 Abbot's Bridge
8 Angel Corner
9 Moyses Hall Museum
10 Corn Exchange
11 Guildhall

mächtige hohe **Norman Gateway Tower** (5), der einst als „Zeremonienportal" zur Abtei gedient hat und noch aus dem 12. Jahrhundert stammt. Sehr eindrucksvoll sind seine Reihen von hohen Rundbogenfenstern, die durch Maßwerk gegliedert sind. Die mittlere Reihe besteht aus schmalen, durch Säulen unterteilten Unterfenstern und darüberliegenden Rundbogenfenstern. Sehr schön ist das normannische Portal. Der Torbau dient heute der Kathedrale als Glockenturm.

Nur wenige Schritte weiter südlich erhebt sich die prächtige **Church of St. Mary** (6) aus dem 15. Jahrhundert, ebenfalls ein schönes Beispiel des *Perpendicular*-Stils. Sie wird vor allem wegen ihrer großartigen geschwungenen Balkendecke im Langhaus bewundert, die mit Engelfiguren geschmückt ist. Großartig ist auch die Kassettendecke im Chor. Die Kirche enthält eines der schönsten und am reichsten geschmückten hohen spätgotischen Taufbecken, viele schöne Glasmalereien (hauptsächlich aus dem 19. Jh.) und ist auch reich mit Grabmonumenten aus dem 15. und 16. Jahrhundert ausgestattet.

Unter den Grabmonumenten findet man auch jenes von **Mary Tudor** (1496-1533), der Schwester *Henrys VIII*. und Gemahlin des Königs *Louis XII*. von Frankreich (der kurz nach der Eheschließung starb und eine 18-jährige Witwe zurückließ). Im 18. Jh. wurde das Grab behutsam geöffnet und eine blonde Locke vom Haupt des Leichnams entfernt. Diese wird heute im *Moyse's Hall Museum* gezeigt (s. unten).

An der Ostseite grenzt die klösterliche Anlage an den idyllischen *River Park*, über den die alte **Abbot's Bridge** (7) aus dem 13. Jahrhundert führt. Die baumbestandenen Ufer, die gepflegten Rasenanlagen und die schönen Blumenbeete, die dazwischen aufragenden Abteiruinen, hinterlassen einen nachhaltigen Eindruck.

Dem *Abbey Gateway* gegenüber liegt das **Angel Corner** (8) genannte Gebäude, ein typischer Bau im „Queen Anne"-Stil des frühen 18. Jahrhunderts. Er beherbergt verschiedene Ämter, auch das Touristenamt, sowie das sehenswerte **Museum of Clocks**. Man kann hier sehr kostbare Uhren und andere Zeitmesser seit dem 16. Jahrhundert bewundern. Das Uhrmacher- und Taschenuhrmachergewerbe war im 18. und 19. Jahrhundert in der Stadt weit verbreitet. (Geöffnet werktags 10-13 und 14-17 Uhr).

Nahebei liegt das **Angel Hotel**, das durch die Aufenthalte von *Charles Dickens* bekannt wurde, der es durch „Mr. Pickwick" zum Schauplatz zahlreicher Erzählungen machte.

Mittelpunkt der Altstadt ist der **Market Place** mit dem bemerkenswerten *Market Cross* (18. Jh.). Nahebei liegt das **Moyses Hall Museum** (9). Das mittelalterliche Gebäude aus der Normannenzeit (12. Jh.) war wahrscheinlich der Wohnsitz eines reichen jüdischen Kaufmanns und gilt als das älteste nicht-religiöse Bauwerk *East Anglias*. Es enthält heute eine kostbare Sammlung von Altertümern seit prähistorischen Zeiten über die Bronzezeit und die Römerzeit bis zum Mittelalter.

Von sehr großer archäologischer Bedeutung ist ein aus der Bronzezeit stammender Stifterschatz, ein fast 90 kg schwerer Hort, der 1959 bei *Isleham* (*Cambridgeshire*) aufgefunden wurde; er besteht aus Äxten, Hämmern, Speerklingen, Messern, Schwertern und auch Gürtel- und Lederhelmschnallen, einzigartig in England, weil ähnliche Stücke bis heute nur am Oberrhein, in Westfrankreich und in Ungarn aufgefunden wurden. – Angeschlossen ist auch eine naturgeschichtliche Abteilung. (Geöffnet werktags 10-13 und 14- 17 Uhr).

Nur wenige Schritte weiter südlich verdient die **Corn Exchange** (10) Beachtung, eine alte Getreidebörse, die später auch für verschiedene Veranstaltungen diente, an der Ecke *Cornhill/Abbeygate Street*. Noch einige Schritte weiter liegt die **Guildhall** (11) aus dem 15. Jahrhundert, mit einem schönen Portal von 1480. Sie erhielt im Jahr 1807 Flügelbauten beigesetzt.

Nahe bei der *Corn Exchange* liegt das **Cupola House** genannte Gebäude aus dem frühen 18. Jahrhundert, das seinen Namen nach einer kleinen Kuppel auf einem mehrseitigen Dachaufbau trägt. Bei einem Spaziergang durch die Stadt wird man aber noch viele schöne Gebäude aus verschiedenen Zeitepochen sehen. Sehr alte Straßenzüge sind die *Atheneum Lane* (mit dem Ende des 18. Jh. erbauten „Athenäum", einem Versammlungs- und Ballsaal), die *Skinner Lane* und die *Pump Lane*. In der *Churchgate Street* liegt die bemerkenswerte **Independent Chapel** (auch *Unitarian Chapel*) aus dem Jahr 1711 mit zweigeschossiger Kanzel.

---

*Ein schönes Beispiel des Perpendicular-Stils
ist die Church of St. Mary, mit einer
viel bewunderten geschwungenen Balkendecke.*

AUSFLÜGE

1. Ickworth House. Man verläßt *Bury* im Süden auf der Straße *Out Westgate* und gelangt nach wenigen Fahrminuten auf der A-143 zur Zufahrt nach **Ickworth House,** einem 1794-1830 errichteten Schloßbau, der ursprünglichen Bischofsresidenz des *Earl of Bristol, Bishop of Derry,* die dieser nach eigenen Plänen erbauen ließ. Der architektonisch interessante, über 180 m lange Bau besteht aus einem 30 m hohen, von einer Flachkuppel gewölbten dreigeschossigen Rundbau ("Rotunda"), der durch zwei geschwungene Korridorbauten mit langgestreckten Seitenflügeln in klassizistischem Stil verbunden ist. Die Außenseite der Rotunde ist mit einem umlaufenden Relieffries der italienischen Künstler *Casimiro* und *Donato Carabelli* geschmückt; antike Szenen nach *Homer.*

Ickworth House enthält neben kostbaren zeitgenössischen Stilmöbeln aus England und Frankreich (18. Jh.) eine hervorragende Sammlung alten Silbers und eine Gemäldesammlung (hauptsächlich Familienporträts). Von dem bedeutenden italienischen Bildhauer *Antonio Canova* stammt der Kunstkamin in der Bibliothek. Sehr schön sind die von *Capability Brown* gestalteten rundum liegenden Gartenanlagen, mit einer Orangerie und einem See sowie einem angrenzenden, bewaldeten Landschaftspark mit Spazierwegen. In der "Old Servant's Hall" gibt es ein Restaurant. (Geöffnet in der Regel an jedem Nachmittag außer montags von Juni bis September, im Mai und anfangs Oktober außer montags und freitags).

2. Ixworth Abbey. Auf der A-143, die man durch die *Eastgate Street* erreicht, wenn man *Bury* im Osten verläßt, gelangt man nach 11 km kurz vor *Ixworth* zum Herrensitz **Ixworth Abbey,** der an der Stelle eines 1170 gegründeten Augustinerklosters erbaut wurde, von dem noch gute Bauteile erhalten sind. Zwischen dem 16. und 19. Jahrhundert wurde das Herrenhaus mehrmals umgestaltet und erweitert. Erst kürzlich restaurierte man eine Krypta aus dem 13. Jahrhundert und die aus dem 15. Jahrhundert stammenden ehemaligen Gemächer des Priors. Im Garten stehen noch die Ruinen der einstigen Klosterkirche. (Geöffnet in der Regel von Mai bis August dienstags und sonntags an Nachmittagen, oder nach Anfrage).

Nur wenige Fahrminuten nördlich von *Ixworth* liegt der kleine Ort **Bardwell,** mit sehenswerter *Church of SS. Peter and Paul* aus dem 15. und 16. Jahrhundert. Sie enthält eine prächtige Stichbalkendecke, Glasfenster aus dem 15. Jh. und ein bemerkenswertes Figurengrab aus dem 17. Jahrhundert. Man beachte auch das reich geschmückte Südportal aus der Zeit um 1430.

BUXTON UND DER PEAK DISTRICT

Die schöne, von einem Hügelkranz umgebene und 315 m hoch liegende Stadt (sie zählt zu den höchstgelegenen Städten Großbritanniens) am südwestlichen Ende der Bergkette der Penninen verdankt ihre Bedeutung als Ferienort und Thermalbad den Herzögen von Devonshire. Die **Thermalquellen** (28° C), deren Heilwasser (Gicht, Rheumatismus u.v.a.) auch für Trinkkuren verwendet wird, waren schon den Römern bekannt, die hier die Siedlung *Aquae Arnemetiae* anlegten. (Eine der neuen wichtigen Quellen ist durch ihren hohen Radiumgehalt bekannt). Auch im Mittelalter wurden die Quellen stark frequentiert, aber erst zur Zeit *Elizabeths I.* begann ihr Aufschwung. *Maria Stuart* suchte sie sehr oft auf. Der *Earl of Shrewsbury* ließ um 1600 ein erstes Badehaus errichten, das im Stadtregister als „a very goodly house, foure square, foure stories hye" beschrieben wurde. Die Residenz des Earls, die „Old Hall", in der auch *Maria Stuart* während ihrer Aufenthalte in Buxton wohnte, ist heute das *Old Hall Hotel.*

Im Jahr 1670 ließ der *3. Duke of Devonshire* die *Old Hall* ausbauen und den Badebetrieb erweitern, der *5. Duke of Devonshire* machte schließlich Buxton zum eleganten Kurbad. Unter seiner Leitung entstand 1780-1784 der elegante **Crescent,** ein halbkreisförmig geschwungener Gebäudekomplex mit Arkaden. Gegen Ende des 18. Jahrhunderts trat Buxton bereits als Rivale des damals schon sehr berühmten Heilbades *Bath* auf. Im „Crescent" wurden elegante Hotels für vornehme Gäste eingerichtet. 1790 entstanden die **Great Stables,** ebenfalls ein großer Gebäudekomplex für die Pferde und das Dienstpersonal der Gäste, heute ein Teil des **Devonshire Royal Hospital,** das 1859 aus den ehemaligen **Assembly Rooms** entstand. Die Kuppel, die das Gebäude überwölbt, ist zwar nur 36 m hoch, galt aber mit ihren 48 m Durchmesser seinerzeit als eine der größten ihrer Art. Der Hauptsaal („Assembly Room") dient heute als Bibliothek und zählt mit seinen hohen korinthischen Säulen und seiner prächtig ausgeschmückten Decke zu den schönsten öffentlichen Bibliotheken Englands. Nahebei liegt der alte **Pump Room,** das Quellenhaus, das heute als „Micrarium" (die mikroskopisch kleine Welt der Tiere und Pflanzen) museal zugänglich ist. An das Gebäude grenzen die wunderschönen **Pavilion Gardens** (viele Spazierwege am Flußufer, kleine Kaskaden, alter Baumbestand). Nur wenige

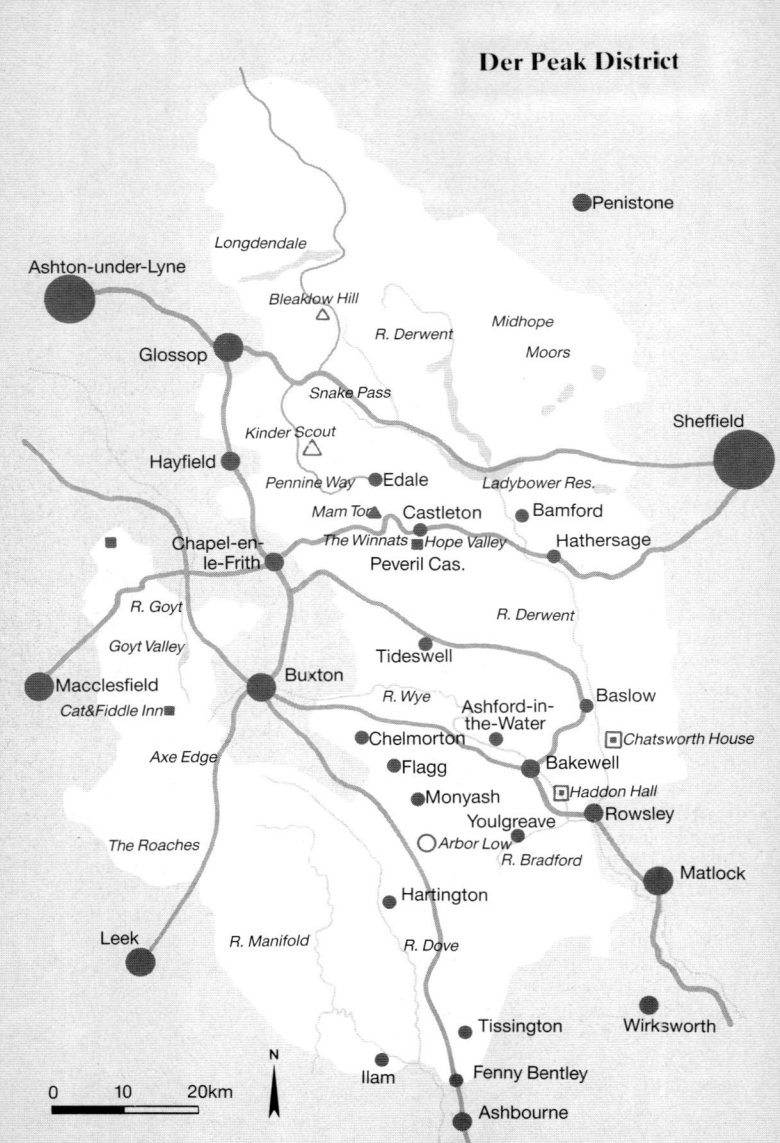

Der Peak District

Penistone

Longdendale

Ashton-under-Lyne

Bleaklow Hill △

R. Derwent

Midhope

Moors

Glossop

Snake Pass

Kinder Scout △

Hayfield

Pennine Way · Edale

Ladybower Res.

Sheffield

Mam Tor ▲ Castleton

Bamford

The Winnats · Hope Valley

Hathersage

Chapel-en-le-Frith

Peveril Cas.

R. Goyt

Goyt Valley

R. Derwent

Tideswell

Macclesfield

Buxton

R. Wye

Ashford-in-the-Water

Baslow

Cat&Fiddle Inn ■

Chelmorton

☐ Chatsworth House

Axe Edge

Flagg

Bakewell

Monyash

☐ Haddon Hall

Rowsley

Youlgreave

The Roaches

○ Arbor Low

R. Bradford

Matlock

R. Manifold

Hartington

R. Dove

Leek

Tissington

Wirksworth

N

0   10   20km

Ilam

Fenny Bentley

Ashbourne

*Der kleine Thermalort Buxton darf sich rühmen,
ein eigenens Operntheater zu besitzen.*

Schritte weiter liegt das sehenswerte **Opera House,** das 1903 eröffnet wurde und besonders reich mit Stuck und weißem Carraramarmor im Stil *Louis XVI.* ausgestattet ist; seit 1979 werden hier vielbeachtete Opernfestivals veranstaltet.

Weitere Sehenswürdigkeiten der Stadt sind die *Church of St. John the Baptist* (1811), das *Market Cross* (15. Jh.), die *St. Anne's Church* (1625) und natürlich auch die schönen Kolonnaden im *Shopping Centre.*

Im **City Museum** in der *Terrace Road* kann man sich über die Entwicklung der Stadt informieren, es beherbergt auch prähistorische Grabungsfunde, geologische und Kunstsammlungen (Bilder, Keramiken, Glas u.v.a.). Das Museum ist werktags von 9.30 bis 18 Uhr, samstags bis 17 Uhr geöffnet.

Für den Touristen sind es aber die zahlreichen **Ausflugsmöglichkeiten,** die Buxton zu einem Ferienzentrum machen. Fast täglich führen geleitete Rundfahrten und Touren in das umliegende Bergland des *Peak District* (s. unten).

Um die Stadt herum sind es die **Corbar Woods,** die zu ausgedehnten Spaziergängen einladen, der Aussichtsberg **Corbar Hill** und das malerische **Ashwood Dale,** das am östlichen Stadtrand beginnt und sich weit nach Osten hin erstreckt; dort zählt „Lover's Leap", eine große Schlucht in den Kalksteinfelsen zu den landschaftlichen Höhepunkten in der unmittelbaren Umgebung der Stadt. Nach Nordwesten hin zieht sich das malerische, mit vielen Wildblumen bestandene **Dale of Goyt** bis nach *Whaley Bridge,* einem beliebten Wandergebiet mit sehr schönen Aussichtspunkten.

Gleich am Südrand von Buxton liegt der gerne besuchte „Solomon's Temple", ein turmartiger Bau aus dem Jahr 1896, der zu Ehren des Farmers *Solomon Mycock* erbaut wurde, weil er die Erlaubnis zu archäologischen Grabungen auf seinem Land gegeben hatte, auf dem 1894 tatsächlich ein prähistorisches Hügelgrab aufgefunden wurde. Am Westrand von Buxton liegt **Poole's Hole,** eine große Kalksteinhöhle nahe an der Quelle des *Rivers Wye.* Ein Wanderweg führt nördlich der Autostraße zum etwa 6 km weiter westlich in über 500 m Höhe liegenden *Cat and Fiddle Inn,* dem höchstgelegenen Gasthof Englands (→ auch S. 54). Ein anderes beliebtes Ausflugsziel nur 4,5 km südwestlich der Stadt ist die 542 m hoch gelegene **Axe Edge,** das Quellgebiet der Flüsse *Wye, Goyt, Dane, Manifold* und *Dove.* Noch etwas weiter südwestlich liegt **Ludchurch,** eine enge, romantische Felsspalte am Beginn der schönen *Dane Valley.*

AUSFLÜGE IN DEN PEAK DISTRICT

Zu den abwechslungsreichsten und malerischsten Landschaften Englands zählt der nördliche Teil von *Derbyshire,* wo hohe und steile Felsenklippen jäh aus den mit Heide und Torf bedeckten rauhen Mooren aufsteigen und tiefe Täler und Schluchten bilden. Dazwischen breiten sich sanfte Hügelketten und fruchtbares Farmland aus, waldreiche Täler werden von langen Wanderwegen erschlossen. Der größte Teil dieses Gebietes wurde zum **Peak District National Park** erklärt, dem ersten Nationalpark Großbritanniens. Sein Mittelpunkt ist das etwa 18 km nördlich von Buxton sehr malerisch liegende Dorf **Edale,** mit dem *National Park Information Centre,* in dem man auch Wanderkarten und alle Informationen über das Bergland bekommen kann. Im Norden wird **Edale** vom 631 m hohen *Crowden Head,* im Süden vom 517 m hohen *Mam Tor* (mit Resten eines eisenzeitlichen Hügelforts) gerahmt, hier beginnt auch der etwa 400 km lange „Pennine Way", der Wanderweg über die Bergkette der *Penninen,* dem „Rückgrat Englands", bis zu schottischen Grenze. Hinter dem *Crowden Head* (s. oben) steigt der 636 m hohe *Kinder Scout* an, die höchste Erhebung im *Peak District.* Wer Lust zum Wandern hat, findet zwischen *Edale* und dem 12 km westlich liegenden *Hayfield* einen der schönsten Bergwanderwege des Nationalparks; aber auch in östliche und nördliche Richtung und zu den langgestreckten Stauseen des *River Derwent* (*Ladybower Reservoir, Derwent Reservoir, Howden Reservoir*) führen wunderschöne Wege.

Durch den *Peak District* führen mehrere kehrenreiche Landstraßen durch wildromantische Gegenden. *Lord Byron* behauptete: „I can assure you there are things in Derbyshire as noble as Greece or Switzerland". Ganz im Norden verläuft die A-628/A-616 zwischen *Manchester* und *Sheffield,* sie führt an mehreren Wasserreservoiren durch das schöne *Longdendale.* Die A-57 weiter südlich (auch sie verbindet *Manchester* mit *Sheffield*) ist besonders kehrenreich und zieht über den wildromantischen, 512 m hohen **Snake Pass** und längs des malerischen *Ladybower Reservoirs* und des *Rivers Ashop.* Am interessantesten ist vielleicht die noch etwas weiter südlich verlaufende A-625, die nördlich von *Buxton,* bei **Chapel-en-le-Frith,** einem altertümlichen Marktstädtchen, von der A-6 abzweigt und in östlicher Richtung zieht. Von dieser Straße aus lassen sich die schönsten Aussichtspunkte des Nationalparks am leichtesten erreichen („Lord's Seat", „Winnat's Pass", „Mam Tor", „Lose Hill", „Win Hill", „Suprise View"). An dieser Straße liegt auch **Castleton** am westlichen Eingang zum eindrucksvollen *Hope Valley. Castleton* besitzt noch imposante Ruinen einer Normannenburg **(Peveril Castle),** die *Sir Walter Scott* in seiner Erzählung „Perveril of the Peak" verewigte. Unterhalb der Burg liegt die **Peak Cavern,** eine der schönsten und größten Höhlen des Berglandes, mit einem rasch dahinströmenden Quellfluß. Königin *Victoria* war von der Höhle so beeindruckt, daß sie ein komplettes Symphonieorchester hierherkommen ließ, um in der Höhle zu konzertieren. In der unmittelbaren Umgebung liegen noch zahlreiche weitere sehr sehenswerte Grotten und Höhlen, „Devil's Cavern", „Roger's Rain House", „Orchestral Chamber" (so benannt wegen ihrer Akustik) sowie auch Höhlen, die man nur mit Booten erreicht, u. a. „Speedwell Cavern", mit eindrucksvollem Wasserfall und „Treak Cliff Cavern" (mit Flutlicht erleuchtet). Auf dem Gipfel des **Treak Cliff** liegt die einzige Fundstelle der Erde für das „Blue John" (eine Verballhornung von „bleu jaune") genannte Mineral, ein Fluorspat mit blauen, rötlichen und gelben Streifen, das zu Schmuckstücken und kleinen Vasen verarbeitet wird (man kann sie an den Eingängen zu den Höhlen und in Souvenirläden erwerben). Am östlichen Ende des Hope Valley, durch das die A-625 durchzieht, liegt **Grindleford,** wiederum ein guter Ausgangspunkt für zahlreiche Spazier- und Wanderwege, u. a. nach *Nether Padley,* mit einer uralten Kirchenruine und zum prächtigen *Longshaw Park.*

Sowohl von der A-625 wie auch von der etwas weiter südlich verlaufenden A-623 kann man auf seitlich abzweigenden sehr schmalen Landstraßen zu den Resten des prähistorischen Steinkreises „Eyam Moor Stone Circle" (Zufahrt von *Hathersage* südwärts bzw. *Eyam* nordwärts) fahren.

Ein anderer prähistorischer Steinkreis (mit flachen Steinen) ist **Arbor Low** an der A-515, etwa auf halbem Weg zwischen *Buxton* und *Ashbourne.* **Ashbourne** besitzt eine prächtige mittelalterliche Kirche mit 62 m hohem Turm und zahlreichen sehenswerten Figurengräbern. Der Kirche gegenüber liegt die 1585 gegründete *Old Grammar School,* sehenswert sind aber auch andere Gebäude aus dem 16. und 17. Jahrhundert. Wenn Sie auf der A-515 unterwegs sind, so lohnt sich auch ein Aufenthalt in den nördlich von *Ashbourne* liegenden Dörfern *Fenny Bentley* und *Alstonfield* (kurze Zufahrt), um deren alten Kirchen anzusehen.

Zu den schönsten Erlebnissen im Nationalpark gehört die Fahrt von **Buxton** auf der A-6 durch das Tal des *Rivers Wye* über **Ashford-in-the-Water** (prächtige Ausblicke bei *Monsal Head*) nach *Bakewell,* von dort weiter nach **Baslow** und **Chatsworth.** Die geschäftige kleine Marktstadt **Bakewell** besitzt noch viele Häuser aus dem 16. und 17. Jahrhundert, darunter eine alte *Market Hall*, eine bemerkenswerte *Town Hall*, das Herrenhaus *Holme Hall* (1626) und das *Bath House* (1697), das von warmen Quellen gespeist wird. Sehenswert sind ferner eine über 700 Jahre alte Bogenbrücke und die normannische Pfarrkirche, die noch Bauteile einer früheren sächsischen Kirche enthält. In der Kirche beachte man vor allem die kunstvollen mittelalterlichen Figurengräber und Grabmonumente. Nahe bei der Kirche liegt auf dem *Cunningham Place* ein altes Tudor-Haus (um 1500) mit noch ursprünglicher Innenausstattung, das als *Old House Museum* von Ostern bis Ende Oktober jeden Nachmittag von 14.30 bis 17 Uhr besichtigt werden kann. Es beherbergt volkskundliche Sammlungen, Trachten, Küchengerät, altes Werkzeug u.v.a.

Etwas weiter südlich liegt auf einem Hügel das altertümliche Dorf **Youlgreave** mit befestigter normannischer Kirche, mehreren typischen Derbyshire-Pubs und einer *Old Hall* von 1650.

Auch das nahe bei *Bakewell* liegende, nach 1930 restaurierte Herrenhaus **Haddon Hall** ist besuchenswert. Es wird als das besterhaltene und authentischste Beispiel eines mittelalterlichen englischen Herrensitzes bezeichnet und hinterläßt mit seinen zinnenbekrönten, unregelmäßigen Mauern und Türmen in der Tat einen ungewöhnlich romantischen Eindruck. Die *Hall* (ihr ältester Teil stammt aus dem 13. Jh.) und die mit Rosen bestandenen Terrassengärten sind von April bis September dienstags bis samstags von 11-18 Uhr zugänglich. Die *Hall* dient heute als Restaurant.

Der Nachbarort **Rowsley** ist als Ausgangspunkt für Wanderungen durch die **Haddon Woods** im Norden und das **Stanton Moor** im Süden bekannt. Ein altes Herrenhaus aus dem 17. Jahrhundert wurde 1828 zum heutigen „Peacock Hotel" umgestaltet.

Im **Stanton Moor** findet man noch viele steinerne Zeugen aus der mittleren Bronzezeit: die „Nine Ladies" und der „King Stone", der Steinkreis „Doll Tor", Hünengräber u.a. In dem am Südrand des Moores liegenden Dorf **Birchover** können archäologische Funde im *Heathcote Museum* besichtigt werden. Im südlichen Nachbarort **Winster** ist das *Market House* (spätes 17. Jh.) sehenswert.

Nördlich von *Bakewell* liegt **Baslow,** eine der schönstgelegenen Ortschaften des Nationalparks. Über den *Derwent* führt eine uralte Steinbrücke. Die Turmuhr der am Fluß liegenden *St. Anne's Church* besitzt statt der Ziffern eins bis zwölf die Buchstaben „Victoria 1897" und erinnert an den Besuch dieser Königin. Malerisch ist das nördlich angrenzende kleine Dorf **Bubnell.** Ein landschaftlicher Höhepunkt ist die steile Felsenklippe **Froggatt Edge** (weiter Rundblick), an der geübte Bergsteiger gerne ihre Kletterkünste erproben.

Die wichtigste Sehenswürdigkeit dieser Gegend ist allerdings **Chatsworth House,** der als Residenz für die Herzöge von Devonshire 1687-1709 erbaute und 1820-1830 vergrößerte sogenannte „Palace of the Peak", der aus einem dreistöckigen Schloß im Renaissancestil und langgestreckten Seitenflügeln und vielen Nebengebäuden besteht, die von weiträumigen Park- und Gartenanlagen umgeben sind. Darin gibt es Wasserläufe, Kanäle, Springbrunnen (mit 90 m hoher Wasserfontäne auch einer der höchsten der Welt), Grotten, Kaskaden, den „Emperor Pool" u.v.a. Das überaus prunkvoll ausgestattete Schloß, in dem u.a. auch *Maria Stuart* viele Jahre als Gefangene lebte („Queen Mary's Bower" erinnert an sie) enthält einzigartige Stilmöbel, prachtvolle Deckenmalereien, Täfelungen, Tapisserien und Kunstsammlungen der verschiedensten Art, darunter auch Gemälde, Aquarelle, Porzellan, eine Bibliothek mit kostbaren alten Büchern und seltenen Frühdrucken usw. Auch die Schloßkapelle ist sehr reich ausgestattet. Die Besichtigungszeiten sind in der Regel von Ende März bis Oktober von 11.30 bis 16.30, ab 10.30 Uhr sind bereits die Parkanlagen mit dem „Farmyard", den „Abenteuer-Spielplätzen" usw. geöffnet. Im *Chatsworth Park* tummeln sich Herden von Schafen, Rehen, Hirschen, weite Wanderwege führen durch die ganze Anlage, für deren Besuch man sich viel Zeit nehmen sollte.

CAMBRIDGE

Die schon in angelsächsischer Zeit an der Stelle einer römischen Siedlung gegründete Stadt trägt ihren Namen *Cambridge* nach dem Fluß *Cam* und einer darüberführenden Brücke *(bridge)*. Heute sind es mehr als ein halbes Dutzend Brücken, die den Fluß überspannen, der alljährlich Anfang Juni Schauplatz berühmter Bootsregatten ist. Unter dem irreführenden Namen „May Week" finden zehn Tage lang im Juni die großen Collegeveranstaltungen, Konzerte, Studentenbälle usw. statt, da geht es in *Cambridge* hoch her.

Universität und Colleges. Es gibt über 30 Colleges in der Stadt, mehr als die Hälfte von ihnen wurde zwischen dem 13. und 16. Jahrhundert gegründet. Ursprünglich wurde an ihnen von Franziskanermönchen Theologie unterrichtet, 1318 durften die ersten Universitätsdiplome ausgestellt werden. **Erasmus von Rotterdam,** der große Humanist, war im Jahre 1510 der erste, der hier *Griechisch* lehrte, und während der Reformation, als Cambridge eine Bastion des Protestantismus war, wurden auch die geistlichen Lehrer durch weltliche ersetzt, die anderen Unterrichtsfächer wie Physik, Zivilrecht, Hebräisch usw. eingeführt. In der Folgezeit wurde Cambridge ein Zentrum der Gelehrsamkeit und für wissenschaftliche Forschung.

Die Gründung der „Universität" geht auf das Jahr 1209 zurück, als es hier bereits eine *universitas scholarium* gab, die aber auch damals nicht auf ein bestimmtes Gebäude beschränkt war. Überhaupt wird der Begriff „Universität" hier ganz anders verstanden als bei uns. Im Unterschied zu deutschen (oder überhaupt mitteleuropäischen) Universitätsstädten ist die „Universität" von *Cambridge* – wie auch die von *Oxford* (→ S. 327) – keinesfalls auf eines oder auf mehrere bestimmte Lehrgebäude mit verschiedenen Fakultäten beschränkt. Man darf das Wort „university" nicht als ein Universitätsgebäude verstehen, sondern als ein Begriff hoher Gelehrsamkeit, deren äußere, also sichtbare Erscheinungsform die **Colleges** sind. Jedes *College* hat seine eigene Verwaltung, seine eigene Form des Unterrichts, auch eigene Privilegien. Mitglied eines *college* zu sein bedeutet, an allen „university lectures" (also an allen Vorlesungen der „university") teilnehmen und das gewählte Studienfach mit einem akademischen Grad abschließen zu dürfen.

Jedes **College** umfaßt neben den Studienräumen auch die Wohnungen der Professoren, der Studenten, eine Bibliothek, eine Kapelle, einen Speisesaal, einen Turnsaal und einen Garten. Diese *Colleges,* die anschließend beschrieben werden, sind für die meisten Besucher die wichtigsten „Sehenswürdigkeiten" der Stadt. Sie prägen das Gesicht der Universitätsstadt und machten sie – eher ungewollt – zu einer „Touristenattraktion". Auch wenn man in den zahllosen Reisebeschreibungen über Cambridge nachliest, kann man sehr leicht der irrigen Meinung verfallen, daß in Cambridge nichts anderes als eben diese *Colleges* Interesse verdienen.

Ich würde meinen, daß man bei einem **Kurzbesuch** vor allem *King's College, Trinity College, Queens' College, Jesus College, St. John's College* und die *Round Church* ansehen sollte. Wer aber länger in der Stadt ist oder zum zweitenmal kommt, wird bei einem Spaziergang auf den sogenannten „Backs", wie die breiten, grasbestandenen Uferstreifen des Flusses genannt werden, von denen man wunderschöne Ausblicke

*Mit seinen über zwei Dutzend malerischen Colleges
aus allen Zeitepochen seit dem Mittelalter
zählt Cambridge zu den sehenswertesten Städten Großbritanniens.*

auf zahlreiche Colleges genießt, aber auch bei einem Bummel durch die engen und malerische Gassen und Passagen, die von der *King's Parade* und der *Trumpington Street* abzweigen, einen ganz anderen Eindruck von „sightseeing" gewinnen, als der Tourist eines geleiteten Kurzrundgangs. Dieser Eindruck mag umso faszinierender sein, je weniger „berühmt" diese verträumten und wenig begangenen Gassen mit den uralten Häusern, Gasthöfen, Kirchhöfen und Kapellen sind.

STADTBESICHTIGUNG

Da die Innenstadt mit dem Geschäfts- und Einkaufsviertel teilweise Fußgängerzone ist und auch eine Stadtrundfahrt nicht erlaubt ist (die Hauptverkehrsstraßen führen um *Cambridge* herum), ist es nicht ratsam, mit dem eigenen Wagen in die Stadt hineinzufahren. Wenn Sie von London her kommen, so lohnt es sich, den Wagen schon am südlichen Stadtrand stehenzulassen, von der *Trumpington Road* (A-10) aus führen Wegweiser zu Parkplätzen, von dort sind es nur ein paar Minuten zu gehen, bis Sie in das Zentrum gelangen. Rechts neben der *Trumpington Road* erstreckt sich der **Botanische Garten** (1) *(University Botanic Garden),* der 1761 gegründet wurde und zu den sehenswertesten seiner Art in England gehört. Ein Besuch lohnt sich vor allem nachmittags, wenn auch die Glashäuser besichtigt werden können.

Die *Trumpington Road* mündet in die **Trumpington Street.** An ihrem Beginn (Ecke *Lensfield Road*) verdient **Hobson's Conduit** (2) Beachtung. Das achteckige, kuppelgekrönte Monument wurde 1855 von seinem ursprünglichen Platz am *Market Hill* hierher verlegt und erinnert an *Thomas Hobson,* einen berühmten Fuhrmann und Wohltäter der Stadt, der u.a. zwischen 1610 und 1614 eine Leitung von den südlich der Stadt liegenden Quellen („Nine Wells") anlegte, um Cambridge mit Frischwasser zu versorgen.

Durch die *Lensfield Road* gelangt man zum nahegelegenen **Scott Polar Research Institute** (3), das 1920 zur Erinnerung an den 1912 bei seiner Südpolexpedition umgekommenen Forscher *R.F. Scott* gegründet wurde. Angeschlossen ist ein Museum, das Gegenstände von Expeditionen in die Arktis und Antarktis zeigt, ferner über 400 Bilder von *Edward Wilson* über die Antarktis und kunsthandwerkliche Gegenstände (darunter Steingravierungen) der Eskimos. Das Museum ist in der Regel wochentags an Nachmittagen geöffnet.

Man folgt jetzt der **Trumpington Street** in das Stadtzentrum. In dieser Straße liegen das *Fitzwilliam Museum,* das *Pembroke College* und das *Peterhouse College.* Aber auch der „Little Rose Inn" verdient Beachtung: ein alter Gasthof aus der Zeit um 1600 und der letzte in Cambridge, der noch ausgedehnte Pferdeställe für die berittenen Reisenden besaß.

Das **Fitzwilliam Museum** (4) erkennt man sofort an seiner Säulenvorhalle in korinthischem Stil. Das 1837-1848 erbaute klassizistische Gebäude beherbergt die Sammlungen des *Viscount Fitzwilliam of Merrion,* die dieser im Jahr 1816 der Universität vermachte: ägyptische, griechische und römische Altertümer, alte Münzen und Medaillen, mittelalterliche Manuskripte, Kunstwerke der verschiedensten Art wie Keramiken, Glas, alte Gemälde u.v.a. In der Folgezeit wurde das Museum um viele andere Sammlungen bereichert, so daß es 1924 vergrößert werden mußte.

Die großen Räume und Hallen des Museums sind reich mit Marmor, Mosaiken, Friesen und barocken Verzierungen ausgestattet, mit vielen Statuen und Denkmälern bereichert; besonders erwähnenswerte Kunstschätze sind fernöstliche Jade- und Elfenbeinschnitzereien, antike Skulpturen (darunter auch eine kretische Marmorfigur aus der Zeit um 1600 v. Chr.), mittelalterliche Bilderhandschriften, alte Waffen und Rüstungen, berühmte historische Dokumente, Tapisserien, alte Musikinstrumente und natürlich auch die **Gemäldesammlung** mit Meisterwerken von Guardi, Luca und Andrea della Robbia, Pinturicchio, Tizian, Tintoretto, Bellotto, Murillo, Clouet, Poussin, Corot, Millet, Pissarro, Renoir, Degas, Cézanne, Matisse, Gainsborough, Reynolds, Turner, Constable, um nur einige von ihnen zu nennen. (Das Museum ist in der Regel täglich außer montags, und sonntags nur an Nachmittagen geöffnet).

Nur wenige Schritte weiter liegt das **Peterhouse College** (5), auch *St. Peter's* genannt. Das College wurde 1284 von *Hugh de Balsham,* Bischof von *Ely,* gegründet und ist somit das älteste College von Cambridge. Aus dieser Zeit ist noch die 1868-1871 sorgfältig restaurierte *Hall* erhalten, die mit zahlreichen alten Porträts und kunstvollen Glasfenstern geschmückt ist. Aus der Zeit um 1460 stammt der *Combination Room,* aus 1589 die Bibliothek. Die Kapelle (1632) im Vorhof wurde 1709 durch Galerien mit dem Hauptgebäude verbunden.

Vom College zweigt links die malerische alte **Little St. Mary's Lane** ab, die vor wenigen Jahren restauriert wurde und am alten Kirchhof der **Church of St. Mary the Less** (14. Jh., seither mehrmals erneuert) vorbeiführt. Nur wenige Schritte weiter liegt das **University Museum of Classical Archaeology** (6) mit einer bedeutenden Sammlungen von Abgüssen berühmter antiker römischer und griechischer Statuen. (Geöffnet an Wochentagen.)

Wieder zurück auf der *Trumpington Street,* sieht man rechts die Gebäude des **Pembroke College** (7). Es wurde 1347 von *Marie, Countess of Pembroke* (der Gemahlin von *Aymer de Valence)* als „Hall of Valence Marie" gegründet; seither wurden die Gebäude mehrmals verändert bzw. erneuert. Bemerkenswert ist vor allem die **College Chapel,** die der Bischof *Wren of Ely* neu gründete und sein Neffe, der berühmte Architekt *Sir Christopher Wren,* 1663-1665 in den klassizistischen Formen englischer Frührenaissance aufführte. Die Fassade ist mit korinthischen Pilastern gegliedert. 1880 wurde die Kapelle von *George Gilbert Scott* vergrößert. Das College, aus dem viele bekannte Bischöfe hervorgingen, wird deshalb auch „Collegium Episcopale" genannt. Es besitzt sehr schöne Gärten und Höfe.

Die Fortsetzung der *Trumpington Street* heißt **King's Parade.** Auch in dieser Straße und den von ihr abzweigenden Passagen gibt es viele Colleges zu sehen. Am Beginn von King's Parade liegt links das *St. Catherine's* und rechts das *Corpus Christi College.*

Ehe man *King's Parade* folgt, kann man links einen Abstecher durch die *Silver Street* zum Flüßchen *Cam* machen; am diesseitigen Ufer erstreckt sich das *Queens' College,* etwas weiter am jenseitigen Ufer das *Darwin College.* Der alte, **The Old Granary** (8) genannte Speicherbau am Fluß war früher ein Teil des aus dem 19. Jahrhundert stammenden Hauses „*Newnham Grange*", einem Wohnsitz des berühmten Wissenschaftlers *Charles Darwin.* Haus und Speicher sind heute dem *Darwin College* angeschlossen.

Wenn man der *Silver Street* und ihrer Verlängerung, der *Sidgwick Avenue* weiter folgt, kommt man zur *Ridley Hall* (1879), einer Theologenschule, und zum **Newnham College** (9), das 1875 für Studentinnen gegründet worden war. (Frauen und Mädchen wurden früher nicht zum Studium zugelassen). Gegenüber liegt das 1882 gegründete **Selwyn College** (10) der *Church of England.*

Das Queens' College (11) gilt als „malerischstes College" von Cambridge. Es ist nach zwei Königinnen benannt: nach *Margaret of Anjou* (der Gemahlin von *Henry VI.*), die es 1448 gründete, und nach *Elizabeth Woodville* (der Gemahlin von *Edward IV.*), die es 1465 neu gründete und auch neu ausstatten ließ. Das College hat sich bis zum heutigen Tag noch zum großen Teil sein mittelalterliches Aussehen bewahrt. Der aus roten Backsteinbauten (mit *Hall, Old Chapel* und *Library*) bestehende *First Court* („Erster Hof"), führt in den entzückenden **Cloister Court** („Kreuzganghof") mit der *President's Lodge* („Präsidentenloge") aus dem Jahr 1537 und der berühmten **Wooden Bridge** („Hölzerne Brücke"), einer nach genauen mathematischen Prinzipien errichteten Holzkonstruktion über den Fluß *Cam*, zu deren Bau kein einziger Nagel verwendet werden durfte. Die geschwungene, nagellose Holzbrücke stammt aus dem Jahr 1749 und wurde um 1903 restauriert. Man hat von hier aus einen sehr schönen Blick auf die „Backs" (s.oben) und die alten Collegegebäude. Südlich des *Cloister Court* öffnet sich der **Erasmus Court** (auch *Pump Court* genannt), ein kleiner Hof mit dem sogenannten „Erasmus Tower": hier lagen die Räume, die *Erasmus von Rotterdam*, der berühmte Gelehrte und Humanist, bewohnte, als er in den Jahren 1510-1513 an diesem College *Griechisch* unterrichtete. Schließlich soll noch der *Walnut Tree Court* erwähnt werden, der aus dem Jahr 1618 stammt: durch diesen „Nußbaumhof" erreicht man die imposante *College Chapel* aus dem Jahr 1891.

Das **St. Catherine's College** (12) wurde 1473 von *Robert Wodelarke*, dem Vorsteher des *King's College*, gegründet. In den Jahren 1634-1754 wurde es neu gebaut und mehrmals vergrößert; neuerlich erweitert wurde es 1932-1949. Das gegenüberliegende **Corpus Christi College** (13) entstand 1352 durch eine gemeinsame Gründung der beiden Gilden „Corpus Christi" und „Blessed Virgin". Früher war es unter dem Namen *Benet College* bekannt. Besonders sehenswert ist der *Old Court,* der als das früheste Beispiel eines mittelalterlichen Hofes (*Quadrangle*) in einem englischen College gilt. Die Bibliothek des Colleges enthält eine einzigartige Sammlung mittelalterlicher Bilderhandschriften, die ältesten Manuskripte der *Anglo Saxon Chronicle* und ein Gebetbuch des Erzbischofs *Thomas Becket.* Bemerkenswert ist auch eine Sammlung alter Münzen und Edelsteine. In der *Hall* kann man kostbare Gemälde von *Reynolds, Romney, Poussin, Kneller* und anderen Meistern sehen. Sehr schön ist auch die alte *College Chapel.* Zu den Mitgliedern dieses Colleges zählten u.a. *Nicholas Bacon, Robert Browne, Christopher Marlowe* und *John Fletcher*.

Eine Galerie verbindet das College mit der nördlich angrenzenden **St. Benet's Church** (14). Die dem hl. Benedikt geweihte Kirche ist die älteste Kirche der Stadt, wurde allerdings in letzter Zeit erneuert. Von der ersten Kirche sind noch der sehenswerte angelsächsische Turm aus der Zeit um 1050 und das sogenannte „Saxon Arch" erhalten.

Auch südlich des Colleges steht eine kleine Kirche: die **St. Botolph Church** (15) wurde im gotischen *Perpendicular*-Stil erbaut und grenzt an die schmale **Botolph Lane** mit einer Reihe von kleinen alten Häusern.

Nur ein paar Schritte weiter beginnt die **Downing Street.** In dieser Straße und in ihrer unmittelbaren Umgebung finden Sie zahlreiche Museen: das **University Museum of Archaeology and Anthropology** (16), mit archäologischen Sammlungen von der Steinzeit bis zum Mittelalter, Sammlungen zur Kultur der alten Völker Asiens, Afrikas und Amerikas, völkerkundlichen Sammlungen aus Amerika, Afrika, Südostasien und dem pazifischen Raum; weiters das **Sedgwick Museum of Geology** (Fossilien, verschiedene Steinformen, Marmor u.dgl.), dann das **University Museum of Zoology,** das **University Museum of Mineralogy and Petrology,** das **Whipple Museum of the History of Science** (17), das in der ursprünglichen „Cambridge Free School" (1618) eingerichtet ist und vor allem wegen seiner Sammlung wissenschaftlicher Instrumente aus dem 16. bis 18. Jahrhundert sehenswert ist. (In der Regel sind die Museen montags bis freitags an Nachmittagen, das Archäologische Museum auch samstags vormittags, aber nicht immer während der Universitätsferien, geöffnet. Man erkundige sich am Touristenamt.)

Die *Downing Street* führt direkt zum **Emmanuel College** (18), das 1584 von *Sir Walter Mildmay* an der Stelle eines Dominikanerklosters des 13. Jahrhunderts gegründet wurde. Teile dieses alten Klosters wurden dem College einverleibt. Die heutigen College-Gebäude stammen großteils aus dem 17. und 18. Jahrhundert, die *College Chapel* entstand 1677 nach Entwürfen von *Sir Christopher Wren.* In der Kapelle erinnern eine Gedenktafel und ein Gedenkfenster an *John Harvard,* der hier studierte und nach seiner Auswanderung in Amerika die berühmte *Harvard University* gründete. Das College ist auch wegen seiner sehr schönen, weiträumigen Gartenanlagen mit kleinem See bekannt.

Das weiter südlich liegende große **Downing College** (19) wurde 1800 gegründet, mehrere seiner Gebäude sind in klassizistischem Stil erbaut. Wesentlich sehenswerter ist aber das unweit nördlich des *Emmanuel College* liegende **Christ's College** (s.unten).

Die Hauptstraße **King's Parade** und ihre Fortsetzung *Trinity Street* und *St. John's Street* führen mitten durch das Stadtzentrum. Links (westlich) zweigen zahlreiche Gassen, Passagen und Durchgänge ab, die zu den Colleges *King's, Clare, Trinity, Gonville and Caius, St. John's* und zum *River Cam* mit der wundervollen Uferpromenade von „The Backs" führen. Man kann diese Colleges nicht in kurzer Zeit „besichtigen", aber man kann – wenn man nur wenig Zeit hat – sie bei einem ausgedehnten Spaziergang ansehen, um zumindestens einen Eindruck von ihrer Großartigkeit zu erhalten. Zuvor aber lohnt sich ein kurzer Spaziergang rund um den rechts von *King's Parade* sich öffnenden Platz **Market Hill,** dem Mittelpunkt der Stadt, mit der Kirche **St. Mary the Great** (20). Sie wurde 1478-1514 in gotischem *Perpendicular*-Stil erbaut, ihr Turm im 17. Jahrhundert angefügt. Wenn sein Aufgang gerade geöffnet ist und man sich nicht scheut, mehr als 120 Stufen hinaufzusteigen, kann man den schönen Rundblick von seiner Aussichtsplattform genießen. Der Kirche direkt gegenüber liegt das prunkvolle, von *James Gibbs* 1722-1730 in klassizistischem Stil erbaute **Senate House** (21), wo sich zur Studienzeit alle vierzehn Tage der Senat (das sogenannte „University's Parliament") versammelt, auch akademische Grade werden hier verliehen. Angeschlossen sind mehrere Verwaltungsgebäude.

Auf dem Platz *Market Hill* erhebt sich auch die 1937 neu errichtete **Guildhall** (22), dahinter, im Bibliotheksgebäude, befindet sich das Touristen-Informationsamt.

Wenn man der Straße *Petty Cury* folgt, stößt man an ihrem Ende direkt auf die Kirche **St. Andrew the Great,** die u.a. eine interessante Gedenkstätte an den berühmten Seefahrer *Captain James Cook,* an seine Frau und seine sechs Kinder enthält. Gegenüber der Kirche liegt das **Christ's College** (23), 1505 von *Margaret Beaufort, Countess of Richmond* (der Mutter von *Henry VII.*) gegründet. Die heutigen College-Gebäude stammen großenteils aus dem 17. bis 19. Jahrhundert, die herausragenden Sehenswürdigkeit sind die College-Gärten, die in der Regel auch an Wochentagen besichtigt werden können.

Die von hier aus nördlich verlaufende *Sidney Street* führt zum **Sidney Sussex College** (24), einer Gründung von *Frances Sidney, Countess of Sussex,* aus dem Jahr 1596. Die alten Gebäude wurden im 19. Jahrhundert durch neue ersetzt, Zubauten entstanden 1927. An dem College studierte u.a. auch *Oliver Cromwell,* von dem ein großes Porträtbildnis in der Halle hängt. Die hier abzweigende *Jesus Lane* führt zum **Jesus College** (25), das 1494 von Bischof *Alcock of Ely* an der Stelle des Nonnenklosters der Benediktinerinnen von St. Radegund gegründet worden war. Die Klostergebäude wurden beibehalten, im Laufe der Folgezeit vergrößert. In den letzten hundert Jahren entstanden zahlreiche Anbauten. Besonders sehenswert sind das noch vom alten Kloster stammende *Chapter House* (um 1210) und die *Chapel* im frühgotischen *Early English*-Stil, mit einigen normannischen Bauteilen. Aus dem Ende des 15. Jahrhunderts stammt der Turmdurchgang. Hinter dem College liegen große Parkanlagen.

Vom *Sidney Sussex College* sind es nur mehr wenige Schritte zur berühmten *Round Church* (s.unten).

Das weiträumige **King's College** (26) erstreckt sich von der Straße *King's Parade* bis hinunter zum *River Cam* und ist zweifellos das meistbewunderte aller Colleges. Gegründet wurde es 1440 von *Henry VI.*, dessen Denkmal in der Mitte des großen Hofes steht. Die meisten College-Gebäude gehören dem 18. und 19. Jahrhundert an und sind in neugotischem Stil gehalten. Zwischen ihnen breiten sich schöne Rasen- und Parkanlagen aus. Besonders schön ist der durchbrochene Turmaufbau mit seinen vielen Zinnen und Verzierungen über dem Portal zur *King's Parade*.

*Das 1440 von König Hernry VI. gegründete King's College
gehört mit seiner prächtigen gotischen Chapel zu den schönsten
und meistbewunderten Colleges der Stadt.*

Die herausragende Sehenswürdigkeit dieses Colleges ist die
King's College Chapel, die 1446-1515 erbaut wurde und als Höhe-
punkt des gotischen *Perpendicular*-Stils angesehen wird. Die
Kirche ist 89 m lang, 14 m breit und 23 m hoch und gleicht in die-
sen Ausmaßen eher einer Kathedrale als einer „Chapel". Von
besonderer Schönheit sind ihre bunten Glasfenster, die flämische
Künstler in der ersten Hälfte des 16. Jahrhunderts schufen.
Wunderschön ist auch ihr Fächergewölbe. Weiters beachte man
die Chorstühle, das prachtvoll geschnitzte Orgelgehäuse und die
Steinmetzarbeiten, die der Kirche die Bezeichnung „Sursum
Corda done into stone" eintrugen.

Die **Glasmalereien** an den schon oben erwähnten Fenstern schufen *Dirick Vellert*
aus Antwerpen und der Niederländer *Galyon Hone*. Sie stellten Szenen aus dem
Alten und Neuen Testament dar und sind nicht nur die letzten großen Beispiele mittelalterlicher Glasmal- und Glasierkunst in England, die *King's Cross Chapel* ist auch
die einzige große mittelalterliche Kirche Englands, in der die Glasgemälde noch in
ihrer ursprünglichen Form erhalten sind. Das Altargemälde „Anbetung der Könige"
(1634) schuf *Peter Paul Rubens*. Das Bild wurde 1962 dem College vermacht.

Vom Ufer des *Cam* hat man einen der schönsten Ausblicke auf die College-Gebäude. Sehr sehenswert ist auch das benachbarte **Clare College** (27), das schon 1326 als *University Hall* gegründet, aber wenig später durch Feuer zerstört worden war. So wurde es 1338 durch *Elizabeth de Clare* neu gegründet. Die heutigen Gebäude stammen alle aus der Zeit der zweiten Hälfte des 17. Jahrhunderts und sind ein schönes Beispiel der englischen Renaissance. Die *College Chapel* wurde 1763-1769 erbaut.

Clare College liegt nahe am Ufer des *Cam,* der hier von der sehenswerten **Clare Bridge** überspannt wird. *Thomas Grumbold* (einer der Baumeister des Colleges) erbaute die Brücke im Jahr 1640. Es lohnt sich, hier den Fluß zu überqueren, um von „The Backs" den Blick auf die Colleges zu genießen. Ein Weg führt am anderen Ufer zu den Neugebäuden (*New Court*) von *Clare College,* die 1924-1929 erbaut wurden; eindrucksvoll ist das Kriegerehrenmal. Wenn man die *Queen's Road* überquert, stößt man auf die **University Library** (28), einen mächtigen, turmgekrönten Bau aus den Jahren 1930-1934. Die Bibliothek enthält annährend zwei Millionen Bände, eine kostbare Sammlung mittelalterlicher Bilderhandschriften und Frühdrucke, darunter den *Codex Bezae* (6. Jh.), eine keltische Handschrift des 10. Jahrhunderts, *Caxton's* „History of Troya" (1475; das erste Buch das in englischer Sprache gedruckt wurde), mehrere Mainzer Bibeln (Mitte 15. Jh.). Neben der von London und von Oxford zählt sie zu den drei größten Bibliotheken Englands.

Neben dem Clare College liegt **Trinity Hall** (29), das einzige College von Cambridge, das noch seine alte Bezeichnung „Hall" behalten hat. Es wurde 1350 von *William Bateman,* Bischof von *Norwich* gegründet und war durch seine berühmte Rechtsschule weithin bekannt. Die meisten Gebäude des Colleges entstanden erst in unserer Zeit, nur die Bibliothek stammt noch aus dem frühen 17. Jahrhundert.

Nur wenige Schritte weiter liegen – um mehrere Höfe angeordnet – die Gebäude von **Trinity College** (30), dem größten College der Stadt; von seinem *Great Court* wird gesagt, daß es der größte Universitätshof der Welt sei. Das College ging aus der 1317 von *Edward II.* gegründeten *King's Hall,* dem 1323 von Schatzkanzler *Hervey de Stanton* gegründeten *Michaelhouse* und aus anderen religiösen Lehrinstitutionen hervor, die König *Henry VIII.* auflöste. Durch das Zusammenlegen dieser früheren Colleges im Jahr 1546 durch *Henry VIII.* wurde **Trinity College** gegründet. Zu den berühmten Persönlichkeiten, die an diesem College studierten, gehören *Francis Bacon, Byron, Thackeray, Tennyson* und *Macaulay* sowie der Physiker *Isaac Newton,* der hier seine „Laws of Motion" begründete. Die imposante Statue von *Henry VIII.* schmückt das Eingangsportal, den sehenswerten **Great Gateway.** An seiner Innenseite sieht man die Statuen von *James I., Queen*

Anne of Denmark (dessen Gemahlin) und *Charles I.* (deren Sohn). Man gelangt daraufhin in den **Great Court,** einen riesigen Platz mit dem von *Thomas Nevile* (er war ab 1593 *Master* des Colleges und später Erzbischof von Canterbury) gestalteten, reich geschmückten Brunnen. Links liegt das *Queen's Gate* (1597) mit einer Statue von Königin *Elizabeth I.*, an der Nordseite liegt die im Tudorstil (um 1564) errichtete **College Chapel,** mit den Statuen berühmter Männer, die hier studierten (s.oben) und mit bemerkenswerten Holzschnitzereien; die Wandmalereien stammen aus dem 19. Jahrhundert. Westlich der Kapelle kann man das kleine *King's Hostel* und das sehenswerte **King Edward III. Gate** sehen; dieses Gebäude entstand 1426-1433 und ist das älteste der noch erhaltenen großen Torhäuser der Stadt. Ursprünglich stand es weiter südlich, wurde aber 1601 von *Nevile* (s.oben) abgetragen und an seiner derzeitigen Stelle neu errichtet. An der Westseite des großen Hofes führt eine Treppe zur 1608 erbauten **Hall,** einem 30 m langen Gebäude mit alter Holzdecke und bemerkenswerten Porträtbildnissen an den Wänden. Die riesige *Küche* des Colleges stammt aus dem Jahr 1605. Eine „Screens" genannte Passage führt zwischen *Hall* und Küche in den **Nevile's Court** (auch *Cloister Court*), der von Gebäuden des 17. Jahrhunderts gesäumt wird. Hier verdient vor allem die **Trinity College Library** Aufmerksamkeit. Das weiträumige Bibliotheksgebäude wurde von *Sir Christopher Wren* 1676-1695 in klassizistischem Stil mit Arkadengängen errichtet. Man beachte vor allem die prächtigen Holzschnitzereien im Innern, die Büsten berühmter Persönlichkeiten und die Statue von Lord Byron, ein Meisterwerk von *Thorvaldsen.*

Im Süden von *Nevile's Court* schließt der **New Court** (1825) an, an dessen Ostseite das „Bishop's Hostel" genannte Gebäude aus dem Jahr 1670 Erwähnung verdient. Vor den Gebäuden erstrecken sich die *College Grounds* bis zum *River Cam*; einen schönen Ausblick genießen Sie von der *Trinity Bridge* (1763). Wenn es Ihre Zeit erlaubt und das Wetter es zuläßt, so sollten Sie den Fluß überqueren und zumindestens einen kurzen Spaziergang durch die Grünanlage „The Backs" am Flußufer unternehmen. Es gibt ein halbes Dutzend Brücken, auf denen Sie wieder zurückkehren können, doch der Blick auf die lange Reihe der College-Gebäude am anderen Ufer wird Ihnen in unvergeßlicher Erinnerung bleiben.

Die malerische *Trinity Lane* trennt das *Trinity College* im Süden von dem **Gonville and Caius College** (31), dem vorherrschenden medizinischen College der Stadt. Es wurde von *Edmund Gonville* 1348 gegründet und nach seinem Verfall von *Dr. Caius* 1557 ein zweites Mal gegründet. Seine heutigen Gebäude wurden allerdings im 19. Jahrhundert erneuert. Ein modernes Torhaus führt zuerst in den *Tree Court* (1870), von dem das sogenannte „Gate of Virtue" in den *Caius Court* führt. Der *College Chapel* gegenüber kann man das „Gate of Honour" sehen, ein hübscher kleiner Durchgang im Renaissancestil, der zur *Senate House Passage* führt. Neben dem *Caius Court* liegt der *Gonville Court,* der sein heutiges Aussehen um 1750 erhielt. Die *Hall* stammt aus dem Jahr 1853.

An die Nordseite des *Trinity Colleges* grenzt das große **St. John's College** (32). Es wurde 1511 von *Margaret Beaufort* gegründet (der Großmutter von *Henry VIII.*) und liegt an der Stelle des früheren *Hospital of St. John* aus dem frühen 13. Jahrhundert. Es ist das zweitgrößte College der Stadt und besitzt drei sehr eindrucksvolle Höfe. Man betritt das College gewöhnlich durch seinen berühmten *Tudor Gateway,* ein prächtig geschmücktes, dreigeschossiges Torhaus aus dem Jahr 1520 (mehrmals restauriert), mit außergewöhnlich schöner heraldischer Wappendekoration über dem Eingangsgewölbe: zwei „Yales" (gehörnte Sagentiere) halten das *Beaufort*-Wappen, links und rechts unter den Kronen die Wappenzeichen der Familie *Tudor* und *Beaufort,* Rose und Fallgitter. Die unter einem Baldachin stehende Nischenfigur darüber stellt den hl. Johannes dar, dessen Namen das College trägt.

Durch das Torgewölbe gelangt man in den **First Court** (erster Hof), dem ältesten des Colleges. An seiner Nordseite liegt die von *Gilbert Scott* 1864-1869 erneuerte **Chapel** im Stil der Hochgotik (*Decorated*). Auch die *College Dining Hall* liegt in diesem Hof. Der **Second Court** (auch **Shrewsbury Court**) zählt zu den schönsten alten Universitätshöfen von Cambridge. Er ist im elisabethanischen Stil des späten 16. Jahrhunderts gehalten, seine Nordseite wird vom 58 m langen **Combination Room** (auch **Fellows' Common Room** genannt) begrenzt, der aus dem Jahr 1598 stammt. In dem getäfelten Saal befindet sich eine überaus kunstvolle Stuckdecke und eine Sammlung alter Porträts. Der **Third Court** stammt aus den Jahren 1624-1673;

Bild oben:
An beiden Ufern des River Cam liegen die Lehrgebäude des 1511 gegründeten St. John's College. Man überquert den Fluß auf einer der venezianischen „Seufzerbrücke" nachgebildeten Steinbrücke, die wegen ihrer gotischen Maßwerkfenster besondere Aufmerksamkeit verdient.

Bild unten:
Eine Sehenswürdigkeit besonderer Art ist die der Heiligen Grabeskirche von Jerusalem nachgebildete „Round Church", eine der wenigen in England noch erhaltenen mittelalterlichen Rundkirchen.

bemerkenswert ist hier die *College-Library,* die reich ausgestattete Bibliothek, die u.a. kostbare mittelalterliche Handschriften und Bilderbibeln enthält. Von diesem Hof kann man über die sogenannte **Bridge of Sighs,** die der venezianischen Seufzer-brücke nachgebildet ist, den *River Cam* überqueren. Die 1831 erbaute, gedeckte Steinbrücke ist wegen ihrer feinen gotischen Maßwerkfenster sehenswert. Sie führt zu dem 1827-1831 angelegten neuen Teil des Colleges, dem sogenannten **New Court,** mit Gebäuden in neugotischem Stil; auch in den letzten Jahren entstanden hier noch Neugebäude. Der *New Court* wird von sehr schönen Parkanlagen umgeben, von denen aus man direkten Zugang zur Uferpromenade von „The Backs" (s.oben) hat.

Nur wenige Schritte vom *New Court* entfernt liegen das ebenfalls zum College gehörende alte Giebelhaus aus dem 17. Jahrhundert („Merton Hall") und die angrenzende **School of Pythagoras,** über deren eigenartigen Namen es die verschie-densten Auslegungen gibt. Jedenfalls handelt es sich bei dem um 1100 errichteten Bau um das älteste Gebäude der Stadt. Es ist zweifelhaft, ob jemals eine „Schule" darin untergebracht war.

Vor dem *St. John's College* mündet die *St. John's Street* in die *Bridge Street,* die den *River Cam* überquert. Wo die beiden Straßen zusammenstoßen, liegt die berühmte **Round Church** (33) („Church of the Holy Sepulchre"), eine der wenigen – und zwar die älteste – der noch erhaltenen Rundkirchen Englands. Sie stammt aus dem Jahr 1130 und ist der „Heiligen Grabeskirche" von Jerusalem nachgebildet. Ihr runder normannischer Innen-raum wurde im 14. und 15. Jh. erweitert und um 1842 restauriert.

Wenige Schritte weiter liegt die aus dem 13./14. Jahrhundert stammende *St. Clement's Church* im *Early English*-Stil, die aber in den folgenden Jahrhunderten mehrmals verändert wurde.

Gleich am nördlichen Ufer des *Cam* stößt man auf das **Magda-lene College** (34) (wird wie „Maudlin" ausgesprochen). Es wurde 1542 von Baron *Audley of Walden,* einem Höfling von *Henry VIII.* an der Stelle einer Herberge für Benediktinermönche gegründet. Das College besitzt zwei kleine, aber schöne Innen-höfe. In den ersten gelangt man durch ein Torhaus aus dem Jahr 1585. Hier liegt die *Hall* mit einem bemerkenswerten Doppeltrep-penhaus aus dem Jahr 1714. Die erneuerte *College Chapel* besitzt noch die ursprüngliche Holzdecke der früheren Kirche aus der Zeit um 1480. Durch den zweiten Hof gelangt man zur **Pepysian Library,** einem prachtvollen, giebelbekrönten Renaissancege-bäude, das die kostbare Bibliothek aus dem Nachlaß des Histori-kers und Schriftstellers *Samuel Pepys* (er studierte an diesem College und starb 1703) enthält. Sehr schön ist auch der Garten des Colleges.

In der vor dem College verlaufenden **Magdalene Street** und der links von ihr ab-zweigenden *Northampton Street* kann man noch einige gut erhaltene mittelalterliche

Häuser, zwei- und dreigeschossige Fachwerkbauten mit teilweise überhängenden Obergeschossen sehen.

Am Beginn der *Castle Street* ist heute in dem ehemaligen alten Gasthof „White Horse Inn" das **Cambridge and Country Folk Museum** (35) eingerichtet. Das heimatkundliche Volksmuseum enthält allerlei Hausrat und landwirtschaftliches Gerät aus vielen Jahrhunderten, auch alte Möbel, Geschirr, Werkzeug, Kinderspielzeug u.dgl. und gibt einen umfassenden Überblick über das Leben der Leute vom Mittelalter bis in unsere Zeit. (Das Museum ist in der Regel täglich außer montags, und an Sonntagen nur nachmittags, geöffnet).

Die **Castle Street** trägt den Namen der schon unter *William the Conqueror* im Jahr 1068 erbauten Normannenburg auf einem künstlichen aufgeschütteten Hügel (*Castle Hill*), von der aber nichts erhalten blieb. Aus der Normannenzeit (11. Jh.) stammen auch die beiden einander gegenüberliegenden Kirchen *St. Giles* und *St. Peter,* die aber später verändert wurden.

Die *Castle Street* führt in nordwestlicher Richtung aus der Stadt und mündet in die *Huntingdon Road.* Hier liegen einige neue Colleges, unter denen die **New Hall** (36), ein Mädchencollege aus dem Jahr 1954 wegen der ungewöhnlich „modernen" Architektur (tonnengewölbte Bibliothek, über dem Speisesaal eine durchbrochene weiße Betonkuppel, Fassaden aus weißen Backsteinen) erwähnenswert ist.

AUSFLÜGE UND WANDERWEGE

1. Gog Magog Hills – Wandlebury Camp. – Die am südlichsten Stadtrand ansteigenden **Gog Magog Hills** sind zwar nur zwischen achtzig und neunzig Meter hoch, doch bieten sich von ihnen sehr schöne Ausblicke auf die Türme von Cambridge (Fotomotive!). Der gleich nach dem Verlassen der Stadt auf der A-604 links abzweigende Fußweg *Wort's Causeway* wird kurz darauf von der alten Römerstraße „Via Devana" gekreuzt, auf der man – parallel zur Hauptstraße – bis nach *Horseheath* (14 km) wandern kann. Von der Römerstraße führen auch Fußwege über die südlichen *Gog Magog Hills* zum sogenannten **Wandlebury Camp** (mit dem Pkw auf der A-604 nach 6 km zu erreichen), einem über zweitausend Jahre alten eisenzeitlichen Hügelfort mit kreisförmigen Erdaufschüttungen und Gräben. Dieses Hügelland ist vor allem an den Wochenenden ein sehr beliebtes Ausflugsziel zum Wandern.

2. Fulbourn – Fleam Dyke – Balsham. – Cambridge südöstlich benachbart liegt **Fulbourn** (6 km). An der Pfarrkirche des Ortes lassen sich alle gotischen Baustile (*Early English, Decorated, Perpendicular*) erkennen. Von *Fulbourn* führt ein Fußweg zu dem sich mehr als 5 km weit nach Osten erstreckenden Erdschanzen **Fleam Dyke,** die im 7. Jahrhundert zu Verteidigungszwecken angelegt wurden und heute bei Wanderern beliebt sind. Am Ende der Schanzen (etwa 12 km von Cambridge entfernt) liegt der Ort **Balsham,** den man auch mit dem Pkw von *Fulbourn* aus auf einer schmalen Landstraße erreichen kann. Im Ort verdient die gotische *Church of the Holy Trinity* aus dem 13./14. Jahrhundert wegen ihres reich geschnitzten Chorgestühls (14. Jh.) Aufmerksamkeit. Die Kirche besitzt auch zwei große Gräber aus dem 15. Jahrhundert. In einer Vitrine werden alte Kircheninstrumente aufbewahrt.

3. Trumpington – Grantchester – Sawston. – *Trumpington* ist der südliche Nachbarort von Cambridge. Man erreicht ihn nach wenigen Fahrminuten auf der A-10. Hier kann man die *Church of SS. Mary and Michael* aus dem 14. Jahrhundert (im 19. Jh. restauriert) besuchen, um das sehenswerte Grabmal des *Sir Roger de Trumpington* aus dem Jahr 1289 anzusehen; es zählt zu den drei ältesten Figurengrabmälern in England. Dem Ort westlich benachbart liegt **Grantchester,** wo noch viele schöne, zum Teil strohgedeckte Fachwerkhäuser erhalten sind. Von der *Trumpington Road* führt ein Fußweg (Wegweiser: *Byron's Pool*) durch Gestrüpp, Unterholz und ein kleines Wäldchen zu einem kleinen Platz, der gerne von *Lord Byron* aufgesucht wurde. Auch spätere Dichter (*Chaucer, Spenser, Milton, Dryden* u.a.) kamen gerne hierher.

Von *Trumpington* zweigt man auf die A-130 ab und fährt über *Great Shelford* (Wanderwege nordwärts über die *Gog Magog Hills*; s.oben) nach **Sawston** (11 km südlich von Cambridge), das 1930 von sich reden machte, weil hier erstmals ein „Village-College" außerhalb von Cambridge gegründet wurde. Sehenswert ist das Herrenhaus **Sawston Hall** aus dem Jahr 1553, mit vielen historischen Erinnerungen aus der Tudorzeit. Seine 30 m lange „Long Gallery" ist mit alten Familienporträts, Tapisserien und anderen Kunstwerken geschmückt. (Man erkundige sich am Touristenamt, ob und wann das Haus besichtigt werden darf).

Wer gerne alte Kirchen ansieht, kann im östlich benachbarten **Babraham** in der *Church of St. Peter* (13. Jh. und später) eine besonders bemerkenswerte Innenausstattung aus dem 18. Jahrhundert und ein recht exzentrisches Grabmonument aus dem Jahr 1658 kennenlernen.

Man kann von hier direkt auf der A-604 über *Wandlebury* (s. oben) nach Cambridge zurückkehren.

4. Anglesey Abbey – Bottisham.

– Man verläßt Cambridge im Osten auf der A-45 und biegt dann links auf die A-1102 ab. Bei dem Dorf **Code** (etwa 10 km nordöstlich von Cambridge) liegt inmitten eines schönen Naturparks (Wälder mit Spazierwegen, Gartenanlagen mit Statuengruppen, die antiken Vorbildern nachempfunden sind, eine Wassermühle, Picknickplätze) der elisabethanische Herrensitz **Anglesey Abbey** aus dem Jahr 1591. Er entstand aus einem 1135 gegründeten Augustinerkloster, dessen Ruinen teilweise dem Herrensitz eingegliedert wurden. 1926 wurden Umbauten an dem Herrenhaus vorgenommen, um die reichen Kunstsammlungen (kostbare Stilmöbel, alte Gemälde, Uhren, Silber, Porzellan, Tapisserien u.a.) des *Lords Fairhaven* aufnehmen zu können. In der Regel ist das Herrenhaus mittwochs bis sonntags an Nachmittagen zu besichtigen.

Eine Landstraße führt in das südlich benachbarte **Bottisham,** dessen gotische Kirche im *Decorated*-Stil (14. Jh.) sehenswert ist. Im Dorf gibt es auch viele schöne alte Cottages, teils mit überhängenden Obergeschossen, zu sehen.

Wenn man auf der A-1102 von *Anglesey Abbey* noch ca. 3 km weiterfährt, erreicht man **Swaffham Bulbeck,** wo ebenfalls noch viele schöne alte Häuser aus dem 17. und 18. Jahrhundert *Burgh Hall, Lordship House, Merchant's House, Maltings, Abbey House* u.a.) erhalten sind. Das Dorf **Swaffham Prior** (noch weitere ca. 2 km) ist wegen seiner beiden alten Kirchen auf einem gemeinsamen Kirchhof (eine Kirche ist verfallen) und wegen seiner hübschen, strohgedeckten alten Häuser und Fachwerkbauten (vor allem *Baldwin Manor*) besuchenswert.

Noch ein paar Fahrminuten weiter liegt *Burwell,* das allein schon wegen seiner malerischen alten Häuser und seiner prächtigen *Church of St. Mary* im *Perpendicular*-Stil (der Turm ist normannischen Ursprungs) einen Besuch verdient.

5. Madingley.

– Der knapp 6 km westlich von Cambridge liegende hübsche Ort (Ausfahrt auf der A-45, dann rechts abzweigen) besitzt einige schöne alte Fachwerkhäuser, eine 1936 hierher versetzte alte Windmühle und eine gotische Pfarrkirche (*Church of St. Mary Magdalene*) aus dem 13. und 14. Jahrhundert mit sehenswerter Innenausstattung. **Madingley Hall** ist ein elisabethanisches Herrenhaus aus der Zeit um 1600, das aber später umgestaltet wurde. *Edward VII.* wohnte hier als Student. Das Haus gehört heute zur *Cambridge University*.

6. Wimpole Hall. – Das 13 km südwestlich von Cambridge bei *New Wimpole* (A-603) liegende schloßartige Herrenhaus wurde ursprünglich schon 1640 errichtet, aber im 18. Jahrhundert vollständig neu erbaut. Berühmt sind seine reich ausgestatteten *Staterooms*, unter denen die *Long Gallery,* der *Yellow Drawing Room* und die Bibliothek herausragen. (Der *Dining Room* ist heute als Café-Restaurant eingerichtet). Das Herrenhaus steht inmitten eines weiträumigen, gepflegten Landschaftsparks mit Picknickplätzen, einer etwa 5 km langen, breiten Ulmen-Allee und einer künstlich errichteten Burgruine, die ein hohes Alter vortäuscht. Es kann in der Regel täglich außer freitags an Nachmittagen besucht werden. Besuchenswert ist auch die angrenzende große historische **Wimpole Home Farm** mit einem Landwirtschaftsmuseum.

7. Shepreth – Therfield Heath. – Man verläßt Cambridge im Süden auf der A-10 und fährt über *Trumpington* (s. oben) zuerst nach **Shepreth,** von wo eine Zufahrt zu **Docwra's Manor** führt. Das Herrenhaus aus dem beginnenden 18. Jahrhundert ist zwar öffentlich nicht zugänglich, besitzt aber einen besuchenswerten Garten mit schönen Blumenbeeten und seltenen Pflanzen. (Man erkundige sich im voraus am Touristenamt nach den Öffnungszeiten). Auf der A-10 erreicht man kurz nach *Shepreth* das Städtchen **Royston** (21 km ab Cambridge), von dessen Westausfahrt (A-505) eine nach Süden abzweigende Zufahrt zu **Therfield Heath** führt. Hier befinden sich bronzezeitliche Hügelgräber, teilweise bis zu 3,50 m hoch. Ein Stück weiter südlich kann man einen noch älteren, jungsteinzeitlichen Grabhügel von mehr als 35 m Länge sehen.

Die Rückfahrt nach Cambridge läßt sich mühelos von *Royston* auf der A-14, dann rechts auf der A-603 mit dem Besuch von *Wimpole Hall* (s.oben) zu einer kleinen Rundfahrt verbinden.

CHESTER

Chester liegt nahe an der Mündung des *River Dee,* hat rund 110 000 Einwohner und wird nicht zu Unrecht als die besterhaltene mittelalterliche Stadt Großbritanniens bezeichnet. Keine andere Stadt des Landes besitzt noch eine vollkommen erhaltene mittelalterliche Stadtmauer, die zum großen Teil auf römischen Fundamenten ruht. Innerhalb dieser Stadtumwallung, die einst mit Türmen und Toren verstärkt war, liegt die als „Architekturmuseum" bezeichnete Altstadt mit Bauwerken aus allen Zeitepochen. Ein über 3 km langer Fußweg führt rund um diese aus rotem Sandstein erbauten Mauern. Charakteristisch sind die „The Rows" genannten Straßen, wo prächtige Fachwerkhäuser aus dem 15. bis 17. Jahrhundert mit hoch gelegenen Lauben- und Arkadengängen, die man von der Straße her über Treppenaufgänge erreicht, ein beliebtes „Shopping Centre" bilden.

Die Geschichte der Stadt beginnt um 79 n. Chr. als die Römer hier an der Mündung des *River Dee* („Deva") das *Castra Devana* genannte Hauptquartier der berühmten XX. Legion („Valeria Victrix") anlegten. Es gab aber schon lange vor den Römern hier Stützpunkte und Erdforts alter britannischer Stämme. Rund um das römische Fort entwickelte sich eine Zivilstadt mit einem Amphitheater für 8000 Personen, die bis zum Abzug der Römer gegen Ende des 4. Jahrhunderts bestand.

Erst zu Beginn des 10. Jahrhunderts erwachte die bis dahin ausgestorbene Stadt, die bei zahlreichen Einfällen von Schotten, Walisern und dänischen Wikingern verheert worden war, zu neuem Leben. Die angelsächsische Chronik berichtet, daß im Jahre 907 *Legeceaster* unter *Ethelred* und *Ethelfleda (Aethelflaed) of Mercia,* einer Tochter Alfreds des Großen, neu gegründet worden war. Die Wälle wurden wieder instandgesetzt bzw. erneuert und Angriffe von der See her erfolgreich abgeschlagen. Die gleiche Chronik berichtet, daß im Jahr 972 der Sachsenkönig *Edgar* hier die Huldigung der „kleineren" Könige aus Wales, Irland und der Insel *Man* entgegennahm. Es war schließlich die letzte Stadt Englands, die von den normannischen Eroberern in Besitz genommen wurde.

Unter den Normannen erlebte Chester eine neue Blütezeit, hatte eine eigene Münze und entwickelte sich zu einer Freistadt, in der die *Earls of Chester* fast die gleiche Macht besaßen wie die englischen Könige. Obwohl Wales seit dem 13. Jahrhundert als eroberte Provinz mit der englischen Krone vereinigt war, kam es immer wieder zu Kämpfen mit den Walisern. Als Grenzstadt besaß Chester besondere Privilegien, von hier kamen auch die besten Bogenschützen des Landes. *Richard II.* (14. Jh.) hielt sich gerne hier auf, von hier stammte seine aus zweitausend Schützen bestehende Leibwache.

Chesters Hafen war im 13. und 14. Jahrhundert der wichtigste an der Westküste. Hier legten Segelschiffe aus Irland, Schottland, Frankreich, Spanien, den baltischen Staaten und den Niederlanden an, und der Handel mit diesen Ländern begründete Chesters Wohlstand. Zu dieser Zeit entstanden auch die berühmten „Miracle Plays" der Handwerkszünfte, die wohl eindrucksvollsten mittelalterlichen Prozessionen Englands. Als Ende des 15. Jahrhunderts der Hafen verschlammte und versandete, begann die Stadt durch den Verlust ihres Seehandels zu verarmen. An die Stelle Chesters trat der Hafen von Liverpool.

Im Jahr 1506 erhielt Chester durch *Henry VII.* neue, umfassende Privilegien als eigene Grafschaft, der Bürgermeister der Stadt trug schon seit Mitte des 14. Jahrhunderts auch den Titel eines „Admirals of the Dee". Im Bürgerkrieg stand Chester auf der Seite der Royalisten und hatte eine über zwei Jahre lang währende Belagerung und Beschießung durch die Parlamentstruppen zu erdulden. Am 24. September 1645 beobachtete *Charles I.* von dem heute nach ihm benannten Stadtturm die Niederlage seiner Truppen in der Schlacht am *Rowton Moor*. Der König flüchtete mit rund 500 Getreuen über die *Old Dee Bridge* nach Wales, wo er nach zehn Tagen endgültig besiegt wurde, während die Stadt erst nach einer weiteren Belagerung von fünf Monaten von den Parlamentariern eingenommen werden konnte.

Im 17. und 18. Jahrhundert wurden mehrere erfolglose Versuche unternommen, durch Kanaldurchstiche wieder die Schiffahrt und den Seehandel zu beleben. In der Folgezeit begann ein langsamer Aufstieg durch den Binnenhandel, vor allem die landwirtschaftlichen und die Molkereiprodukte (u.a. der weltbekannte „Cheshire Cheese") waren begehrt, und so wurde Chester im 18. und 19. Jahrhundert wieder zu einer wohlhabenden Stadt. Eine Chronik aus dem Jahr 1831 beschreibt Chester als „favoured residence of wealthy families".

Heute ist Chester ein Mittelpunkt des Handels, besitzt eine blühende Leichtindustrie, ist als Einkaufsstadt und „Shopping Centre" berühmt. An der Stelle des alten Hafens liegt heute eine weite Grünanlage mit dem Pferderennplatz „The Roodee", auf dem *River Dee* verkehren Vergnügungs- und Ausflugsboote. Auch die Umgebung der Stadt ist reich an Ausflugszielen und macht sie dieserart zu einem Touristenzentrum.

Chester

 1 East Gate
 2 King Charles Tower
 3 Northgate
 4 Goblin Tower
 5 Water Tower
 6 Water Gate
 7 Castle
 8 Militärmuseum des
   Cheshire Regiments
 9 Church of St. Mary-on-the-Hill
10 Old Dee Bridge
11 Bridge Gate
12 Wishing Steps
13 New Gate
14 Römisches Amphitheater
15 Brithish Heritage Exhibition

16 Church of St. John the Baptist
17 Kathedrale
18 Town Hall
19 St. Peter's Church
20 Bishop Lloyd's House
21 Stanley Palace
22 Old Linen Hall
23 Guildhall
24 Roman Bath
25 St. Michael's Church
26 Falcon House
27 Tudor House
28 The Old King's Head
29 Gamul House
30 Bear and Billet Inn
31 Grosvenor Museum

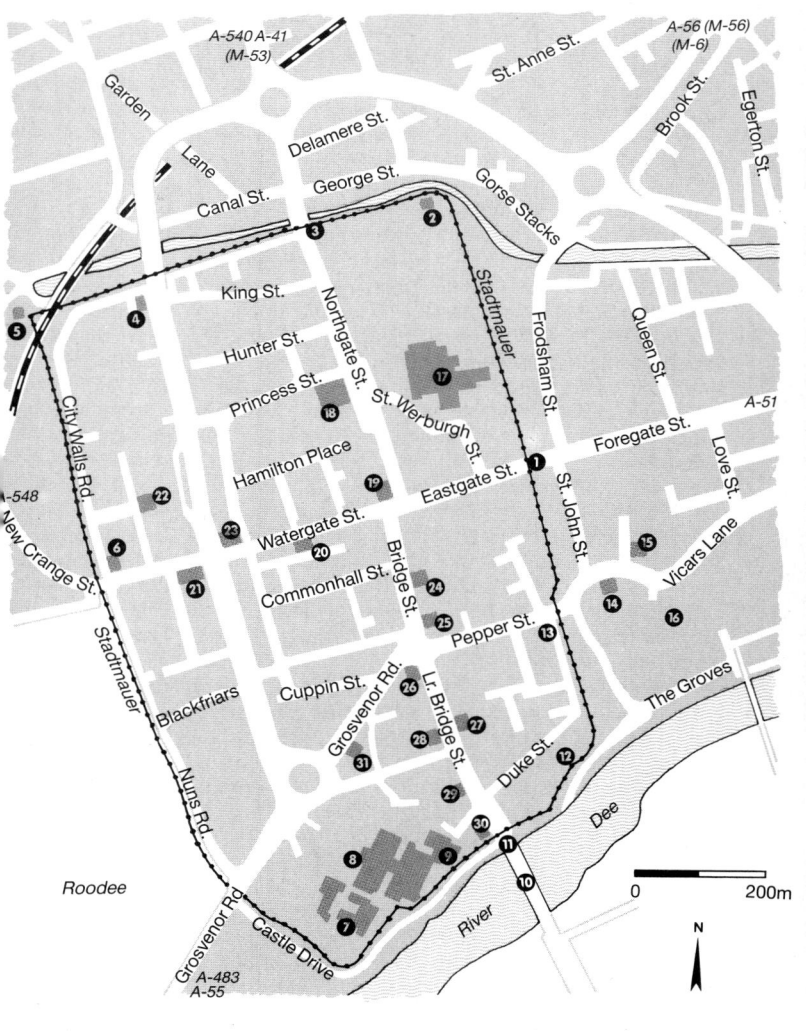

Mit ihren vielen charakteristischen schwarz-weiß gestreiften Fachwerkhäusern aus dem 16. und 17. Jahrhundert, vor allem in der *Lower Bridge Street* und in der *Watergate Street,* den typischen alten Tavernen, den einzigartigen Einkaufsarkaden „The Rows" oberhalb des Straßenniveaus, den mittelalterlichen Stadtmauern mit ihren schönen Ausblicken, der Burg und der alten Kathedrale, ist Chester ein architektonisches „Freiluftmuseum". Die Hauptstraßen der Altstadt durchziehen Chester im gleichen Geviert wie zur Römerzeit: Die heutige **Bridge Street,** die am südlichen Stadttor *Bridgegate* beginnt, war die *Via Praetoria,* die **Northgate Street** (Richtung nördliches Tor *Northgate*) war die *Via Decumana,* die in West-Ostrichtung verlaufende **Watergate Street** und **Eastgate Street** zwischen den Toren *Watergate* und *Eastgate* war die *Via Principalis.*

Um einen Eindruck von der Altstadt zu bekommen, lohnt sich der **Spaziergang über die mehr als 3 km lange Stadtmauer.** Der gesamte nördliche Wall und der nördliche Teil des östlichen Walls ruhen auf römischen Grundmauern, während die anderen Teile der Linie der aus der Sachsenzeit (10. Jh.) stammenden Stadtmauer folgen. Zur Römerzeit gab es vier Tore und 26 befestigte Steintürme an den Wällen. Im Mittelalter wurden die Türme zerstört und andere neu errichtet. Wichtigstes Stadttor und Haupteingang zur Altstadt ist das **Eastgate** (1), einst ein von achteckigen Türmen flankiertes und befestigtes mittelalterliches Tor auf römischen Fundamenten, das aber 1769 abgerissen wurde. An seine Stelle trat der weit geschwungene Torbogen, über dem sich ein recht anachronistischer viktorianischer Aufbau mit einer Uhr („Eastgate Clock") befindet, der 1897 zur Erinnerung an *Queen Victoria* aufgeführt wurde.

Wenn man auf der Stadtmauer in nördlicher Richtung weitergeht (schöner Blick auf die Kathedrale), passiert man das ehemalige **Kaleyard Gate** am Ende der *Abbey Street,* ein privater Durchgang in der Stadtmauer, der zum Gewürzgarten des Klosterabtes führte, und gelangt zu dem an der Nordostecke der Stadtmauer liegenden und aus rohen Steinblöcken gefügten *Phoenix Tower,* besser bekannt als **King Charles Tower** (2). Er ist nach *Charles I.* benannt, der 1645 von hier aus die Niederlage seiner Truppen gegen die Parlamentarier beobachtete (s.oben). Es gibt auch ein kleines Museum hier (*Civil War Exhibition*), in dem man sich über den Bürgerkrieg informieren kann, der Mitte des 17. Jahrhunderts England in zwei Lager spaltete. Der Turm wurde 1613 und 1658 restauriert, hat aber sein mittelalterliches Aussehen beibehalten.

Man biegt jetzt links ab und folgt der nördlichen Umwallung, die längs des *Shropshire-Union-Canals* entlangführt. Das **Northgate** (3) steht an der Stelle eines römischen und später mittelalterlichen Tores und wurde 1808 erneuert. Lange Zeit diente es als Stadtgefängnis.

Der Kanal wird hier von der mittelalterlichen und 1793 erneuerten **Bridge of Sighs** („Seufzerbrücke") überspannt – damals zog noch ein Wassergraben vor der Stadtmauer anstelle des heutigen Kanals entlang – die ihren Namen in Anspielung auf die verurteilten Häftlinge erhielt, die vom Gefängnis über die Brücke zur Hinrichtungsstätte gingen.

Es folgt der Turm *Morgan's Mount*, der im Bürgerkrieg besonders heiß umkämpft war, und kurz darauf das 1966 über einen neuen, breiten Straßenzug errichtete *St. Martin's Gate.*

Der **Goblin Tower** (4) steht an der Stelle eines mittelalterlichen Turms, der 1702 und noch einmal im Jahr 1894 neu aufgeführt wurde. Eine mit Wappen geschmückte Inschriftstafel besagt, daß zwischen den Jahren 1701 und 1708 ausgedehnte Reparaturarbeiten an der Stadtmauer vorgenommen wurden. Der Turm wird oft auch mit seiner früheren Bezeichnung „Pemberton's Parlour" genannt, weil sich im Mittelalter hier eine Seiler namens *Pemberton* aufhielt, von wo aus er seine Arbeiter beim Seilknüpfen beaufsichtigte.

An der Nordwestseite der Stadtmauer überquert man die Eisenbahngleise und gelangt zum *Bonewaldesthorne Tower,* der durch einen Schutzwall mit dem wuchtigen **Water Tower** (5) aus dem Jahr 1322 verbunden ist. Im Mittelalter stieß der „Wasserturm" mit seinen Grundmauern noch in das Wasser des *River Dee.* Er enthält heute ein kleines Museum über das mittelalterliche Chester, neben zahlreichen Ausstellungsstücken gibt es auch Dioramen und ein mustergetreues Modell der mittelalterlichen Stadt hier zu sehen.

Die *City Walls* führen jetzt in südlicher Richtung zum **Watergate** (6), das 1789 erneuert wurde und früher der Hauptzugang zum Hafen war. Das ehemalige Hafenbecken, das schon von den Römern benutzt wurde, ist nach seiner Versandung trockengelegt worden; heute liegt an seiner Stelle der Pferderennplatz „Roodee". (Pferderennen finden im Mai, Juli und September statt).

Die Stadtmauer führt an der Pferderennbahn entlang, überquert dann die *Grosvenor Road* und zieht zwischen dem *Castle* und der neuen, 1957 erbauten *County Hall* längs des *River Dee* weiter.

Jenseits des Flusses erblickt man den hohen, spitz zulaufenden Turm der 1887 im spätgotisch nachempfundenen Stil erbauten Kirche **St. Mary-without-the-Walls,** der Pfarrkirche des Stadtteils *Handbridge,* wo die Lachsfischer zu Hause sind.

Das **Castle** (7), ursprünglich im Jahr 1069 von *Hugh Lupus,* einem Neffen von *William the Conqueror,* als wuchtiger Holzbau errichtet, unter *Henry III.* im 13. Jahrhundert erneuert und mit Steinwällen und Türmen verstärkt. Bis 1789 bewahrte es sein mittelalterliches Aussehen, dann wurden die Befestigungen geschleift und an ihrer Stelle entstanden neue Gebäude für den Schwurgerichtshof der Grafschaft. Sehr eindrucksvoll ist der 1811 entstandene „Grand Entrance", ein Monumentalbau im klassischen dorischen Stil. Aus dem 13. Jahrhundert stammt nur der *Agricola-Tower;* im ersten Stock ist die gewölbte *Chapel of St. Mary de Castro* sehenswert, die sich rühmt, daß auch König *James II.* sie besuchte und darin betete. Auf dem *Castle Square* liegt das **Militärmuseum des Cheshire Regiments** (8), mit zahlreichen Erinnerungsstücken an dieses Regiment, Waffen, Rüstzeug, Standarten u.a. sowie einer Sammlung von Beutestücken, die General *Charles Napier* nach der „Schlacht von Meeanee" 1843 aus Indien mitbrachte (darunter auch den weißen Marmorthron des *Emirs von Scinde*). Das Museum ist täglich von 10.30-12.30 und 14-18 Uhr geöffnet, von Oktober bis März nur bis 16 Uhr.

Die Burghauptmannschaft des *Castle* hatte früher eine eigene Rechtsprechung und unterstand weder dem Bürgermeister noch anderen Autoritäten der Stadt. So fand u.a. auch *John Wesley* hier Zuflucht, der von öffentlichen Gerichten und von der Staatskirche verfolgt wurde, und konnte hier seine Aufzeichnungen weiterführen und predigen. Der Bürgermeister hatte sein Schwert und die Sheriffs hatten ihre Waffen abzulegen, ehe sie die Burg betreten durften.

Vor der Burg steht die **Church of St. Mary-on-the-Hill** (9) aus dem 14. bis 16. Jahrhundert, ihre Grundmauern sind aber noch die einer früheren Kirche des 12. Jahrhunderts. Das Langhaus besitzt eine schöne mittelalterliche Balkendecke. Sehenswert sind auch mehrere Alabastergräber aus dem 17. Jahrhundert.

Der *River Dee* wird westlich der Burg von der über 60 m langen **Grosvenor Bridge** aus dem Jahr 1831 überspannt. Die ohne Mittelpfeiler erbaute Brücke war nach ihrer Fertigstellung die längste dieser Art. Östlich der Burg führt die **Old Dee Bridge** (10) über den Fluß. Schon zur Römerzeit gab es hier eine Furt, später eine hölzerne Brücke, die 1280 als siebenbogige Steinbrücke erneuert wurde. Sie wurde in der Folgezeit mehrmals restauriert, hat sich aber im großen und ganzen ihr mittelalterliches Aussehen bewahrt.

Die Stadtmauer nimmt an ihrer Südseite keinen geraden, sondern einen recht unregelmäßigen Verlauf. Man geht am *Castle* vorbei und gelangt zum **Bridgegate** (11), das vor der *Old Dee Bridge* Zugang zum Fluß gewährt. Es wurde 1782 an der Stelle des mittelalterlichen „Shipgate" erbaut. Wenig später erreicht man die **Recorder Steps** (Aufgang zur Stadtmauer) aus der Zeit um 1710 und gleich darauf die **Wishing Steps** (12) aus dem Jahr 1785. Den Namen „Wunsch-Stiege" tragen die Stufen nach einem alten Volksglauben, nach dem jedermann jeder geäußerter Wunsch erfüllt werde, der die Stufen hinauf-, hinunter- und noch einmal hinauflaufen konnte, ohne dabei Atem holen zu müssen.

Gleich danach biegt die Stadtmauer nach Norden ab und verläuft parallel zur **Park Street,** in der eine Häuserzeile aus sechs Fachwerkbauten (ursprünglich waren es neun) aus dem frühen 17. Jahrhundert (restauriert 1969) Beachtung verdienen. Man gelangt jetzt zum **Newgate** (13), das 1938 erbaut wurde, weil der angrenzende Durchgang des *Wolfe Gate* aus dem Jahr 1768 zu schmal für den Verkehr geworden war. Es trägt die Wappen der Stadt, des *Prince of Wales* und die anderer Adelshäuser. Vor dem Newgate liegen die sogenannten „Roman Gardens" mit den Grundmauern römischer Häuser und einer römischen Fußbodenheizung. Daneben liegen die Reste des 1939 teilweise freigelegten **Römischen Amphitheaters** (14) aus dem Jahr 80 n. Chr., von dem man sagt, daß es das größte in Britannien war. Es maß 96 m mal 87 m und bot 9000 Besuchern Platz.

Nahe beim *Newgate* steht das **Chester High Cross,** ein mittelalterlicher Bildstock, der 1646 zerstört wurde. Er stand ursprünglich direkt vor der *St. Peter's Church* im Stadtzentrum (s.unten), seine Reste wurden wieder zusammengesetzt und an dieser Stelle neu aufgestellt.

Nur wenige Schritte vom Amphitheater entfernt liegt in der Vicar's Lane die **British Heritage Exhibition** (15), eine Ausstellung über die historische Vergangenheit der Stadt seit 2000 Jahren, mit Dia-Vorführungen, audiovisuellen Programmen u.dgl. Interessant ist eine Darstellung der „Rows" (→ S. 227 und 236), wie sie und ihre Läden Anfang des 19. Jahrhunderts ausgesehen haben. Etwas weiter östlich liegt die große **Church of St. John the Baptist** (16), die im 11. und 12. Jahrhundert die Kathedrale der Stadt war. Vom östlichen Teil der immer noch eindrucksvollen normannischen Kirche sind nur mehr Ruinen erhalten, nachdem die Kirchtürme mehrmals einstürzten (1468, 1572, 1574, 1881) und dem Langhaus und Chor dabei schwere Schäden zufügten. Im Langhaus beeindrucken die normannischen Säulen (1095) und Arkaden (12. Jh.), die Kirche enthält auch mehrere alte Grabmonumente, darunter ein von *Edward Pierce* 1693 gestaltetes Figurengrab, das ein Skelett mit einem Leichentuch zeigt.

Der östlich an die Kirche angrenzende, weiträumige **Grosvenor Park,** der sich bis zum *River Dee* erstreckt, besitzt sehr schöne Alleen und Spazierwege, gepflegte Rasenanlagen und Blumenbeete sowie die hier neu aufgestellten mittelalterlichen Reste des *Shipgate* (es lag früher an der Südseite der Stadtmauer) und einen Torbogen der mittelalterlichen *St. Mary's Priory*.

Nach Westen erstrecken sich bis zur *Old Dee Bridge* die **Groves,** schöne Uferpromenaden; am Fluß kann man auch Bootfahren.

Vom **Newgate** sind es nur wenige Schritte zurück zum *Eastgate,* dem Ausgangspunkt des Rundgangs auf der Stadtmauer rund um die Altstadt.

Von der *Eastgate Street* führt die gekrümmte alte *St. Werburgh Street* (schöne alte Fachwerkhäuser) zur **Kathedrale** (17). Die *Cathedral Church of Christ and the Blessed Virgin Mary* wurde schon Ende des 11. Jahrhunderts aus rotem Sandstein erbaut, aber in den folgenden vier Jahrhunderten oft umgestaltet und erweitert, so daß heute an ihr alle Baustile von *Normannisch* über *Early English* und *Decorated* bis zur *Perpendicular*-Spätgotik zu erkennen sind. Die Wand des nördlichen Seitenschiffs, die heute mit vielen Mosaiken aus dem Jahr 1886 bedeckt ist, stammt noch von der normannischen Kirche, ebenso auch das schmale nördliche Kreuzschiff (Fenster und Decke sind spätgotisch), mit dem aus dem 19. Jahrhundert stammenden reich geschmückten Grabmal des Bischofs *Pearson.* Der frühgotische Chor *(Early English)* stammt aus dem 13. Jahrhundert. Wunderschön ist sein Triforium, eine Sehenswürdigkeit besonderer Art die überaus kunstvollen Holzschnitzereien (um 1390) am Gestühl. Weiters beachte man den großen mittelalterlichen Lettner und den hinter dem Hauptaltar befindlichen teilweise wiederhergestellten Schrein (um 1330) der hl. Werburga *(St. Werburgh),* einer sächsischen Prinzessin und Klosteräbtissin, die im Jahr 707 starb. Ihr war auch die frühere Klosterkirche an dieser Stelle geweiht. Der Schrein der Heiligen war im Mittelalter ein bekannter Wallfahrtsort für Pilger. Die hinter dem Hauptaltar angrenzende *Lady Chapel* ist ein sehr schönes Beispiel der frühgotischen *Early English* Architektur.

Im Jahr 1540 wurde das Kloster aufgehoben, 1541 wurde die Kirche zur Kathedrale der wiedererrichteten Diözese von Chester erhoben. Sie wurde in der zweiten Hälfte des 19. Jahrhunderts von *Sir Gilbert Scott* und *Sir Arthur Blomfield* grundlegend restauriert. Von 1486-1876 diente das riesige südliche Kreuzschiff der Kathedrale, das aus dem 14. und 15. Jahrhundert stammt, als eigene Pfarrkirche, die zeitweise sogar durch eine Wand vom Rest der Kirche abgegrenzt war. Der freistehende, moderne Glockenturm (*Bell Tower*) stammt aus dem Jahr 1974.

Von den Gebäuden des ehemaligen Benediktinerklosters sind noch der malerische spätgotische Kreuzgang (*Perpendicular*), das prachtvolle frühgotische Kapitelhaus (13. Jh.) und das Refektorium der Mönche (mit sehenswerter Kanzel, „Lector's Pulpit") gut erhalten. Von der Westseite des Kreuzgangs führt ein Abgang zu einer großen frühnormannischen Unterkirche (*Norman Undercroft*).

An der Nordwestseite der Kathedrale erstreckt sich der überaus reizvolle **Abbey Square** an der Stelle des früheren Klosterhofs. Er wird an seiner West- und Nordseite von schönen alten Häusern aus der Mitte des 18. Jahrhunderts gesäumt, an seiner Ostseite liegen *Cottages* aus dem 16./17. Jahrhundert, seine Südseite wird von der ehemaligen *King's School* (19. Jh.) eingenommen. Eindrucksvoll ist der 1377 erbaute Torweg (*Abbey Gateway*), vor dem im Mittelalter die berühmten „Mystery Plays" stattfanden.

Westlich der Kathedrale liegt der *Market Square* mit der **Town Hall** (18), in der sich auch das Touristeninformationsbüro und die Stadtarchive (historische Dokumente seit dem 12. Jahrhundert) befinden. Das in viktorianischer Neugotik 1869 errichtete Gebäude besitzt einen imposanten, 49 m hohen Mittelturm und eine harmonisch gegliederte Säulenvorhalle, die man über Freitreppen erreicht. Bemerkenswert ist die darüberliegende Fensterreihe mit hohen Spitzbogenfenstern, die durch schlanke Mittelsäulen unterteilt sind.

Wo sich im Mittelpunkt der Altstadt die vier Hauptstraßen *Eastgate Street, Northgate Street, Watergate Street* und *Bridge Street* kreuzen, liegt der **The Cross** genannte Platz, dessen mittelalterliches „Kreuz", ein steinerner Bildstock, aus verkehrstechnischen Gründen vor dem *Newgate* neu aufgestellt wurde (s.oben). Hier lag einst das römische Prätorium; Baureste davon kann man noch in der schmalen Seitengasse *Hamilton Place* sehen, nahe beim Einkaufszentrum *Forum Shopping Precinct*. Auf dem „Cross" genannten Platz erhebt sich die **St. Peter's Church** (19) aus dem 15. Jahrhundert, mit reich gegliederten hohen gotischen Fenstern. Der untere Teil des Turms stammt noch von einer mittelalterlichen Vorgängerkirche. Die Straßen (s.oben), die von diesem Mittelpunkt der Altstadt ausgehen, werden von prachtvollen alten Fachwerkhäusern gesäumt, von denen einige die berühmten **Rows** bilden (→ S. 227 und 233). Diese Fußgängerpassagen und Wege auf zwei Ebenen, neben der Straße und im ersten Stock darüber, sind einzigartig in England. Von den darüberliegenden Stockwerken „überdacht", bieten die Arkaden auch bei Regen einen „trockenen" Spazierweg. Einkaufsläden laden zum „Shopping" ein, von den Arkaden und Balkonen überblickt man die Fachwerkhäuser auf den gegenüberliegenden Straßenseiten (viele Fotomotive!). Diese *Rows* gab es schon vor sechshundert Jahren, die heutigen Fachwerkhäuser entstanden alle zwischen dem 15. und 17. Jahrhundert, wurden im Laufe der Folgezeit immer stilvoll restauriert und zählen zu den schönsten in England. Viele dieser Häuser besitzen noch Kellergewölbe aus dem Mittelalter.

In der **Watergate Street** liegt eines der schönsten dieser Häuser, das **Bishop Lloyd's House** (20), in elisabethanischem Tudorstil (Anfang 17. Jh.). *Bishop Lloyd* war von 1604-1615 Bischof von Chester, sein Bruder war Bürgermeister der Stadt. Das Haus besitzt eine überaus reich mit Täfelungen und Holzschnitzereien verzierte Fassade, auf den Tafelreihen sind Wappen und Tiere dargestellt, auch Szenen aus der Bibel, besonders bemerkenswert sind jene unter dem Giebelfenster. Auch die Innenräume des Hauses sind reich mit Täfelungen und dekorativen Stuckarbeiten aus dem 17. Jahrhundert ausgestattet. Auch das nahebei liegende **Leche House** aus dem Jahr 1579, mit späteren Ergänzungen, wird wegen seines kunstvollen Fachwerks viel bewundert. Nur wenige Schritte weiter liegt in der gleichen Straße das **Stanley Palace** (21) genannte Haus, die einstige Residenz der *Stanleys, Earls of Derby,* ein prächtiger Fachwerkbau aus der Zeit um 1591 (um 1700 wurde es erweitert) mit reich dekorierter Fassade und sehr schönen Giebeln.

Schräg gegenüber führt die *Stanley Street* zur **Old Linen Hall** (22), die einmal der Stapelplatz der Leinenweber für irisches Leinen war. Die kleine, malerische Gasse **Stanley Place,** die von hier bis zur Stadtmauer führt, wird von schönen Häusern des 18. Jahrhunderts gesäumt.

In der **Watergate Street** liegt auch die **Guildhall** (23) mit dem **Guildhall Museum,** das eine interessante Sammlung der alten Stadtgilden und Zünfte seit dem 14. Jahrhundert enthält, darunter kostbare Regalia, Silbergerät, alte Dokumente u.dgl. (Geöffnet von Juni bis September täglich außer mittwochs und sonntags). Die *Guildhall* ist in der ehemaligen *Holy Trinity Church* eingerichtet, die 1865 erneuert wurde; ihr Kirchenschiff ist noch in voller Länge erhalten.

Wenn man von *The Cross* der **Bridge Street** in südlicher Richtung folgt, kann man ebenfalls einen sehr eindrucksvollen Teil der „Rows" bewundern. Man kommt an dem sogenannten **Roman Bath** (24), mit Resten von Steinwannen und einer Fußbodenheizung, vorbei, dann an den sogenannten „Dutch Houses" (um 1600) und gelangt zur mittelalterlichen **St. Michael's Church** (25), die erstmals 1172 genannt wird. Ihr Turm wurde 1710 direkt über den „Rows" erneuert, ein zweitesmal 1849. Die ehemalige Kirche enthält seit 1975 das **Chester Heritage Centre,** in dem das künstlerische, vor allem das architektonische Erbe der Stadt ausführlich mittels Fotos, Lichtbildern und audiovisionellen Darbietungen (ähnlich wie in der *British Heritage Exhibition,* s.oben) beleuchtet wird. Man kann hier auch eine Vielzahl von Büchern und Broschüren über Chester erwerben.

In der nun folgenden **Lower Bridge Street** stehen wieder eine Reihe wunderschöner alter Fachwerkhäuser, erwähnenswert sind vor allem das **Falcon House** (26), die ursprüngliche Stadtresidenz der Adelsfamilie *Grosvenor* aus dem 17. Jahrhundert, später ein Gasthof, mit einem entzückenden Obergeschoß und einer über die ganze Fassade laufenden Reihe eng neben- und übereinanderliegenden kleinen Fenstern, weiters das **Tudor House** (27) aus dem Ende des 16. Jahrhunderts, wiederum mit vorspringenden Obergeschossen und reicher Fachwerkgliederung, dann das Hotel **The Old King's Head** (28), das 1598 erbaut und im 17. Jahrhundert teilweise umgestaltet wurde, schließlich auch das **Gamul House** (29), das durch den Aufenthalt von *Charles I.* während der Belagerung der Stadt im Jahr 1645 bekannt wurde. Der schöne Fachwerkbau wurde erst kürzlich restauriert. Am Ende der Straße liegt nahe beim *Bridgegate* (s.oben) der **Bear and Billet Inn** (30), ein viergeschossiger Fachwerkbau mit hohem Giebel, dessen Fassade aus dem Jahr 1664 stammt. Das Haus war einst die Stadtresidenz der *Earls of Shrewsbury,* die für die Wache auf dem *Bridgegate* verantwortlich waren.

Von der *Bridge Street* zweigt die *Grosvenor Street* ab und führt zum **Grosvenor Museum** (31), in dem man eine umfangreiche Sammlung von römischen Altertümern sehen kann, die hier gefunden wurden und mit ihren vielen Inschriftsteinen Aufschluß über die Bedeutung des einstigen römischen Forts geben. Weiters enthält das Museum heimatkundliche und naturgeschichtliche Sammlungen, eine große Sammlung angelsächsischer Münzen und eine Sammlung der später in Chester geprägten Münzen. In einem angeschlossenen Bau kann man noch zeitgenössisch ausgestattete Räume in georgianischem und viktorianischem Stil sehen, mit ursprünglicher Einrichtung, alten Stilmöbeln, Uhren, Bildern usw., weiters auch Trachten und Kostüme aus dieser Zeit. (Geöffnet wochentags 10-17, sonntags 14-17 Uhr.)

Am Nordrand der Stadt liegt *Upton* mit dem **Chester Zoo,** der in einer schönen Parklandschaft eingebettet liegt und zu den sehenswertesten Zoologischen Gärten Englands gehört. Die meisten Tiere werden in Freigehegen gehalten. Sehr stolz ist man hier auf das „Tropenhaus" (*Tropical House*) mit 85 verschiedenen Arten von Vögeln und den Reptiliengehegen. An den Zoo grenzen schöne Gärten mit Spazierwegen, es gibt Picknickplätze im Grünen, mehrere Cafeterias und Restaurants.

AUSFLÜGE

1. Malpas. Man verläßt Chester im Osten auf der kurz nach der Stadtausfahrt nach Süden abbiegenden A-41. Rechts lohnt sich die Zufahrt nach **Bruera,** dessen 1896 restaurierte *St. Mary's Church* noch aus der Normannenzeit (12. Jh.) stammt. Es sind aber auch noch Bauteile einer früheren sächsischen Kirche (10. Jh.) an der Fassade erhalten. Kurz nach dem Überqueren der A-534 steigt links neben der A-41 ein Hügel mit dem eisenzeitlichen Stein- und Hügelfort „Maiden Castle" an, von dem noch gute Spuren erhalten sind. Wenig später führt rechts von der A-41 eine Zufahrt nach **Malpas** (26 km von Chester), einer der ältesten kleinen Städte Cheshires. Mittelpunkt eines reichen Farmlandes (Milchwirtschaft), ist der Ort auch wegen seiner Käseproduktion („Cheshire Cheese") bekannt. Sehenswert sind die vielen alten Fachwerkhäuser mit überhängenden Giebeln und die gotische *St. Oswald's Church* (14./15. Jh.) mit prächtigen Maßwerkfenstern, Deckentäfelungen und reich geschnitzten Chorstühlen (15. Jh.). Beachtung verdient auch eine ungewöhnliche, über zwei Meter lange eisenbeschlagene Truhe aus dem 13. Jahrhundert. Von **No Man's Heath,** nordöstlich des Ortes, hat man einen sehr schönen Ausblick auf das **Cholmondeley Castle,** das im 18. Jahrhundert in gotisch nachempfundenen Stil erbaut wurde, aber nicht besichtigt werden kann. Mit seinen wuchtigen Rundtürmen und zinnenbekrönten Mauern macht das Schloß einen recht wehrhaften Eindruck.

Zu verschiedenen Zeiten zugänglich ist die *Church of St. Nicolas*, die Schloßkapelle, die ursprünglich im 13. Jahrhundert erbaut, aber im frühen 18. Jahrhundert erneuert wurde und eine kunstvolle Innenausstattung aus der Mitte des 17. Jahrhunderts besitzt.

Wenn man Zeit hat, kann man auf der Rückfahrt nach Chester noch die rechts (östlich) der A-41 liegenden **Cholmondeley Castle Gardens** (Zufahrt rund 4 km) besichtigen, die mehrmals wöchentlich Besuchern zugänglich sind (genaue Besuchszeiten erfrage man am Touristenamt). In den schönen Gärten (viele Spazierwege) liegt auch ein kleiner See mit Picknickplätzen. Auch eine Musterfarm mit landwirtschaftlicher Viehzucht gibt es hier.

2. Wirral Country Park. Er liegt etwa 20 km nordwestlich von Chester und ist nach kurzer Fahrt über *Heswall* zu erreichen. Man kann hier weite Wanderungen über offenes Farmland und durch Naturschutzgebiete unternehmen, Reitpferde mieten oder sich zum Fischen hinsetzen, es gibt Picknickplätze und Raststationen, von den Hügeln hat man weite Ausblicke über den Mündungsarm des *Dee* bis zu den Bergen von Wales. In **Thurstaston** liegt das **Wirral Country Park Centre,** wo man alle näheren Auskünfte bekommt und auch an geleiteten Gruppenwanderungen auf dem 19 km langen „Wirral Way" oder auf Teilen davon mitmachen kann.

Auf dem Weg nach *Thurstaston* lohnt sich von der A-540 links der Abstecher zu den **Ness Gardens** (zwischen *Neston* und *Burton*), wenn man einen schönen Botanischen Garten mit seltenen Pflanzen und einer Fülle von Azaleen und Rhododendren (darunter auch seltene exotische Gewächse) ansehen will. In der Anlage gibt es auch einen Picknickplatz.

3. Delamere Forest – Frodsham. Man verläßt die Stadt im Osten auf der A-51/A-54 und erreicht nach etwa 15 km *Delamere*, von wo links eine Zufahrt in den **Delamere Forest** führt. Der Wald ist von schönen Spazier- und Wanderwegen durchzogen, es gibt reizvolle Picknickplätze und ein „Wald-Museum" *(Forest Museum)*. Westlich von *Delamere* und am Südrand des Waldes steigt der *Eddisbury Hill* an, mit den sogenannten „Castle Ditches": das sind eisenzeitliche Erdaufschüttungen um ein uraltes britannisches Hügelfort, das zuletzt von der Prinzessin *Ethelfleda (Aethelflaed) of Mercia,* einer Tochter Alfreds des Großen, anfangs des 10. Jahrhunderts zu einer Verteidigungsanlage gegen Angriffe der Dänen ausgebaut wurde.

Man kann von Delamere auch einen Abstecher auf der A-556 zu der etwas weiter östlich liegenden **Vale Royal Abbey** (bei *Whitegate,* Zufahrt rechts von der A-556) machen. Die heutigen Klostergebäude wurden 1540 an der Stelle einer mittelalterlichen Zisterzienserabtei (1281) erbaut und später vergrößert. Sehr schön sind die umliegenden Gärten, bemerkenswert das historische alte „Nonnengrab" *(Nun's Grave).* **Vale Royal** ist derzeit nur samstags und sonntags von 11-17 Uhr zu besichtigen, es gibt hier auch einen Souvenir- und einen Antiquitätenladen.

Die B-5152 führt nordwärts durch den **Delamere Forest** und erreicht nach etwa 10 km die A-56 und das kleine Städtchen **Frodsham,** mit einer mittelalterlichen Pfarrkirche (12. Jh.) und vielen malerischen alten Häusern. Bemerkenswert ist der „Bears Paw" genannte alte Gasthof, der seit dem 17. Jahrhundert auch als Postkutschenstation diente. Wenn Sie zufällig an einem Donnerstag hier sind, können Sie einen charakteristischen Straßenmarkt erleben. Vor dem Ort steigt der **Frodsham Hill** an, von dem aus sich eine sehr schöne Aussicht bietet. Auf der A-56 erreicht man über **Helsby** (140 m hoher *Helsby Hill* mit schöner Aussicht und Spuren eines eisenzeitlichen Camps) nach etwa 16 km wieder Chester.

4. Tarporley – Beeston Castle – Cheshire Workshops. Man verläßt die Stadt im Osten auf der A-51, auf der man nach 14 km **Tarporley** erreicht. In der Hauptstraße des Ortes kann man sehr schöne alte Fachwerkhäuser und Cottages sehen, darunter auch ein Herrenhaus aus dem Jahr 1586. Die Pfarrkirche enthält zahlreiche Figurengräber aus dem 17. und 18. Jahrhundert und Erinnerungsstücke an den Bürgerkrieg, darunter auch Waffen und viele Helme aus dem 17. Jahrhundert. Nur etwa 4,5 km weiter südlich thront auf einem steilen Hügel (Zufahrt von der A-49) das sehenswerte **Beeston Castle** (herrlicher Rundblick!), das der *Earl of Chester* 1220 erbauen ließ und 1646 im Bürgerkrieg durch *Oliver Cromwell* zerstört wurde. Nach einer alten Legende soll hier noch der Kronschatz von *Richard II.* verborgen sein, den der Burgherr in den Brunnen werfen ließ, als er sich nach neunmonatiger Belagerung den parlamentarischen Truppen ergeben mußte. Der Brunnen wurde bisher bis in eine Tiefe von 110 m erforscht, Schatz wurde noch keiner gefunden.

Noch etwas weiter südlich liegt **Burwardsley,** ein malerischer kleiner Ort inmitten der reizvollen *Cheshire Plain* (schöne Ausblicke; Wanderwege), mit den erst vor wenigen Jahren eingerichteten **Cheshire Workshops.** Man kann hier in altertümlichen Handwerkstätten den Meistern bei ihrer Arbeit zusehen und die

*Nantwich ist reich an sehenswerten alten Bauwerken.
Das 1577 errichtete Kaufherrenhaus „Churche's Mansion"
besitzt auch noch seine ursprüngliche Einrichtung und kann
museal besichtigt werden.*

hergestellten Gegenstände (hauptsächlich handgezogene Kerzen, Schnitzereien, Geschenkartikel) auch erwerben. Eine Landstraße führt von hier durch den hübschen kleinen Ort **Tattenhall** zurück zur A-41 und nach Chester, das man nach etwa 16 km erreicht.

5. Nantwich. Man erreicht das 29 km südöstlich liegende Städtchen am *River Weaver* über *Tarporley* (s.oben) auf der A-51. Etwa 3 km nach *Tarporley* führt rechts von der A-51 eine Landstraße nach **Bunbury,** wo es eine große, sehenswerte Pfarrkirche aus dem 14./15. Jahrhundert zu sehen gibt. Sie enthält beachtliche Figurengräber, darunter eines aus dem 14. und eines aus dem 16. Jahrhundert. Das Städtchen **Nantwich** wurde nach einem großen Brand 1583 neu erbaut, aus dem Ende des 16. und aus dem 17. Jahrhundert sind noch viele schöne alte Fachwerkhäuser zu sehen. Besonders bemerkenswert sind die mit Figuren geschmückten *Almshouses* (1638) in der *Welsh Row.* In der *High Street* verdient das *Elizabethan House* (um 1600) besondere Beachtung. Die sehenswerte, hochgotische *Church of St. Mary* (13./14. Jh.) besitzt eine kostbare Innenausstattung, darunter eine Steinkanzel aus dem 15. Jahrhundert und eine zweite aus Holz geschnitzt aus dem Jahr 1601, sowie prächtige Holzschnitzereien am Chorgestühl. Der zinnenbekrönte, achteckige Kirchturm stammt aus dem 14. Jahrhundert. An der Westeinfahrt der Stadt liegt **Churche's Mansion,** ein sehr gut erhaltenes Kaufherrenhaus aus dem Jahr 1577 mit prächtiger Fachwerkfassade und besonders schöner Eichenholztäfelung. Es kann von April bis Oktober täglich von 10-17 Uhr besichtigt werden; im Haus gibt es auch ein ganzjährig geöffnetes Restaurant.

Für die Rückfahrt nach Chester wählt man am besten die A-534. Gleich nach der Stadtausfahrt im Westen lohnt sich ein Aufenthalt bei der **Dorford Hall,** einem herrschaftlichen Herrenhaus, das einmal oder zweimal wöchentlich auch innen besichtigt werden kann (schöne Stuckdecken und Täfelungen). Die genauen Besuchzeiten erfrage man am Touristenamt). In **Acton,** das man gleich darauf durchfährt, gibt es eine sehr schöne Pfarrkirche aus der Zeit um 1300 zu sehen, die eine selten schöne Grabplatte aus dem Jahr 1302 mit Ritterfigur und ein reiches Figurengrab von 1722 enthält. Der Kirchturm wurde um 1910 erneuert.

Wenig später erreicht man auf der A-534 **Faddiley,** wo man links auf einer Landstraße zu der etwa 1,5 km südwestlich liegenden **Woodhey Chapel** zufahren kann. Diese kleine „Chapel in the Fields" aus dem Jahr 1699 wurde erst kürzlich restauriert. Eine Zufahrt lohnt sich auch zu den *Cholmondeley Castle Gardens,* die Sie im 1. Ausflug beschrieben finden. Man biegt dann von der A-534 rechts auf die A-41 ab und erreicht nach wenigen Fahrminuten Chester.

COLCHESTER

Die sehenswerte alte Stadt am *River Colne* ist ein landwirtschaftliches Zentrum des östlichen *Essex* und Mittelpunkt der englischen Austernfischerei und des Austernhandels. Jedes Jahr im Oktober findet hier das vielbeachtete *Oyster Feast* (Austernfest) statt, bei dem es hoch her geht. *Colchester,* das rund 85 000 Einwohner hat, rühmt sich, die älteste nachweisbare Geschichte einer britischen Stadt zu haben. Unter den alten Britanniern war es die *Camulodunum* genannte Hauptstadt eines Reiches, das fast den gesamten Südosten Englands umfaßte und unter *Cunobelin (Shakespeare* machte ihn als „Cymbeline" unsterblich) in der ersten Hälfte des 1. Jahrhunderts n. Chr. seine größte Ausdehnung hatte. Es soll aber schon im 5. Jahrhundert v. Chr. hier eine Ansiedlung gegeben haben.

Im Jahr 43 n. Chr. eroberten die Römer die Stadt und machten sie fünf Jahre später zur *Colonia Camulodunum,* der ersten römischen Kolonie in Britannien. Kaiser *Claudius* ließ im Jahr 49 hier eine Stadt anlegen. Im Jahr 60 erhob sich Königin *Boadicea* vom britannischen Stamm der *Iceni* gegen die Römerherrschaft, und in den folgenden Kämpfen wurde auch die Römerstadt von ihr erobert und zerstört. Wenig später von den Römern zurückerobert und wieder aufgebaut, bestand sie bis zum Abzug der Römer im Jahr 367.

Aus der **Römerzeit** stammen noch große Teile der Stadtmauern; diese unter *Vespasian* begonnenen **Roman Walls** (auch **City Walls)** waren ursprünglich über sechs Meter hoch, heute noch sind 3 m hohe Teile von ihr erhalten. Im westlichen Teil blieb auch noch der Teil eines Stadttores, das sogenannte *Balkerne Gate,* erhalten.

Unter den Angelsachsen als *Colneceaster* neu gegründet, litt die Stadt später oft unter den Einfällen dänischer Wikinger. Als die Normannen die Stadt eroberten, begannen sie unter *William the Conqueror* um 1085 mit dem Bau einer mächtigen **Burg** an der Stelle des großen Tempels des *Claudius.* Sie verwendeten dazu fast ausschließlich römisches Baumaterial und vergrößerten die Burg mehrmals. **Colchester Castle** wurde zur größten Normannenburg Großbritanniens, ihr massiver, 50 m langer und 38 m breiter *Keep* ist doppelt so groß wie der „White Tower" von London. **Colchester Castle** enthält heute das beste und reichhaltigste Burgmuseum **(Castle Museum)** seiner Art in Großbritan-

nien. Es unterrichtet über die lokale Geschichte von der Steinzeit bis zum 17. Jahrhundert. Man sieht hier keltische und römische Grabungsfunde, darunter römische Kunstschätze (Juwelen, Münzen, Statuen, Bronzen u.dgl.), die zu den bedeutendsten in England aufgefundenen zählen. Herausragend ist ein prachtvoll erhaltener „Grabstein eines Centurion" aus der Zeit vor 60 n. Chr. Der Grabstein des *Marcus Favonius Facilis,* Centurion der XX. Legion, ist über 1,80 m hoch, und die überaus kunstvolle Darstellung des Mannes läßt auf einen bedeutenden Bildhauer aus dem Mittelmeerraum schließen. (Das Museum ist wochentags von 10-13 und 14-17 Uhr, von April bis September zuzüglich auch Sonntag nachmittags geöffnet).

Vom **Castle Park,** einem sehr schönen Burggarten, der auch Teile der römischen Stadtmauer umschließt, bietet sich ein weiter Ausblick über das Tal des *Colne.* Neben dem Park liegt das einstige Herrenhaus **Holly Trees** (auch *Hollytrees)* aus dem Jahr 1718, das heute das **Hollytree Museum** beherbergt. Es enthält u.a. Gegenstände des lokalen Kunsthandwerks, Trachten und Kostüme, unterrichtet auch über die Schiffahrt und über die Stadtgeschichte vom 18. Jahrhundert an. (Geöffnet werktags 10-13 und 14-17 Uhr).

Aus der Zeit um 1100 stammt das noch erhaltene *Gatehouse* der **St. John's Abbey,** aus der gleichen Zeit die Ruinen der **St. Botolph's Priory,** eines Augustinerklosters, das aus römischem Baumaterial errichtet und unter *Henry VIII.* zerstört worden war.

Im Mittelalter erlebte die Stadt dank ihrer Wollindustrie einen großen Aufschwung, der unter dem Einfluß flämischer und nie-

Colchester Castle war einst die größte
und mächtigste Normannenburg Englands.
Sie beherbergt heute ein reichhaltiges Burgmuseum.

derländischer Einwanderer um 1570 noch verstärkt wurde. Aus dieser Zeit sind noch einige schöne alte Häuser erhalten. Aus der Zeit um 1415 stammt das zu einem Benediktinerkloster gehörende (und restaurierte) **St. John's Abbey Gateway** im spätgotischen *Perpendicular*-Stil. Nach der Zerstörung des Klosters im Bürgerkrieg (16. Jh.) wurde sein Baumaterial 1591 u.a. auch für den Bau der bemerkenswerten **Bourne Mill** verwendet; an dem Gebäude erwecken die prächtigen geschwungenen „holländischen" Giebel Aufmerksamkeit.

In der *High Street* liegt die ehemalige **All Saints Church,** in der heute das **Natural History Museum** untergebracht ist. Es vermittelt einen guten Eindruck von der Landschaft in *Essex* und enthält auch ein Diorama über die charakteristischen Marschen. (Geöffnet werktags 10-13 und 14-17 Uhr). In der *High Street* (No. 74) liegt auch die **Minories Art Gallery:** ein gepflegtes georgianisches Haus, das 1776 an der Stelle eines älteren Gebäudes erneuert wurde. Es enthält Stilmöbel des 18. Jahrhunderts, Porzellan, alte Uhren aus dem 18. Jahrhunderts, Gemälde, Porträtbildnisse und Zeichnungen von *John Constable* (→ auch S. 145). In dem Haus werden auch wechselnde Kunstausstellungen abgehalten, es dient auch für Filme, Vorträge und Konzerte. (Geöffnet dienstags bis samstags 11- 17 Uhr, sonntags 14-16 Uhr).

In der *West Stockwell Street,* die nördlich der *High Street* verläuft, kann man viele bemerkenswerte alte Häuser aus verschiedenen Zeitepochen sehen; auch die gotische *Church of St. Martin* ist dort besuchenswert.

Durch die *Trinity Street* gelangt man zur ehemaligen **Holy Trinity Church,** deren Kirchturm noch aus sächsischer Zeit stammt; er soll aus römischem Baumaterial errichtet sein. Der Kirchenbau beherbergt heute ein Museum über das soziale Leben in Essex und über lokales Kunsthandwerk. (Geöffnet werktags 10-13 und 14-17 Uhr). Nur wenige Schritte weiter befindet sich das Geburtshaus von *Dr. William Gilbert* (1544-1603), der als „Vater der Elektrizitätswissenschaft" bezeichnet wird.

Colchester besitzt aber auch eine ganze Reihe erwähnenswerter neuerer Gebäude, unter denen die **Town Hall** herausragt; sie wird von einer Bronzestatue *Helenas* mit Zepter und Kreuz (der Mutter Kaiser *Konstantins des Großen)* gekrönt. Wer gerne Tiergärten besucht, findet in *Stanway Hall,* etwa 4 km südwestlich der Stadt, einen sehr schönen Freiluftzoo.

COVENTRY

Die rund 340 000 Einwohner zählende Stadt ist ein wichtiges
Industriezentrum (bedeutende Automobil- und Fahrradindu-
strien) und gleichzeitig auch eines der bedeutendsten Geschäfts-
und Einkaufszentren Englands. Die Geschichte der Stadt begann
im 11. Jahrhundert, als *Leofric, Earl of Mercia,* an der Stelle eines
früheren sächsischen Nonnenklosters hier ein Benediktinerkloster
gründete, dessen Kirche Coventrys erste Kathedrale wurde. In
diesem Zusammenhang ist ein Ereignis erwähnenswert, das als
„Ritt der Lady Godiva" weit über die Landesgrenzen hinaus
bekannt wurde. *Leofrics* Gemahlin **Godiva** *(Godgyfu)* soll damals
die Stadtbevölkerung von der hohen Steuerlast dadurch befreit
haben, indem sie die Bedingung ihres Gatten erfüllte und nackt
(„nur mit ihrem eigenen Haar bekleidet") durch die Stadt ritt.
Allen Männern war es bei Todesstrafe untersagt, sich auf der
Straße oder an den Fenstern blicken zu lassen. Coventry feierte
diese Tat der Gräfin, die auch in einem der schönsten Gedichte
Tennysons besungen wird, lange Zeit durch ein großes Fest.

Die Legende berichtet von „Peeping Tom", dem einzigen Mann, der es wagte,
Lady Godiva bei ihrem Ritt zuzusehen (und darüber zu berichten). Sein Bildnis ist
dreimal verewigt: einmal als Holzfigur (17. Jh.) am ersten Stock des Leofric-Hotels,
dann an der Fassade über einem Geschäft in der *Hertford Street* und schließlich auch
an der mechanischen Uhr am *Broadgate,* dem Hauptplatz der Stadt.

Im Mittelalter zählte Coventry dank der Tüchtigkeit seiner
Handwerker und Kaufleute zu den vier bedeutendsten Städten
Englands (neben London, York und Bristol); berühmt waren vor
allem die hier erzeugten Wollstoffe. Schon im 14. Jahrhundert
war Coventry eine Messestadt, später wurde es ein Mittelpunkt
der englischen Bekleidungsindustrie, doch erfolgte im 17. Jahrhundert ein Niedergang, dem erst in der zweiten Hälfte des
19. Jahrhunderts wieder ein Aufschwung folgte, als die Stadt der
Mittelpunkt der britischen Fahrradindustrie und später auch der
Kraftfahrzeugindustrie wurde. 1869 entstand hier das erste englische Fahrrad, 1896 der erste Daimler-Kraftwagen.

Das furchtbarste Ereignis in der Stadtgeschichte war wohl der
14. November 1940, als deutsche Bombergeschwader die Stadt in
Schutt und Asche legten; fast neun Zehntel aller Gebäude
Coventrys wurden dabei zerstört oder schwer beschädigt. So
kommt es, daß nach dem Wiederaufbau der Stadt *Coventry* einen
sehr modernen Eindruck macht, viele Bauwerke entstanden in

„ultramodernem" Stil, eine moderne Ringstraße führt rund um das Stadtzentrum, Hochstraßen wurden angelegt, neben den modernsten Einkaufsvierteln Englands findet man auch weiträumige Park- und Gartenanlagen („Garden Islands"), viele Fußgängerzonen, gewaltige Parkhäuser, Sportplätze alle Art (darunter auch die größten und modernsten Schwimmbäder Englands), Hotels aller Preisklassen und eine Vielzahl an kulturellen Einrichtungen.

STADTBESICHTIGUNG

Der moderne Mittelpunkt der Stadt ist der Platz **Broadgate** (1), auf dem sich auch das Reiterdenkmal der „Lady Godiva" (s.oben) befindet. Im Westen grenzt der sogenannte **Precinct** (2) an, das kreuzförmig gestaltete, moderne Einkaufszentrum der Stadt mit Supermarkt und Warenhäusern aller Art, Cafés und Restaurants, einer runden Markthalle *(Circular Market)*. Das ganze Gebiet ist Fußgängerzone, rundum liegen zahlreiche Parkplätze und Parkhäuser. Im Osten wird *Broadgate* von der *Trinity Street* begrenzt, hier verdient **Church of the Holy Trinity** (3) Aufmerksamkeit, die mittelalterliche Pfarrkirche der Stadt, die wieder im alten Stil restauriert wurde und einen der schönsten Kirchtürme der Stadt besitzt. Bemerkenswert ist vor allem die kunstvolle Fachwerkdecke im Langhaus, sehr schön auch die Kanzel aus dem 15. Jahrhundert und ein Chorpult aus der gleichen Zeit. Etwas weiter nördlich verläuft die **Priory Row,** in der man sehr schöne, wiederhergestellte alte Fachwerkhäuser sehen kann. Hier steht auch die Ruine der alten **Cathedral of St. Michael** (4). Von der 1940 durch Bomben zerstörten gotischen Kathedrale des 14. u. 15. Jh. blieben noch der 92 m hohe Turm (1373), Außenwände und ein gotisches Tor (um 1300) stehen. Die von *Basil Spence* 1954-1962 erbaute **Neue Kathedrale** (5), die an die Nordseite der alten Kirchenruine angebaut und mit dieser durch eine hohe, überdachte Halle verbunden ist, besitzt eine einfache, fast schmucklose moderne Fassade. Sie ist 82 m lang und 25 m breit und erweckt mit

Eine moderne Tapisserie schmückt die gesamte
Altarwand der Neuen Kathedrale von Coventry.
Sie wurde von Graham Sutherland entworfen und soll
die größte jemals erzeugte Tapisserie auf der Welt sein.

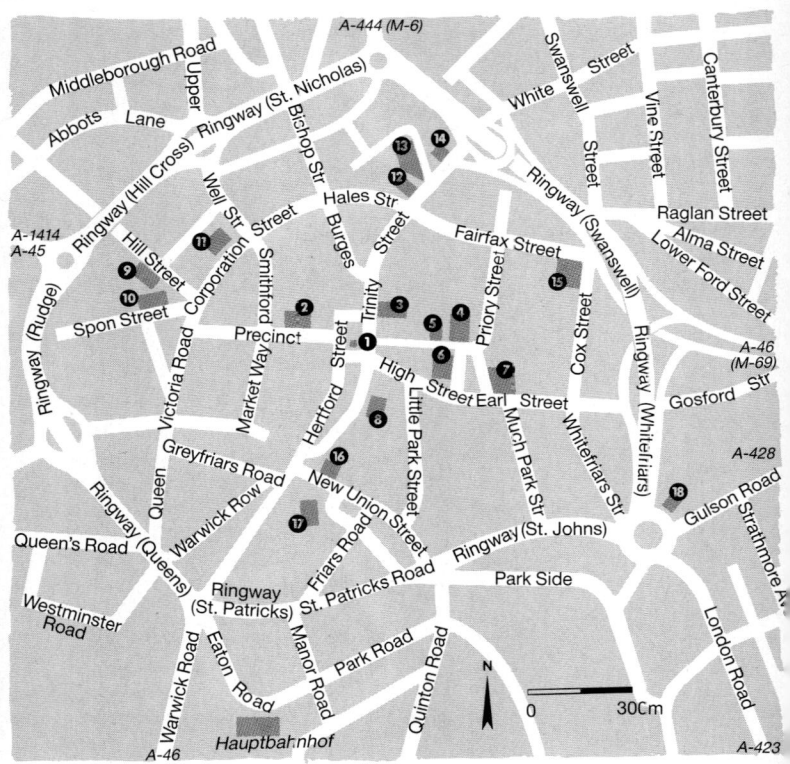

Coventry

1 Broadgate
2 Precinct
3 Church of Holy Trinity
4 Cathedral of St. Michael
5 Neue Kathedrale
6 Guildhall
7 Herbert Art Gallery and Museum
8 Ford's Hospital
9 Bond's Hospital
10 St. John's Church
12 Coventry Theatre
13 Museum of British Road Transport
14 City Walls
15 Sport and REC Centre
16 Christchurch Spire
17 Cheylesmore Manor
18 Whitefriars

ihren beiden daneben stehenden Rundkapellen Aufmerksamkeit. Die *Chapel of Christ in Gethsemane* besitzt ein goldfarbenes modernes Mosaik von *Steven Sykes,* das einen Engel und einen großen Abendmahlkelch zeigt. Die *Chapel of Unity* dient allen Religionsgemeinschaften zum Gebet für den Weltfrieden.

Vor dem Eingang der neuen Kathedrale ist eine moderne Bronzegruppe von *Jacob Epstein* angebracht, die den Kirchenpatron, den Erzengel Michael mit Speer über den besiegten, in Ketten liegenden Teufel zeigt. In der Kathedrale sind vor allem die immens hohen, von der Decke bis zum Boden reichenden Glasfenster auffallend, vor allem das Buntglasfenster in der Taufkapelle *(Baptistery),* das aus zweihundert Scheiben besteht. Der Taufstein ist in einen aus Bethlehem stammenden Steinblock gehauen. Durch die hohe westliche Glaswand der Kathedrale kann man die Ruine der alten Kirche sehen. Eine riesige, in Frankreich gewebte Tapisserie (es soll die größte sein, die jemals erzeugt wurde), wurde von *Graham Sutherland* entworfen und dient als „Altarbild": Christus auf dem Thron, von vier symbolischen Lebewesen umgeben (Mensch, Adler, Ochse und Löwe). Schlanke Betonsäulen tragen einen Baldachin unter dem Betondach.

Südlich der Kathedrale liegt die **Guildhall** (6) (auch **St. Mary's Hall** genannt), die 1342 als Sitz der Kaufmannsgilde erbaut und später mehrmals umgestaltet und erweitert wurde. Sie zählt zu den wenigen mittelalterlichen Gebäuden, die erhalten blieben. Ihre *Great Hall* ist mit kostbaren flämischen Tapisserien aus dem frühen 16. Jahrhundert geschmückt. Der Saal war oft Schauplatz großer Feste, die für Prinzen und Könige veranstaltet wurden. Später diente der Saal den Bürgermeistern der Stadt als Amtssitz. Die große Küche des Hauses war im 19. Jahrhundert eine Ausspeisung für verarmte Weber und Arbeitslose. Der angrenzende „Caesar's Tower" (nach 1940 wieder instandgesetzt) ist wahrscheinlich der letzte Rest der heute nicht mehr vorhandenen mittelalterlichen Burg. Der nahebei stehende *Golden Cross Inn* stammt noch aus dem 17. Jahrhundert.

Von hier sind es nur wenige Schritte zur **Herbert Art Gallery and Museum** (7) mit Bildern einheimischer Maler und ständigen Wechselausstellungen. Das Museum enthält neben archäologischen, naturgeschichtlichen, volkskundlichen und anderen Sammlungen auch mehrere alte, noch fahrbereite Automobile, u.a. einen Daimler 1897, der vor ein paar Jahren noch an einer Oldtimer-Wettfahrt von London nach Brighton teilgenommen hat (geöffnet wochentags 10-18, sonntags 14- 17 Uhr). Eine Sehenswürdigkeit besonderer Art ist das in der Straße *Greyfriars* liegende **Ford's Hospital** (8), ein sehr schönes Fachwerkhaus aus dem Jahr 1529. Der zweite noch erhaltene schöne Fachwerkbau ist

Bond's Hospital (9), 1506 als Herberge erbaut und heute als Altersheim eingerichtet. Nahebei erhebt sich die **St. John's Church** (10) aus dem Jahr 1344, die 1875 restauriert und nach schweren Schäden von 1940 wiederhergestellt wurde. Nicht weit entfernt liegt das 1958 eröffnete **Belgrade Theatre** (11), das – ebenso wie das **Coventry Theatre** (12) in der *Hales Street* – zu den führenden Schauspielbühnen des Landes gehört. Nur wenige Schritte von diesem Theater entfernt befindet sich das große **Museum of British Road Transport** (13), das anhand zahlreicher Fahrzeuge und anderer Exponate einen umfassenden Überblick über das Straßenverkehrswesen Großbritanniens gibt. In der Nähe kann man auch noch einen Rest des alten **City Walls** (14) aus dem 14. Jahrhundert mit zwei noch erhaltenen der ursprünglich zwölf Stadttore sehen.

Eine der schönsten und modernsten Sportanlagen Englands ist das **Sport and Recreation Centre** (15) mit großen Sporthallen, Freizeiteinrichtungen, drei großen Hallenbädern usw.

Schließlich sind noch der **Christchurch Spire** (16), der aus dem 14. Jahrhundert stammende 70 m hohe Kirchturm der 1940 zerstörten *Christ Church* und die nebenan liegende *Central Methodist Hall* erwähnenswert, wie auch die spärlichen Reste des alten Herrenhauses **Cheylesmore Manor** (17), das an der Stelle der einstigen Residenz von *Leofric* und *Lady Godiva* (s.oben) erbaut wurde, sowie das kürzlich wiederhergestellte Gebäude des ehemaligen Karmeliterklosters **Whitefriars** (18), ein malerisches aus Sandstein erbautes Gebäude des 14. Jahrhunderts.

AUSFLÜGE

1. Coombe Abbey Park. Der große Naturpark liegt am Ostrand von Coventry, man erreicht ihn am besten über die A-427 über **Binley,** wo es eine schöne klassizistische Kirche *(Church of St. Bartholomew)* aus dem Jahr 1773 zu sehen gibt. Wo früher eine mittelalterliche Abtei stand, erstreckt sich heute über das Gelände eines ehemaligen Herrensitzes ein großer **Landschaftspark** mit Wiesen und Wäldern, Wanderwegen, einem See zum Angeln und Bootfahren, Kinderspielplätzen und anderen Freizeiteinrichtungen.

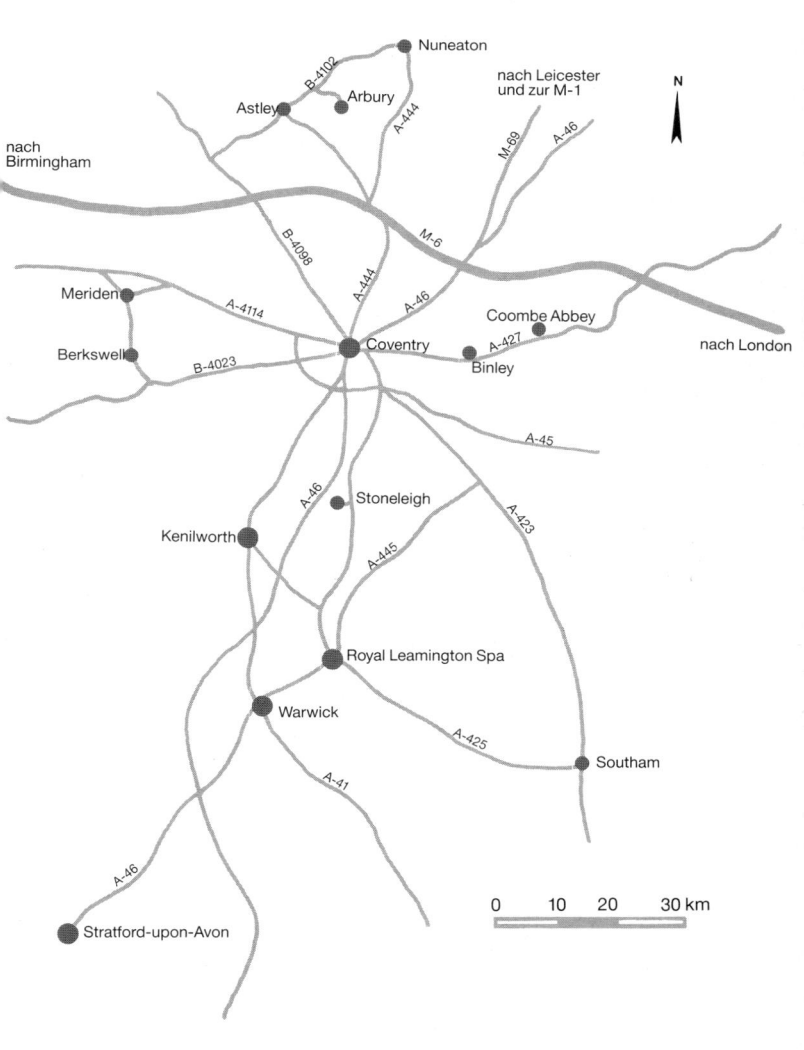

2. Stoneleigh. Der malerische Ort am *River Avon* liegt 9 km südlich von Coventry und besitzt noch schöne alte Fachwerkhäuser bei der Pfarrkirche, die bemerkenswerte Grabmonumente der Familie *Leigh* (s.unten) enthält. Das riesige, vierflügelige Schloß **Stoneleigh Abbey** geht aus einem mittelalterlichen Zisterzienserkloster (1154) hervor, von dem noch die normannischen Torwege und ein gotisches *Gatehouse* aus dem 14. Jahrhundert erhalten sind. Die Abteiruinen wurden dem palastartigen georgianischen Herrensitz von *Lord Leigh* aus dem Jahr 1726 und später einverleibt. Nach einem verheerenden Brand von 1960 wurde das Schloß stilgerecht wiederhergestellt und 1984 wieder für Besucher zugänglich gemacht. Neben den mit Kunstwerken verschiedenster Art reich ausgestatteten Räumen und Gemächern, einer bemerkenswerten Porträtgalerie und der alten Familienkapelle ist auch der große Landschaftspark erwähnenswert, der das Gebäude umgibt. Sein uralter Eichenbestand ist berühmt. Es gibt hier viele Spazierwege, Picknickplätze, Kinderspielplätze, eine Liliputbahn. Die Besichtigungszeiten sind in der Regel von Ende April bis Ende September jeden Sonntag, Montag und Donnerstag, im Juli und August zuzüglich auch Mittwoch an Nachmittagen.

Ein großer Teil der ehemaligen Klostergründe sind heute zum **National Agricultural Centre** ausgestattet, jeden Juli findet hier die berühmte „Royal Show" statt.

3. Kenilworth. Das 9 km südlich von Coventry liegende und *Stoneleigh* westlich benachbarte Städtchen ist ein beliebter Ferienort und vor allem wegen seiner alten Burg besuchenswert. Das mächtige **Kenilworth Castle** wurde 1122 von *Geoffrey de Clinton*, Schatzkanzler von *Henry I.* gegründet und war später eine Residenz von *Henry II.* Im Jahr 1244 gelangte die Burg in den Besitz von *Simon de Montfort, Earl of Leicester,* der einen Aufstand gegen *Henry III.* anführte; nach sechsmonatiger Belagerung eroberten die königlichen Truppen die Burg. Im 14. Jahrhundert erfolgte durch den neuen Burgherrn *John of Gaunt* (einem Sohn *Edwards III.)* die Umgestaltung der Burg zu einem befestigten Wohnschloß. Aus dieser Zeit sind noch die *Banqueting Hall,* die *White Hall* und andere Räume und Nebengebäude erhalten. Das große nördliche *Gatehouse* stammt aus dem 16. Jahrhundert, während der wuchtige *Keep* aus dem 12. Jahrhundert noch einen guten Eindruck von der einstigen Burg vermittelt.

Im Jahr 1562 schenkte *Elizabeth I.* die Burg ihrem Günstling *Robert Dudley, Earl of Leicester,* der sie als seine Residenz palastartig ausgestalten ließ. Die Königin weilte oft hier als Gast. Nach der Reformation stand die Burg leer und begann zu verfallen. *Kenilworth* und seine Burg sind auch innig verbunden mit *Sir Walter Scott,* der sie zum Schauplatz einer seiner Erzählungen machte.

Besichtigungszeiten: an Wochentagen ganztägig, an Sonntagen nur nachmittags.

4. Arbury Hall – Astley.

Das 11 km nordwestlich von Coventry, südlich von *Nuneaton* (s.unten) liegende Schloß **Arbury Hall** liegt an der Stelle eines mittelalterlichen Augustinerklosters und wurde 1580 erstmals erbaut, im 17. Jahrhundert erneuert und erhielt zwischen 1748 und 1796 sein heutiges Aussehen in gotisch nachempfundenem Stil *(Gothic Revival style).* Das eindrucksvolle Schloßgebäude enthält viele mit Stilmöbeln und kostbaren Gemälden, Porzellan und anderen Kunstwerken reich ausgestattete Räume, bemerkenswert sind auch die kunstvollen Stuckdecken. Es enthält ferner Erinnerungen an *George Eliot* (Pseudonym für *Marian Evans,* 1819-1880); die berühmte Schriftstellerin wurde auf der *South Farm* des Schlosses geboren. Sehr schön ist der das Haus umgebende Landschaftspark, der ebenso wie das Schloß von Ostern bis Anfang Oktober jeden Sonntagnachmittag besichtigt werden kann. (Weitere kurzfristig angesetzte Besichtigungszeiten erfrage man am Touristenamt).

Arbury westlich benachbart liegt **Astley,** dessen Pfarrkirche (um 1600) auf den Resten einer früheren Kirche von 1340 steht, deren ehemaliger Chor das Langhaus der heutigen Kirche ist. Im 17. Jahrhundert entstanden der heutige Chor und der Turm. Bemerkenswert sind das Chorgestühl aus der Zeit um 1400 und die alten Grabmonumente.

Die ca. 3,5 km weiter nördlich liegende Industriestadt **Nuneaton** (70 000 Einwohner) besitzt zwei schöne mittelalterliche Kirchen und im *Riversley Park* ein sehenswertes Museum mit archäologischen, geologischen und volkskundlichen Sammlungen aus Afrika, Australien, Indien und dem Fernen Osten, eine Sammlung alter Landkarten (17. bis 19. Jh.), Gemälde und andere Kunstwerke sowie zahlreiche Erinnerungen an *George Eliot* (s.oben).

5. Berkswell.

Der 9 km westlich liegende kleine Ort (Zufahrt rechts von der B-4023) ist wegen seiner prächtigen *Church of St. John the Baptist* (12. Jh.), die als besterhaltene normannische Kirche von Warwickshire bezeichnet wird, der Erwähnung wert. Die Kirche besitzt noch eine mittelalterliche Krypta mit eindrucksvollem Gewölbe unter dem Chor und ungewöhnlicher achteckiger Ausdehnung. Aus dem 16. Jahrhundert stammt das malerische hohe Südportal.

DERBY

Die am River Derwent liegende Stadt war im Mittelalter ein wichtiger Marktort und entwickelte sich erst im 18. Jahrhundert dank ihrer Seidenwaren- und Strumpferzeugung zu einer Industriestadt. Auch die Porzellanerzeugung ("Crown Derby Porcelain") trug viel zu dieser Entwicklung bei. Mit dem Beginn des "Eisenbahnzeitalters" wurde Derby auch ein Zentrum des Eisenbahn- und Maschinenbaus, später dann als Heimat der Rolls-Royce-Motoren weltbekannt. Im *Arboretum-Park* steht das Denkmal des Ingeniuers *Sir Henry Royce,* der zusammen mit dem Geschäftsmann *C.S. Rolls* 1908 die Rolls-Royce-Werke begründete. Das im Stadtzentrum liegende **Derby Museum** in der Straße *The Strand* zeigt die industrielle Entwicklung der Stadt anhand zahlreicher Ausstellungsstücke (darunter auch Eisenbahnmodelle), enthält aber auch große Abteilungen für Archäologie, Geologie, Naturgeschichte, Völkerkunde, die Rekonstruktion eines alten *Public-House,* Militaria, eine kostbare Sammlung von Derby-Porzellan und eine Kunstgalerie, in der u.a. die Bilder des hier beheimateten Malers *Joseph Wright of Derby* (1734-1797) Aufmerksamkeit verdienen. Besuchenswert ist auch das **Industrial Museum,** das in der alten *Silk Mill* (Seidenspinnerei) in der *Full Street* eingerichtet ist; es enthält eine große Sammlung von Rolls-Royce-Motoren und industrieller Gegenstände. Beachtung verdienen auch die kunstvollen alten Schmiedeeisentore des Gebäudes.

Zu den weiteren Sehenswürdigkeiten der Stadt zählt die 1725 von *James Gibbs* neu erbaute **All Saints Cathedral,** die noch ihren prachtvollen spätgotischen Turm (16. Jh.) der früheren Kirche besitzt. Die Kathedrale enthält bemerkenswerte Grabmonumente. Andere schöne Kirchen sind *St. Peter's* (12. bis 14. Jh.) und *St. Werburgh's* (16. bis 18. Jh.). Die **St. Mary's Bridge** über den *Derwent* besitzt noch eine der selten gewordenen alten Brückenkapellen. Sehr schön sind auch die zahlreichen großen Parkanlagen der Stadt, hauptsächlich der *Markeston Park,* mit vielen Spazierwegen und einem Bootsteich.

AUSFLÜGE

1. Kedleston Hall. Das knapp 7 km nordwestlich von Derby liegende Herrenhaus wurde 1759-1765 von den berühmten Architekten *James Payne* und *Robert Adam* in klassizistischem Stil errichtet und besteht aus einem schloßartigen Mittelbau mit sechs vorgestellten korinthischen Säulen über den Erdgeschoßarkaden mit doppeltem Freitreppen-Aufgang und kleineren Seitenflügeln, ebenfalls mit Säulenvorhallen. Das Schloß steht an der Stelle einer Burg des 12. Jahrhunderts, der Besitz war achthundert Jahre lang die Residenz der Familie *Curzon*. Berühmt sind die 22 m lange und über 12 m hohe *Great Hall* mit hohen korinthischen Säulen und die noch höhere, kuppelbekrönte Marmorhalle. Die reich ausgestatteten *State Apartments* enthalten prächtige Einzelstücke reich verzierter Stilmöbel und Gemälde alter Meister. Bei einer Führung wird auch die Kirche aus dem 12. Jahrhundert gezeigt, die heute die Gedächtniskapelle des *Marquess Curzon of Kedleston* enthält, der 1898-1905 Vizekönig von Indien war. Die von ihm mitgebrachten reichen Kunstschätze aus altem Silber, Elfenbein usw. sind in einem eigenen Museum ausgestellt.

Umgeben wird der Herrensitz von weiträumigen Gartenanlagen. Er kann jeden Sonntag von April bis September von 13 bis 17.30 Uhr, die Gärten ab 12 Uhr, besichtigt werden.

2. Repton.

Das etwa 10 km südlich von Derby, malerisch am *River Trent* liegende *Repton* zählt zu den ältesten Städten Englands. Es war die Hauptstadt des sächsischen Königreiches von *Mercia,* und die *Church of St. Wystan* (13./14. Jh.) enthält noch einen Chor und eine Krypta aus dieser Zeit (vor 975), die zu den besten Beispielen angelsächsischer Architektur zählt. Über den Ruinen eines im 12. Jahrhundert gegründeten Augustinerklosters entstand 1557 die *Repton School;* vom alten Kloster existieren noch das Torhaus und die ehemalige *Guest Hall,* die heute die Schulbibliothek beherbergt. Aus dem Jahr 1438 stammt der aus Ziegeln aufgeführte *Overton Tower.*

Südwestlich von *Repton* beginnen die *Brethby Woods* mit schönen Wanderwegen. Das Herrenhaus **Brethby Hall,** einst Residenz der *Earls of Chesterfield,* wurde 1813 in neugotischem Stil erneuert und dient heute als Spital. Etwa 3 km östlich von *Repton* liegt **Foremark,** mit schöner Pfarrkirche von 1662, deren Äußeres gotisch und Inneres im Renaissancestil gehalten ist. **Foremark Hall** ist ein ehemaliges Herrenhaus in palladianischem Renaissancestil, das heute als Schule dient.

Nur wenige Fahrminuten südlich von *Repton* liegt die Stadt **Burton-upon-Trent,** seit dem Mittelalter ein Zentrum der Bierbrauerei. Viele schöne Gebäude stammen aus dem 19. Jahrhundert, so die *Town Hall,* die *Church of St. Paul* und die *Church of St. Modwen.* Schöne Spazierwege führen am Flußufer entlang.

3. Sudbury – Tutbury.

Man erreicht das rund 22 km westlich von Derby liegende *Sudbury* über die A-516, sollte aber auf der Fahrt dorthin in **Tutbury** einkehren (Zufahrt bei *Hatton* links über den *River Dove),* um dessen sehr gut erhaltene normannische Abtei-kirche (um 1100) mit ihrem prächtigen Portal anzusehen. Die breite *Main Street* von **Tutbury** wird von schönen Häusern aus dem 16. bis 18. Jahrhundert gesäumt, bemerkenswert ist der „Dog and Partridge Inn", ein Fachwerkbau aus dem 15. Jahrhundert. Von einer mittelalterlichen Burg sind nur mehr Ruinen erhalten. In einem der drei Turmbauten (14. Jh.) wurde *Maria Stuart* 1568 und 1569 gefangengehalten.

Sudbury ist ein malerisches Dorf mit schönen alten Cottages und Giebelhäusern aus dem 17. und 18. Jahrhundert. Das elegante und reich ausgestattete Herrenhaus **Sudbury Hall** wurde 1613 erbaut und bis 1695 erweitert und verschönt. Kostbarkeiten sind die Stuckdecken, die Wandmalereien, Skulpturen und Schnitz-arbeiten von *Grinling Gibbons* (Anfang 18. Jh.), bemerkenswert ist auch das Stiegenhaus. Im angrenzenden Park liegt die aus dem 12. Jahrhundert stammende *All Saints' Church.* Der Herrensitz ist von April bis Oktober mittwochs bis sonntags von 13 bis 17.30 Uhr geöffnet. Ein kleines Restaurant befindet sich im *Coach House.*

Nur wenige Fahrminuten weiter westlich liegt die altertümliche Marktstadt **Uttoxeter,** wo seit 1251 jeden Mittwoch (Rinder-) Markt abgehalten wird. Rund um den Marktplatz stehen einige entzückende alte Fachwerkhäuser.

4. Elvaston Castle Country Park. Der große Landschaftspark liegt nur etwa 6 km südöstlich von Derby an der B-5010 (Zufahrt von der A-6). Es gibt weite Spazierwege, schöne Gartenanlagen und ein interessantes Gutsmuseum dort.

5. Duffield – Crich – Matlock. Über *Matlock* (29 km) führt die A-6 direkt weiter nach *Buxton** und in den *Peak District National Park* (→ S. 203). Schon 6 km nach der Ausfahrt aus Derby erreicht man **Duffield,** wo es noch Ruinen einer 1266 zerstörten Normannenburg zu sehen gibt. Die A-6 folgt dem Lauf des *River Derwent* nordwärts nach *Whatstandwell,* von wo aus links eine Zu-fahrt in die malerischen **Shining Cliff Woods** (viele schöne Wan-derwege) und rechts eine andere nach **Crich** führt. Das kleine, auf einem Hügel liegende Dorf erlangte durch sein **Tramway Museum** Berühmtheit. Über 40 alte Straßenbahnen (auch dampfbetriebe-ne) aus dem 19. und 20. Jahrhundert, darunter auch eine Pferde-tram aus dem Jahr 1874 und eine alte Straßenbahn aus Prag sind hier in einem aufgelassenen Steinbruch zu sehen. Darüber, in 290 m Höhe, erweckt der *Crich Stand* mit dem „Beacon Light" Aufmerksamkeit, eine Kriegergedenkstätte an das *Nottingham and Derbishire Regiment*, die berühmten „Sherwood Foresters". Von hier aus genießt man einen wunderschönen Rundblick.

Im Norden grenzen die Wälder von **Lea Hurst** an, wo sich der Wohnsitz der 1910 verstorbenen *Florence Nightingale* befand. Dort befinden sich auch die besuchenswerten **Lea Rhododendron Gardens** (sehr schöne Spazierwege!), die man von Mitte März bis Ende Juli täglich von 10 bis 19 Uhr besichtigen kann.

Auf der von der A-6 links abzweigenden B-5035 sind es nur ein paar Fahrminuten nach **Wirksworth,** einer kleinen Marktstadt inmitten eines einst sehr bedeutenden Bleiabbaugebietes. In der 1814 erbauten *Moot Hall* ist noch ein „Miners' Standard Dish" ausgestellt, eine Bronzeschüssel aus dem 16. Jahrhundert, die als Standardmaß für das von den Bergleuten abgebaute Blei diente. Sehenswert ist die aus dem 13. Jahrhundert stammende *Church of St. Mary,* die noch einen Grabdeckel aus sächsischer Zeit (um 800) enthält, in den Szenen aus dem Neuen Testament eingraviert sind. Ein Taufbecken stammt noch aus normannischer Zeit, ein anderes aus dem Jahr 1662.

In den nördlich benachbarten **Cromford** entwickelte *Richard Arkwright* 1772 die erste mit Wasserkraft betriebene Baumwollspinnerei („Cromford Old Mill"). Sehenswert sind die über den *Derwent* führende *Cromford Bridge* (15. Jh.) und das 1792 erbaute ehemalige Herrenhaus *Willersley Castle,* Wohnsitz von *Richard Arkwright.*

Matlock ist ein vom *River Derwent* durchflossenes Städtchen, das sich weit über die angrenzenden Hügel ausdehnt. In viktorianischer Zeit war es wegen seiner Heilquellen bekannt („Matlock Bath"), heute ist es ein beliebter Ferienort und Ausgangspunkt für Touren in den *Peak District* (→ S. 203), mit guten touristischen Einrichtungen (Lido, Schwimmbäder, „Fairyland"-Vergnügungspark usw.). Von den 230 m über der Stadt ansteigenden *Heights of Abraham* genießt man einen weiten Rundblick. Durch das *Matlock Dale,* einer tief eingeschnittenen Schlucht, führen Wanderwege zum 120 m hohen imposanten Felsen „High Tor", mit einer sehenswerten Höhle („High Tor Grotto") an seinem Fuß. Zahlreiche weitere Grotten und Höhlen liegen in der unmittelbaren Umgebung. Ein Wahrzeichen ist die Ruine des 1862 erbauten *Riber Castle.*

ELY

Ehe man das flache Marschland von *East Anglia,* mit seinen vielen unregulierten Wasserläufen und Sümpfen im 17. und 18. Jahrhundert trockengelegt hat (→ S. 20), war *Ely* als „Insel" bekannt: **Isle of Ely** (von *Eal Island* = „Aal-Insel", nach den fischreichen Gewässern). Diese Insel verteidigte der Angelsachse *Hereward the Wake* („Herwart der Wachsame"), der gerne als „The Last of the English" bezeichnet wird, als letzten angelsächsischen Stützpunkt 1071 gegen die normannischen Eroberer. Heute liegt das etwa 10 000 Einwohner zählende Städtchen am linken Ufer des *River Ouse.*

Unter *St. Etheldreda,* Königin von Northumbria, wurde schon im 7. Jahrhundert hier ein Benediktinerkloster gegründet, dessen Lehranstalt später auch von *Edward the Confessor* (1042-1066) besucht wurde, als dieser noch ein Kind war. Aus der damaligen Klosterschule ging die 1543 von *Henry VIII.* neu gegründete **King's School** hervor, die zu den ältesten öffentlichen Schulen überhaupt zählt. Das **Ely Porta** genannte große, dreigeschossige Torhaus ist ein noch erhaltener Teil dieses früheren Klosters. Es stammt aus dem Jahr 1397; die lange, aus dem 14. Jahrhundert stammende Scheune wurde umgestaltet und dient heute der *King's School* als Speisesaal. Zum Kloster zählte auch das sogenannte **Walsingham House,** das 1335 für den berühmten Baumeister *Alan de Walsingham* (s.unten) errichtet wurde; es steht auf den Resten eines früheren Gebäudes, von dem noch das normannische Portal (12. Jh.) erhalten ist. Aus der Mitte des 13. Jahrhunderts stammt das gegenüberliegende **Black Hostelry,** eine Herberge für vorbeiziehende Benediktinermönche. Noch älter ist das *King's School Headmaster's House* (12. Jh.).

Der nahe bei der Kathedrale liegende **Bishop's Palace** stammt hauptsächlich aus dem 18. Jahrhundert, besitzt aber noch einen Seitenflügel und Bauteile aus der Zeit des Bischofs *Alcock* (15. Jh.), der sich um die Erweiterung und Instandsetzung der Kathedrale große Verdienste erwarb. Das **Bishop's House** hinge-

---

Bild oben:
Ely zählt zu den malerischten alten Städten East Anglias.

Bild unten:
Das einstige Pfarrhaus der Church of St. Mary
wurde lange Zeit von Oliver Cromwell bewohnt.

gen entstand aus der ehemaligen „Great Hall" des Klosters, besitzt noch eine mittelalterliche Krypta und andere Bauteile aus dem 13. Jahrhundert, obwohl es im 18. Jahrhundert zum größten Teil erneuert wurde.

Nur wenige Schritte westlich des Bischofspalastes steht die *Church of St. Mary,* die bis auf das Jahr 1215 zurückgeht. Ihr ehemaliges Pfarrhaus diente einst *Oliver Cromwell* als Residenz.

DIE KATHEDRALE

Ely Cathedral ist nicht nur das wichtigste Baudenkmal, sondern auch ein Wahrzeichen der Stadt. Schon von weither ist sie dem anreisenden Besucher sichtbar. Die Kathedrale wurde 1083 zu bauen begonnen, die Kreuzschiffe waren 1106 fertiggestellt, das Langhaus mit seinen 12 Seitenkapellen im Jahr 1189. Nicht zu Unrecht wird die Kathedrale als eines der großartigsten Beispiele des normannischen Baustils gerühmt. Man betritt sie in der Regel durch das **Galilee** (1) genannte, eindrucksvolle Westportal in frühgotischem Stil *(Early English),* das kurz nach 1200 vor dem normannischen Westturm (1174) der Kirche angebaut wurde. Gleich nach dem Betreten der Kirche öffnet sich der Blick auf das hohe, schmale normannische **Langhaus** mit seinen charakteristischen Rundbögen in drei Reihen übereinander. Die mittelalterlichen Deckenmalereien gingen im Laufe der Jahrhunderte verloren und wurden im 19. Jahrhundert durch neue ersetzt, für die jene der St. Michaelskirche von Hildesheim als Vorbild dienten. Vom Langhaus führen zwei normannische Portale aus der Zeit um 1130 in den Kreuzgang des früheren Klosters: der **Prior's Doorway** (2), der außen mit einem Tympanum und mit Ornamenten reich geschmückt ist, und **Monk's Door** (3), die sogenannte „Mönchspforte". Vor dem *Prior's Doorway* beachte man die noch erhaltenen Fundamente des **Saxon Cross** (4), eines sächsischen Kreuzes aus dem 7. Jahrhundert.

Die neunhundert Jahre alte Kathedrale von Ely wird als großartigstes Beispiel des normannischen Baustils gerühmt.

*Drei Reihen von übereinanderliegenden Rundbögen
tragen das einzigartige normannische Langhaus der Kathedrale.
Nicht minder sehenswert ist das prächtige Fächergewölbe des Kreuzschiffs.*

Nach dem Betreten der Kirche gelangt man zuerst unter den normannischen Westturm, von dem aus sich rechts der noch erhaltene Teil des ursprünglichen südwestlichen Kreuzschiffes öffnet. Angebaut ist die halbrunde **Chapel of St. Catherine** (5), die ursprünglich zu diesem Kreuzschiff gehörte, aber im Laufe der Zeit verfiel und erst 1848 wiederhergestellt wurde.

Durch das 64 m lange Kirchenschiff geht man bis zum Kreuzschiff vor, in dessen Mitte *(Lantern)* der sogenannte **Crossing Tower** (6), auch „Octagonal Tower" genannt wegen seiner achteckigen Form, aufragt. In der mittelalterlichen englischen Architektur ist er der einzige seiner Art in dieser Form. Der ursprünglich normannische Mittelturm stürzte 1322 zusammen, was aber *Alan de Walsingham* 1322-1328 die Möglichkeit gab, einen neuen Turm aufzubauen. Dieser achteckige Turm gilt mit seinem unvergleichlich schönen Maßwerk, seinen Zinnen und kleinen Seitentürmchen als schönstes Beispiel der englischen Hochgotik *(Decorated-*Stil). Von außen betrachtet, ist der Turm das heraus

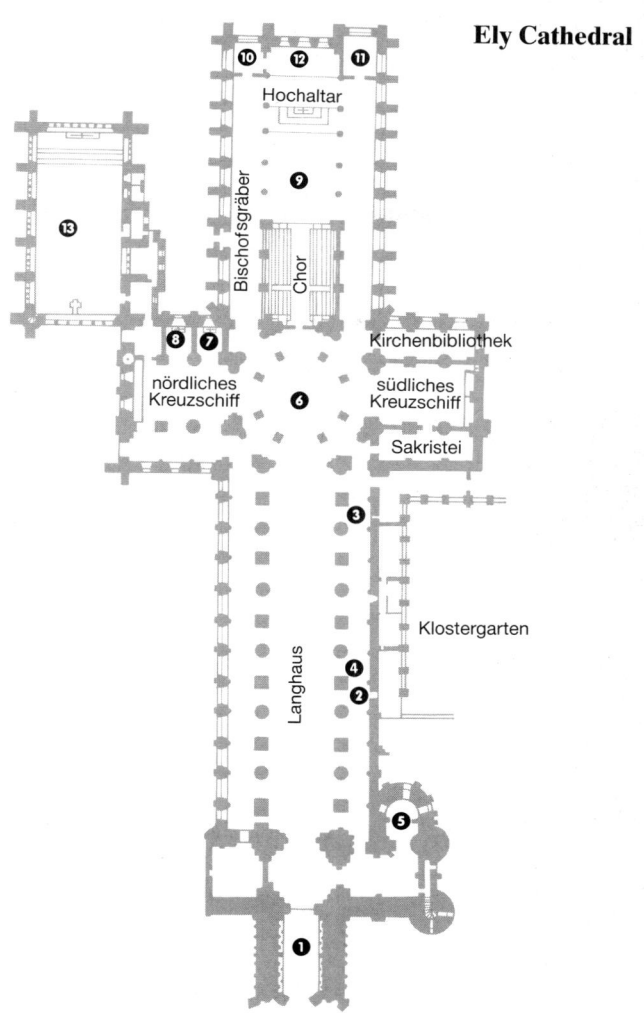

Ely Cathedral

Hochaltar

Bischofsgräber

Chor

Kirchenbibliothek

nördliches
Kreuzschiff

südliches
Kreuzschiff

Sakristei

Klostergarten

Langhaus

ragende Merkmal der Kathedrale; der Engländer sagt: „perhaps the most beautiful and original design to be found in the whole range of Gothic architecture". Vom gleichen Künstler stammt auch die *Lady Chapel* (s.unten). Sein Grabmal befindet sich im Langhaus und wird von einer marmornen Grabplatte gekennzeichnet.

Das **Kreuzschiff** ist der älteste Teil der normannischen Kirche. In seinem nördlichen Teil liegt die **Chapel of St. Edmund** (7) mit einem Altargitter aus dem 14. Jahrhundert und einer Wandmalerei aus dem 12. Jahrhundert, die das Martyrium des hl. Edmund darstellt. Die angrenzende **Chapel of St. George** (8) wurde zu einer Gedenkstätte für die Gefallenen des Ersten Weltkrieges umgestaltet. Der südliche Teil des Kreuzschiffs ist wegen seiner einzigartigen normannischen Steinmetzarbeiten aus dem 11. und 12. Jahrhundert und wegen seiner kunstvollen Kassettendecke bemerkenswert. Hier befinden sich auch die Kirchenbibliothek und die Sakristei.

Der ursprünglich normannische **Chor** fiel dem Einsturz des Mittelturms (1322) zum Opfer und wurde im 14. Jahrhundert gotisch erneuert. Aus dem 13. Jahrhundert stammt noch das **Presbyterium** (9), ein wunderschönes Beispiel des *Early English*-Stils, mit

---

Der achteckige „Crossing Tower" der Kathedrale gilt mit seinem feinen Maßwerk als herausragendes Beispiel englischer Hochgotik.

dem davorliegenden, reich geschnitzten Chorgestühl (14. Jh.) und dem dahinter aufragenden Hochaltar. Ursprünglich stand hier der Schrein der *hl. Etheldreda,* der zu Ehren man die Kirche ursprünglich erbaute, der aber unter Henry VIII. von *Lord Protector Somerset* 1547 völlig zerstört wurde. Zu beiden Seiten des Chorumgangs kann man reich geschmückte Gräber von Bischöfen und Edelleuten aus dem 13. bis 16. Jahrhundert sehen. Die drei Stifterkapellen *(Chantries)* am östlichen Ende des Chors wurden zwischen 1486 und 1533 erbaut und sind Meisterwerke des spätgotischen *Perpendicular*-Stils: die **Chantry of Bishop Alcock** (10) aus der Zeit kurz nach 1500 beeindruckt wegen ihrer überaus kunstvollen Ausschmückung, die **Chantry of Bishop West** (11) entstand dreißig Jahre später und zeigt bereits den Übergang von der Spätgotik zu klassischen Formen, wie sie in der Renaissance vorherrschten. Zwischen den beiden liegt die **St. Etheldra's Chapel** (12), die zu einer Gedenkstätte für die Gefallenen des Zweiten Weltkriegs umgestaltet wurde.

Besonderes Augenmerk verdient die 1349 an das nördliche Kreuzschiff angebaute **Lady Chapel** (13). Die schon oben einmal erwähnte Marienkapelle ist die größte Kapelle, die jemals einer mittelalterlichen Kirche angebaut wurde. Sie wurde von *Alan de Walsingham* (s.oben) 1321-1349 im hochgotischen *Decorated*-Stil erbaut, ist ca. 30 m lang, 17 m hoch und 14 m breit. Ihr steinernes Gewölbe war das größte seiner Zeit. Von 1566-1938 diente die Kapelle als Pfarrkirche von Ely. Ihr auffälligstes Merkmal sind ihre viele hundert Statuetten, denen *Lord Protector Somerset* zur Zeit der Reformation die Köpfe abschlagen ließ.

Wenn man den **Klostergarten** betritt, der sich an der Stelle des früheren Kreuzganges ausbreitet, sieht man noch einige alte klösterliche Bauwerke, darunter **Prior's House** (14./15. Jh.), nahebei die erst vor wenigen Jahren restaurierte **Prior Crauden's Chapel,** ein sehr schöner Bau im gotischen *Decorated*-Stil (1325), mit einer Krypta aus dem 13. Jahrhundert, sowie das mittelalterliche **Dekanat** *(Deanery)* mit Bauteilen aus dem 13. und 14. Jahrhundert und den Resten einer Mönchsküche aus dem 12. Jahrhundert.

Einige ansehnliche georgianische Häuser (18. Jh.) findet man in der *St. Mary's Street,* während man in der Straße **Waterside,** dem wohl malerischsten Straßenzug der Stadt, noch viele kleine, charakteristische *Cottages* aus alten Zeiten sehen kann. Der Gasthof „White Hart Inn" stammt zum Teil noch aus dem 15. Jahrhundert und besitzt noch eine jener typischen Oberstock-Galerien, wie sie heute fast nirgendwo mehr zu finden sind.

GREAT YARMOUTH

Great Yarmouth hat mehr als 55 000 Einwohner und liegt an der englischen Ostküste auf einer Halbinsel zwischen dem Meer und dem breiten Mündungsarm, den die beiden Flüsse *Yare* und *Waveney* bilden. Die Stadt ist seit altersher ein wichtiger Fischereihafen und Sitz einer Heringsfischerflotte, seit einigen Jahrzehnten auch der populärste und meistbesuchte Ferienort an der Norfolk-Küste. Hier gibt es einen 6 km langen Sandstrand, Kaipromenaden, Hotels und Pensionen aller Preisklassen, Camping- und Caravanplätze, die verschiedensten Unterhaltungs- und Vergnügungsmöglichkeiten, Konzertsäle und Tanzhallen, ein „Model-Village" und eine „Model-Railway", einen großen Kindervergnügungspark, also sehr gute touristische Einrichtungen für den Feriengast. Eine beliebte Einkaufsstraße ist die *King Street,* in der auch noch schöne Gebäude aus dem 17. und 18. Jahrhundert stehen.

Im Mittelalter war die Stadt von einer **Stadtmauer** umgeben, die durch 16 Wachtürme verstärkt war und durch die 10 Tore führten. Diese Stadtmauer wurde im 17. Jahrhundert abgetragen, doch gibt es noch immer schöne Reste aus dem 13. Jahrhundert zwischen *Blackfriar's Road* und *Rampart Road* zu sehen.

Bemerkenswert ist die über 70 m lange, mittelalterliche Pfarrkirche *(Church of St. Nicholas),* von der aber nur mehr Teile aus dem 13. Jahrhundert stammen, da sie nach schweren Bombenschäden im Zweiten Weltkrieg neu aufgebaut wurde. Nahebei stehen das Pfarrhaus (1718) und das sogenannte **Fishermen's Hospital** (auch *Fishermen's Almhouse),* ein sehenswerter einstöckiger Giebelbau rund um einen malerischen Hof aus der Zeit kurz nach 1700. Das Gebäude steht an der Stelle eines alten Benediktinerklosters aus der Zeit um 1100, von dem noch Teile des Refektoriums erhalten sind. Der angrenzende *Market Place* wird auch noch von schönen alten Gebäuden gesäumt. Sehr malerisch ist **Quayside,** die über 1500 m lange Uferstraße am *River Yare:* auf dem „Hall Quay" liegen die viktorianische *Town Hall* (1882), das *Duke's Head Hotel* (1609) und das elisabethanische *Star Hotel;* auch auf dem „South Quay" stehen schöne Häuser aus dem 16. bis 18. Jahrhundert, darunter auch das imposante *Customs House* und das **Old Merchants House** aus dem frühen 17. Jahrhundert mit erneuerter Fassade. Es ist heute als Museum zugänglich und enthält eine Sammlung von Kunstschmiedearbeiten des 17. bis 19. Jahrhunderts. Bemerkenswert ist auch das **Elizabethan House**

Museum, das in einem Kaufmannshaus des 16. Jahrhunderts eingerichtet ist, das noch sehr schöne Täfelungen und Stilmöbel besitzt; es vermittelt einen Eindruck über das häusliche Leben der letzten Jahrhunderte (geöffnet täglich außer samstags).

Nur wenige Schritte vom *South Quay* entfernt gibt es noch Ruinen eines Franziskanerklosters aus dem 13. Jahrhundert zu sehen, nahebei steht das **Old Tolhouse** *(Tolhouse Street)* aus dem Jahr 1362, das nach schweren Bombenschäden im Zweiten Weltkrieg im Jahr 1961 wiederhergestellt wurde. Auch dieses mittelalterliche Gebäude enthält heute ein Museum, gezeigt werden lokalhistorische Sammlungen (geöffnet täglich außer samstags).

Am Südrand der Stadt erhebt sich nahe beim Marinespital (1809) die 1817 errichtete **Nelson Column,** auch „Norfolk Pillar" genannt. Die Säule ist 44 m hoch, über 200 Stufen führen auf ihre Spitze (im Juli und August täglich außer samstags geöffnet). Wer sich für die Seefahrt interessiert, sollte dem *Maritime Museum for East Anglia* auf der *Marine Parade* einen Besuch abstatten (von Juni bis September täglich, sonst nur montags bis freitags geöffnet).

Etwa 5 km westlich der Stadt liegt an der Stelle, wo die Flüsse *Yare* und *Waveney* in den breiten Wasserarm „Breydon Water" einmünden, der kleine Ort **Burgh Castle,** wo noch Reste eines römischen Forts (2. Jh. n. Chr.) erhalten sind, das auch noch in sächsischer und normannischer Zeit als Befestigung gedient hat.

Von dem *Great Yarmouth* etwa 4 km weiter nördlich benachbarten Badeort **Caister-on-Sea** (Sandstraße), wo die Römer schon im frühen 2. Jahrhundert eine Stadt angelegt hatten, führt eine Zufahrt zum **Caister Castle,** einem einst ansehnlichen Herrenhaus aus dem Jahr 1432, von dem immer noch bedeutende Ruinen, ein 30 m hoher Rundturm mit Stufentürmchen und ein Torhaus stehen. Der Herrensitz wurde einst für den mächtigen Grundherrn *Sir John Fastolf* gebaut, den auch *Shakespeare* in seinem Königsdrama „Henry VI." verewigte. Heute ist hier ein **Motor Museum** mit vielen Oldtimern zu sehen, das Motorsportfreunde sicher begeistern wird.

Nördlich von **Great Yarmouth** erstrecken sich die **Norfolk Broads** (→ S. 22), die bei Segelsportlern sehr beliebt sind. Die Straße B-1159 führt nahe an der Küste entlang nach **Cromer** (→ S. 133), an mehreren malerischen kleinen Fischerdörfern und Familienbadeorten vorbei.

Über die anderen Ausflugsziele, wie etwa zum wunderschönen **Fritton Lake** (8 km), zum prächtigen Schloß **Somerleyton Hall** (11 km) oder nach **Lowestoft** (14 km) lesen Sie bitte im Weg 11 (→ S. 164) nach.

IPSWICH

Ipswich ist eine interessante Industrie- und Hafenstadt mit mehr als 120 000 Einwohnern, auch ein landwirtschaftliches Zentrum für den südlichen Teil *East Anglias* und die Hauptstadt von *Suffolk.* Die Stadt liegt an der Mündung des *River Gipping* in den *River Orwell,* einer breiten, auch von großen Schiffen befahrbaren Wasserstraße, die rund 15 km weiter südöstlich in die Nordsee mündet. Dort münden *Orwell* und *Stour* zusammen, an ihren beiden Landzungen liegen die bedeutenden Fährschiffhäfen *Felixstowe* (im Norden) und *Harwich* (im Süden).

Von ausländischen Touristen wird *Ipswich,* das ja keinen eigenen Badestrand in seiner unmittelbaren Umgebung besitzt, nur selten als Aufenthaltsort gewählt; hauptsächlich nur bei der Durchreise kurz angesehen. Obwohl *Ipswich* schon vor mehr als tausend Jahren gegründet wurde (in sächsischer Zeit trug es den Namen *Gippeswyk),* haben sich mit Ausnahme einiger schöner alter Kirchen keine mittelalterlichen Gebäude in der Stadt bewahrt. Als im 16. Jahrhundert die Stadt als Handels- und Ausfuhrhafen für Wolle eine Glanzzeit erlebte, entstanden reiche Adels- und Bürgerhäuser, unter denen das *Ancient House* (1567) und das *Christchurch Mansion* (1548) herausragen.

Das **Ancient House** in der Straße *Buttermarket* wird nach seinen früheren Besitzern auch **Sparrowe's House** genannt und ist sicher das meistbewunderte Gebäude der Stadt. Seine Stuckdekorationen und überreiche Fassadenverzierungen sind sehr sehenswert, und es gibt nur wenige Häuser in England, die man mit diesem vergleichen könnte. Es enthält heute eine große Buchhandlung.

Das im *Christchurch Park,* nahe bei der *Church of St. Margaret* (15. Jh., sehenswerte gehämmerte Stichbalkendecke) liegende **Christchurch Mansion** ist ein schönes Beispiel für ein Herrenhaus aus der Tudorzeit. Es wurde 1548 an der Stelle einer Augustinerpriorei des 12. Jahrhunderts erbaut und nach einem Brand 1675 erneuert. Seine mehr als dreißig Räume sind heute als zeitgeschichtliches Museum zugänglich. Jeder Raum ist im Stil einer anderen Zeitepoche eingerichtet und vermittelt einen anschaulichen Überblick über Lebensart und Wohnen der Menschen zwischen dem 16. und 19. Jahrhundert.

Beachten Sie vor allem die Täfelungen im **Wingfield Room** (16. Jh.) und die Erinnerungen an den berühmten *Kardinal Wolsey* (um 1475-1530), der in Ipswich als Sohn eines Fleischers geboren wurde. Das Museum enthält auch bemerkenswerte

Kunstsammlungen, wie altes Glas, Porzellan, Gemälde (darunter Werke von *Gains-borough, Constable* und *Steer),* weiters Modellschiffe, alte Puppenhäuser, Kinderspielzeug u.v.a. (Geöffnet montags bis samstags 10-17 Uhr).

In der *Tavern Street* liegt das alte **White Horse Hotel,** in dem u.a. auch *Charles Dickens* wohnte, der es zum Schauplatz eines amüsanten Erlebnisses des „Mr. Pickwick" machte. Von der *Tavern Street* führt die *Tower Street* nordwärts zur *Church of St. Mary-at-Tower,* die im 19. Jahrhundert errichtet wurde und einen 54 m hohen Turm besitzt. Sie ist wegen ihrer schönen Schnitzarbeiten sehenswert. Schöne alte Häuser findet man auch in der *Fore Street* und in der *Upper Brook Street;* etwas südlich von letzterer verläuft die *College Street* mit dem **Wolsey's Gateway** (16. Jh.), dem einzigen noch erhaltenen Teil des von Kardinal *Wolsey* 1528 gegründeten geistlichen Colleges. In der nahebei stehenden **St. Peter's Church** kann man noch ein Marmortaufbecken aus normannischer Zeit und eine bemerkenswerte Grabplatte aus dem Jahr 1604 sehen.

Wer sich für Altertümer interessiert, besichtige das **Ipswich Museum** in der *High Street.* Es enthält reiche Sammlungen von der prähistorischen Zeit bis zum Mittelalter, darunter steinzeitliches Werkzeug, römische Grabungsfunde, Grabbeigaben aus dem alten sächsischen Friedhof von *Hadleigh Road* (Waffen, Schmuck, Gefäße) u.v.a. Angeschlossen sind bedeutende ethnographische Sammlungen mit Gegenständen aus Afrika, Asien, Australien und dem pazifischen Raum. Weiters findet man in dem Museum eine interessante Sammlung von tropischen und britischen Vögeln. (Geöffnet von montags bis samstags 10-17 Uhr). Erwähnenswert ist schließlich auch das **Old Custom House** am *Quay,* das 1842 im Neorenaissancestil erbaut wurde.

AUSFLÜGE

1. Hadleigh – Kersey. Man verläßt die Stadt im Westen auf der B-1071 und fährt über **Hintlesham** („Hintlesham Hall" aus der Tudorzeit, im 18. und 19. Jh. umgestaltet und vergrößert) zuerst nach **Hadleigh** (15 km), ein sehenswertes Marktstädtchen, das einst der Mittelpunkt des *East Anglian* Wollstoff- und Tuchhandels war. In der langen *High Street* und rund um die Pfarrkirche

Ipswich steht zwar bei vielen im Ruf, nur eine Industriestadt und Hafenstadt zu sein, es gibt aber einen sehr malerischen alten Stadtkern mit engen Straßen, und das reich verzierte „Sparrowe's House" aus der Zeit kurz nach 1600 zählt zu den schönsten seiner Art überhaupt.

findet man sehr viele schöne (Fachwerk-) Häuser aus allen Zeitepochen seit dem Mittelalter. Bemerkenswert ist vor allem die prächtige *Guildhall* auf dem *Church Square*. Sie wurde im 15. Jahrhundert erbaut und hat sich bis zum heutigen Tag ihr Aussehen bewahrt (an Donnerstagen kann sie auch innen besichtigt werden). Nahebei steht der 1495 aus Ziegeln gefügte „Deanery Tower" vor dem Dekanatsgebäude, das Torhaus eines mittelalter-

273

lichen Bischofspalastes, von dem aber nichts mehr erhalten blieb. Bemerkenswert ist auch das „Overall House"; es ist nach Bischof *John Overall* benannt, der 1620 hier eine autorisierte Bibelübersetzung für König *James I.* anfertigte. In der *Church of St. Mary* (14. und 15. Jh.) gibt es mehrere alte Gedenkplatten und Grabmonumente, ein schönes Orgelgehäuse aus dem 18. Jahrhundert und am Ende einer der Betbänke eine interessante Holzschnitzerei zu sehen: einen Wolf, der einen Männerkopf an den Haaren im Maul trägt.

Der Legende nach soll *St. Edmund* hier im Jahr 870 von den Dänen ermordet worden sein. Sein abgeschlagener Kopf wurde in das Dickicht geworfen. Später fanden seine Anhänger den Kopf, der von einem grauen Wolf bewacht wurde. Das war für einen unbekannten Künstler des 14. Jahrhunderts das Motiv für diese Holzschnitzarbeit.

Hadleigh nördlich benachbart liegt **Kersey,** einer der hübschesten Orte von Suffolk mit vielen bunt bemalten Gebäuden und alten Fachwerkhäusern an der ungeraden Hauptstraße (viele Fotomotive!), wo sich zuweilen noch Enten und Gänse im Wasser tummeln. Auch dieser Ort verdankte seinen mittelalterlichen Wohlstand dem Woll- und Tuchhandel. Auf der *Priory Farm* existieren noch Baureste eines mittelalterlichen Augustinerklosters aus dem 13. Jahrhundert. Die *Church of St. Mary* wurde im 19. Jahrhundert restauriert, besitzt aber noch ihren alten Kirchturm aus dem 15. Jahrhundert, ein schönes gotisches Taufbecken mit Engelreliefs, eine alte Wandmalerei von St. Georg und dem Drachen und andere Kunstwerke.

Nur wenige Fahrminuten südlich von *Hadleigh* liegt **Gifford's Hall,** ein Landsitz aus der Tudorzeit mit zweistöckigem Torhaus, durch das man in einen von Fachwerkbauten gesäumten alten Hof gelangt. Ein Portal führt in die *Great Hall,* mit prachtvoller Stichbalkendecke und Galerie. Im 18. und 19. Jahrhundert erfolgten Zubauten.

2. Dedham Vale ist der Name für jenen ca. 15 km südwestlich von Ipswich liegenden Teil des *Stour*-Tales, der für seine landschaftliche Schönheit berühmt ist und in zahlreichen Bildern *John Constables* verewigt wurde. Hauptort ist *Dedham* (→ S. 173), das Tal wird auch als „Constable Country" bezeichnet. Man verläßt Ipswich im Südwesten auf der A-12, von der mehrere Landstraßen in das Tal abzweigen. Bei *Capel St. Mary* (9 km) kann man rechts auf eine Landstraße abzweigen, auf der man nach wenigen Fahrminuten zur **Little Wenham Hall** gelangt: eines der besterhaltenen befestigten mittelalterlichen Herrenhäuser Englands aus dem 13. Jahrhundert. (Ob eine Besichtigung möglich ist, erfrage man vorher am Touristenamt.)

Schon kurz darauf führen weitere Abzweigungen von der A-12 nach **East Bergholt** (hier wurde *Constable* 1776 geboren), **Dedham, Flatford Mill, Stoke-by-Nayland** usw., die Sie alle in der Beschreibung des „Constable Country" im Weg 11 (→ ab S. 172) beschrieben finden.

3. Helmingham Hall – Otley Hall. Zwei aus gleicher Zeit stammende und doch grundverschiedene Herrensitze, beide sehr sehenswert, rund 16 km nördlich von Ipswich, beide über die B-1077 zu erreichen. – **Helmingham Hall** ist seit 1480 die Residenz der *Lords Tollemache.* Das schloßartige Herrenhaus, das 1510 fertiggestellt wurde, gilt als letzter und möglicherweise eindrucksvollster und besterhaltener noch von der gleichen Familie bewohnter Adelssitz aus der Tudorzeit, der von einem breiten Wassergraben umgeben ist. Die Zugbrücke, die über ihn zum Schloß führt, wird heute noch jeden Abend hochgezogen. Der langgestreckte, zweigeschossige Bau wurde im 18. Jahrhundert erweitert; er besticht durch seine elegante Fassadengliederung, seine spitz zulaufenden Giebel und hohen Kamine. Neben gepflegten Gartenanlagen (entzückend ist der gut sortierte Gewürzgarten) gibt es auch einen sehr großen zum Schloß gehörenden Landschaftspark mit viel Damwild und Rotwild, durch den wunderschöne Wander- und Reitwege führen. Leider ist das Herrenhaus derzeit nur an Sonntagnachmittagen von außen zu besichtigen, wenn der Landschaftspark Besuchern offensteht.

In der Pfarrkirche von **Helmingham,** die einen schönen Turm im *Perpendicular*-Stil besitzt, gibt es mehrere sehenswerte Figurengräber der *Tollemache*-Familie.

Der südöstlich benachbarte Herrensitz **Otley Hall** stammt ebenfalls aus dem 15. Jahrhundert und ist gleichfalls von einem Wassergraben umgeben, doch handelt es sich bei ihm nicht um einen schloßartigen Bau, sondern um einen charakteristischen Landsitz dieser Zeit in bäuerlicher Architektur, teilweise Fachwerk, und mit auffallend hohen Doppelschornsteinen. Zeitgenössisch ist auch die Innenausstattung. Hier weilten u.a. *Elizabeth I., James I., Charles I.* und viele hohe Würdenträger als Gäste. Auch hier sind die Besuchszeiten derzeit leider sehr beschränkt, man erkundige sich am Touristenamt. Beachtung verdient auch der in der Nähe liegende alte Fachwerkbau *Otley High House.*

KING'S LYNN

Die von den Einheimischen nur „Lynn" genannte Stadt liegt etwa 4 km vor der Mündung der *Great Ouse* in die Nordsee, die hier die große Bucht „The Wash" bildet. Schon lange ein bedeutender Seehafen, der früher vor allem durch seinen Handel mit den Niederlanden bekannt war, ist *Lynn* heute auch ein landwirtschaftliches Zentrum und eine Industriestadt mit rund 30 000 Einwohnern. Erstaunlicherweise haben sich hier eine große Zahl an historischen alten Gebäuden erhalten, was *Lynn* – obwohl vom kontinentaleuropäischen Touristen fast unbeachtet – zu einer der sehenswertesten kleinen Städte Mittelenglands macht.

Die sehenswerten Bauten lernen Sie mühelos bei einem kleinen Spaziergang kennen. Wenn Sie vom Süden her anreisen, wahrscheinlich auf der A-10 oder der A-47, so betreten Sie die Stadt durch die *London Road* (hier erhebt sich das **South Gate,** das einzige noch erhaltene Stadttor). Die Straße findet ihre Fortsetzung in der *St. James' Road* und der *Railway Road* (rechts liegt der Bahnhof), und wenn Sie hier Ihren Pkw auf einem Parkplatz abstellen und sich dann nach rechts wenden, gelangen Sie nach wenigen Schritten in das Stadtzentrum und zu den schönen alten Gebäuden am rechten (östlichen) Flußufer.

Als Marktstadt hatte *Lynn* schon im Mittelalter Bedeutung. Sein „Dienstagmarkt" *(Tuesday Market)* geht bis auf das 12. Jahrhundert zurück und wird heute noch wie eh und je an Dienstagen abgehalten; während der anderen Wochentage dient der geräumige *Tuesday Market Place* am Nordende der *High Street* als Autoparkplatz. Noch älter ist der „Samstagmarkt" *(Saturday Market),* der ebenfalls noch heute (am südlichen Ende der *High Street)* abgehalten wird. Hier erhebt sich auch die große **Church of St. Margaret,** die schon um 1100 gegründet wurde und an der alle mittelalterlichen Baustile zu erkennen sind. Sie besitzt zwei Türme (was für eine englische Pfarrkirche sehr ungewöhnlich ist) aus der Mitte des 12. Jahrhunderts und in ihrem Inneren sind hauptsächlich zwei monumentale Grabplatten (man sagt, es seien die größten ihrer Art in England) aus den Jahren 1349 und 1364 beachtenswert. Beide sind norddeutschen Ursprungs.

Ganz nahe liegt die **Guildhall of the Holy Trinity,** eine mittelalterliche Gildenhalle aus dem Jahr 1421, die im 18. Jahrhundert vergrößert und teilweise umgestaltet wurde und 1895 neue Anbauten erhielt: seither dient sie als **Town Hall,** also als Rathaus der Stadt.

In einer eigenen „Schatzkammer" werden hier Gold- und Silberschmiedearbeiten von unschätzbarem Wert aufbewahrt, darunter prachtvolle Trinkgefäße (u.a. der mittelalterlichen *King John's Cup* und der einzigartigen *Nuremberg Cup,* den im 16. Jh. ein Nürnberger Goldschmied anfertigte), weiters *King John's Sword,* die *Mayoral Chains* (1512) u.a. (Die Besichtigungszeiten erfrage man bei der *City Information* in der *Old Market Street).*

Der gegenüberliegende **Hampton Court** (auch *Courthouse)* entstand im 14. Jahrhundert als Warenlager am Fluß, wurde im 17. Jahrhundert zum Wohnhaus umgebaut und 1784 neuerlich verändert. Heute zählt das Gebäude zu den schönsten und besterhaltenen Kaufmannshäusern der Stadt.

Von der *Town Hall* (s.oben) geht man durch die *Queen Street* weiter zum **Clifton House,** einem mittelalterlichen Haus mit noch erhaltenem Gewölbe aus dem 15. Jahrhundert, das 1708 eine neue Fassade in georgianischem Stil vorgesetzt bekam und von dessen einstigem Wachtturm man einen schönen Blick über die ganze Stadt genießt. Noch ein paar Schritte und man kommt zum Ende der *Queen Street,* wo das **Customs House** aus dem Jahr 1683 steht. Das malerische zweigeschossige Haus in „holländischem" Stil ist mit seinen hohen Bögen, dem Giebeldachgeschoß und dem kleinen, turmartigen Aufbau eines der meistfotografierten Häuser der Stadt.

Nicht weit von hier entfernt steht das **Hanseatic Warehouse** (1428), ein ehemaliges Depot der Hansa.

Man folgt jetzt der **King Street,** in der man viele schöne Häuser im georgianischen Stil des 18. Jahrhunderts sehen kann. Das Haus Nr. 9 ist das sogenannte **Medieval Merchant's House,** hinter dessen georgianischer Fassade (18. Jh.) sich ein uraltes Kaufmannshaus mit malerischem Innenhof verbirgt. Sein Kern stammt aus dem 14. Jahrhundert. Man kann einige Räume mit schönen Täfelungen, Balkendecken und Feuerstellen aus dem 17. und 18. Jahrhundert sehen, das Haus enthält auch eine Sammlung alter Landkarten (17. Jh.) und Erinnerungen an *Lord Nelson.* (Da sich das Haus in Privatbesitz befindet, erfrage man die Besichtigungszeiten an Ort und Stelle).

Man folgt der *King Street* weiter zur **St. George's Guildhall** (15. Jh.), dem größten und ältesten in England noch erhaltenen mittelalterlichen Haus einer Kaufmannsgilde. Es diente im 18. Jahrhundert als Theater, wurde 1951 restauriert und wieder als Theater eingerichtet. Daneben befindet sich das **Museum of Social History** mit heimatkundlichen Sammlungen, alten Kleidern und Kostümen, Spielzeug, Puppen, lokalen Glaswaren u.v.a. (Öffnungszeiten sind dienstags bis samstags). Die *King Street* mündet auf den schon eingangs erwähnten *Tuesday Market Place*.

Nur ein paar Schritte östlich von der *St. Georg's Guildhall* erhebt sich die **Chapel of St. Nicholas,** die allerdings die Größe einer Kirche besitzt. Sie wurde 1146 gegründet, ihr heutiges Aussehen stammt aber aus dem frühen 15. Jahrhundert. Sehr schön ist ihr Südportal.

Wenn man von der *Town Hall* (s.oben) in südlicher Richtung weitergeht, gelangt man in die malerische **Bridge Street** mit vielen alten Bauten, darunter auch das **Greenland Fishery House** (1605), ein altes Kaufmannshaus, später Wohnhaus der Grönlandfischer und dann Gasthof. Das Haus ist an seinem überhängenden Obergeschoß leicht zu erkennen. Seine Wandmalereien stammen aus dem 17. Jahrhundert.

Schließlich verdient noch das **Lynn Museum** bei der Ankunfts- und Abfahrtsstelle der Autobusse *(Bus Station)* und nahe beim Touristenamt in der *Old Market Street* erwähnt zu werden. Es enthält historische, geologische, archäologische, naturgeschichtliche und volkskundliche Sammlungen, auch eine kleine Kunstgalerie, und ist in der Regel montags bis samstags geöffnet.

AUSFLÜGE

1. Castle Rising (6,5 km, nordöstlich, Zufahrt von der A-149). Vor der Trockenlegung des Landes und dem Zurückdrängen der See gab es hier einen bedeutenden Hafen. Heute besucht man den Ort wegen seiner prächtigen Normannenburg, die *William de Albini* (Ehemann der Witwe des Königs *Henry I.)* um 1150 erbauen ließ. 1330 war die Burg Residenz der Königin *Isabella* (Witwe des ermordeten *Edward II.* und Mutter von *Edward III.),* 1544 erwarb sie *Thomas Howard, Duke of Norfolk,* und blieb bis 1958 im Besitz dieses Adelshauses.

Ungewöhnlich ist der gigantische, künstlich aufgeschüttete Erdhügel von 20 m Höhe und rund 900 m Durchmesser, auf dem die Burg steht. Man weiß, daß es schon zur Römerzeit Erdaufschüttungen hier gab, aber ihr genaues Alter ist ungewiß. Der

Burghügel wird heute noch von einem 18 m tiefen Graben umgeben, eine Brücke führt über ihn zu der Ruine eines Torhauses, durch das man auf die große Rasenanlage vor der Burg gelangt. In der Burg führt ein großes steinernes Stiegenhaus zu den höher gelegenen, noch erhaltenen Räumen und Galerien.

Weiters kann man in **Castle Rising** noch eine spätnormannische Kirche (12. Jh.) und einen interessanten Gebäudekomplex aus dem 17. Jahrhundert ansehen: Das um einen runden Mittelhof angelegte **Trinity Hospital** besteht aus neun Ziegelbauten, Wohnstätten für ältere, alleinstehende Frauen, einer *Hall* und einer eigenen Kapelle. Die seinerzeit von *Henry Howard, Earl of Northampton* gestiftete Anlage kann in der Regel ganzjährig an Dienstagen, Donnerstagen und Samstagen besichtigt werden.

2. Sandringham (12,5 km nordöstlich, Zufahrt von der A-149. Mühelos bei einer Ausflugsfahrt zusammen mit dem oben genannten *Castle Rising* zu besichtigen). **Sandringham Castle** ist heute eine Sommerresidenz der Königin und daher auch während ihrer oder der Anwesenheit anderer Mitglieder des Königshauses (fast immer gegen Ende Juli, aber auch zu anderen Jahreszeiten) nicht zu besichtigen. Sonst sind das ursprünglich von *Edward VII.*, als dieser noch *Prince of Wales* war, 1867-1870 erbaute Schloß und der riesige, es umgebende Landschaftspark (mit Wäldern, Spazierwegen und sehr schönen Gartenanlagen) in der Regel täglich außer freitags und samstags ab 11 Uhr (manchmal auch nur der Park) zugänglich.

Man betritt die Anlage durch die prächtig geschmückten Eisentore „Norwich Gates", die die Stadt *Norwich* 1863 *Edward VII.* zum Hochzeitsgeschenk machte. – In der gotischen Pfarrkirche von **Sandringham** erinnern Gedenkstätten an *Edward VII.* und an andere Mitglieder der königlichen Familie.

3. Houghton Hall (20 km östlich, Zufahrt von der A-148). Das in einem großen Landschaftspark liegende Schloß, das sich *Sir Robert Walpole* 1722-1731 bauen ließ und heute eine Residenz des *Marquess of Cholmondeley* ist, zählt zu den schönsten Beispielen der palladianischen Renaissancearchitektur in England. Es besitzt eine 140 m lange Fassade, Freitreppen, ein hohes Säulenportal und prächtig ausgestattete Zimmerfluchten, die alte Gemälde, kostbare Stilmöbel, altes Porzellan und andere Kostbarkeiten beherbergen. Außerdem gibt es hier ein „Soldier Museum" mit einer originellen Sammlung von rund 20 000 Modellsoldaten und Militaria zu besichtigen. In der weiträumigen Parkanlage kann man auch die großen Pferdeställe ansehen, es gibt einen

Picknickplatz, Kinderspielplätze und einen *Tea Room.* Das Schloß ist in der Regel donnerstags und sonntags an Nachmittagen zugänglich.

Der weiter östlich, nahe bei *Fakenham* liegende prächtige Herrensitz **Raynham Hall** (1620) ist derzeit leider nicht zu besichtigen.

4. Narborough (16 km südöstlich an der A-47). Kurz nach der Ausfahrt aus King's Lynn führt die A-47 an **North Runcton** vorbei, wo es eine prächtige Pfarrkirche aus den Jahren 1703-1713 anzusehen gibt. In **Narborough** ist die bis auf die Normannenzeit zurückgehende *Church of All Saints,* die in gotischer Zeit mehrmals verändert wurde, sehenswert. Sie enthält auch einige Glasmalereien aus dem 15. Jahrhundert und Figurengräber aus dem frühen 14. bis zum 17. Jahrhundert. In der Nähe liegt das Herrenhaus **Narborough Hall** aus der Tudorzeit, mit späteren Veränderungen. Im angrenzenden Park beginnt der etwa 3 km weit in südliche Richtung verlaufende „Devil's Dyke", eine frühgeschichtliche, ursprünglich befestigte Erdschanze.

Die östlich von *Narborough* abzweigende Landstraße führt nach **Castle Acre** (→ S. 128); die A-47 hingegen führt weiter nach *Swaffham* (→ S. 128) und *Norwich*.*

5. Die Wiggenhall-Kirchen (ca. 4-8 km südlich). Dieser Abstecher zu den nahe beinander an den Ufern der *Ouse* liegenden kleinen Orten *Wiggenhall St. Germans, Wiggenhall St. Mary the Virgin* und *Wiggenhall St. Mary Magdalen* ist jenen Touristen zu empfehlen, die sich gerne schöne gotische Dorfkirchen anschauen. Die Kirchen enthalten bemerkenswerte Holzschnitzereien (Köpfe und Heiligenfiguren an den Bänken, Kanzeln aus dem 17. Jh.). Die Kirche von *Wiggenhall St. Peter* ist nur mehr eine Ruine.

6. Wisbech (20 km südwestlich auf der A-47). Diesen besuchenswerten Ort finden Sie auf Seite 127 beschrieben.

LEICESTER

Leicester ist heute eine wichtige Industriestadt an den von London nach Norden führenden Hauptverkehrsstraßen M-1 und A-6 und wird deshalb von den meisten Reisenden „links liegen" gelassen. Das ist schade, denn die Stadt hat auch dem Touristen viel Sehenswertes zu bieten.

Die Stadtgeschichte reicht bis in die Römerzeit zurück, die hier das befestigte *Ratae Coritanorum* anlegten. Von dieser Römerstadt sind noch bedeutende Bauteile und Grabungsfunde erhalten. Doch Leicester muß noch älter sein, denn wo heute die *High Street* und der *St. Nicolas Circle* liegen, verlief vor zweieinhalb Jahrtausenden der „Fosse Way", die älteste bekannte Straße Großbritanniens. Sie wurde 483 v. Chr. von dem britannischen König *Dunwallon* angelegt; die Römer haben die Straße später gepflastert.

Man kann hier seinen Stadtbummel beginnen, denn das **Jewry Wall Museum** (1) enthält viele archäologische Grabungsfunde aus dieser Zeit, darunter auch einen römischen Mosaikfußboden. Bei dem römischen „Jewry Wall" handelt es sich um den sechs Meter hohen Teil der Fassade einer großen römischen Badeanstalt mit einer Turnhalle.

Neben den römischen Ausgrabungen erhebt sich das älteste Bauwerk der Stadt, die **St. Nicolas' Church** (2). Sie wurde schon zur sächsischen Zeit im 9. Jahrhundert aus römischen Ziegeln erbaut und unter den Normannen vergrößert. Die Kirche besitzt heute noch ihr ursprüngliches sächsisches Schiff, der Chor wurde in frühgotischem Stil *(Early English)* zugebaut. Der Turm stammt noch aus normannischer Zeit (11. Jh.). Nur wenige Schritte von hier entfernt liegt die **Old Guildhall** (3), die mittelalterliche Gildenhalle der *Corpus Christi Gilde*, ein malerischer Fachwerkbau aus dem 14. und 15. Jahrhundert. Später diente das Haus bis zum Jahr 1876 als Rathaus der Stadt. Das *Mayor's Parlour* (Empfangszimmer des Bürgermeisters) von 1637 kann ebenso besichtigt werden wie die *Great Hall,* die Bibliothek und die alten Polizeizellen. Gegenüber liegt das mittelalterliche *Wygston House* mit dem **Costume Museum** (4), in dem nicht nur alte Trachten und Kostüme vom 18. Jahrhundert bis zur Gegenwart ausgestellt sind, sondern die auch Rekonstruktionen alter Läden (Tuchhändler, Schuhgeschäft, Modesalon) aus den zwanziger Jahren unseres Jahrhunderts enthält. Hinter der *Guildhall* erhebt sich die

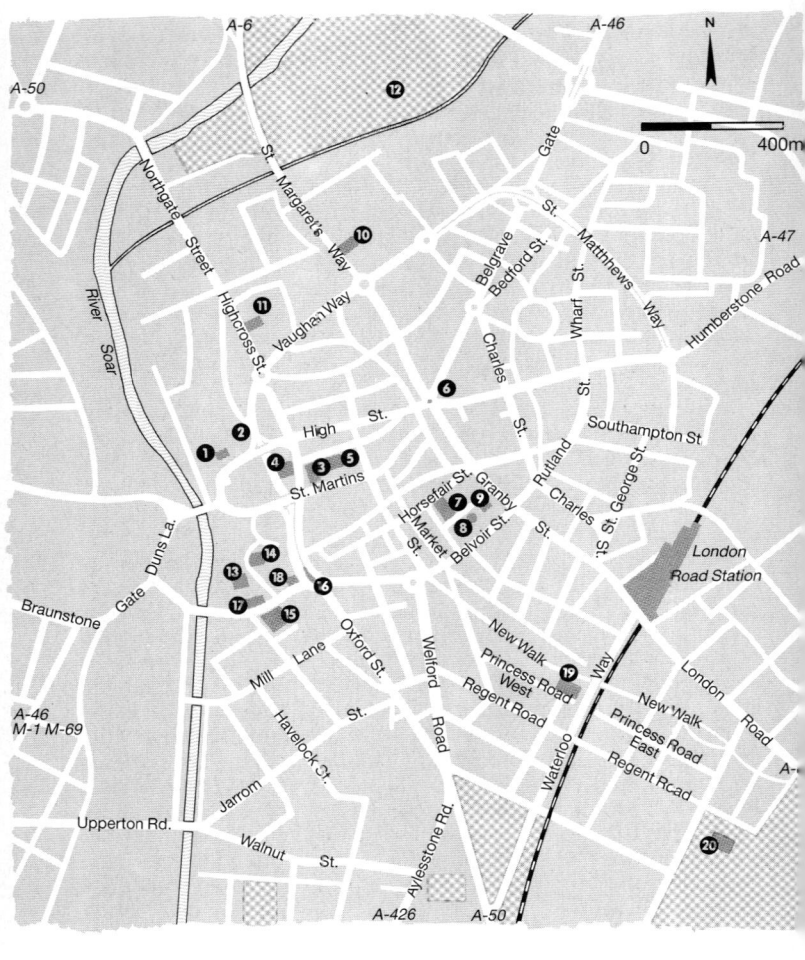

St. Martin's Cathedral (5), die bis zur Ernennung des Bischofs im Jahr 1926 die Pfarrkirche der Stadt war. Die Kirche steht auf den Resten einer normannischen Kirche, die im 14. und 19. Jahrhundert erneuert wurde. Noch früher stand hier ein sächsisches Gotteshaus und vor diesem ein römischer Tempel.

Von hier aus sind es nur wenige Schritte in das Zentrum der Innenstadt, das von den Straßen *Gallowtree Gate, Granby Street, Humberstone Gate, High Street, Belvoir Street* und *Market Street,* den wichtigsten „Shopping- Streets" der Stadt, umschlossen ist. Dort liegt auch der immer geschäftige **Market Place** mit Verkaufsständen unter freiem Himmel und einer Kornbörse.

Ein Wahrzeichen ist der **Clock Tower** (6), ein 1868 in neugotischem Stil erbauter Uhrturm. Die **Town Hall** (7), das jetzige Rathaus, stammt aus dem Jahr 1875. In der hier vorbeiführenden *Bishop Street* liegen auch das **Touristen-Informationsbüro** (8) und das **Hauptpostamt** (9). Im nördlichen Teil der Innenstadt kann man zwei bemerkenswerte Kirchen besichtigen: Die gotische **St. Margaret's Church** (10) stammt großenteils aus dem 14. und 15. Jahrhundert, doch ihr Südportal und der südliche Teil ihres Langhauses blieben noch von einer Vorgänger-Kirche des 13. Jahrhunderts erhalten. Die gotische **All Saint's Church** (11) ist vor allem wegen ihres noch von einer früheren Kirche stammenden normannischen Westportals und ihres Taufbeckens aus dem 13. Jahrhundert besuchenswert.

Nördlich des hier verlaufenden Flußkanals erstreckt sich der große **Abbey Park** (12) an der Stelle der mittelalterlichen *Leicester Abbey,* von der aber nur mehr einige spärliche Ruinen aus dem 12. Jahrhundert und Umfassungsmauern aus dem 15. Jahrhundert erhalten sind. Die Abbey war der Sterbe- und Begräbnisort des berühmten Kardinals *Wolsey* (1475-1530). Heute gibt es hier schöne Spazierwege, einen kleinen See, weiträumige Rasenflächen und schöne Ziergärten.

Leicester

1 Jewry Wall Museum	8 Touristen-	14 St. Mary de Castro Church
2 St. Nicolas' Church	Informationsbüro	15 Polytechnikum
3 Old Guildhall	9 Hauptpostamt	16 Magazine Gateway
4 Costume Museum	10 St. Margaret's Church	17 Trinity Hospital
5 St. Martin's Cathedral	11 All Saint's Church	18 Newarke House Museum
6 Clock Tower	12 Abbey Park	19 Leicestershire-Museum
7 Town Hall	13 Leicester Castle	20 Victoria Park

Nördlich der Parkanlage liegt in der *Thurmaston Road* die *Belgrave Hall,* ein im *Queen Anne*-Stil 1709-1713 errichtetes kleines Herrenhaus mit davorliegenden Gärten, Stallgebäuden mit einer Kutsche aus dem Jahr 1740 und einer Ausstellung landwirtschaftlichen Geräts. Das Herrenhaus selber ist noch zeitgenössisch mit Stilmöbeln und Gemälden des 18. und 19. Jahrhunderts eingerichtet. Nahebei liegt das **Museum of Technology,** mit vielen Geräten und Maschinen aus den Anfängen der industriellen Entwicklung.

Westlich des Stadtzentrums und nahe am *River Soar* liegt das aus Backsteinen erbaute **Leicester Castle** (13) aus dem 18. Jahrhundert, das noch Teile der ehemaligen Normannenburg, vor allem die sehenswerte *Norman Great Hall* (12. Jh.) umschließt. Seit dem 13. Jahrhundert tagte in dieser Halle der Gerichtshof der Stadt. Am Flußufer erstrecken sich die schönen *Castle Gardens.* Der Burg gegenüber erhebt sich die **St. Mary de Castro Church** (14), eine sehenswerte normannische Kirche (12. Jh.), die im 13. Jahrhundert im frühgotischen *Early English*-Stil vergrößert wurde. Der spätere König *Henry VI.* wurde in dieser Kirche zum Ritter geschlagen. Ein paar Schritte weiter südlich liegt **The Newarke,** ein im Mittelalter umschlossener kirchlicher Stadtbezirk, von dem aber nur mehr wenig erhalten ist: An der Stelle der früheren Kirche liegt heute das **Polytechnikum** (15), aus dem 15. und 16. Jahrhundert stammen noch der eindrucksvolle **Magazine Gateway** (16), einst Haupteingang zum Kirchenbezirk (der Bau enthält heute das *Regimental Museum* mit militärischen Sammlungen), die Kapelle des **Trinity Hospitals** (17), der **Turret Gateway** und das *William Wyggeston's Chantry House* mit dem **Newarke House Museum** (18), in dem man einen Einblick in die stadtgeschichtliche Entwicklung und über die Geschichte der Grafschaft Leicestershire während der letzten vierhundert Jahre erhält. Interessant sind vor allem eine in natürlicher Größe rekonstruierte viktorianische Straßenszene des 19. Jahrhunderts, ein im Stil des 17. Jahrhunderts eingerichteter Wohnraum und eine Sammlung von Uhren und alten Musikinstrumenten.

Die 1785 angelegte und von Bäumen flankierte Promenadenstraße **New Walk** (nur für Fußgänger) führt vom Stadtmittelpunkt über den Bahnhof bis zum *Victoria Park.* In dieser Straße liegt das **Leicestershire-Museum** (19) mit angrenzender Kunstgalerie. Es enthält eine große geologische und eine naturgeschichtliche

Sammlung, eine ägyptologische Abteilung, eine Gemäldegalerie mit französischen Impressionisten, englischen Malern des 18. bis 20. Jahrhunderts, deutschen Expressionisten und zeitgenössischen Malern, Gegenständen moderner Kunst, Skulpturen, Keramiken, Silber u.v.a. In dem modernen Gebäude finden auch Konzerte und andere Veranstaltungen statt.

(Alle Museen sind wochentags von 10-17.30 Uhr und sonntags von 14-17.30 Uhr geöffnet).

Im Süden der Stadt liegt der schon oben erwähnte, große **Victoria Park** (20), mit dem imposanten *War Memorial Arch* und der **De Montfort Hall,** einer der größten modernen Konzerthallen Englands. Sie trägt den Namen *Simon de Montforts,* des ersten *Earl of Leicester* und dem größten Wohltäter der Stadt. (Er war es, der auch die erfolgreiche Revolte gegen *Henry III.* anführte). Im Süden grenzt das moderne **Universitätsviertel** an. Freunde moderner Architektur werden beim Anblick des hohen, 1963 fertiggestellten Hauptgebäudes auf ihre Rechnung kommen; der Bau wurde nur aus Glas und Aluminium aufgeführt und ist ein modernes Wahrzeichen der Stadt.

Durch die östlich am *Victoria Park* vorbeiführende *London Road* gelangt man bei *Stoneygate* zum **Railway Museum,** mit einer Sammlung alter Lokomotiven und anderer Eisenbahnfahrzeuge.

AUSFLÜGE

1. Melton Mowbray – Stapleford. Man verläßt Leicester im Norden auf der A-46, biegt kurz nach der Stadtausfahrt bei *Thurmaston* auf die A-607 ab und erreicht wenig später **Melton Mowbray** (24 km), eine alte Marktstadt und ein Landwirtschaftszentrum, das aber auch für seine Fuchsjagden bekannt ist. Sehenswert ist die gotische Pfarrkirche *(Church of St. Mary)* aus dem 13. und 14. Jahrhundert mit 32 m hohem Mittelturm und eindrucksvollem Innern. In der Nähe stehen einige sehr alte *Almhouses.* Ein Haus aus dem 15. Jh., das einst von *Anna von Cleve* bewohnt wurde, dient heute als Restaurant. In der Stadt gibt es große Parkanlagen, am *River Eye* führen schöne Spazierwege entlang.

Etwas weiter östlich (Zufahrt von der A-646) liegt der alte Herrensitz **Stapleford Park,** dessen Herrenhaus aus dem 16. und 17. Jahrhundert stammt und bis in die letzte Zeit mehrmals verändert und vergrößert wurde. Es enthält reich mit Stilmöbeln, Gemälden und Tapisserien ausgestattete Räume und als Besonderheit die „Balston Collection of Staffordshire portrait figures", über vierhundert Keramik- und Porzellanfiguren aus der viktorianischen Zeit. In den großen Parkanlagen des Herrensitzes (mit kleinem See und zahlreichem Wild) liegt die *Church of St. Mary Magdalen*, die 1783 in gotisch nachempfundenem Stil erbaut wurde. (Über die Besichtigungsmöglichkeiten des Herrensitzes erkundige man sich am Touristenamt).

2. Anstey – Bradgate. Der 5 km nordwestlich an der B-5327 liegende kleine Ort **Anstey** besitzt viele schöne altertümliche Cottages und eine sehenswerte, aus dem 14. Jahrhundert stammende fünfbogige „Pack-Horse-Bridge", die nur 1,50 m breit ist. Im Norden grenzt der weiträumige **Bradgate Park** an, ein in seinem ursprünglichen Zustand belassener Naturpark mit schönen Spazier- und Wanderwegen über Hügel, Heiden, Moore und Wälder. Bemerkenswert sind die Ruinen von *Bradgate House,* einst der Wohnsitz von *Lady Jane Grey,* der „Neuntagekönigin" Englands 1553. Von einem im 18. Jahrhundert errichteten, „Old John" genannten Turmbau auf einem 210 m hohen Hügel hat man einen weiten Rundblick über den sich weiter westlich erstreckenden *Charnwood Forest.* Im *Bradgate Park* liegt auch ein großes Wasserreservoir.

Etwas weiter nördlich liegt **Woodhouse Eaves,** ein beliebter Ausgangspunkt für Touren und weite Wanderungen durch den *Charnwood Forest.* Ein markierter Weg führt u.a. auf den 250 m hohen **Beacon Hill** (weiter Rundblick). Von den im Mittelalter hier gegründeten Abteien sind nur mehr spärliche Ruinen erhalten.

Über weitere Ausflugsmöglichkeiten in der Umgebung von Leicester informieren Sie sich bitte im Weg 2.

LINCOLN

Die historische alte Stadt am *River Witham* wird von Touristen hauptsächlich wegen ihrer prächtigen mittelalterlichen Kathedrale besucht, die auf einem etwa 60 m hohen Plateau hoch über der Stadt aufragt. Rund um die Kirche entwickelte sich im Mittelalter die Stadt, durch den damaligen Wollhandel erwarb sie großen Wohlstand. Der Ursprung Lincolns reicht aber noch weiter zurück: Unter den alten Britanniern *Lindon* genannt, wurde sie im Jahr 48 n. Chr. eine römische Militärstation, aus der später das bedeutende „Lindum Colonia" (daraus ging der heutige Stadtname hervor) anwuchs. Es soll die schönste Römerstadt in Britannien gewesen sein. Unter den Römern entstand auch das einzigartige Kanalsystem und die Erschließung des umliegenden Marschlandes. Auf dieses Kanalsystem geht der heutige *Fossdyke Navigation Canal* zurück, der den *River Witham* mit dem *Trent* verbindet. (Längs dieses Kanals gibt es übrigens einen sehr schönen Spazierweg).

Die **Kathedrale von Lincoln** (1) *(Cathedral Church of the Blessed Virgin Mary)* wurde um 1072 gegründet, nachdem *William the Conqueror* die Stadt zum Bischofssitz erwählt hatte. *Remigius,* ihr erster Bischof, begann sofort mit dem Kirchenbau, doch fiel diese erste normannische Kathedrale 1185 – mit Ausnahme der prächtigen Westfront (1072-1092), die hundert Jahre später erweitert wurde – einem Erdbeben zum Opfer. Der später heiliggesprochene Bischof *Hugh of Avalon* begann 1186 mit dem Neubau der Kathedrale, die heute als frühestes und reinstes Beispiel des frühgotischen *Early English*-Stils gilt und der 1280 abgeschlossen war. Der mächtige normannische Baublock mit dem gewaltigen Mittelportal und den rundbogigen Seitenportalen an der Westfront, der von der einzigartigen frühgotischen Fassade mit langen Reihen übereinanderliegender Bögen gerahmt wird, hinterläßt einen nachhaltigen Eindruck. Über dem gewölbten normannischen Mittelportal befinden sich elf Königsstatuen, von *William I.* bis *Edward III.*

Das Innere der Kirche gehört fast ausschließlich dem 13. Jahrhundert an. *Early English* sind das Schiff, die beiden Kreuzschiffe und die Chöre. Über dem „St. Hugh's Choir" trägt ein kompliziertes System von Bögen (die sogenannten „crazy vaults of Lincoln") das Gewölbe. Hinter dem *Hugh's Chor* liegt der **„Engelschor"** *(Angel Choir)*, das Presbyterium; der Name weist auf den überreichen dekorativen Schmuck (musizierende Engel) hin. Er entstand zwischen 1255 und 1280 und zählt zu den bedeutendsten Werken englischer Gotik. Hier stand auch der prachtvolle Schrein des *hl. Hugh* (s.oben), der im Mittelalter ein berühmtes Wallfahrtsziel

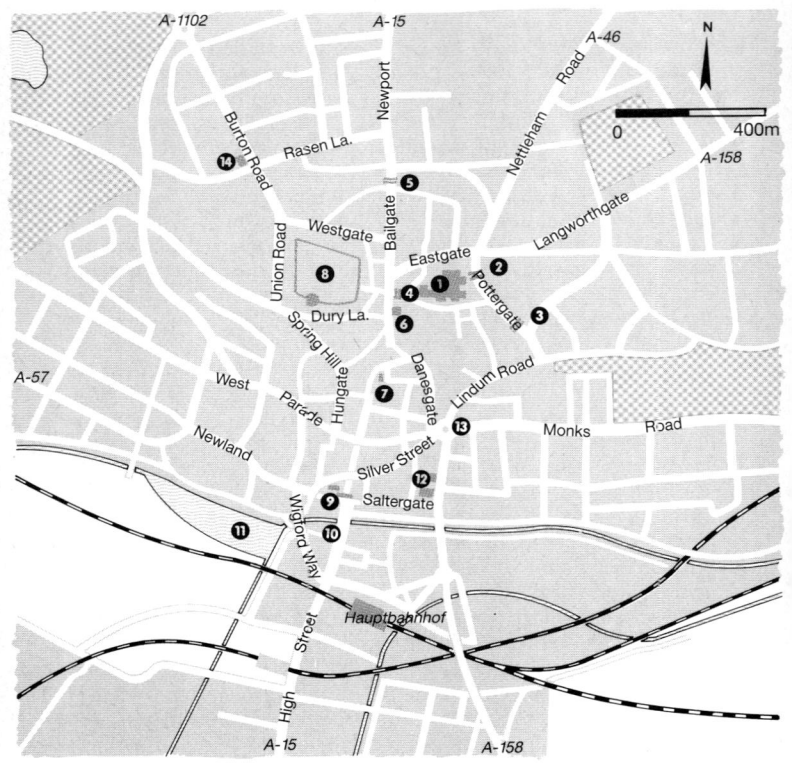

Lincoln

war, ehe er während der Reformation im 16. Jahrhundert zerstört wurde. An der Nordwestecke des Engelschors kann man Lincolns berühmteste mittelalterliche Skulptur sehen, den kleinen, koboldartigen „Lincoln Imp".

Im westlichen Kreuzschiff beeindrucken die großen gotischen **Rundfenster:** „Dean's Eye" an der Nordseite und „Bishop's Eye" an der Südseite. Den Namen tragen sie nach den Ausblicken, die man von ihnen aus hat, also auf das Dekanatsgebäude und den Bischofspalast. Dominiert wird aber das Innere von den großartigen gotischen Fachwerkfenster an seiner Ostseite. Unter ihm steht das Ehrengrab der Königin *Eleanor of Castile* (nach 1290), das 1644 zerstört und 1891 wiederhergestellt wurde.

Im 14. Jahrhundert wurde die Kathedrale nur mehr geringfügig verändert. 1307 entstand der majestätische, 83 m hohe Mittelturm, der lange Zeit als höchster Kirchturm der Welt galt; in ihm hängt die fünfeinhalb Tonnen schwere Glocke „Great Tom of Lincoln". Die beiden prächtigen Westtürme im *Decorated*-Stil entstanden 1380. Aus dieser Zeit stammen auch die berühmten Schnitzarbeiten am Chorgestühl. Beachtenswert sind auch die zahlreichen alten Grabdenkmäler.

Das zehneckige **Kapitelhaus** (1220) gilt als das früheste gotische Kapitelhaus dieser Art in England. Sein kunstvolles Deckengewölbe ruht auf einem einzigen Mittelpfeiler. Es war der Schauplatz einiger der frühesten englischen Parlamente, die von *Edward I.* und *Edward II.* einberufen wurden. Ende des 13. Jahrhunderts wurde der **Kreuzgang** fertiggestellt. Im 17. Jahrhundert entwarf *Sir Christopher Wren* den Bibliotheksbau, der den Kreuzgang an einer Seite begrenzt. 1807 wurden die spitzen Turmhelme der beiden Westtürme aus Sicherheitsgründen abgetragen.

Besondere Aufmerksamkeit verlangt auch das **Presbytery Portal** an der Südseite des östlichen Kreuzschiffs. Es ist mit einer Darstellung des „Jüngsten Gerichts" und anderer mittelalterlicher Skulpturen reich geschmückt. An dieser Seite der Fassade erkennt man auch einen eigenartigen Wasserspeier, der als „Devil looking over Lincoln" bekannt ist. Die Figuren an den Strebepfeilern stellen *Edward I.* und seine beiden Gemahlinnen *Eleanor* und *Margaret* dar.

Die Schäden, die im Bürgerkrieg durch puritanische Soldaten in der Kirche angerichtet wurden (u.a. hieb man allen Steinfiguren die Köpfe ab), sind im 18. Jahrhundert behoben worden. Dabei passierte ein ungewöhnliches Mißgeschick: die „kopflosen" Heiligenfiguren an der prächtigen Chorwand (14. Jh.), darunter auch die weiblichen, erhielten allesamt neue, bärtige Männerköpfe aufgesetzt.

Schließlich soll auch noch die berühmte **Schatzkammer** der Kathedrale *(Treasury)* erwähnt werden: sie enthält wertvolles Kirchengerät aus Silber und Gold, mittelalterliche Kelche und Hostienteller. In der Bibliothek wird eines der vier noch erhaltenen Exemplare der *Magna Charta* sowie die von *William the Conqueror* unterzeichnete Gründungsurkunde der Kathedrale bewahrt.

Vom *Minster Yard,* der südlich an die Kathedrale angrenzt, führen Stufen in die Unterstadt. Der westlich davon liegende **Old Bishop's Palace** aus dem 12. Jahrhundert (mit Zubauten und Veränderungen vom 13. bis 15. Jh.) wurde vor wenigen Jahren hervorragend restauriert.

Östlich der Kahtedrale liegen die *Chancery,* ein Gerichtsgebäude aus dem 14./15. Jahrhundert und das *Chorister's House* (17. Jh.), Sitz des Kirchenchors. Die Statue von *Alfred, Lord Tennyson,* dem berühmten Dichter des 19. Jahrhunderts, schuf *C.F. Watts* (1905).

Das **Priory Gate** (2) ist ein Torbogen an der Stelle eines mittelalterlichen Stadttors, das 1815 abgerissen wurde. Etwas weiter südlich ist aber noch ein anderes, das **Potter Gate** (3) aus dem 14. Jahrhundert, erhalten. Vor der Westfront der Kathedrale liegt das aus der gleichen Zeit stammende **Exchequer Gate** (4). Das einzige noch aus der *Römerzeit* erhaltene Stadttor Englands, der sogenannte **Newport Arch** (5) aus dem frühen 2. Jahrhundert, überspannt weiter nördlich die gleichnamige Straße. Seine Südwand besteht noch aus den ursprünglichen römischen Steinen, während die anderen Teile im Mittelalter erneuert wurden.

Die zwischen der Kathedrale und der Burg verlaufende Straße *Bailgate*, heute eine der Hauptgeschäftsstraßen, war einst Mittelpunkt der römischen Stadt. Runde Markierungen im Straßenpflaster kennzeichnen jene Stellen, an denen römische Säulen standen. Auch die im Jahr 628 vom hl. Paulinus erbaute erste Kirche Lincolns lag hier. In *Bailgate* ist noch das bedeutende **Aaron the Jew's House** (6) erhalten, das zu den besterhaltenen mittelalterlichen Steinhäusern in normannischem Stil zählt und wahrscheinlich das älteste immer noch bewohnte Haus Englands ist. Etwas weiter südlich liegt in der malerischen kleinen Straße *The Strait* das **Jew's House** (7), ebenfalls ein normannisches Steinhaus, das um 1170 errichtet wurde. Es soll – wie das vorher genannte Haus – dem damals sehr reichen jüdischen Kaufmann und Geldverleiher *Aaron* gehört haben und besitzt noch prachtvolle normannische Rundbögen.

„Aaron the Jew" war zu seiner Zeit ein sehr berühmter Jude, zu seinen Schuldnern zählten Mitglieder der Hocharistokratie, Grafen, Prinzen, der König von Schottland und der Erzbischof von Canterbury. Zur damaligen Zeit war es christlichen Bürgern verboten, Geld gegen Zinsen zu verleihen, weshalb die Normannen die jüdischen Geldverleiher schützten und förderten, die tatsächlich auch großen Anteil an der Finanzierung von Staatsgeschäften und Kriegen hatten. Ihr rasch anwachsender Reichtum führte aber 1290 unter *Edward I.* zu antijüdischen Ausschreitungen im ganzen Land.

Hoch über die Dächer von Lincoln
ragen die Türme seiner einzigartigen
mittelalterlichen Kathedrale.

Das **Lincoln Castle** (8) wurde von *William the Conqueror* 1068 gegründet. Von der Normannenburg ist noch die Ruine des „Lucy Tower" aus dem Jahr 1150 erhalten. Das östliche Torhaus stammt zwar auch noch aus normannischer Zeit, erhielt aber im 15. Jahrhundert eine neue Fassade. Die sogenannte „Cobb Hall" mit darunterliegendem, mittelalterlichem Burgverlies, entstand im 14. Jahrhundert. Vom **Observatory Tower** genießt man einen der schönsten Ausblicke auf die Kathedrale. Innerhalb der Burgmauern liegt heute auch das 1826 erbaute Schwurgericht *(Assize Court)*.

Über die **High Street** (Hauptgeschäftsstraße, zum Teil Fußgängerzone) spannt sich der berühmte **Stonebow** (9), ein mächtiges Stadttor aus dem 16. Jahrhundert an der Stelle eines mittelalterlichen Tores (13. Jh.) und noch früheren Römertors. Das obere Stockwerk des Torgebäudes wird von der alten **Guildhall** eingenommen, die noch schöne Täfelungen und eine Glocke aus dem Jahr 1371 besitzt, die zu den ältesten Glocken des Landes gehört. Zu den Stadtinsignien gehört u.a. auch ein Schlachtschwert, das *Richard II.* der Stadt im Jahr 1387 übergab.

An der Ecke *Grantham Street* und *High Street* verdient das „Cardinals Hat" (nach *Kardinal Wolsey)* benannte Fachwerkhaus aus dem späten 15. Jahrhundert Beachtung. In der Nähe kann man noch viele schöne Fachwerkhäuser sehen. Malerisch ist auch die mittelalterliche **High Bridge** (10) über den *River Witham,* mit altertümlichen kleinen Häusern aus dem 16. Jahrhundert. Nahebei erstreckt sich das Wasserbecken **Brayford Pool** (11) mit ganz alten Kais, der Rest eines römischen Inlandhafens, der noch im Mittelalter als Ausfuhrhafen für Wolle Bedeutung hatte.

In der Straße *Broadgate* liegt die ehemalige Franziskanerkirche aus dem 13. Jahrhundert, in der heute das **City and County Museum** (12) eingerichtet ist. Es enthält bedeutende archäologische Sammlungen, Grabungsfunde aus der ehemaligen Römer-

---

*Windschiefe alte Fachwerkhäuser
in der Oberstadt von Lincoln,
wie hier die „Harlequin Gallery",
sind stumme Zeugen des Mittelalters.*

stadt, eine große Waffensammlung sowie naturgeschichtliche Sammlungen und solche von lokalgeschichtlicher Bedeutung. In der etwas weiter nördlich liegenden **Usher Gallery** (13) aus dem Jahr 1927 kann man neben Sammlungen von Miniaturen und Porzellan auch eine der schönsten Sammlungen alter Taschenuhren (vom 17. bis 19. Jh.) mit kunstvoll verzierten Deckeln, Einlegearbeiten u.dgl. aus allen Teilen Europas bewundern. Angeschlossen ist die *Peter de Wint*-Sammlung, mit Zeichnungen, Aquarellen und Ölgemälden, mit Marmorskulpturen von *Joseph Nollekens* (1737-1823), darunter eine prachtvolle Figur „Venus und Cupido". Eine Abteilung ist *Lord Tennyson* (s.oben) gewidmet.

Das dritte bemerkenswerte Museum der Stadt ist das **Museum of Lincolnshire Life** (14) in der *Burton Road*. Es enthält Gegenstände aus dem Alltagsleben Lincolnshires während der letzten zweihundert Jahre.

Die Museen sind in der Regel werktags von 10 bis 17.30 Uhr, sonntags von 14 bis 17 Uhr geöffnet.

AUSFLÜGE

1. Doddington Hall. (8 km westlich an der B-1190). Das dreigeschossige große elisabethanische Herrenhaus (um 1593) ist wegen seiner schönen Innenausstattung (prächtiges Stiegenhaus, alte Stilmöbel, Gemälde, Tapisserien, Porzellan usw.) sehenswert, besitzt auch einen Rosengarten und ein Gartenrestaurant. Im giebelbekrönten alten *Gate House* gibt es Souvenir- und Geschenkläden. (Geöffnet von Mai bis September in der Regel mittwochs und sonntags 14-18 Uhr).

2. Aubourn Hall. (11 km südwestlich, Zufahrt von der A-46). Das im 16. Jahrhundert aus roten Backsteinen aufgeführte Herrenhaus ist wegen seines kunstvollen Stiegenhauses und seiner schönen, getäfelten Räume erwähnenswert. (Geöffnet im Juli und August jeden Montag nachmittags und an manchen Sonntagen).

3. Foss Dyke. (8 km nordwestlich an der A-57). Der schon von den Römern angelegte und heute noch schiffbare Kanal verbindet die Flüsse *Witham* und *Trent,* stellt somit die Verbindung auf dem Wasserweg mit dem *Humber* und der *Yorkshire Ouse* her. Die Römer legten den Kanal an, um auf ihm das in *East Anglia* angebaute Getreide und andere Waren nach Nordengland *(York)* zu transportieren. Die Schiffe wurden damals mit Seilen vom Ufer aus durch den Kanal gezogen. Der ehemalige Schleppfad ist heute ein schöner Wanderweg.

4. Stow. (17 km nordwestlich, auf der A-57 bis *Saxilby,* dann rechts Zufahrt auf der B-1241). Das Dorf **Stow** ist für jene Touristen bemerkenswert, die etwas für alte Landkirchen übrig haben. Die uralte *Church of St. Mary* geht bis auf die Sachsenzeit zurück, wurde unter den Normannen restauriert und besitzt noch Arkaden aus dem 11. Jahrhundert, einen normannischen Chor und Reste mittelalterlicher Wandmalereien.

Eine alte normannische Kirche *(Church of St. Edith)* mit gotischem Innenraum kann man auch im Nachbarort **Coates-by-the-Stowe** sehen.

5. Über Caistor nach Grimsby. (60 km auf der A-46). Auf der Fahrt nach *Grimsby* lohnen sich Aufenthalte in **Snarford** (12 km), dessen kleine *Church of St. Lawrence* (12. Jh.) drei prachtvolle Figurengräber (15. bis 19. Jh.) besitzt, und in der kleinen Marktstadt **Caistor,** wo schon die Römer siedelten und wo es ebenfalls eine sehenswerte Pfarrkirche gibt, deren Turm noch aus sächsischer Zeit stammt; ihr Inneres wurde im 13. Jahrhundert gestaltet, einige Figurengräber stammen noch aus dem 13. und 14. Jahrhundert. **Grimsby,** die größte Stadt von *Lincolnshire* mit über 100 000 Einwohnern, liegt an der breiten Mündung des *Humber* und zählt zu den größten Fischereihäfen der Welt. Wer für große Fischerhäfen mit riesigen Docks und Fischmärkten etwas übrig hat, kommt hier auf seine Rechnung. Im Museum am *Town Hall Square* kann man außer Kunstsammlungen auch viele Schiffsmodelle und alte Fischkutter sehen. Sehenswert ist auch die aus dem 13. Jahrhundert stammende *St. James Church.* Nördlich der Stadt liegt der Fährschiffhafen *Immingham.*

Auf der von hier in südlicher Richtung durch das Marschland führenden B-1031 erreicht man die berühmten Seebäder **Cleethorpes** (mit Freiluftaquarium, Zoo und sehenswerter mittelalterlicher Pfarrkirche *Old Clee),* **Mablethorpe** (Ferienzentrum mit Camping- und Caravanplätzen und allen touristischen Einrichtungen), **Sutton-on-Sea** und **Skegness** (s.unten), alle mit Sandstränden, vielen Hotels und Pensionen, zahlreichen Sport- und Unterhaltungsmöglichkeiten und guten Ferieneinrichtungen.

6. Über Horncastle und Spilsby nach Skegness. (65 km auf der A-158). Auf der Fahrt zur Küste lohnt sich ein Aufenthalt in der auf halber Strecke liegenden kleinen Marktstadt **Horncastle** (33 km), die einmal wegen ihrer Pferdemärkte berühmt war. Von der alten römischen Siedlung *Banovallum* sind noch Grundmauern erhalten. Bemerkenswert sind auch einige charakteristische alte Gasthöfe und die Pfarrkirche *St. Mary*, mit alten Grabmälern und Waffen aus dem Bürgerkrieg. Wenig später führt links von der A-158 eine Zufahrt in das Dorf **Somersby**, dessen altes Pfarrhaus der Geburtsort des berühmten Dichters *Lord Tennyson* (1809-1892) war. Bemerkenswert ist auch die *Manor Farm*, ein befestigtes herrschaftliches Bauernhaus von 1722 mit Ecktürmen. Der östliche Nachbarort **Bag Enderby** besitzt eine sehr sehenswerte gotische Pfarrkirche aus dem 14./15. Jahrhundert.

Nur wenige Fahrminuten von hier entfernt liegt das Herrenhaus **Harrington Hall** aus dem 16./17. Jahrhundert auf mittelalterlichen Grundmauern. Das Haus ist wegen seiner reich mit Stilmöbeln des 17. und 18. Jahrhunderts, Gemälden und altem Porzellan ausgestatteten Räume sehenswert, die meisten von ihnen mit kunstvollen Täfelungen. Das Haus enthält auch viele Erinnerungen an *Lord Tennyson* (s.oben). Sehr schön sind die umliegenden Gärten mit einer Kirche, die noch Grabmäler aus dem 16. und 17. Jahrhundert enthält. (Geöffnet von Ostern bis September jeden Donnerstag von 14-17 Uhr und an mehreren Sonntagen; die Gärten von April bis Oktober mittwochs, donnerstags und an einigen Sonntagen von 12 Uhr bis zur Dämmerung).

Rechts von der Hauptstraße zweigt eine Landstrße nach **Old Bolingbroke** ab, einem der hübschesten Dörfer in den südlichen „Wolds" (s.unten), wo einst das mittelalterliche *Bolingbroke Castle* stand, Geburtsort von *Henry IV*. (1336). In der Nähe fand 1643 eine der blutigsten Schlachten des Bürgerkrieges statt, die die Parlamentarier über die Royalisten siegreich sah. Die Burg wurde daraufhin abgerissen.

Die **Lincolnshire Wolds** sind eine etwa 60 km lange Kreidekette aus baum- und grasbestandenen Hügeln, zwischen denen sich reiches Farmland, Gemüsefelder und Schafweiden ausbreiten. Die Hügel erheben sich bis zu 170 m über das weite, zum Meer hin abfallende Marschland. Die malerischen kleinen Dörfer der „Wolds" werden durch schmale Landstraßen und Wanderwege miteinander verbunden.

Spilsby, das etwas südlich der A-158 liegt, gilt als „Südliches Eingangstor zu den Wolds" und besitzt eine bemerkenswerte gotische Pfarrkirche aus dem 14. Jahrhundert mit vielen bedeutenden (Figuren-) Gräbern aus dem 14. bis 17. Jahrhundert.

Das etwa 11 km weiter nördlich liegende Städtchen **Alford** ist ebenfalls ein beliebter Ausgangspunkt für Wanderungen durch die „Wolds", auch eine alte Windmühle gibt es noch dort. Die *Church of St. Wilfrid* (14. Jh, im Jahr 1869 vergrößert) enthält eine kunstvolle Kanzel des 17. Jahrhunderts und ein großes Figurengrab von 1668.

Kurz ehe man *Skegness* erreicht, kann man – wenn man gerade an einem Donnerstagnachmittag unterwegs ist – das klassizistisch beeinflußte Herrenhaus **Gunby Hall** (um 1700) ansehen (an anderen Tagen ist es zur Zeit nicht zugänglich). Das Haus enthält schön getäfelte Räume, die mit Stilmöbeln und Porträtbildnissen (darunter auch von *Reynolds)* reich ausgestattet sind. Vor dem Haus liegen schöne Rosengärten.

Skegness ist ein sehr beliebtes und während der Sommermonate von Feriengästen „überschwemmtes" Seebad mit guten touristischen Einrichtungen, Sandstränden, schönen Promenaden, vielen Sportplätzen, Unterhaltungs- und Vergnügungsmöglichkeiten (Ballsäle, Kabaretts, Luna-Park usw.). Für kontinentaleuropäische Touristen ist der fast immer hier vorherrschende Ostwind zumeist zu rauh und zu kühl zum Baden, als Alternative bietet sich das Eselreiten über die Sanddünen an. Südlich des Ferienzentrums liegt das große Naturschutzgebiet „Gibraltar Point" mit Beobachungspfaden, die durch das Grasland und über die Dünen führen, ein richtiges „Vogelparadies".

Wer gerne alte gotische Landkirchen sieht, sollte die nur wenigen Fahrminuten weiter nördlich liegende Orte **Addlethorpe** und **Ingoldmells** besuchen, wo sehenswerte Kirchen aus dem 15. Jahrhundert stehen.

7. Louth. Auf dem Weg von Lincoln zur Küste liegt an der A-157 (und an der *Grimsby* und *Skegness* verbindenden A-16) die sehenswerte alte Marktstadt **Louth** (41 km), mit vielen sehr schönen georgianischen Häusern des 18. Jahrhunderts. Wahrzeichen der Stadt ist der 90 m hohe, steinerne Kirchturm der großen gotischen *St. James's Church* (1506), die nicht zuletzt wegen ihrer schönen Holzschnitzereien im Innern besuchenswert ist. Die charakteristischen, von Häusern und Gasthöfen des 17. und 18. Jahrhunderts gesäumten Straßen wollen am besten zu Fuß durchwandert werden. Neben der Pfarrkirche sind *Thorpe Hall* (1584), *Cromwell House* (um 1600) und *Mansion House* (18. Jh.) erwähnenswert. Von der 1139 gegründeten Zisterzienserabtei im *Louth Park* sind nur mehr spärliche Reste erhalten.

NORTHAMPTON

Northampton, die rund 150 000 Einwohner zählende Hauptstadt der gleichnamigen Grafschaft, hat bedeutende Industrien und gilt als Zentrum der englischen Lederwarenerzeugung, vor allem der Schuhindustrie. Obwohl die Stadt auf eine reiche historische Vergangenheit zurückblickt, besitzt sie nur wenige bedeutende mittelalterliche Bauwerke; sie fielen fast alle dem großen Stadtbrand von 1675 zum Opfer. So konzentriert sich das Interesse des kunst- und kulturhistorisch interessierten Besucher hauptsächlich auf die noch erhaltenen alten Kirchen, allen voran auf die normannische **St. Sepulchre's Church,** einer der vier in England noch erhaltenen mittelalterlichen Rundkirchen. *Simon de Senlis,* der hier auch eine große Normannenburg bauen ließ (von der nichts mehr erhalten blieb), brachte nach einem Kreuzzug den Plan mit, hier eine Nachbildung der Grabeskirche von Jerusalem errichten zu lassen. So entstand um das Jahr 1100 der heute noch erhaltene Rundbau, von ihm ist noch der Innenraum mit seinen acht normannischen Säulenbögen erhalten. Im 13. Jahrhundert entstanden der frühgotische Chor und der Turm, in der Folgezeit wurde die ganze Kirche um viele gotische Details bereichert. 1860 baute *Sir Gilbert Scott* die Apsis an.

Die *Sheep Street* führt von hier in südlicher Richtung zum weiträumigen *Market Square,* dem Zentrum der Innenstadt. Nur wenige Schritte weiter südlich erhebt sich die große **Church of All Saints,** die nach dem Stadtbrand von 1675 neu erbaut wurde und nur ihren mittelalterlichen Turm (14. Jh.) bewahrt hat: er erhielt 1704 eine Kuppel aufgesetzt. Die Kirche besitzt eine bemerkenswerte ionische Vorhalle (mit einem Standbild von *Charles II.* in römischer Toga), auch ihr Innenraum wird von ionischen Säulen getragen. Bemerkenswert sind Kanzel und Taufbecken aus der Zeit um 1680. Unter dem Chor ist noch die mittelalterliche Krypta der Vorgängerkirche erhalten. Der Kirche gegenüber liegt die **County Hall** (1683), ein schöner Spätrenaissancebau. Ein paar Schritte weiter erweckt die reich geschmückte **Town Hall** (*Guildhall*) aus dem Jahr 1864 Aufmerksamkeit. Sie wurde 1892 vergrößert und ist mit den Statuen englischer Könige bekrönt. Der in einer Art venezianischer Gotik errichtete Giebelbau besitzt auch einen Glockenturm. Beachtenswert an dem reichen Skulpturenschmuck sind vor allem die Skulpturengruppen, die auf historische Ereignisse in der Stadtgeschichte Bezug nehmen, so etwa auf den Prozeß gegen Erzbischof *Thomas Becket* im *Northampton Castle* (1164), auf die Verleihung der Stadtrechte durch *Henry II.* (1189) und auf das „Große Feuer" von 1675.

Wieder nur ein paar Schritte weiter liegt in der *Guildhall Road* das besuchenswerte *Central Museum,* dem auch eine Kunstgalerie angeschlossen ist. Es enthält bedeutende archäologische Grabungsfunde von der Eisenzeit bis zum Mittelalter, einen großen Münzenschatz aus dem 3. Jahrhundert, eine Sammlung englischer Keramiken seit dem Mittelalter, eine vollständig eingerichtete alte Schuhmacherwerkstatt, eine Gemäldegalerie, alte Stilmöbel. Am meisten beeindruckt allerdings eine einmalige Sammlung von **Schuhzeug durch die Jahrhunderte,** Fußbekleidung von der Römerzeit bis zur Gegenwart; darunter findet man u.a. die Hochzeitsschuhe von *Queen Victoria,* die Ballettschuhe von *Nijinsky* und *Margot Fonteyn,* und als besondere Kuriosität auch „Elefantenschuhe", wie sie Hannibals Elefanten bei der Überquerung der Alpen getragen haben sollen. Sie wurden 1959 angefertigt und tatsächlich von Elefanten getragen, als eine britische alpine Expedition damals Hannibals Zug über die Alpen nachvollzog. (Das Museum ist wochentags von 10-18 Uhr offen).

Dem Museum gegenüber liegt das in viktorianischem Stil erbaute **Repertory Theatre,** eines der führenden Repertoiretheater Englands, gleichzeitig auch mit einem der am reichsten geschmückten Zuschauerräume mit viel rotem Samt und Plüsch.

Wenn man von der *Town Hall* (s.oben) der *St. Giles's Street* nach Osten folgt, stößt man auf die **St. Giles's Church,** die im spätgotischen *Perpendicular*-Stil erbaut ist und noch normannische Bauteile einer früheren Kirche aufweist. Die Kirche wurde 1857 restauriert und vergrößert. Folgt man aber von der *Town Hall* den nach Westen, Richtung Bahnhof *(Castle Station)* führenden Straßen, so stößt man in der Straße *Marefair* auf die sehenswerte große **St. Peter's Church** aus der Zeit um 1160, eine der schönsten spätnormannischen Pfarrkirchen Englands. Der Westturm wurde im 17. Jahrhundert neu errichtet, der östliche Teil der Kirche 1850 erneuert. Man beachte den reich verzierten Bogen an der Westfront, die normannischen Portale und im Innern die reich verzierten Bögen und Pfeiler, wie auch die ungewöhnlichen Formen der Pfeilerkapitelle.

Von der Kirche *All Saints* (s.oben) zieht die *Bridge Street* südwärts zum **St. John's Hospital,** einem bemerkenswerten Gebäude im gotischen *Decorated*-Stil mit einer Kapelle, in der noch alte

Glasmalereien erhalten sind. In der *Bridge Street* liegt auch die *Old Blue Coat School* mit dem **Museum of Leathercraft,** das die Geschichte der Lederverwendung seit altägyptischer Zeit bis zum heutigen Tag illustriert. Gezeigt werden u.a. alte Lederkostüme, Gepäckstücke, Sportgeräte, Sättel, aber auch Bucheinbände, kunstvolle alte Meßbuchbehälter, Schmuckkästchen usw. (Geöffnet werktags 10-17.30 Uhr). Am Südrand der Stadt liegt der Herrensitz **Delapré Abbey** aus dem 16. Jahrhundert, der aus einem mittelalterlichen Nonnenkloster hervorging und bis zum 19. Jahrhundert mehrmals umgebaut wurde. Es enthält heute das Landesarchiv. (Geöffnet in der Regel jeden Donnerstag von 14.30 bis 17 Uhr). Noch weiter südlich steht bei *Hardingstone* ein **Eleanor Cross** aus dem Jahr 1291, eines der zwölf Steinkreuze, die damals König *Edward I.* aufstellen ließ, um die Raststationen des Leichenzuges von Königin *Eleanor,* von *Harby (Nottingham)* nach *Westminster* zu kennzeichnen. Das Kreuz wurde 1840 und 1884 restauriert.

In **Hardingstone** ist die *Church of St. Edmund* mit Kirchturm aus dem 13. Jahrhundert und einer Langhausarkade aus dem 14. Jahrhundert bemerkenswert. Die Kirche enthält schöne Figurengräber aus dem 17. Jahrhundert.

Auch am nördlichen Stadtrand gibt es Sehenswertes. Wenn man der *Abington Street* folgt, gelangt man zum *Abington Park* mit dem einstigen Herrensitz **Abington Abbey** (15./16. Jh.), der an der Stelle einer nicht mehr vorhandenen mittelalterlichen Abtei erbaut wurde und einmal die Residenz von *Lady Barnard* war, der 1670 verstorbenen Enkelin von *William Shakespeare.* Das Herrenhaus wurde 1765 erneuert bzw. vergrößert und enthält heute ein Museum mit naturgeschichtlichen, heimatkundlichen und völkerkundlichen Sammlungen, darunter auch kostbare Spitzenerzeugnisse, altes Kinderspielzeug, chinesisches Porzellan und Keramiken u.v.a. Viele Räume sind noch zeitgenössisch eingerichtet, u.a. ist eine alte Straße des 18. Jahrhunderts rekonstruiert. Angeschlossen ist das *Museum of the Northamptonshire Regiment* mit Uniformen, Waffen, Orden, Medaillen u.ä. (Geöffnet wochentags von 10-12.30 und 14-18 Uhr, vom April bis September zuzüglich auch sonntags von 14.30-17 Uhr).

Interessant ist auch die am Nordrand der Stadt im Bezirk *Phippsville* an der *Kettering Road* stehende **St. Matthew's Church,** die im 19. Jahrhundert im gotisch nachempfundenen Stil („Gothic revival style") erbaut wurde und wegen ihrer Ausstattung mit modernen Kunstwerken bekannt ist; sie enthält u.a. ein Kreuzigungsbild von *Graham Sutherland* (1947) und eine Madonnenskulptur von *Henry Moore* (1944).

Schließlich soll auch die große römisch-katholische Kathedrale erwähnt werden, die sich nördlich der *St. Sepulchre's Church* (s.oben) in der *Barrack Road* erhebt. Sie wurde 1864 erbaut und in letzter Zeit vergrößert.

AUSFLÜGE

1. Great Billing – Little Billing. Nur etwa 5 km nordöstlich der Stadt liegen diese beiden malerischen Orte; **Great Billing** mit einer zum Teil noch aus normannischer Zeit stammenden Kirche und einem alten Postamt von 1703, **Little Billing** mit dem weiträumigen Erholungs- und Ferienpark „Billing Aquadrome" rund um fünf kleine Seen (Bootfahren, Angeln, Swimming Pool, Liliputbahn u.a.) am *River Nene.*

2. Castle Ashby. Das sehenswerte elisabethanische Schloß liegt knapp 10 km östlich der Stadt und ist über eine Zufahrt von der A-428 rasch zu erreichen. Es wurde 1574 vom ersten *Earl of Northampton* erbaut und 1635 von dem berühmten Architekten *Inigo Jones* umgestaltet und mit einer neuen Fassade versehen. Das Schloß ist zum großen Teil noch im zeitgenössischen Stil des 17. und 18. Jahrhunderts eingerichtet, man findet prunkvolle Stiegenhäuser und reich ausgestattete Räume mit Stuckdecken aus dem 17. Jahrhundert, Eichenholztäfelungen, kostbaren Brüsseler Tapisserien (17. Jh.) und Gemälden der italienischen Renaissance (16. Jh.), englischer Schulen des 18. Jahrhunderts und niederländischer Meister des 17. Jahrhunderts. Über die Öffnungszeiten erkundige man sich am Touristenamt. Sehr bemerkenswert sind auch die kunstvollen schmiedeeisernen Gitter zwischen reich dekorierten und wappenbekrönten Pfeilern, die Zugänge zum Herrensitz. Umgeben ist die Anlage von einem großen **Landschaftspark,** den *Capability Brown,* der bedeutendste englische Gartenarchitekt, schuf. Durch den mit vielen alten Bäumen bestandenen Park führt ein schöner „Nature Trail". Vor dem Haus breiten sich Terrassengärten aus, beachtenswert ist auch die Orangerie.

3. Althorp – Great Brington. Der 9 km nordwestlich (Zufahrt von der A-428) liegende schloßartige Herrensitz **Althorp House,** Residenz der *Earls of Sunderland,* wurde 1508 erbaut, 1573, 1660 und im 18. Jahrhundert umgestaltet und 1982 gründlich restauriert. Die prachtvoll ausgestatteten Innenräume enthalten kostbare Teppiche, Holzschnitzereien, französische Stilmöbel, Porzellan aus Meissen und Sèvres und andere Kunstwerke. In der 34 m langen Gemäldegalerie kann man Meisterwerke von *Rubens, Van Dyck, Reynolds, Gainsborough, Lely* und vielen anderen sehen. Die alten Stallgebäude (18. Jh.) dienen heute als Verkaufsräume (Andenken, Kunsthandwerk, Wein). Das Herrenhaus ist derzeit das ganze Jahr über außer montags und freitags an Nachmittagen geöffnet (im August täglich), da aber die Öffnungszeiten kurzfristig wechseln können, ist vorherige Anfrage empfehlenswert.

Benachbart liegt der hübsche kleine Ort **Great Brington,** dessen große *Church of St. Mary* teilweise noch aus dem 12. Jahrhundert stammt. Sie wurde später gotisch verändert. Im 16. Jahrhundert wurde an der Nordseite die Familienkapelle der *Spencer* angebaut, der späteren *Earls of Sunderland* und Schloßherren von *Althorp* (s.oben); sie enthält prächtige Figurengräber seit dem 16. Jahrhundert. Auch Vorfahren von *George Washington* sind hier beigesetzt.

4. Brixworth. Der 10 km nördlich an der A-508 liegende Ort ist wegen seiner auf einer Anhöhe stehenden *Church of All Saints* (7. und 8. Jh.), einer der schönsten und größten noch aus sächsischer Zeit stammenden Kirchen Englands, besuchenswert. Zu ihrem Bau wurde viel römisches Baumaterial verwendet. Der sächsische Kirchturm wurde im 14. Jahrhundert erhöht. Das kleine Stufentürmchen stammt noch aus dem 10. Jahrhundert, das Figurengrab eines Ritters aus der Zeit um 1300. Östlich benachbart erstreckt sich der große Stausee des *River Nene,* das **Pitsford Reservoir,** ein beliebtes Ausflugszentrum zum Angeln, Segeln und Bootfahren.

Nur etwa 4 km nördlich von *Brixworth* liegt **Lamport Hall,** ein elegantes Herrenhaus aus dem 17. und 18. Jahrhundert an der Stelle eines früheren Herrensitzes von 1560. Die lange, reichgegliederte Südfront schuf 1655 der berühmte Baumeister John Webb, Schüler und Schwiegersohn von Inigo Jones. Besonders sehenswert sind die **Music Hall** (kunstvolle Stuckdecke), die Bibliothek und die Porträtgalerie. Im Sommer finden hier Kunstausstellungen statt, vielbeachtet sind auch die hier stattfindenden Konzerte und Aufführungen von Dramen. (Im Juli und August in der Regel an Donnerstagen und Sonntagen nachmittags geöffnet; im Mai, Juni und September nur sonntags).

5. Kettering – Boughton House. Die rund 45 000 Einwohner zählende Stadt **Kettering** liegt 22 km nördlich von *Northampton* an der A-43 und ist für ihre Bekleidungs- und Schuhindustrie bekannt. Das *Westfield Museum* in der *West Street* enthält eine reiche Sammlung zum Schuhmachergewerbe, aber auch archäologische und heimatkundliche Sammlungen (geöffnet montags bis freitags 14-17 Uhr). Die gotische Pfarrkirche (15. Jh.) besitzt einen 54 m hohen Turm.

Im südöstlich benachbarten, weiträumigen **Wicksteed Park** gibt es eine Liliputbahn, einen See für Modellboote und zum Segeln, und andere Freizeiteinrichtungen.

Im nördlich benachbarten Ort **Warkton** enthält die *Church of St. Edmund* mehrere reich verzierte Grabmonumente der Herzöge und Herzoginnen von *Montagu* (18./19. Jahrhundert), zwei von ihnen stammen von dem berühmten Rokokobildhauer *Louis Roubiliac*.

Etwa 6 km nördlich von Kettering liegt **Geddington,** mit einem der drei noch erhaltenen mittelalterlichen „Eleanor Crosses", reich geschmückten gotischen Lichtsäulen, die *Edward I.* nach 1290 zum Gedenken an seine verstorbene Gemahlin *Eleanor von Kastilien* aufstellen ließ (→ S. 300).

Knapp vor dem Ort führt eine Zufahrt von der A-43 zum **Boughton House,** einem zwischen 1530 und 1695 um sieben Höfe herum gruppierten großen Herrensitz im Stil der französischen Schloßbauten dieser Zeit. Dementsprechend wird er auch als „Versailles transported to England" bezeichnet. Er geht aus einem großen Klosterbau des 15. Jahrhunderts hervor. Man kann hier eine großartige Sammlung von französischen und englischen Stilmöbeln des 17./18. Jahrhunderts sehen, eine Waffen- und Rüstkammer, kostbare alte Teppiche und Tapisserien (16. bis 18. Jh.), eine Sammlung alten Porzellans, Gemälde alter Meister *(El Greco, Murillo, Caracci* u.a.), vierzig Skizzen von *Van Dyck* und viele andere Kunstwerke. In den restaurierten alten Stallgebäuden wird Tee serviert. Es gibt auch Andenkenläden, und in dem riesigen Schloßpark mit wunderschönen Alleen findet man kleine Seen, Picknickplätze, Abenteuerspielplätze. Die Anlage ist in der Regel ab Ostern an den Wochenenden, von Ende Juli bis September täglich außer freitags und im Oktober mehrmals wöchentlich an Nachmittagen geöffnet, doch müssen die genauen Besichtigungszeiten erfragt werden, da sie oft wechseln.

Eine Landstraße führt von **Geddington** in westlicher Richtung zur **Rushton Hall** (von *Kettering* über die B-6003 zu erreichen), einem elisabethanischen Herrenhaus aus der Zeit kurz nach 1500, mit Veränderungen von 1595 und 1630. Heute ist hier eine Schule für blinde Kinder untergebracht.

6. Holdenby – Coton – Guilsborough. Ein beschaulicher Ausflug über das heitere, wellige Farmland zu alten Herrensitzen. Man verläßt Northampton im Norden auf der A-50, von der in kurzen Abständen links Zufahrten zu den Herrensitzen führen. **Holdenby House Gardens** (10 km) war im 16. Jahrhundert der Wohnsitz von *Sir Christopher Hatton, Lord Chancellor* der Königin *Elizabeth I.* Im Bürgerkrieg von 1647 war vier Monate lang *Charles I.* hier gefangengehalten. Aus dieser Zeit sind noch eindrucksvolle Erinnerungen erhalten. Sehr schön sind die elisabethanischen Gärten und der angeschlossene Naturpark mit kleinem See, *Nature Trail,* Spielplatz, Schaf- und Rinderfarm. Die Gartenanlagen sind von April bis September jeden Sonntag, im Juli und August zuzüglich auch an Donnerstagen nachmittags zugänglich. Hausbesichtigungen nach Anfrage.

Coton Manor Gardens (15 km) ist ein altenglischer großer Herrenhausgarten mit Flamingos, Wasser- und Wildvögeln wie auch vielen Tropenvögeln in einem eigenen „Water-Garden". Geöffnet von April bis Oktober jeden Donnerstag und Sonntag (im Juli/August auch mittwochs) an Nachmittagen. Der nahebei liegende **Guilsborough Grange Wildlife Park** (16 km) breitet sich um einen großen Landsitz aus und ist reich an Wild und Wildvögeln. Durch den Naturpark führen viele Spazierwege zu schönen Aussichtspunkten. Es gibt auch angenehme Picknickplätze. Geöffnet täglich von 10-19 Uhr oder Dämmerung.

Dem kunstvoll gegliederten normannischen Kirchturm
der Kathedrale von Norwich wurde im 15. Jahrhundert
ein spitzer Turmhelm aufgesetzt; mit 96 m Höhe ist er
der zweithöchste Kirchturm Großbritanniens
(nach dem von Salisbury).

NORWICH

Die am *River Wensum* liegende Hauptstadt von Norfolk ist die größte Stadt von *East Anglia* (ca. 120 000 Einwohner), ein wichtiges Handelszentrum mit eigenen Industrien (Webereien, Schuhfabrikation, Brauereien u.a.), aber auch eine der ältesten Städte Englands. Die Stadt wurde schon in der ersten Hälfte des 10. Jahrhunderts von den Sachsen gegründet, sie wurde dann von den Dänen, später von den Normannen erobert und ist seit neunhundert Jahren Bischofssitz. Den seit 1336 hier angesiedelten Flamen, die sich mit der Seiden- und Wollverarbeitung beschäftigten, verdankt *Norwich* seinen frühen Wohlstand als Weltzentrum des Wollstoffhandels. Die Stadt besitzt eine der sehenswertesten Kathedralen Englands, eine Normannenburg, über dreißig mittelalterliche Kirchen und viele andere sehenswerte Bauten aus allen Zeitepochen, so daß man auch für eine nur oberflächliche Besichtigung genügend Zeit einplanen sollte.

Wichtigstes Baudenkmal ist zweifellos die **Cathedral of Holy Trinity** (1), die man vom *Tombland Square,* einem ehemaligen alten Marktplatz, entweder durch das prächtige *Ethelbert Gate* (frühes 14. Jh.) oder durch das mit Statuen und Wappen reich geschmückte *Erpingham Gate* (1420) erreicht. Nach dem Verlegen des Bischofssitzes von *Thetford* (→ S. 161) nach *Norwich* begann man 1096 mit dem Bau der Kathedrale, um 1145 war sie fertiggestellt. 1272 erhoben sich die Bürger gegen die Geistlichkeit und brannten die Kathedrale nieder, doch ihre Außenmauern blieben erhalten. 1355-1369 wurde sie im hochgotischen *Decorated*-Stil wiederhergestellt. Der normannische Kirchturm (12. Jh.) erhielt im 15. Jahrhundert seinen spitzen Turmhelm. Mit 96 m Höhe ist er (nach dem von *Salisbury)* der zweithöchste Kirchturm Englands. Im 15. Jahrhundert wurde auch die normannische Decke im Schiff und Chor durch steinerne Gewölbe ersetzt, die auf den wuchtigen normannischen Säulen ruhen.

Besonders erwähnenswert im Innern sind die zahlreichen alten Bischofsgräber und Grabmonumente, die reich geschmückte, hochgotische *Prior's Door* (1320), die vom

---

*Der prachtvolle mittelalterliche Kreuzgang (14./15. Jh.)
zählt zu den schönsten Kreuzgängen Westeuropas.*

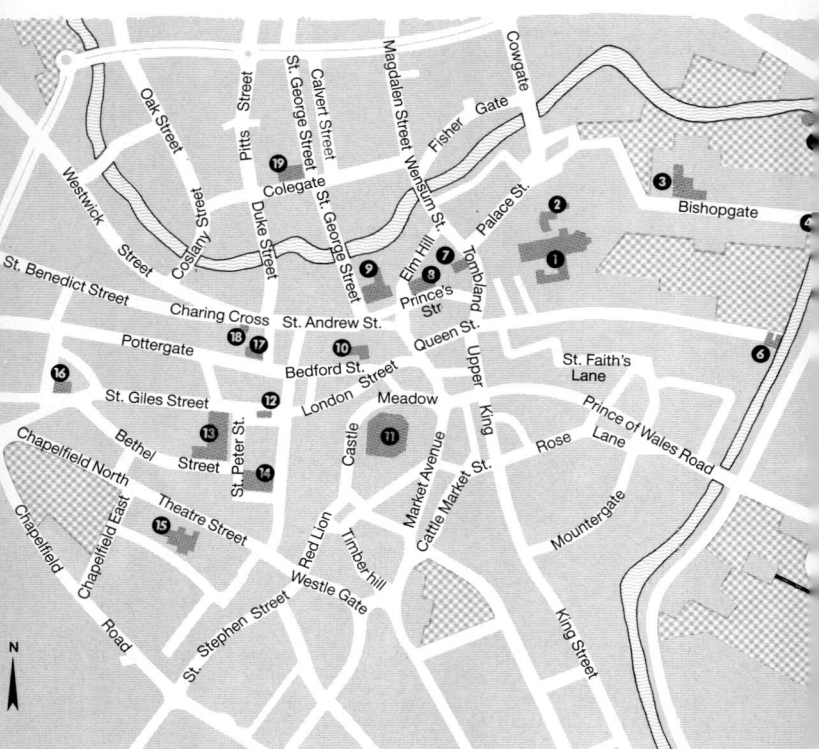

Norwich

1 Cathedral of Holy Trinity
2 Old Grammar School
3 Great Hospital
4 Bishop Bridge
5 Clock Tower
6 Pull's Ferry
7 Samson and Hercules House
8 Church of St. Peter Hungate
9 St. Andrew's Hall
10 Bridewell Museum
11 Norwich Castle
12 Guildhall
13 Ciy Hall
14 Church of St. Peter
15 Assembly House
16 Church of St. Giles
17 Maddermarket Theatre
18 Stranger's House
19 St. George at Colegate

rechten Seitenschiff (rechts neben dem Chor) in den Kreuzgang führt, sowie die mittelalterliche Altarwand („Painted Retable") in der *St. Luke's Chapel* (rechts neben dem Hochaltar, an die Apsis gebaut), ein Meisterwerk mittelalterlicher Tafelmalerei der *East Anglian School* des 14. Jahrhunderts.

Der mittelalterliche **Kreuzgang,** der um 1300 begonnen und erst um 1430 vollendet wurde, zählt zu den schönsten Kreuzgängen Westeuropas. Er ist der einzige zweistöckige Kreuzgang, den es in England gibt. Von den alten Klostergebäuden sind nur mehr Ruinen erhalten.

Nördlich der Kathedrale liegt der ehemalige *Bischofspalast,* mit einem imposanten Portal von 1430. Nahe beim *Erpingham Gate* (s.oben) befindet sich die von Edward VI. gegründete **Old Grammar School** (2), die die *Chapel of St. John* (1316) und ehemalige Klostergebäude umschließt. Zu den bekanntesten Schülern dieser Schule zählte *Lord Nelson,* dessen Denkmal nahebei steht.

Hinter der Kathedrale führt die Straße *Bishops Gate (Bishopgate)* am Cricket-Sportplatz und am sogenannten **Great Hospital** (3) vorbei, das eigentlich ein Altersheim ist und noch Teile des 1249 an dieser Stelle gebauten Armenhauses sowie einen Kreuzgang und die *Church of St. Helen* (15. Jh.) umschließt. Die Straße führt zur **Bishop Bridge** (4) über den *River Wensum,* die bereits aus dem 13. Jahrhundert stammt und zu den ältesten Brücken Englands zählt. Ein paar Schritte von ihr entfernt steht der aus Ziegelsteinen erbaute **Cock Tower** (5), eine frühere Zollstätte, wo die Geistlichkeit der Kathedrale früher eine Maut erhob. Das **Pull's Ferry** (6) genannte *Watergate* (15. Jh.) südlich der Brücke war einst der östliche Eingang zum *Cathedral Close* genannten Platz mit den Klostergebäuden und der Kathedrale.

Auf dem schon genannten *Tombland Square* mit den westlichen Toren zum *Cathedral Close* beachte man die eigenartigen Figuren, die dem **Samson and Hercules House** (7) den Namen gegeben haben; sie stammen aus dem Jahr 1549. Nebenan, im *Augustine Steward House,* das nach einem Bürgermeister des 16. Jahrhunderts benannt ist, befindet sich das städtische Informationsbüro. Ein paar Schritte weiter verläuft die malerische alte Gasse **Elm Hill,** die sich mit ihrem Kopfsteinpflaster heute noch ihren mittelalterlichen Charakter bewahrt hat, obwohl die meisten Häuser im 17. Jahrhundert erneuert wurden. Am Beginn dieser Straße, Ecke *Princes Street,* liegt die ehemalige **Church of St. Peter Hungate** (8), die heute ein **Museum für Kirchenkunst** beherbergt.

Neben Gegenständen aus Kirchen *East Anglias* sind auch kostbares Kirchengerät aus anderen europäischen Ländern und eine Sammlung wertvoller Bilderhandschriften aus dem 13. bis 16. Jahrhundert zu sehen. Herausragend ist die berühmte „Wycliffe Bible" aus dem Jahre 1380. Man beachte auch die schönen Glasmalereien aus dem 16. und 17. Jahrhundert, die heute noch die Fenster der ehemaligen Kirche schmücken. (Das Museum ist werktags von 10-17 Uhr geöffnet).

Nur wenige Schritte von hier entfernt liegt **St. Andrew's Hall** (9), das Langhaus einer früheren Dominikanerkirche aus dem Jahr 1460, in dem noch die schönen gotischen Maßwerkfenster erhalten sind. In der Hall wurden in der letzten Zeit vielbeachtete Konzerte aufgeführt. Der Chor der einstigen Dominikanerkirche wird „Blackfriars Hall" genannt und diente vom 16. bis 19. Jahrhundert als holländische Kirche. Wieder nur ein paar Schritte weiter liegt in der *Bridewell Alley* das **Bridewell Museum** (10), das in einem Gebäude des 14. Jh. untergebracht ist, das 350 Jahre lang als Stadtgefängnis gedient hat. Das Museum bietet einen umfassenden Überblick über die Gewerbe und Industrien von Norfolk, über Landwirtschaft, Fischerei, Schiffsbau, Bauwesen, Weberei, Schuherzeugung u.v.a. vom einfachen Werkzeug bis zum fertigen Produkt. Auch alte Fahrzeuge, alte Fahrräder und Dreiräder werden gezeigt. (Geöffnet werktags 10-17 Uhr). In der gleichen Straße (Nr. 3) befindet sich auch **Colman's Mustard Museum** („The Mustard Shop"), in dem die Senfproduktion, eines der ältesten Gewerbe der Stadt, vom Anbau der Pflanze bis zur Verpackung des Fertigprodukts gezeigt wird.

Beachtung verdient auch die in der gleichen Straße liegende *St. Andrew's Church* aus spätgotischer Zeit, mit Bauteilen einer früheren Kirche (sie enthält im Innern bemerkenswerte alte Gräber), sowie das angrenzende **Suckling House,** ein sehr gut erhaltenes (restauriertes) Stadthaus aus dem 16. Jahrhundert. Es war der Wohnsitz des Dichters *Sir John Suckling.*

Wenn man die *London Street* überquert, sieht man direkt vor sich den Burghügel, mit schönen Gärten und Spazierwegen. Oben erhebt sich der *Keep* des **Norwich Castle** (11), einer Normannenburg aus dem Jahr 1130, die ein halbes Jahrtausend lang als Grafschaftsgefängnis und Kerker gedient hat. 1834-1837 wurde die Burg restauriert und beherbergt seit 1894 das reich ausgestattete **Castle Museum** mit lokalen Altertümern seit der Eisenzeit, einer Sammlung alter Münzen, Waffen, Keramiken, Porzellan, Silber,

310

*Das noch aus normannischer Zeit stammende Castle
wurde 1834 restauriert und enthält heute zahlreiche Museen.*

eine zoologische und eine naturgeschichtliche Sammlung mit Dioramen u.v.a. Angeschlossen ist eine *Art Gallery*, hauptsächlich mit Landschaftsbildern von Malern der „Norwich School" *(Crome, Cotman, Stannard, Stark, Vincent* u.v.a.) aus der ersten Hälfte des 19. Jahrhunderts. (Museum und Kunstgalerie sind werktags von 10-17 und sonntags von 14-17 Uhr geöffnet; im Juli und August auch sonntags von 10-17 Uhr).

Westlich des Burghügels liegt der *Market Place* mit der kleinen **Guildhall** (12) aus dem Jahr 1413, deren Versammlungssaal aus dem Jahr 1534 sich bis heute sein Aussehen aus der Tudorzeit bewahrt hat. Hier werden auch einige Andenken an *Lord Nelson* aufbewahrt. An der Westseite des Platzes liegt die imposante **City Hall** (13) aus den Jahren 1932-1938 mit einem 67 m hohen Turm. In ihr werden die *Regalia* der Stadt und sehr kostbare Gold- und Silberschmiedearbeiten aus dem 16. bis 18. Jahrhundert aufbewahrt. Die Südseite des Platzes nimmt die **Church of St. Peter**

311

Mancroft (14) ein, eine 1430-1455 im spätgotischen *Perpendicular*-Stil erbaute Kirche, die zu den schönsten der Stadt gehört. Sie besitzt einen prächtigen Turm und im Innern ein sehenswertes Langhaus mit einer Stichbalkendecke, mit alten Grabmälern und Figurengräbern. Nahe bei der Kirche steht das Denkmal des lokalen Schriftstellers *Sir Thomas Browne* (1605-1682), an den auch im Chor der Kirche eine Gedenktafel erinnert.

In der etwas weiter südlich verlaufenden *Theatre Street* liegen das *Theatre Royal* und das **Assembly House** (15), ein sehr schönes georgianisches Gebäude aus der Mitte des 18. Jahrhunderts, das heute für verschiedene Veranstaltungen und als Bildungszentrum dient.

Nördlich des *Market Place* verläuft die *St. Giles Street,* an deren westlichem Ende die schöne gotische **Church of St. Giles** (16) steht. Von der parallel zur *St. Giles Street* verlaufenden Straße *Pottergate* gelangt man zum **Maddermarket Theatre** (17). In einem im frühen 18. Jahrhundert erbauten Gebäude, das als Warenhaus gedient hat, und einer angrenzenden ehemaligen Kapelle wurde nach dem Ersten Weltkrieg ein altes elisabethanisches Theater mit einer der damals üblichen Vorbühnen nachgebildet. Schauspieler aus Norwich führen hier *Shakespeare* und andere Klassiker im „originalen" Stil auf, wie er um 1600 üblich war. Gleich dahinter liegt auf dem Platz *Charing Cross* die sogenannte **Stranger's Hall** (18), ein gutes Beispiel eines mittelalterlichen Kaufmannshauses des 14./15. Jahrhunderts. Es ist heute als Volkskundemuseum eingerichtet und vermittelt einen guten Eindruck über das städtische Leben in den letzten vierhundert Jahren. Die Räume sind alle in zeitgenössischen Stilen eingerichtet; bemerkenswert sind vor allem die *Great Hall,* das Musikzimmer aus dem frühen 19. Jahrhundert mit ganz alten Musikinstrumenten, ein georgianisches Speisezimmer mit kostbaren Stilmöbeln, ein vollkommen im Stil des frühen 18. Jahrhunderts eingerichtetes Schlafzimmer und zwei alte Küchen mit dazupassendem Geschirr. Beachten Sie bitte auch die kostbaren flämischen Tapisserien, die schönen Stickereien und das alte Puppenhaus aus dem 18. Jahrhundert. Im angrenzenden Kutschenhaus sind u.a. die alte Kutsche des *Lord Mayor* und ein „Panhard Levassor" aus dem Jahr 1899 zu sehen. (Das Museum ist werktags von 10-17 Uhr geöffnet). Neben dem Museum erhebt sich die **St. Gregory's Church,** eine schöne spätgotische Kirche im *Perpendicular*-Stil.

*Norwich ist die Hauptstadt von Norfolk
und besitzt viele malerische, alte Stadtviertel.*

Auch jenseits des *River Wensum* gibt es interessante alte Stadtviertel zu sehen. Wenn man der westlich der Kathedrale verlaufenden *Wensum Street* folgt und den Fluß überquert, gelangt man
in die **Magdalen Street,** dem ehemaligen Weberviertel, wo später
auch die ersten Webereien der Stadt standen. Hier und in den weiter westlich liegenden Straßenzügen sind viele der alten Häuser in
den letzten Jahren restauriert worden, u.a. in *Colgate, Calvert
Street, Coslany Street* und *Oak Street.* Bemerkenswert in der
Straße **Colgate** sind die nicht zur englischen Staatskirche gehörenden Versammlungskirchen „Old Meeting" aus dem Jahr 1693 und
die Unitarierkirche („Octagon Chapel") von 1756. In der gleichen
Straße steht auch die spätgotische Kirche **St. George at Colegate**
(19) aus dem 15./16. Jahrhundert, mit einem beachtlichen zweige-

schossigen Südportal. Ihre Innenausstattung gehört zum überwiegenden Teil dem 18. Jahrhundert an, bemerkenswert sind auch ihre zahlreichen kunstvollen Grabdenkmäler.

Nur ein paar Schritte weiter westlich steht die gotische **St. Miles Church** (auch *St. Michael at Coslany),* mit reich geschmückten Außenwänden. In der etwas weiter nördlich verlaufenden Straße *St. Mary's Plain* liegt die Kirche **St. Mary at Coslany,** mit sehr altem Rundturm.

Wenn Sie einen sehr schönen Blick auf die Stadt genießen wollen, dann möchte ich Ihnen empfehlen, nach **Mousehold Heath** hinaufzufahren, einer mit Heide und Stechginster bestandenen Hochfläche am Nordrand von Norwich, von wo aus Sie rund um den Turm der Kathedrale noch mindestens dreißig andere mittelalterliche Kirchtürme sehen können. Der Ausblick von hier ist von vielen Malern auf die Leinwand gebannt worden, darunter auch *John Crome* und *John Sell Cotman,* die im frühen 19. Jahrhundert die Malschule von Norwich (s.oben) begründeten. Sie erreichen **Mousehold Heath** über die *Riverside Road, Bishopbridge Road* und *Gurney Road.*

Zu den **Ferienorten** und **Seebädern** an der Küste von Norfolk führen von *Norwich* zahlreiche Straßen. Diese **Küstenorte** sind beliebte Auslfugsziele. Sie finden Sie in den Routen 7 und 11 beschrieben.

AUSFLÜGE

1. Norfolk Wildlife Park – Reepham. Man verläßt Norwich im Nordwesten auf der B-1067 und erreicht nach ca. 16 km die Zufahrt nach **Great Witchingham** mit dem **Norfolk Wildlife Park,** einem sehr großen und sehr wildreichen Naturschutzpark mit schönen Spazierwegen. Mehrere Landstraßen zweigen von der B-1067 rechts ab und führen zu ganz nahe liegenden kleinen Orten wie *Alderford, Sall, Cawston* und *Reepham,* wo es überall bemerkenswerte mittelalterliche Pfarrkirchen (14. und 15. Jh.) zu sehen gibt. In **Reepham** stehen gleich zwei mittelalterliche Kirchen auf einem einzigen Kirchhof, von einer dritten sind noch Ruinen erhalten.

2. Norfolk Broads. Zwischen *Norwich* und *Great Yarmouth** verläuft die A-47 (→ Weg 11). Nördlich dieser Straße erstrecken sich die **Norfolk Broads,** eine Landschaft, die nur von wenigen Landstraßen, aber von vielen Flüssen und Wasserstraßen durchzogen wird. Diese weite Ebene, die sich bis zur Nordseeküste im Osten erstreckt, mit den fischreichen Wasserläufen und schilfbewachsenen Binnenseen („broads") gilt als Paradies für Segelsportler; hier verkehren aber auch Wohnboote *(Cabin Cruisers),* und wer seine Ferien nahe an der See „auf dem Wasser" verbringen möchte, hat hier reichlich Gelegenheit dazu. Es gibt etwa 12 große „broads" und 25 kleine, fast alle sind durch Wasserläufe miteinander verbunden. Zwischen den Seen wechselt weites, unbebautes Heideland mit Getreidefeldern ab, in den hübschen kleinen Dörfern stehen uralte Kirchen, da und dort stehen noch Windmühlen, oft findet man noch Reste mittelalterlicher Abteien und Burgen. Die besten Zugänge zu den **Norfolk Broads** sind *Norwich, Great Yarmouth** und *Lowestoft* (→ S. 164), *Wroxham* (an schönen Sommertagen von Tausenden von Ausflüglern bevölkert) und *Stalham;* die beiden letzten über die B-1151 zu erreichen. Dort kann man auch Wohnboote und Segelboote (oft auch mit Anglerausrüstung) für einen Tag oder (mit Schlafgelegenheit) für länger mieten.

3. Caistor St. Edmund – Rainthorpe Hall. Der Besuch des etwa 4,5 km südlich von Norwich liegenden kleinen Dorfes **Caister St. Edmund,** nahe bei *Old Lakenham,* ist nur für archäologisch interessierte Touristen interessant. Hier lag einst die römische Stadt **Venta Icenorum,** die kurz nach dem Jahr 200 n. Chr. auch umwallt wurde. Von diesen Wällen sind noch Reste erhalten, auch Erdwälle sind noch sichtbar. Die Stadt selber wurde nach dem Abschluß der archäologischen Grabungen wieder zugeschüttet und der Landwirtschaft zurückgegeben; weite Felder bedecken heute das Gebiet. Wenn man von hier zur A-140 oder zur B-1113 weiterfährt, gelangt man bei *Dunston* bzw. *Swardeston* zu der Zufahrt zu **Gowthorpe Manor** (es liegt 5,5 km südlich von Norwich), einem uralten Landhaus, das um 1495 von *Sir William Boleyn* (dem Großvater von *Anne Boleyn,* der späteren Gemahlin von *Henry VIII.)* erworben wurde und später in die Hände von *Thomas Aldrych* überging, einem Bürgermeister von Norwich, der das Haus 1530 ausbauen ließ. Im 17. und 18. Jahrhundert wurde es vergrößert und zum Herrensitz ausgestaltet. (Vor dem Besuch erkundige man sich am Touristenamt, ob und wann es besichtigt werden darf).

Auf der A-140 erreicht man nach etwa 12 km den schönen Herrensitz **Rainthorpe Hall** (Zufahrt von *Newton Flotman),* mit einem aus dem Ende des 16. Jahrhunderts stammenden Herrenhaus, das aber nur nach vorheriger Anfrage besichtigt werden kann. Die sehr schönen Gartenanlagen, die das Haus umgeben, sind hingegen zwischen Mai und September an jedem Sonntagnachmittag für die Öffentlichkeit zugänglich.

NOTTINGHAM

Die etwas mehr als 300 000 Einwohner zählende Stadt liegt am nördlichen Ufer des *River Trent* und wird von der von London nach Leeds und Nordengland führenden Autobahn M-1 im Westen umgangen. Nur wenige Ferienreisende machen sich die Mühe, der von den Engländern als „Queen of the East Midlands" bezeichneten Stadt einen Besuch abzustatten. Das ist schade, denn Nottingham ist nicht nur eine bedeutende Handels- und Industriestadt (Weltzentrum der Spitzenerzeugung, Wirkwaren- und Strumpfindustrie) und ein bekanntes Bildungszentrum mit einer Universität, sondern besitzt auch eine ansehnliche Burg, interessante Stadtteile mit sehenswerten Gebäuden, moderne und geschmackvolle Einkaufszentren und eine schöne Umgebung. Der am Nordrand der Stadt beginnende *Sherwood Forest* wurde durch die Abenteuer von *Robin Hood* berühmt.

Die Geschichte der Stadt reicht bis auf das sächsische *Snotinga-ham* zurück, das nach der dänischen Eroberung im Jahr 868 lange Zeit den Rang einer Hauptstadt besaß. 918 von den Engländern zurückerobert, wurde Nottingham später mit seiner mächtigen Burg der „Schlüssel zu den Midlands" *(key of the Midlands),* zeitweise sogar Königsresidenz. *Henry II.* stattete Nottingham 1155 mit vielen Privilegien aus. Im 14. und 15. Jahrhundert war die Stadt durch ihre Steinmetze berühmt; sie galt als bildhauerisches Zentrum der Alabasterbearbeitung.

Im Jahr 1641 entrollte König *Charles I.* auf der Burg von Nottingham sein Banner und versuchte von hier aus vergeblich, die absolute Königsmacht zurückzugewinnen; ein langer, blutiger Bürgerkrieg war die Folge. Die Burg wurde von parlamentarischen Truppen erobert und schließlich 1651 abgebrochen. In der Folgezeit entwickelte sich Nottingham zu einem Mittelpunkt der Strumpfwarenerzeugung; Spinnereien und Wirkwarenfabriken brachten den Bürgern zwar einen gewissen Wohlstand, den Webern und Textilarbeitern aber eine grenzenlose Armut, die in zahlreichen blutigen Volksaufständen (den sogenannten *Luddite riots)* von 1811-1816 ihren Höhepunkt fanden. Man sagt auch, daß in Nottingham die „Industrial Revolution" und das Industriezeitalter Englands begonnen habe. In diesem Zusammenhang ist *Lord Byrons* berühmte Ansprache im *House of Lords* des Parlaments erwähnenswert *(Byron* wohnte 1798/99 in Nottingham), in der er für die Arbeitslosen und die Hungernden Partei ergriff.

Vor etwa hundert Jahren wurden die *Slums* aus der Stadt entfernt, dabei wurde aber auch ein großer Teil der historischen Altstadt zerstört, und so macht Nottingham im großen und ganzen den Eindruck einer Stadt der Jahrhundertwende. Die sehenswerten alten Gebäude befinden sich alle in der Nähe des Burgfelsens.

STADTBESICHTIGUNG

Mittelpunkt der Stadt ist der weiträumige **Old Market Square** (1), der aber nur mehr mit seinem Namen an den „Alten Marktplatz" erinnert, wie es ihn früher an dieser Stelle gegeben hat. Heute wird er von teils modernen, teils von Häusern aus der Jahrhundertwende gesäumt, in seiner Mitte befindet sich eine Anlage mit Springbrunnen und Ruhebänken. An der Ostseite des Platzes erhebt sich der imposante neoklassizistische Bau des **Council House** aus dem Jahr 1929, mit einer hohen, durch Säulen gegliederten Fassade und einem mächtigen, kuppelbekrönten Turm. Ein Kuppelfresko im Innern zeigt König *Charles I.,* ein anderes *Robin Hood,* beides Persönlichkeiten, die innig mit der Stadtgeschichte verbunden sind. Das Amtsgebäude ist ein Wahrzeichen von Nottingham.

In diesem Zusammenhang erscheint mir die Feststellung in einem lokalen Reiseführer über das Schleifen von über 250 Jahre alten Häusern bemerkenswert, die davon berichtet, daß im Jahr 1956 eine Gruppe von Stiftungs- und Armenhäusern aus dem frühen 18. Jahrhundert, „having been one of the best 18th century brick almshouses in England, was demolished in favour of the ubiquitous office-block". Die heute noch erhaltenen Häuser der „Old City" nahe am Burgfelsen stehen allerdings unter Denkmalschutz, und die Stadtverwaltung hat zu ihrem Kennenlernen auch einen lesenswerten „Heritage Trail" veröffentlicht.

Durch die Straße *Wheeler Gate* (hier liegt das **Tourist Information Centre)** gelangt man nach wenigen Schritten zur gotischen **St. Peter's Church** (2) aus dem 13. bis 15. Jahrhundert. Ihr gegenüber beginnt die Straße *Hounds Gate* mit dem schon im 13. Jahrhundert genannten und aus dem 15. Jahrhundert stammenden alten Gasthof **Salutation Inn,** der noch seine uralte Balkendecke besitzt. Wieder nur wenige Schritte weiter liegt – nahe am Eingang zu *Mortimer's Hole* (s. unten) – der **Ye Olde Trip to Jerusalem Inn** (3), der schon 1189 urkundlich genannt und von dem behauptet wird, daß er der älteste noch erhaltene Gasthof Englands sei. Seinen Namen trägt er nach Kreuzfahrern, die vor achthundert Jahren vor ihrer Fahrt in das Heilige Land hier einkehrten. Ein Teil des Gebäudes ist direkt in den Burgfelsen eingehauen, einige Räume entstanden aus natürlichen Felsgrotten.

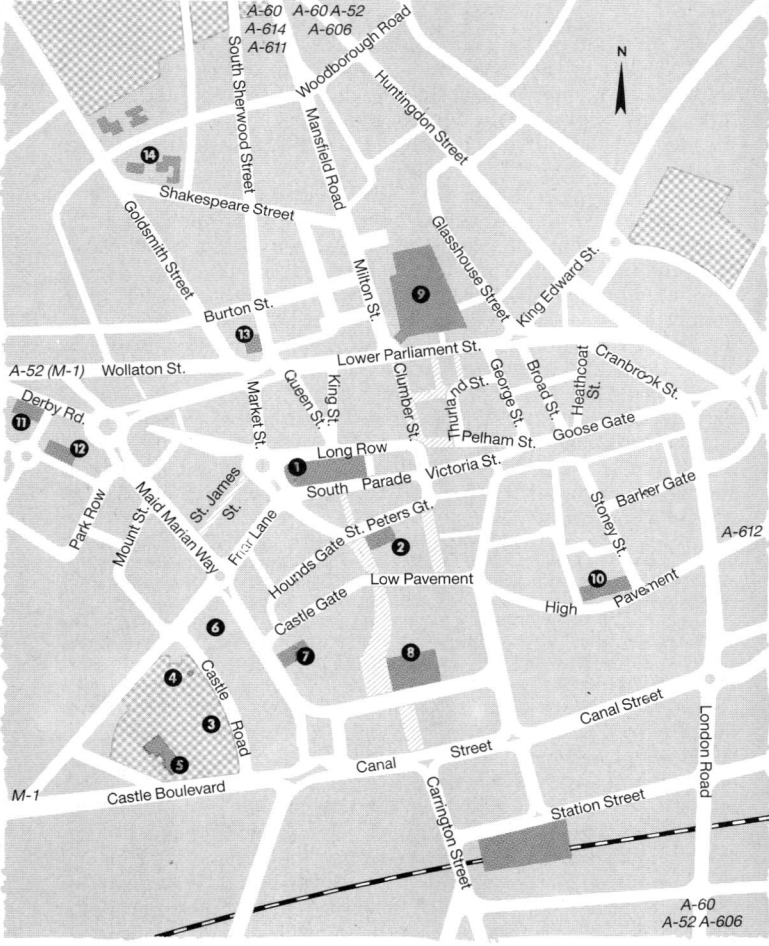

Nottingham

1 Old Market Square
2 St. Peter's Church
3 Ye Olde Trip to Jerusalem Inn
4 Nottingham Castle
5 Brewhouse Yard Museum
6 Museum of Costume and Textiles
7 St. Nicholas' Church

8 Broad Mash Shopping Centre
9 Victoria Centre
10 St. Mary's Church
11 St. Barnabas Cathedral Church
12 Playhouse Theatre
13 Theatre Royal
14 Arboretum

Auf dem knapp 40 m hohen Sandsteinfelsen, der von vielen Grotten und Höhlen durchzogen wird, erhebt sich **Nottingham Castle** (4). Die kurz nach der Eroberung Englands durch *William the Conqueror* um 1068 erbaute Normannenburg wurde in der Folgezeit mehrmals verändert und bestand bis zum Jahr 1651 (s.oben). Der Legende oder der Überlieferung nach war sie im 13. Jahrhundert auch die Residenz des berühmten *Sheriffs of Nottingham*, dem erbitterten Feind *Robin Hoods*. Mitte des 17. Jahrhunderts abgetragen, wurde sie 1674-1679 vom ersten *Duke of Newcastle* in der Art eines italienischen Renaissance-schlosses erneuert. Während der Arbeiteraufstände (s.oben) in der ersten Hälfte des 19. Jahrhunderts niedergebrannt, wurde es 1875-1878 wiederum neu erbaut und als Museum und Kunstgalerie (die erste Englands außerhalb Londons) der Öffentlichkeit zugänglich gemacht. Das Burgmuseum **(Castle Museum)** enthält u.a. griechische und römische Altertümer, Kunstsammlungen (Porzellan, Keramiken, Alabasterskulpturen aus dem 14. und 15. Jh., altes Glas, Silberschmiedearbeiten), historische Dokumente, völkerkundliche Sammlungen und eine Gemäldegalerie mit Alten Meistern und englischer Malerei, darunter zahlreiche Werke der aus Nottingham stammenden Maler *Richard Bonington* (1801-1828), *Thomas Sandby* (1721-1798) und *Paul Sandby* (1725-1809).

Von der ursprünglichen mittelalterlichen Burg ist nur noch das wuchtige **Castle Gatehouse** erhalten. Bei Führungen werden auch die uralten unterirdischen Gänge und Räume gezeigt. Interessant ist vor allem der über 30 m lange **Mortimer's Hole** genannte Felsgang, durch den 1330 der junge König *Edward III.* in die Burg eindrang: Seine Mutter, Königin *Isabella* (die Witwe des ermordeten Königs *Edward II.*), vergnügte sich hier mit ihrem Liebhaber *Roger, Earl of Mortimer;* die Königin wurde gefangengenommen, der *Earl* getötet.

Am Fuß des Burgfelsens liegt das **Brewhouse Yard Museum** (5). In zeitgenössisch eingerichteten ehemaligen „Workmen's cottages" aus dem 17. und 18. Jahrhundert kann man eine interessante Ausstellung „Everyday life in Nottingham" vom 17. Jahrhundert an bis zur Gegenwart bewundern. Unter den historisch eingerichteten Räumen erweckt vor allem eine vollständig ausgestattete altertümliche Apotheke *(chemist's shop)* Aufmerksamkeit.

Weiters besichtige man das „Lace Centre" mit alten Spitzen und anderen Textilien, das in einem 1970 hierher versetzten alten Haus aus dem 15. Jahrhundert eingerichtet ist. Schließlich möchte ich auch noch die hinter dem Museum befindlichen natürlichen

Felsen im Burgberg erwähnen, in denen man anhand verschiedener Ausstellungsstücke an die Zeit der Luftangriffe des Zweiten Weltkrieges erinnert wird.

Eine andere, ganz nahe liegende Sehenswürdigkeit besonderer Art ist das **Museum of Costume and Textiles** (6) in der zum Burgfelsen führenden Straße *Castle Gate*. In einem eleganten, georgianischen Gebäude aus der Zeit um 1788 sind Trachten und Kostüme, Wäsche, Accessoires u.dgl. aus der Zeit vom 17. Jahrhundert bis zur Gegenwart zu sehen, ferner über dreihundert Jahre alte Tapisserien, europäische und orientalische Stickereien, eine Sammlung alter Puppen u.v.a. Zwei Räume des Museums sind noch mit den originalen Stilmöbeln aus der Zeit um 1790 und 1830 ausgestattet. (Die Museen sind in der Regel täglich von 10-17 Uhr geöffnet).

In der *Castle Road* gegenüber befindet sich die **Bronzestatue von Robin Hood.** Sie zeigt den legendären Volkshelden aus dem *Sherwood Forest* (s.unten) in der zeitgenössischen Tracht des 13. Jahrhunderts mit Pfeil und Bogen, um ihn herum Figuren seiner Getreuen und Gedenktafeln.

Zwischen dem Burgfelsen und dem eingangs genannten *Old Market Square* verlaufen einige Straßen mit teilweise recht ansehnlichen Gebäuden des 19. Jahrhunderts. Die **St. Nicholas' Church** (7) ist über fünfhundert Jahre alt.

Nur wenige Schritte östlich des Burgfelsens erstreckt sich das weiträumige Einkaufszentrum **Broad Marsh Shopping Centre** (8) mit Fußgängerstraßen und modernen unterirdischen Einkaufspassagen. Ein anderes sehr modernes Einkaufsviertel ist das **Victoria Centre** (9) in der *Milton Street,* weiter nördlich. Vom *Broad Marsh Centre* führt die Straße *High Pavement* zur **St. Mary's Church** (10), einer eindrucksvollen großen Kirche des späten 15. Jahrhunderts in spätgotischem *Perpendicular*-Stil. Sie steht an der Stelle einer früheren normannischen und noch älteren sächsischen Kirche. Unweit nördlich des Burgberges erhebt sich am Beginn der *Derby Road* die **St. Barnabas Cathedral Church** (11), die

---

Mehr als ein halbes Jahrtausend liegt
zwischen diesen beiden sehenswerten Bauten Nottinghams:
das Theater beeindruckt durch seinen ungewöhnlich hohen Säulenvorbau,
der uralte Gasthof hingegen trägt den Namen nach den Kreuzrittern,
die vor ihrer Reise nach Jerusalem hier einkehrten.

römisch-katholische Kathedrale Nottinghams. Nur wenige Schritte von ihr entfernt liegt am *Wellington Circus* das moderne **Play-house Theatre** (12), das zu den führenden Schauspielhäusern Großbritanniens gehört. Eine andere bekannte Bühne ist das **Theatre Royal** (13) (Schauspiel, Oper, Ballett) am *Theatre Square*. Eine hypermoderne Glas- und Betonkonstruktion ist die neue *Royal Concert Hall*.

Wollen Sie moderne englische Popmusik hören, so fragen Sie nach der „Rock City", wo es immer sehr laut hergeht. Wenn Sie an Jazz interessiert sind, so kehren Sie in den Lokalen „The Bell Inn" oder „Yate's Wine Lodge" (beide am *Old Market Square)* ein.

Über die *Goldsmith Street* erreicht man den in einem nördlichen Stadtteil liegenden und allgemein als **Arboretum** (14) bekannten Naturpark mit vielen alten Bäumen und kleinem Teich. Am Südrand der Stadt erstreckt sich am *River Trent* die rund 2 km lange Uferpromenade **Victoria Embankment,** ein beliebter Ausflugs- und Erholungsort am Fluß, der bis hierher schiffbar ist. Im Sommer verkehren viele Ausflugsboote. Sehenswert ist hier die langgestreckte **Memorial Arch** genannte Gedächtnisstätte für die Gefallenen beider Weltkriege. Weiter östlich liegt das **National Water Sports Centre** von *Holme Pierrepont* mit vielen Möglichkeiten zum Wassersport (s.unten). Am Südufer des Flusses breitet sich ein großer Landschaftspark aus.

Wenn Sie zufällig Anfang Oktober in Nottingham sein sollten, so können Sie die berühmte **„Goose Fair"** besuchen, die größte dreitägige Messeveranstaltung Großbritanniens, die alljährlich am ersten Donnerstag des Oktobers beginnt. Der Name der Messe weist auf den Verkauf von Gänsen hin, und in der Tat kamen auch seit dem 13. Jahrhundert die Gänsezüchter des Landes hierher, um ihre Ware zu verkaufen. Bis zum Jahr 1926 wurde die *Goose Fair* noch auf dem *Old Market Square* (s.oben) abgehalten, wo sich heute das *Council House* befindet. Damals dauerte die Messe noch acht Tage. Heute ist die *Goose Fair* der Inbegriff von Unterhaltung und Vergnügen vielerlei Art, ein Rummelplatz-Spektakel mit Shows und Stegreifbühnen, Schießbuden, Dutzenden von Achterbahnen und anderen Volksbelustigungen, wo es ähnlich hoch her geht wie beim Oktoberfest in München. Die *Goose Fair* wird im südlichen Teil des *Sherwood Forest* (s.unten) am Nordrand der Stadt, unweit des schon genannten *Arboretum*, abgehalten. (Anfahrt über *Goldsmith Street* und *Waverley Street)*.

322

AUSFLÜGE

1. Wollaton Hall (4 km westlich; Ausfahrt *Derby Road* oder *Ilkeston Road*). Das sehenswerte, 1580-1588 in elisabethanischem Renaissancestil erbaute Schloß liegt inmitten eines weiträumigen Landschaftsparks mit freilebendem Wild, einem kleinen See und schönen Gartenanlagen. Auch einen Golfplatz gibt es hier. Das große Glashaus, das zum Teil recht seltene Pflanzen beherbergt, stammt aus dem 17. Jahrhundert; man sagt, daß es das erste Glashaus war, das man in England baute. In der Zwischenzeit wurde es erneuert.

Das Schloß beherbergt heute das **Naturgeschichtliche Museum** von Nottingham, besitzt Abteilungen für Zoologie, Botanik und Geologie, eine Ausstellung von Säugetieren, Vögeln, Fischen, Insekten und Schmetterlingen. In einem großen Stallgebäude des 18. Jahrhunderts ist das **Industriemuseum** von Nottingham eingerichtet. Anhand zahlreicher Exponate veranschaulicht es die industrielle Entwicklung der Stadt. Gezeigt werden u.a. Textilmaschinen, landwirtschaftliche Maschinen, Druckereimaschinen, Gegenstände der pharmazeutischen Industrie, auch eine betriebsfähige Dampfmaschine aus der Mitte des 19. Jahrhunderts. Die Museen sind in der Regel täglich (sonntags nur an Nachmittagen) geöffnet. Rund um den See führt ein schöner Wanderweg.

2. Newstead Abbey (17 km nördlich; Ausfahrt *Mansfield Road*, dann A-60). Von der von Henry II. im 12. Jahrhundert gegründeten Augustinerabtei sind nur mehr Ruinen erhalten, bemerkenswert ist vor allem das Kapitelhaus, das heute als Kapelle dient. An der gleichen Stelle wurde 1540 von *Sir John Byron of Colwick* ein Herrenhaus erbaut, das den gleichen Namen trägt. Der Herrensitz umschließt die alten Klosterruinen. **Newstead Abbey** ist vielen Engländern hauptsächlich als Wohnsitz von *Lord Byron* (1788-1824) bekannt. Er enthält auch viele Erinnerungen an ihn, darunter Gegenstände aus dem persönlichen Besitz des Dichters, Bilder, Manuskripte und Erstausgaben seiner Bücher. Im 19. Jahrhundert wurde der Bau in neugotischem Stil restauriert. Viele Räume enthalten noch die ursprüngliche Einrichtung mit schönen Stilmöbeln, bemerkenswert sind vor allem die *Great Hall*, das ehemalige Speisezimmer des Priors (*Prior's Dining Room*) sowie Wohn- und Schlafzimmer von *Lord Byron*.

Das Herrenhaus wird von sehr schönem Parkland umgeben, es gibt Spazierwege zu kleinen Teichen, Wasserfällen, einen japanischen Wassergarten, einen Felsen- und Rosengarten, einen subtropischen Garten. Das Herrenhaus ist in der Regel jeden Nachmittag zwischen Ostern und Ende September museal zugänglich, die Gärten kann man das ganze Jahr über besuchen.

3. Highfields Park – Nottingham University (5 km südwestlich; Ausfahrt *Castle Boulevard)*. Die Universität von Nottingham ging aus dem 1881 gegründeten *University College* hervor. Den ersten Universitätsgebäuden aus der Zeit um 1928 folgten in den letzten Jahren mehrere eindrucksvolle moderne Bauten, die innerhalb einer weiträumigen Parkanlage liegen, die wiederum mit ihren Spazierwegen, Erholungs- und Sportmöglichkeiten (auch Rudern und Schwimmen) vor allem an den Wochenenden gerne besucht wird. Für Kunstinteressierte lohnt auch die im *Portland Building* untergebrachte **University Art Gallery** einen Besuch.

4. Holme Pierrepont – National Water Sports Centre (1 km südöstlich; Ausfahrt *London Road, Trent Bridge)*. Am südlichen Ufer des *River Trent* breitet sich ein großer Landschaftspark aus, der von angenehmen Spazierwegen erschlossen wird, die über grasbestandenes Hügelland und kleine Wälder führen; auch Picknickplätze gibt es. Wer Wassersport liebt, wird im „Nationalen Wassersportzentrum" auf seine Rechnung kommen, einer weiträumigen, sehr modernen Anlage mit kilometerlangen Ruderkursen, einer Wasserskilaufagune, vielen Möglichkeiten zum Schwimmen, Sportplätzen, mehreren Restaurants usw.

Von hier ist es nicht mehr weit zur **Holme Pierrepont Hall** bei *Radcliffe-on-Trent,* einem mittelalterlichen Herrensitz mit bemerkenswertem Herrenhaus aus der frühen Tudorzeit (um 1500). Viele Räume sind noch mit den ursprünglichen Möbeln des 16. und 17. Jahrhunderts eingerichtet und mit zahlreichen alten Familiengemälden geschmückt. Das Haus befindet sich in Privatbesitz, kann aber in der Regel an Sonntagnachmittagen und an mehreren Wochentagen angesehen werden (die genauen Öffnungszeiten erfrage man am Touristenamt). Der „Holme Pierrepont Opera Trust" veranstaltet hier oft Konzert- und Opernaufführungen.

Southwell besitzt eine der schönsten mittelalterlichen Münsterkirchen Englands. Bemerkenswert ist das hohe gotische Maßwerkfenster über dem gedrungenen normannischen Portal.

5. Thrumpton Hall (12 km südlich; Ausfahrt *Wilberford Road* und A-453). Das in jacobeanischem Stil 1607 erbaute Herrenhaus umschließt Teile eines wesentlich älteren Gebäudes und steht inmitten weiter Rasenflächen am Rande eines sehr schönen Landschaftsparks mit kleinem See. Besonders bemerkenswert sind das geschnitzte Stiegenhaus aus der Zeit um 1675, der getäfelte Salon und die noch mit Stilmöbeln des 17. und 18. Jahrhunderts eingerichteten Räume. An den Wänden hängen kostbare alte Gemälde und Familienporträts.

Das Haus wird noch von seinen Eigentümern bewohnt, und eine Besichtigung ist derzeit nur nach vorheriger Anfrage möglich. Man wende sich an das Touristenamt.

6. Southwell Minster (22 km nordöstlich; Ausfahrt *Carlton Road* und A-612). Der kleine Ort darf sich rühmen, eine der schönsten großen mittelalterlichen Münsterkirchen Englands zu besitzen. Seit der Gründung einer eigenen Diözese (1884) steht die Kirche im Rang einer Kathedrale.

Auf den Resten einer uralten kleinen Kirche, die im Jahr 630 von Paulinus, dem ersten Bischof von York gegründet worden sein soll, errichtete man im frühen 12. Jahrhundert eine große normannische Kirche, die bis zum 14. Jahrhundert vergrößert wurde, also die Baustile dreier Jahrhunderte (normannisch, *Early English, Decorated, Perpendicular*) harmonisch in sich vereinigt.

An der Fassade fällt zuerst das prachtvolle hohe Mittelfenster im *Perpendicular*-Stil auf, das von zwei normannischen Türmen flankiert wird. Das hohe normannische Langhaus und die normannischen Kreuzschiffe stammen noch aus dem frühen 12. Jahrhundert. Der in frühgotischem Stil *(Early English*, 1234-1250) gehaltene Chor wird vom Kreuzschiff durch ein sehenswertes Altargitter im *Decorated*-Stil (1355) getrennt. Sehenswert sind auch das spätnormannische Portal an der Nordseite und vor allem das achteckige **Kapitelhaus** im gotischen *Decorated*-Stil (1295-1300), das oft als das schönste seiner Art bezeichnet wird.

Südlich der Kathedrale kann man noch Ruinen des Palastes der Erzbischöfe von York aus der Zeit um 1400 sehen; die *Hall* wurde 1880 wiederhergestellt.

7. Sherwood Forest. Das vor allem in seinem nördlichen Teil noch aus großen, zusammenhängenden Waldstreifen bestehende Gebiet ist durch die legendäre Gestalt des „Robin Hood" weltberühmt geworden. Der **Sherwood Forest** erstreckt sich in einer Länge von knapp 40 km nördlich von Nottingham. Ihm ist ein eigenes Kapitel gewidmet (→ Weg 3).

OXFORD

Oxford ist eine der berühmtesten Universitätsstädte der Welt und die erste Universitätsstadt Großbritanniens. Sie geht auf das alte sächsische *Oxanforda* des 8. Jahrhunderts zurück, der „Ochsenfurt", die es an dieser Stelle neben dem Nonnenkloster *St. Frideswide* über die Themse gab. Schon im 12. Jahrhundert war Oxford ein Zentrum der Gelehrsamkeit, als *Henry II.* nach einem Streit mit *Thomas Becket* alle englischen Studenten aus Paris zurückrief, um ihr Studium hier fortzusetzen, damit „nie ein Mangel an qualifizierten Männern für den Dienst an Kirche und Staat herrsche".

Im Jahr 1214 wurde die erste Universität gegründet, als Lehrer und Professoren wirkten bis zum 16. Jahrhundert fast ausschließlich Klosterbrüder der Franziskaner und Dominikaner. Schon Ende des 13. Jahrhunderts gab es hier vier Colleges: *University, Balliol, Merton* und *St. Edmund Hall.* (Über *Colleges* lesen Sie bitte auch auf Seite 208 nach). Im 14. Jahrhundert folgten *Exeter, Oriel, Queen's* und *New College.* Oxford stand damals bereits im Rang ebenbürtig mit Paris, Salamanca und anderen Universitäten auf dem Kontinent. Im 15. Jahrhundert folgten *Lincoln, All Souls* und *Magdalen,* im 16. Jahrhundert *Brasenose, Corpus Christi, Christ Church, St. John's, Trinity* und *Jesus.* Eine Besonderheit von Oxford ist es, daß man bei der Benennung der Colleges nur ihren Namen nennt, das Wort „College" dabei wegläßt. Die rechteckigen Innenhöfe eines Colleges bezeichnet man als „Quad" *(Quadrangle),* im Unterschied zu *Cambridge,* wo sie „Court" genannt werden.

Das *Christ Church* ist das größte, reichste und bedeutendste, *Magdalen* das schönste, *Merton* das mit den ältesten noch erhaltenen Gebäuden, und die Gärten von *St. John's, Trinity, Worcester, Wadham* und *New College* wetteifern darin, als die schönsten der Stadt zu gelten.

Oxford liegt an der *Themse* (von den Römern *Thamesis* genannt), die eigenartigerweise hier den Namen *Isis* trägt, und am *River Cherwell,* der im Süden der Stadt in die *Isis* (Themse) mündet. Der *Cherwell* begrenzt die *University Parks* und die große Parkanlage *Christ Church Meadows* im Osten, an den Flußufern gibt es schöne Spazierwege.

Wegen der vielen gotischen Türme der Kirchen von Oxford, der *College Chapels,* wird die Stadt gerne „City of spires" genannt. Heute gibt es mehr als drei Dutzend Colleges, und mehr als 650 Gebäude der Stadt gelten als architektonisch wertvoll und ste-

Oxford zählt zu den berühmtesten Universitätsstädten der Welt.
Unvergeßlich ist der Blick vom Turm des Magdalen Colleges über die Stadt.

hen unter Denkmalschutz. Die Colleges können in der Regel nachmittags teilweise besichtigt werden, die beste Besuchszeit ist natürlich während der Sommerferien, wenn die Colleges überhaupt leer stehen. Seit dem 19. Jahrhundert gibt es auch Colleges für weibliche Studenten, aber erst seit 1920 dürfen Studentinnen auch akademische Grade erwerben. Ein Dekret aus dem Jahr 1927 besagt, daß nicht mehr als höchstens ein Viertel aller in Oxford zugelassenen Studenten weiblichen Geschlechts sein dürfen.

Die **Geschichte der Stadt** ist recht abwechslungsreich. Im Mittelalter bestanden große Spannungen zwischen den Studenten und den klösterlichen Lehrern einerseits und den Bürgern der Stadt andrerseits. Es kam recht oft zu blutigen Auseinandersetzungen zwischen „Town and Gown" (Stadtbürgern und Universitätsstudenten), mitunter gab es hunderte getötete Studenten. Ein später erlassenes Gesetz forderte die Stadtverwaltung auf, für jeden getöteten Studenten ein „Bußgeld", den sogenannten *Silverpenny,* zu bezahlen. Dieses Gesetz wurde erst 1825 als unnötig erkannt und aufgehoben.

Im Jahr 1516 erließ das *Corpus Christi* eine Verodnung, derzufolge kein Student mehr Mönch werden durfte. 1581 machte der *Test Act* die Stadt Oxford zur „Anglikanischen Universität", die früheren klösterlichen (katholischen) Verordnungen wurden außer Kraft gesetzt, klösterliche Lehranstalten aufgehoben. Während des Bürgerkrieges war Oxford von 1642-1646 Hauptquartier und Residenz des Königshofes. *Charles I.* residierte im *Christ Church.* In den Jahren 1655 und 1681 hielt *Charles II.* in Oxford Parlamentssitzungen ab. 1683 wurde das erste öffentliche Museum Großbritanniens (das „Ashmolean") eröffnet. In der Folgezeit verarmten die Colleges, das Leben der Studenten war im ganzen Land als „ausschweifend" berüchtigt, Doktordiplome konnte man um ein paar Silbermünzen kaufen. Eine ordentliche Reform setzte erst Mitte des 19. Jahrhunderts ein, als das Zölibat aufgehoben und erstmals auch verheiratete Lehrer und Professoren unterrichten durften, erstmals auch verschiedene Prüfungsgrade und -klassen eingeführt wurden und erstmals auch schriftliche (statt der mündlichen) Prüfungen vorgeschrieben waren. Erst seit dieser Zeit gibt es in Oxford auch Fakultäten für Rechtswissenschaften und Geschichte. Die Studenten durften nur mehr höchstens 10 Jahre studieren, um nicht ein College zum Lebenswohnsitz zu machen, wie das früher durchaus üblich war.

Im Ersten Weltkrieg war der Lehrbetrieb eingestellt, die Colleges dienten als Spitäler, Ausbildungszentren für Kadetten, als Kasernen. Im Zeiten Weltkrieg wurde der Universitätsbetrieb uneingeschränkt aufrecht erhalten. Seit 1950 besitzt die Universität von Oxford nicht mehr das 1603 verbriefte Recht, eigene Vertreter in das Parlament zu entsenden. Der Wettbewerb zwischen Oxford und der nicht minder berühmten Universitätsstadt *Cambridge** wird heute fast nur mehr durch sportliche Veranstaltungen aufrechterhalten. In der letzten Februarwoche und im Mai finden die berühmten Bootsregatten auf der *Isis* (Themse) statt („Torpids" und „Eights"). Im Frühsommer gibt es in der Stadt das bemerkenswerte *English Bach Festival,* im September findet die große Messeveranstaltung *St. Giles' Fair* statt.

STADTBESICHTIGUNG

Von welcher Seite auch immer man mit dem Pkw die Stadt erreicht, so ist es überall ratsam, den Wagen auf einem der Parkplätze vor der Innenstadt abzustellen und die Stadt zu Fuß zu durchwandern. Wer mit dem Zug ankommt, geht von der *Railway Station* in östlicher Richtung durch die *Park End Street, New Road* und *Queen Street,* oder durch die *Hythe Bridge Street* und *George Street* knapp 15 Minuten in das Stadtzentrum.

Der von London auf der M-40 (A-40) anreisende Besucher betritt die Stadt im Osten, fährt (links) am 1893 gegründeten *St. Hilda's College* vorbei, überquert auf der *Magdalen Bridge* (1779 erbaut, 1883 verbreitert) den *River Cherwell* und gelangt so direkt in die *High Street,* an deren westlichem Ende der *Carfax Tower* (s.unten) steht. Hier beginnt man auch in der Regel mit den Stadtrundgängen.

1. Rundgang: Von Carfax durch die High Street zum Botanischen Garten und über Broad Walk und Christ Church zurück

Der Platz **Carfax** (1) ist der Mittelpunkt der alten Stadt. Der Name leitet sich vom lateinischen Wort „quadrifurcus" ab, weil hier vier Straßen (Haupteinkaufsstraßen, teilweise Fußgängerzone) ihren Ausgang nehmen. Der **Carfax Tower,** der bis auf das 13. Jahrhundert zurückreicht, ist der noch verbliebene Rest der mittelalterlichen *St. Martin's Church.* Nahebei liegen das Touristen-Informationsbüro, das Hauptpostamt, und – gegenüber – die **Town Hall** (2). Man folgt jetzt der *High Street,* die aber hier nie als solche, sondern stets nur als **The High** bezeichnet wird (in englischen Reiseführern kann man lesen, daß sie „one of the most

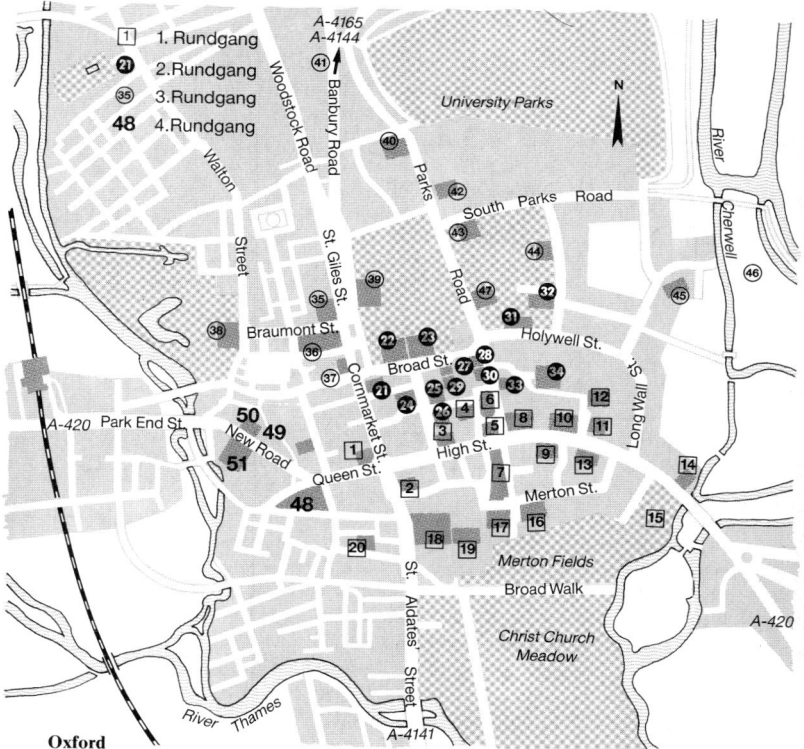

Oxford

1. Rundgang

1 Carfax
2 Town Hall
3 St. Martin and All Saints
4 Brasenose College
5 St. Mary the Vigin
6 Radcliffe Camera
7 Oriel College
8 All Souls College
9 Univerity College
10 Queen's College
11 St. Edmund Hall
12 St. Peter's in the East
13 Examination Schools
14 Magdalen College
15 Botanischer Garten
16 Merton College
17 Corpus Christi College
18 Christ Church College
19 Kathedrale
20 Pembroke College

2. Rundgang

21 Church of St. Michael
22 Balliol College
23 Trinity College
24 Jesus College
25 Exeter College
26 Lincoln College
27 Museum of the
   History of Science
28 Sheldonian Theatre
29 Divinity School
30 New Bodleian Library
31 Old Music Room
32 Manchester College
33 Hertford College
34 New College

3. Rundgang

35 Ashmolean Museum
36 Playhouse Theatre
37 New Theatre
38 Worcester College
39 St. John's College
40 Keble College
41 Lady Margaret Hall
42 University Museum
43 Rhodes House
44 Mansfield College
45 St. Cross Building
46 St. Catherine's College
47 Wadham College

4. Rundgang

48 Westgate Centre
   Shopping Precinct
49 St. Peter's College
50 Nuffield College
51 Castle

beautiful streets in the world" sei) und sieht links, Ecke *Turl Street*, die Kirche **St. Martin and All Saints** (3). Sie wurde 1706 an der Stelle einer früheren Kirche erbaut. An sie stößt das **Brasenose College** (4), das 1509 gegründet wurde. Sein großer vorderer Innenhof mit dem Torturm und der *Hall* sowie seine Front zum *Radcliffe Square* stammen noch aus dieser Zeit. Aus der Mitte des 17. Jahrhunderts stammen die *Chapel* (in gotischen und klassizistischen Formen; schöne Fächergewölbe) und die Bibliothek.

Den eigenartigen Namen trägt das College nach einem uralten bronzenen Türklopfer in der Form einer Nase (the „Brazen Nose"), um den sich viele Geschichten und Legenden ranken.

Nur wenige Schritte weiter erhebt sich die Kirche **St. Mary the Virgin** (5) an der Stelle einer wesentlich älteren Kirche, von der noch der Turm (Unterbau 13. Jh., Turm 14. Jh.) erhalten blieb. Die heutige spätgotische Kirche wurde zwischen 1472 und 1488 im *Perpendicular*-Stil erbaut und dient als Universitätskirche. Sie besitzt ein schönes barockes Portal von *Nicolas Stone* (1637) und im Innern bemerkenswerte alte Figurengräber und Grabplatten, eine sehenswerte Kanzel und ein Chorgestühl aus dem 15. Jh.

Hinter der Kirche steht die **Radcliffe Camera** (6). Der in klassizistischem Stil mit korinthischen Säulen errichtete Rundbau mit einer Kuppel auf einem achteckigen Unterbau mißt 33 m im Durchmesser und ist 43 m hoch. Er wurde 1737-1748 von dem berühmten schottischen Architekten *James Gibbs* zur Aufnahme der Bibliothek des bekannten Arztes *John Radcliffe* aus dessen Nachlaß erbaut, dient seit 1861 als Lesesaal und ist seit 1927 ein Teil der weltbekannten, gegenüberliegenden *Bodleian Library* (→ 2. Rundgang). Neben den mit schönen Stuckdecken verzierten Leseräumen ist vor allem das reich geschmückte runde Stiegenhaus („Grand Staircase") beachtenswert. Von der Galerie, die rund um die Kuppel führt, hat man einen schönen Ausblick.

Auf der gegenüberliegenden Straßenseite von *The High* liegt das **Oriel College** (7), das zuerst 1324 als *St. Mary's College* und 1326 durch *Edward II.* als *King's College* neu gegründet wurde. Den heutigen Namen trägt es nach einem früheren alten Erker *(oriel)*. Die Hauptfront zur Straßenseite wurde 1910 erneuert und trägt eine Statue von *Cecil Rhodes,* der hier studierte. Malerisch ist der im 17. Jahrhundert noch in gotischem Stil erbaute vordere Innenhof mit seiner *Hall* (sehenswerte Stichbalkendecke) und *Chapel* (1619-1649). Der hintere Hof mit der Bibliothek entstand

*Ein Wahrzeichen der Stadt ist die sogenannte
Radcliffe Camera, ein vor zweieinhalb Jahrhunderten errichteter
eindrucksvoller Rundbau, der den Namen seines Stifters trägt
und eine großartige Bibliothek beherbergt.*

im 18. Jahrhundert. Im Jahr 1902 wurde die aus dem 17. Jahrhundert stammende *St. Mary's Hall* mit einer kleinen Kapelle dem College einverleibt.

The High quert jetzt die schmale *Catte Street*, auf der linken Seite liegen die altertümlichen Gebäude von **All Souls College** (8). Es wurde 1438 von *Henry Chichele*, Erzbischof von Canterbury, zum Gedenken an die Seelen der in den Franzosenkriegen gefallenen Soldaten gestiftet. Die zur *High Street* schauende Hauptfront blieb seit dem 15. Jahrhundert fast unverändert erhalten. Von der Nordwestseite des vorderen Innenhofs führt ein bemerkenswerter gewölbter Durchgang in die im spätgotischen *Perpendicular*-Stil erbaute *Chapel*, mit kostbarer Innenausstattung. Der nördlich angrenzende große Innenhof ("Great Quadrangle") wurde 1720-1756 von *Nicholas Hawksmoor*, einem Schüler und Schwiegersohn von *Sir Christopher Wren*, gestaltet; eindrucksvoll sind seine hohen, reich verzierten Tortürme. Die Nordseite wird vom Bibliotheksgebäude *(Codrington Library)* mit 61 m langer Fassade begrenzt. Die Bibliothek enthält über 300 000 Bände und ist eine Stiftung von *Christopher Codrington* (gest. 1710), Gouverneur der Leeward-Inseln (Karibik), der ein Student des Colleges war. (Auch *Christopher Wren* studierte hier).

Auf der rechten Straßenseite von *The High* liegt das **University College** (9), das zwar 1872 die Tausendjahrfeier seines Bestehens abhielt, die darauf Bezug nehmende Gründung durch *Alfred dem Großen* im Jahr 872 aber nur in den Bereich der Legende verwiesen werden kann. Urkundlich belegt ist die Gründung im Jahr 1249 durch *William, Archdeacon of Durham;* an der gegenwärtigen Stelle gibt es das College seit 1343. Die heutigen College-Gebäude sind aber kaum älter als dreihundert Jahre. Die lange, geschwungene Fassade mit ihren beiden Tortürmen, Erkern und Giebeln ist ein gutes Beispiel für die „gotische Renaissance" des 17. Jahrhunderts. Die westliche Einfahrt ist außen mit einer Statue von *Queen Anne* und innen mit einer von *James II.* geschmückt. Sie führt in den 1634-1674 gestalteten *Great Quadrangle* (Innenhof). Von seiner Nordwestecke führt ein Durchgang zu dem von einer Kuppel überwölbten *Shelley Memorial*, mit der realistischen Marmorfigur des berühmten Dichters (1893). *Shelley* studierte und wohnte 1810 in diesem College, mußte es aber nach elf Monaten wegen der Veröffentlichung seines Pamphlets „The Necessity of Atheism" verlassen.

Die östliche Einfahrt trägt außen die Statue von *Queen Mary* und innen jene von *Dr. Radcliffe* (s.oben). Sie führt in einen kleinen Hof, der 1719 aus einem Nachlaß des bekannten Arztes entstand. Die *Chapel* aus dem Jahr 1639 wurde im 19. Jahrhundert umgestaltet, die Bibliothek stammt aus dem Jahr 1861.

Dem College gegenüber erstreckt sich an der linken Seite der *High Street* die klassizistische Fassade des **Queen's College** (10), das 1340 von *Robert de Eglesfield,* dem Hofgeistlichen von *Queen Philippa* (Gemahlin *Edwards III.),* gegründet worden war. Die heutigen Gebäude stammen alle aus der Zeit zwischen 1692 und 1716 und sind ein gutes Beispiel der sogenannten „englischen Renaissance", einer Art klassizistischen Stils, nach Plänen von *Sir Christopher Wren* und *Nicholas Hawksmoor.* Bemerkenswert ist vor allem die reich ausgeschmückte Bibliothek mit über 100 000 Bänden, darunter die bedeutendste Sammlung an slawischer Literatur in England.

Die schmale, gekrümmte *Queen's Lane* trennt das College von der **St. Edmund Hall** (11), der letzten der einst zahlreichen mittelalterlichen „Halls", die um 1220 herum als Lehranstalt gegründet und *St. Edmund of Abingdon,* Erzbischof von Canterbury, gewidmet wurde, der von 1195-1200 in Oxford unterrichtete. 1238 erhielt sie ihren eigenen Status. Von 1559-1937 wurde die Lehranstalt vom *Queen's College* verwaltet, heute besitzt sie alle Privilegien eines Colleges.

Die heutigen Gebäude stammen fast alle aus dem 17. Jahrhundert; malerisch ist der alte *Quadrangle* (Innenhof), teilweise aus der Zeit um 1650, teilweise 1932 erneuert. Bei den Erneuerungsarbeiten fand man einen Rest der ehemaligen *White Hall* aus dem 15. Jahrhundert.

Ein paar Schritte weiter in der *Queen's Lane* stößt man auf die profanierte Kirche **St. Peter's in the East** (12), die noch große Bauteile aus normannischer Zeit (Altarraum, darunter eine gewölbte Krypta von 1150, Südportal) enthält. Bemerkenswert sind einige Glasmalereien aus dem 15. Jahrhundert und alte Grabdenkmäler, darunter das Grabmal von *James Sadler,* der 1784 den ersten Ballonaufstieg in England unternahm. Die Kirche enthält heute die Bibliothek der *St. Edmund Hall* und ist auf Anfrage zu besichtigen.

Der *St. Edmund Hall* gegenüber liegen die **Examination Schools** (13). In dem 1876-1882 erbauten viktorianischen Gebäudekomplex werden die Universitätsprüfungen abgehalten. Nach ihrem erfolgreichen Abschluß feiern die Studenten hier nach alter Tradition auf den Stufenaufgängen. Während der Ferien können die Schulgebäude besichtigt werden; sie enthalten unter anderem eine interessante Sammlung von Porträtbildnissen englischer Komponisten des 17. und 18. Jahrhunderts und andere Bilder und Gemälde.

Am Ende der *High Street* und nahe am *River Cherwell* liegen die Gebäude des **Magdalen College** (14), das gerne als schönstes College der Stadt bezeichnet wird. 1448 von *William of Waynflete* an der Stelle des alten *Hospitals of St. John* (13. Jh.) gegründet, hat es sich großenteils noch sein Aussehen aus dem 15. Jahrhundert bewahrt. Beeindruckt ist man vor allem von dem nahe an der *Cherwell Bridge* stehenden 44 m hohen gotischen Glockenturm, einem Wahrzeichen der Stadt, 1492-1505 im *Perpendicular*-Stil erbaut. Durch eine moderne Toreinfahrt gelangt man links in den *St. Swithun Quadrangle* (Innenhof von 1882) und geradeaus zum *President's House* und zur alten *Grammar Hall*. Rechts sieht man eine alte Außenkanzel, daneben führt ein enger Durchgang zum *Chaplain's Quadrangle* (1475) mit den Resten des oben erwähnten *Hospitals of St. John*. Rechts liegt der *Muniment Tower*, durch den man in die *Chapel* (1474) gelangt; sie wurde im 19. Jahrhundert neu eingerichtet, besitzt einen reich mit Statuen geschmückten Chor. Ein paar Schritte weiter liegt der *Founder's Tower* (1485) mit reich ausgestatteten *state apartments*. Unterhalb des *Muniment Towers* führt ein Durchgang zum malerischen Kreuzgang aus der Zeit um 1470, der 1822 erneuert wurde. Die Groteskfiguren (sie werden hier „hieroglyphs" genannt) an den Strebepfeilern des Hofes stammen aus der Zeit um 1509.

Ein Stufenaufgang in der südwestlichen Ecke führt zur alten *Hall,* die mit prächtigen Holztäfelungen und kostbaren alten Porträtgemälden geschmückt ist und auch eine „musicians' gallery" besitzt. Die alte College-Küche stammt noch vom ehemaligen Hospital (s.oben). Reiche Schätze an mittelalterlichen Bilderhandschriften und Frühdrucken enthält die Bibliothek.

Im schönen georgianischen Stil gehalten sind die sogenannten *New Buildings* (1735); dahinter breitet sich „The Grove" aus, ein großer Park mit Wildgehege am Flußufer und wunderschönen Spazierwegen („Water Walks"; „Addison's Walk" u.a.).

Dem College gegenüber liegt der älteste **Botanische Garten** (15) Englands. Er wurde 1621 gegründet und enthält auch Glashäuser mit seltenen Pflanzen, darunter riesige Wasserlilien aus dem Amazonas. Durch die Gartenanlagen führen schöne Spazierwege mit Ruhebänken, malerisch ist der Ausblick, den man von hier aus auf die Gebäude des gegenüberliegenden *Magdalen Colleges* hat.

*Das 1264 gegründete und seither oft erweiterte Merton College
zählt nicht nur zu den schönsten Colleges der Stadt,
es enthält auch die älteste Bibliothek Englands.*

337

Man biegt nun in die *Rose Lane* ab und gelangt in die große Grünanlage **Merton Field,** die sich hinter dem *Merton College* erstreckt und durch den „Broad Walk" von der noch größeren Parkanlage **Christ Church Meadow,** die sich bis zur *Isis* (Themse) ersteckt, getrennt wird. (Man kann auch bei den *Examination Schools* von *The High* in die *Merton Street* abbiegen und gelangt direkt zum *Merton College).*

Das **Merton College** (16) wurde 1264 von *Walter de Merton,* Bischof von Rochester, als weltgeistliche Bildungsstätte gegründet, um eine Gegengewicht zu den klösterlichen Schulen zu schaffen. Es ist das älteste College Oxfords und wird von einem noch erhaltenen Teil der mittelalterlichen Stadtmauer umschlossen. Die Vorderfront des Colleges wurde 1581 von *Henry Savile* erneuert, der Torturm stammt aus dem Jahr 1416. Zwischen dem vorderen Hof *(Front Quadrangle)* und dem ungemein malerischen mittelalterlichen „Mob Quad", einem Hof aus dem 14. Jahrhundert, liegt das „Treasury" oder „Muniment Tower" genannte Archivgebäude aus dem Jahr 1274 mit einem interessanten Steindach. Es ist der älteste noch erhaltene Bau des Colleges und enthält über 6000 Dokumente seit dem 14. Jahrhundert. Im *Mob Quad* liegt auch das 1377 erbaute Bibliotheksgebäude (die älteste Bibliothek Englands), das großteils noch in seinem ursprünglichen Stil ausgestattet ist und eine der wertvollsten mittelalterlichen Bibliotheken Großbritanniens besitzt; einige Bücher sind noch wie in früheren Zeiten angekettet. Aus den Jahren 1294-1297 stammt die in hochgotischem *Decorated*-Stil erbaute *Chapel,* der 1450 ein Glockenturm im *Perpendicular*-Stil angebaut wurde. Sie enthält reiche Kunstschätze, darunter Grabmäler und Figurengräber aus dem 14. bis 17. Jahrhundert und 14 Fenster mit mittelalterlichen Glasmalereien aus dem späten 13. und 14. Jahrhundert. Der angrenzende *Fellows Quadrangle* genannte Innenhof entstand nach 1608. An den *Front Quadrangle* stößt an der Ostseite der „St. Alban Hall Quad" an, der 1905 angelegt wurde; hier lag früher die 1220 gegründete *St. Alban Hall.*

Neben dem Merton College liegt das **Corpus Christi College** (17), das 1516 von Bischof *Robert Fox* gegründet wurde. Er ließ hier die besten Professoren in Altgriechisch, Latein und Hebräisch unterrichten, was später *Erasmus von Rotterdam* dazu veranlaßte, das College als „Bibliotheca trilinguis" zu bezeichnen. In diesem College wurde auch zum ersten Mal festgelegt, daß kein

Schüler mehr Mönch werden dürfe. Der Torbau und der vordere Innenhof („Front Quad") stammen noch aus dem beginnenden 16. Jahrhundert; beachtenswert ist hier auch eine kunstvolle Sonnenuhr aus dem Jahr 1581. Die malerische kleine *Hall* besitzt eine sehr schöne Stichbalkendecke, das Altargemälde „Anbetung Christi" in der *Chapel* wird Rubens zugesprochen. Sehr sehenswert ist auch die Bibliothek. Die an der Südseite liegenden *Turner Buildings* stammen aus der Zeit um 1706.

Nur wenige Schritte weiter liegt **Christ Church College** (18), das 1525 von Kardinal *Wolsey* als „Cardinal College" an der Stelle des mittelalterlichen St. Frideswide-Klosters gegründet wurde. Als *Wolsey* beim König in Ungnade gefallen war, wurde das College 1532 als „Henry VIII. College" neu gegründet, und als schließlich die *College-Chapel* dazu auserwählt wurde, als Kathedrale der neuen Diözese zu dienen, erfolgte 1546 eine dritte Gründung unter dem heutigen Namen „Christ Church". Es ist das größte College von Oxford und in der Stadt allgemein als „The House" bekannt.

Man kann vom *Corpus Christi* durch die *Blue Boar Street* bis zur *St. Aldate's Street* gehen, auf die man bei der *Town Hall* stößt. In dieser Straße liegt nämlich der Haupteingang zum College, der **Wolsey Gateway**, mit einer Statue des Kardinals im 1.

Über diesem Eingang erbaute *Sir Christopher Wren* 1682 den achteckigen „Tom Tower". Der Turm enthält die 1680 gegossene, sieben Tonnen schwere Glocke „Great Tom". Sie läutet auch heute noch nach alter Tradition jeden Abend fünf Minuten nach 21 Uhr. Ihre 101 Glockenschläge waren früher das Zeichen für die 101 hier lebenden Studenten, daß die Tore geschlossen wurden.

Durch das Torhaus unter dem Glockenturm gelangt man in den größten aller Collegehöfe von Oxford, den sogenannten „Tom Quad". Er ist 81 m lang und 79 m breit, ursprünglich hatte ihn Kardinal *Wolsey* als Kreuzgang vorgesehen. In der Hofmitte liegt ein kleiner Seerosenteich mit einer 1928 angefertigten Kopie der berühmten Merkurstatue des italienischen Renaissancebildhauers *Giovanni da Bologna*. An der Südostseite des Hofes erhebt sich ein Glockenturm von 1878, unter dem man durch ein prächtiges Stiegenhaus (1640) zur sehenswerten *Hall* (kunstvolles Fächergewölbe) gelangt. Sie stammt aus dem Jahr 1529 und ist mit 35 m Länge, 12 m Breite und 15 m Höhe die größte und schönste ihrer Art in Oxford. Sie enthält eine berühmte Porträtsammlung, darunter Bildnisse von Kardinal Wolsey, Henry VIII., Elizabeth I.,

William Penn, John Wesley u.v.a., von *Kneller, Romney, Lawrence, Millais* und anderen berühmten englischen Malern. Die Bildergalerie *(Christ Church Picture Gallery)* enthält auch Zeichnungen und Gemälde von alten Meistern, etwa von *Leonardo da Vinci, Raffael, Michelangelo, Holbein, Titian, Rubens* und *Rembrandt.*

Von der Nordostecke des „Tom Quad" führt ein Gang zum zweiten Hof, dem 1705 angelegten *Peckwater Quadrangle.* An seiner Südseite liegt das Bibliotheksgebäude (1716-1761), das neben einer kostbaren Sammlung alter Bücher und mittelalterlicher Handschriften auch eine Sammlung von alten Zeichnungen, Musikinstrumenten und Erinnerungen an Kardinal *Wolsey* (u.a. seinen Stuhl und seinen Hut) enthält. Der südlich angrenzende Hof „Canterbury Quad" (1770) liegt an der Stelle des ehemaligen *Canterbury Colleges,* das früher im Besitz der Mönche der Kathedrale von Canterbury war. *(Sir Thomas More* lebte hier als Student).

Ein Durchgang führt von hier in die *Merton Street* und zum angrenzenden *Corpus Christi College* (s.oben).

Im Osten grenzt der „Tom Quad" an die **Christ Church,** die „Kapelle" des Colleges, die seit 1545 auch die **Kathedrale** (19) von

„Christ Church" ist das größte College von. Oxford.
Seine große Hall enthält unter anderem
eine bemerkenswerte Sammlung von
Porträtbildnissen berühmter Männer.

Oxford ist. Man benennt sie allerdings nur sehr selten als „Oxford Cathedral", sondern allgemein nur als „Christ Church".

Anfang des 8. Jahrhunderts gründete hier die sächsische (später heilggesprochene) Edeldame *Frideswide* ein Nonnenkloster und eine Kirche, von der allerdings nichts mehr erhalten blieb. Auch von einer späteren Klosterkirche aus dem Jahr 1004 gibt es nichts mehr zu sehen. Unter den Normannen wurde im 12. Jahrhundert eine dritte Kirche an dieser Stelle erbaut, von der noch große Teile des Langhauses, des Chors und der Kreuzschiffe erhalten blieben. Aus dem 13. Jahrhundert stammt der 44 m hohe Turm mit spitzem Turmhelm, der zu den ältesten seiner Art in England zählt. Der gleichen Zeit gehört die *Lady Chapel* an, während die danebenliegende *Latin Chapel* im 14. Jahrhundert errichtet wurde. Kardinal *Wolsey* ließ 1525 Teile der Kirche niederreißen und erneuern. Um 1870 wurde sie von *Sir Gilbert Scott* restauriert, ihr spätnormannischer Baustil wiederhergestellt.

Man beachte vor allem die massiven normannischen Arkadenpfeiler, die abwechselnd rund und achteckig sind, die Holzbalkendecke aus dem 16. Jahrhundert und die Taufkapelle (ehemalige *St. Lucy's Chapel)* mit ihrem prächtigen Ostfenster (Glasmalereien von 1330, eine Darstellung der Ermordung des Erzbischofs *Becket).* Im Chor kann man den teilweise wiederhergestellten Schrein von *St. Frideswide* (gest. 735) sehen, der im Mittelalter ein bedeutendes Pilgerziel war. In der gotischen *St. Catherine's Chapel* sind die Kanzel (17. Jh.), mittelalterliche Glasmalereien (14. Jh.) und Grabmäler aus dem 14. und 15. Jahrhundert bemerkenswert. Erwähnenswert ist auch der kleine gotische Kreuzgang, von dem ein spätnormannisches Portal zum frühgotischen Kapitelhaus *(Chapter House)* führt, ein schönes Beispiel des *Early English*-Stils.

Wenn man *Christ Church* durch den *Wolsey Gateway* unter dem „Tom Tower" (s.oben) verläßt, sieht man auf der gegenüberliegenden Seite der *St. Aldate's Street* die *St. Aldate's Church* (14. Jh.) und das **Pembroke College** (20). Es wurde 1624 als Nachfolger der früheren *Broadgates Hall* gegründet und nach dem *Earl of Pembroke* benannt. Die heutigen Collegegebäude stammen hauptsächlich aus dem 19. Jahrhundert. Die *Chapel* aus dem Jahr 1732 erhielt 1884 eine neue Innenausstattung in reichem, klassizistischem Stil. Nur wenige Schritte weiter liegt in der *Pembroke Street* das **Museum of Modern Art,** mit verschiedenen Objekten moderner Kunst.

Von hier aus sind es nur wenige Schritte, am Hauptpostamt und *Information-Centre* vorbei, zu **Carfax,** dem Ausgangspunkt des Rundgangs.

2. Rundgang: Von Carfax zur Broad Street und zum New College, und über die High Street zurück

Vom *Carfax Tower* (s.oben) folgt man der beliebten Einkaufsstraße **Cornmarket Street,** bis zur *Broad Street.* Rechts steht die **Church of St. Michael** (21), die bis auf das 12./13. Jahrhundert zurückgeht und noch alte Grabmonumente und mittelalterliche Glasmalereien besitzt. Wichtigster Teil der Kirche ist aber ihr uralter Turm, der noch auf eine angelsächsische Vorgängerkirche aus den ersten Jahren des 11. Jahrhunderts zurückgeht und im Mittelalter ein Teil der Stadtbefestigung an der Stadtmauer war. Er wurde 1896 restauriert.

Die Kirche liegt neben der Stelle, an der sich früher das Stadtgefängnis befand, in dem u.a. die Bischöfe *Cranmer, Latimer* und *Ridley* eingekerkert waren. **Thomas Cranmer,** Erzbischof von Canterbury und Reformator der anglikanischen Kirche, ermächtigte *Henry VIII.,* dessen Kanzler er 14 Jahre lang war, sich als alleiniges weltliches und geistliches Oberhaupt des Reiches zu erklären, als ihn der Bannstrahl des Papstes (wegen seiner Vermählung mit *Anne Boleyn)* traf. Als aber 1553 *Mary I.* („Maria die Blutige") den Thron bestieg, wurde der Erzbischof drei Jahre lang eingekerkert und 1556 am Scheiterhaufen verbrannt. Ein Gedenkkreuz in der **Broad Street** markiert die Stelle, wo *Cranmer* den Feuertod fand. Nur wenige Schritte nördlich der Kirche, in der Straße *St. Giles,* steht das 1841 errichtete **Martyrs' Memorial,** das an den Tod der „ketzerischen" Bischöfe erinnert.

An der rechts abzweigenden *Broad Street* liegt das **Balliol College** (22), das von *Devorguilla,* der Witwe von *John de Baliol* (Vater des gleichnamigen schottischen Königs) 1263 als „Students' Hostel" gegründet wurde. Wenige Jahre später erhielt es seine Statuten, es ist somit das älteste College der Stadt. Mittelalterliche Gebäude sind keine mehr erhalten, nur die aus dem Jahr 1288 stammenden Tore an der Nordwestseite des vorderen Innenhofes wurden in letzter Zeit im mittelalterlichen Stil wiederhergestellt. Die Bibliothek und der Lesesaal (früher die *dining hall)* stammen zwar noch aus dem 15. Jahrhundert, wurden aber im 18. Jahrhundert völlig umgestaltet. Die *Chapel* wurde 1856 an der Stelle einer früheren Collegekapelle erbaut, auch die anderen Gebäude stammen aus dem 19. Jahrhundert, wobei aber eine gotisierende Bauweise beibehalten wurde.

Hinter dem *Balliol College* liegt das **Trinity College** (23), das man entweder durch die *Broad Street* oder vom *Balliol College* aus erreicht. Es wurde 1555 von *Sir Thomas Pope* an der Stelle des schon 1360 für Studenten der Benediktinerklöster Nordenglands eingerichteten *Durham Colleges* (das von *Henry VIII.* aufgelöst wurde) gegründet. Das College besteht aus zahlreichen Lehrge-

343

bäuden, malerischen Cottages und Studentenwohnungen aus dem 16. und 17. Jahrhundert, die noch erhaltenen Bauten des früheren *Durham Colleges* wurden dem neuen College eingegliedert. Die 1618 neu erbaute *Hall* enthält eine schöne Sammlung alter Porträtbildnisse. Im vorderen Hof *(Front Quadrangle)* steht die *Chapel,* die 1691-1694 an der Stelle der früheren Kapelle von 1406 neu errichtet wurde. Sie besitzt eine reiche Innenausstattung, bemerkenswert sind die hervorragenden Holzschnitzereien von Grinling Gibbons (1694), das reich geschmückte Gestühl, die Altarwand und das Alabastergrabmal des Collegegründers und seiner Ehefrau. An der Ostseite des Innenhofs wurden im 19. Jahrhundert das *President's House* und die *New Buildings* errichtet. Die nach einem Präsidenten des Colleges benannte *Kettell Hall* stammt aus dem beginnenden 17. Jh. und besteht aus einer Reihe sehr malerischer Giebelhäuser an der *Broad Street.*

An der Nordseite des Colleges liegt der *Garden Quadrangle* mit einem von *Sir Christopher Wren* 1665 erbauten klassizistischen Gebäude; sehr schön sind die Gärten, die sich hier ausbreiten.

An der von der *Broad Street* südlich abzweigenden kurzen und schmalen **Turl Street** liegen das *Jesus College,* das *Exeter College* und das *Lincoln College.* Das **Jesus College** (24) war das erste College, das in Oxford nach der Reformation gegründet wurde. Als Gründerin wird *Queen Elizabeth I.* angegeben. Die zur *Turl Street* und *Market Street* blickende Front wurde 1856 in gotisierendem Stil erneuert, während die *Hall,* die spätgotische *Chapel* (mit bemerkenswertem Tonnengewölbe) und das *Principal's House* im *Front Quadrangle* noch aus der ersten Hälfte des 17. Jahrhunderts stammen. Im dahinterliegenden Hof, dem malerischen *Back Quadrangle,* liegt die aus der zweiten Hälfte des 17. Jahrhunderts stammende Bibliothek.

In der *Hall* beachte man die schönen Holzschnitzereien und die Porträts von Elizabeth I. und Charles I. (beide von *Van Dyck*), von Charles II. (von *Lely*) und von dem berühmten Architekten *John Nash* (von *Lawrence*). Im *Common Room* hängt ein anderes Porträt von Elizabeth I., von *Zucchero.*

Das **Exeter College** (25) wurde zum ersten Mal 1314 von *Walter de Stapleton* und 1566 von *Sir William Petre* neu gegründet, doch sind seine heutigen Gebäude fast ausschließlich erneuerte Bauten aus dem 19. und 20. Jahrhundert.

Die Westfront und das Torhaus wurden 1671-1703 und ein zweites Mal 1834 erneuert, die *Hall* (1618) wurde 1818 erneuert, die sehr schöne *Chapel* von *Gilbert Scott* stammt aus dem Jahr 1857. Nur ein malerisches Giebelhaus an der Norwestecke des

Colleges, das einst zu den *Rector Prideaux Buildings* gehörte, stammt noch aus dem Jahr 1620, und das alte Nordportal („Palmer's Tower") geht noch auf das Jahr 1436 zurück; es enthält ein modernes Kriegerehrenmal.

Das **Lincoln College** (26) wurde 1427 von Bischof *Richard Fleming* von Lincoln gegründet, ursprünglich war es ein Priester-college. Der älteste noch erhaltene Teil ist die Küche. Heraus-ragendes Gebäude ist aber die im südlichen Innenhof liegende *Chapel* (1610- 1631), mit sehr schönem Tafelwerk aus Zedernholz und Glasmalereien aus der ersten Hälfte des 17. Jahrhunderts. Über dem Durchgang vom südlichen zum nördlichen Innenhof liegen die 1928 wiederhergestellten *Wesley Rooms,* mit zeitgenös-sischer Einrichtung und schönen Eichenholztäfelungen.

John Wesley, der Begründet der Methodistengemeinde, wohnte hier von 1726-1751. Im malerischen alten *North Quadrangle,* dem nördlichen Innenhof, liegt die *Hall* (1436), in der u.a. ein sehr gutes Porträtbildnis von *Wesley* hängt; die Kanzel des berühmten Predigers wird in der schon erwähnten *Chapel* aufbewahrt.

Gleich neben dem *Exeter College* liegt in der *Broad Street* das **Museum of the History of Science** (27) mit seltenen Sammlungen alter wissenschaftlicher Instrumente, elektrische, medizinische, physikalische und chemische Apparate, alte Fotoapparate, Uhren, Mikroskope, optische Instrumente, alte islamische und europäische Himmelsgloben mit mechanischen Planetenumlauf-bahnen u.v.a. vom 16./17. Jahrhundert an bis heute. Unter den neueren Sammlungen beeindrucken vor allem das Forschungs-material, das zur Herstellung von Penicillin führte, einer der ersten Röntgenapparate, die Instrumente zur Entwicklung der modernen Atomphysik, sowie ein ZETA-Modell zum Erzeugen thermo-nuclearer Reaktion. Angeschlossen ist eine umfangreiche wissenschaftliche Bibliothek.

Das alte *Ashmolean Museum,* in dem diese Sammlungen untergebracht sind, dien-te ursprünglich zur Aufnahme des Nachlasses des Antiquars und bekannten Astrono-men *Elias Ashmole* (→ auch S. 348), der sich aus vielen Kuriositäten und völker-kundlichen Gegenständen aus aller Welt, botanischen, zoologischen und geologi-schen Sammlungen zusammensetzte. Das 1683 eröffnete Museum war das erste der Öffentlichkeit zugänglich gemachte Museum in England. Das heutige Museum der Geschichte der Wissenschaften ist derzeit montags bis freitags von 10.30-13 und 14.30-16 Uhr geöffnet.

Neben dem Museum liegt der halbrunde Bau des **Sheldonian Theatre** (28), den *Sir Christopher Wren* 1664-1669 im Auftrag von *Gilbert Sheldon,* Erzbischof von Canterbury, als Nachbildung des antiken Marcellus-Theaters von Rom zur Aufnahme der Uni-versitätsdruckerei und als Universitätstheater errichtete. Heute dient es für Universitätsfeiern, Diplomverleihungen, Vorträge, Konzerte u.dgl. Es kann 1500 Zuhörer fassen. Von der 1838 erneuerten Flachkuppel, die ein kleiner Aufbau krönt, hat man einen schönen Ausblick. Im Innern beachte man die Deckengemälde von *Robert Streater,* Allegorien, die den Triumph von Kunst und Wissenschaft über Gewalt und Unwissenheit darstellen. Die südliche Front des Theaters wird von einem Zaun umgeben, an dessen steinernen Pfeilern Büsten antiker Philosophen angebracht sind. Über dem Eingang des Theaters ist das Wappen des Erzbischofs *Sheldon* angebracht.

Hinter dem Theater liegt die sogenannte **Divinity School** (29), das älteste erhaltene Vortragsgebäude der Universität. Es wurde 1427-1483 im spätgotischen *Perpendicular*-Stil erbaut und diente im Mittelalter als theologische Fakultät. Das Gebäude hat sich bis zum heutigen Tag sein ursprüngliches Aussehen bewahrt, 1669 wurde das Portal an der Nordseite zugebaut. Hinter der Vorhalle liegt ein sehenswerter Saal mit reichem Deckengewölbe. In diesem Saal wurden 1555 der Erzbischof *Cranmer* und die Bischöfe *Ridley* und *Latimer* verurteilt (→ S. 343), im gleichen Saal tagte 1681 das *House of Commons* (Unterhaus) des englischen Parlaments, während sich das Oberhaus in der Bildergalerie der *Bodleian Library* versammelte (s.unten). Später diente der Saal als Getreidelager und wurde erst wieder zu Beginn des 18. Jahrhunderts von *Sir Christopher Wren* in seinen ursprünglichen Zustand zurückversetzt. Dem Schulgebäude im Westen angeschlossen ist das sogenannte **Convocation House** (1638) für die Versammlungen des Lehrkörpers und für Promotionsfeiern, an seiner Ostseite liegt der ehemalige *Old Schools Quadrangle* (1619) an der Stelle früherer Schulgebäude von 1439. Das heutige Gebäude beherbergt die alte **Bodleian Library** („Bibliotheca Bodleiana"), die aber in den letzten Jahrzehnten zu klein wurde, um die bereits über 3 Millionen Bücher zu beherbergen. (Jedes in Großbritannien gedruckte Buch ist hier vertreten). So enstand in den letzten Jahren auf der gegenüberliegen Seite der *Broad Street* die **New Bodleian Library** (30). Mit ihren 3 Millionen Bänden und über 40 000 mittelalterlichen Handschriften zählt sie zu den größten Bibliotheken der Welt. Sie geht aus der von *Humfrey, Duke of Gloucester* (dem jüngsten Sohn von *Henry IV.)* 1480 gegründeten Bibliothek hervor, die aber unter *Henry VIII.* aufgelöst wurde. *Sir Thomas Bodley*, ein Diplomat im Dienste von *Queen Elizabeth I.,*

ließ die verstreuten Bücher wieder sammeln und 1598 die Bibliothek mit seinen eigenen großen Büchersammlungen wiederher-
stellen. 1866 wurde sie mit ihren Büchern der *Radcliffe Science
Library* (→ S. 332) vergrößert. Die heutigen Bibliotheksgebäude
(alte *Bodleian Library* in der *Divinity School, Radcliffe Camera*
und *New Bodleian)* sind durch Gänge und Tunnel miteinander
verbunden (→ auch S. 346).

Besonders reich vertreten sind Werke der Orientalistik, islamische und hebräische
Literatur. Zu den bedeutendsten Schätzen der Bibliothek zählen der „Codex Laudia-
nus", ein aus dem 7. Jahrhundert stammendes Manuskript der Apostelgeschichte,
eine angelsächsische Chronik aus dem Jahr 1123, eine Handschrift von König Alfred
dem Großen (um 890), *Caedmons* metrische Übersetzung der Genesis ins Alteng-
lische (11. Jh.), eine Bilderhandschrift vom „Rolandslied" (um 1130). Zur Zeit kann
die **Duke Humfrey's Library** (prächtige alte Balken- und Kassettendecke mit den
Wappen der Universität und *Sir Bodleys)* im alten Bibliotheksgebäude besichtigt
werden. In der Bildergalerie *(Picture Gallery)* kann man ebenfalls kostbare alte
Bilderhandschriften, wie auch historische Porträts und verschiedene Erinnerungsstücke an berühmte Persönlichkeiten sehen.

Das an das *Sheldonian Theatre* (s.oben) im Osten in der *Broad Street* angrenzende
schöne Gebäude in klassizistischem Stil ist das 1713 von *Hawksmoor* erbaute **Claren-
don Building,** das heute als Verwaltungsgebäude der Universität dient.

Der *Broad Street* folgt als Fortsetzung die in östlicher Richtung
verlaufende **Holywell Street,** eine schöne alte Straße, in der auch
der sogenannte **Old Music Room** (31) liegt. Von dem 1748 erbauten Gebäude sagt man, daß es das erste in Europa war, das ausschließlich für musikalische Darbietungen errichtet wurde. Das
Haus beherbergt heute die Musikfakultät der Universität.

Noch etwas weiter östlich liegt das **Manchester College** (32), ein erst 1888 gegründetes großes theologisches College der Unitarierkirche. Mehrere alte Häuser der
Holywell Street wurden neu adaptiert und formen nun einen malerischen Innenhof.

Am Beginn der *Holywell Street* und der südwärts zu *The High*
führenden *Catte Street* liegt das **Hertford College** (33), das aus
einem alten und einem neuen Gebäudekomplex besteht, die
durch einen malerischen Übergang miteinander verbunden sind.
Die Gründungsgeschichte ist ungewöhnlich: das College geht aus
der 1271 gegründeten *Hart Hall* hervor, die 1740 als *Hertford
College* neu gegründet wurde, aber nach Auflösung des Colleges
1822 zur *Magdalen Hall* wurde. Erst 1874 wurde es durch eine Stiftung des reichen Bankiers *Charles Barring* als **Hertford College**
wiedergegründet. Der älteste noch erhaltene Teil des Colleges ist
die aus dem 16. Jahrhundert stammende Bibliothek.

Ein paar Schritte führen von hier durch die *New College Lane* zum **New College** (34), das trotz seines Namens schon ein halbes Jahrtausend alt ist. Es wurde 1379 von *William of Wykeham,* Bischof von Winchester und *Chancellor of England,* gegründet. Die aus dem Ende des 14. Jahrhunderts stammenden gotischen Gebäude sind zum großen Teil erhalten geblieben und zählen zu den schönsten Beispielen des *Perpendicular*-Stils. Erwähnenswert ist vor allem die prächtige *Chapel* (14. Jh.), die 1879 von *Gilbert Scott* restauriert wurde. Sie enthält noch alte Glasmalereien aus dem 14. Jahrhundert, bemerkenswert ist auch das große Westfenster, das 1777 nach Vorlagen von *Reynolds* gestaltet wurde. Im Boden sind 23 zum Teil sehr kunstvolle Grabplatten aus dem frühen 15. bis 17. Jahrhundert eingelassen. Man beachte auch das reich geschnitzte Gestühl. An der Westseite der *Chapel* liegt ein malerischer kleiner Kreuzgang mit Holzdecke; der Glockenturm stammt aus der Zeit um 1400. Neben der Chapel liegt die reich getäfelte *Hall,* die zu den ältesten und schönsten in Oxford zählt.

Vom gotischen vorderen Innenhof *(Front Quadrangle),* der aus den Jahren 1380-1387 stammt, führt unter der Bibliothek ein Durchgang in den malerischen **Garden Quadrangle,** der 1684-1708 angelegt wurde. Die wunderschönen Gärten des Colleges erstrecken sich längs der noch erhaltenen Teile der alten Stadtmauer, die unter *Henry III.* im 13. Jahrhundert errichtet wurde.

Von hier sind es wiederum nur wenige Schritte durch die *Queen's Lane* zur *High Street* („The High") der man in westlicher Richtung, am *Queen's College, University College, All Souls College, Oriel College* und *Brasenose College* vorbei (→ 1. Rundgang) bis zu *Carfax,* dem Ausgangspunkt des Rundgangs, folgt.

3. Rundgang: Von der Cornmarket Street zum Ashmolean Museum, zur Universität und durch die Parks Road zurück

Ausgangspunkt des Rundgangs ist das nördliche Ende der *Cornmarket Street,* wo rechts die *Broad Street* (→ 2. Rundgang) abzweigt. Man geht zuerst am *Balliol College* und am *Martyr's Memorial* (→ S. 343) vorbei und gelangt am Beginn der *St. Giles Street* und der *Beaumont Street* zum **Ashmolean Museum** (35), einem großen Gebäude aus der Mitte des 19. Jahrhunders, das bedeutende archäologische und Kunstsammlungen enthält. Die Sammlungen waren ursprünglich zum Teil im *Old Ashmolean Museum* (→ S. 345) untergebracht, das aber für sie viel zu klein war. Das heutige Museum wurde 1933 um einen Flügel erweitert, auch 1938 und 1950 erfolgten Zubauten.

Die umfangreichen **archäologischen Sammlungen** enthalten Grabungsfunde, Marmor, Skulpturen, Bronzen, Keramiken, Terracotta-Arbeiten aus Europa, dem gesamten Mittelmeerraum, dem Nahen Osten und Ägypten (besonders reich sind das alte Griechenland und Kreta vertreten), reiche **Kunstsammlungen** aus Europa (Bronzen, Skulpturen, Silber, Tapisserien, Musikinstrumente, Porzellan u.v.a.), chinesisches und japanisches Porzellan, Bronzen und Lackarbeiten, indische Skulpturen, tibetische Kunstwerke, islamische Metallarbeiten, weiters eine sehr umfangreiche **Münzen- und Medaillensammlung** aus allen Ländern der Welt und allen Zeitepochen, eine berühmte **Gemäldegalerie** mit Werken der italienischen, niederländischen, flämischen, französischen und englischen Malschulen (darunter von *Michelangelo, Raffael, Uccello, Lippi, Veronese;* niederländische Stilleben; französische und englische Meister des 19. und 20. Jahrhunderts, wie *Boudin, Corot, Manet, Sisley, Renoir, Utrillo, Hogarth, Reynolds, Gainsborough, Romney, Raeburn* u.v.a.) sowie eine Sammlung alter Zeichnungen, die zu den wertvollsten auf der Welt gezählt wird. Zu den Ausstellungsstücken aus angelsächsischer Zeit zählt u.a. auch das weltberühmte „Alfreds Jewel", eine feine Goldschmiede- und Emailarbeit aus dem 9. Jahrhundert, deren angelsächsische Inschrift darauf hinweist, daß sie wahrscheinlich aus dem Besitz Alfreds des Großen stammt. – Kataloge und Museumsführer sind im Vestibül erhältlich. – Das Museum ist in der Regel von Montag bis Samstag von 10-16 Uhr, sonntags von 14-16 Uhr geöffnet, an mehreren Tagen Anfang September und zu den Feiertagen geschlossen.

In der *Beaumont Street* liegt auch das **Playhouse Theatre** (36), in der nahen *George Street* das **New Theatre** (37), zwei sehr bekannte Schauspielbühnen. Am Ende der *Beaumont Street* liegt das **Worcester College** (38), das 1714 an der Stelle des 1283 für Benediktiner erbauten *Gloucester College* gegründet wurde und v.a. wegen seiner sehr schönen und großen Gärten mit einem kleinen See besuchenswert ist. Die in klassizistischem Stil erbauten Gebäude stammen fast alle aus dem 18. Jahrhundert, vom mittelalterlichen *Gloucester College* blieb aber noch eine kleine, sehr malerische Häuserzeile erhalten, die den Innenhof abschließt. Weiter nördlich liegt das 1899 gegründete *Ruskin College.*

In der *St. Giles Street* besichtige man das **St. John's College** (39), das *Sir Thomas White, Lord Mayor of London,* im Jahr 1555 an der Stelle des früheren Zisterzienzercolleges von St. Bernard gründete. Von diesem 1437 von Erzbischof **Chichele** gegründeten *Bernard College* blieben noch die Vorderfront und die Westseite des vorderen Innenhofs erhalten; über dem Eingang ist noch die Statue des hl. Bernard angebracht. Die *Hall* (1502) und die *Chapel* (1530) wurden später erneuert. Die anderen Gebäude im ersten Hof stammen aus dem Ende des 16. Jahrhundert, die im zweiten Hof („Canterbury Quad") wurden 1631-1636 aufgeführt. Besondere Aufmerksamkeit verdienen die schönen Kolonnaden und die interessante Gartenfront, an der sich die typischen spätgotischen Elemente der Oxforder Colleges mit italienischen Renaissanceelementen mischen. *Le Sueur* schuf die beiden Bronzestatuen von *Charles I.* und *Henrietta Maria* an den Tortürmen. In der Bibliothek werden auch zahlreiche alte Meßgewänder und andere kirchliche Gegenstände aufbewahrt. Sehenswert sind die von *Capability Brown* angelegten Collegegärten, die oft als die schönsten von Oxford bezeichnet werden.

Durch die *Museum Road* gelangt man rasch zu den Universitätsgebäuden, man kann aber noch ein Stück der *St. Giles Street* folgen und erst in der *Keble Road* abbiegen, um das **Keble College** (40) anzusehen. Es wurde 1870 für Angehörige der *Church of England* gegründet, seine aus Ziegelsteinen erbauten Gebäude im typischen viktorianischen Stil vor der Jahrhundertwende wurden nach ihrer Fertigstellung sehr kritisiert. Das College besitzt die größte *Hall* von Oxford, sie ist mit vielen Porträtbildnissen von Persönlichkeiten der *Church of England* geschmückt. Die *Chapel* ist reich mit Wandmalerien und Mosaiken ausgestattet.

Dem College gegenüber befindet sich der Eingang zu den **University Parks,** mit mehreren großen Sportplätzen und weiten Spazierwegen bis zum *River Cherwell.* An der Nordseite der Parkanlage liegt die **Lady Margaret Hall** (41), ein 1878 für Mädchen gegründetes College.

Unter den zahlreichen moderneren Universitätsgebäuden ist der Bau des **University Museums** (42), der 1855-1860 in einer Art venezianischer Gotik entstanden ist, der bemerkenswerteste. Seine Fassadenausschmückung blieb zum Teil unvollendet. Das Museum enthält die naturwissenschaftlichen Sammlungen der Universität seit dem 17. Jahrhundert, es gibt große Abteilungen für Zoologie, Insektenkunde, Mineralogie und Geologie. (Geöffnet wochentags 10-16 Uhr). Ein Teil des Gebäudes enthält das **Pitt Rivers Museum** mit völkerkundlichen und anthropologischen Sammlungen, die bis in die prähistorische Zeit zurückreichen. In der Abteilung für den pazifischen Raum kann man viele Gegenstände sehen, die *Captain Cook* von seinen Forschungsreisen mitbrachte. Angeschlossen ist auch eine Sammmlung von Musikinstrumenten. (Geöffnet wochentags 14-16 Uhr).

Rund um das Museum erstreckt sich die sogenannte „Science Area" mit vielen Laboratorien und wissenschaftlichen Forschungsstätten. In der hier verlaufenden *South Parks Road* liegt das **Rhodes House** (43), ein imposanter Bau aus dem Jahr 1929, mit einer Abteilung der *Bodleian Library* (→ S. 346). Etwas weiter östlich liegt das **Mansfield College** (44), das 1866 als theologische Lehranstalt für Congregationalisten (unabhängige Kirchengemeinde) gegründet wurde. Man kann jetzt entweder durch die *Parks Road* zur *Broad Street* (→ 2. Rundgang) weitergehen, oder einen Umweg über die *St. Cross Road* machen. Im letzteren Fall folgt man der **South Parks Road** in östlicher Richtung durch das Universitätsviertel, geht am Observatorium und am modernen *Linacre College* vorbei bis zur rechts abbiegenden *St. Cross Road* und folgt ihr in südlicher Richtung. Hier liegt das hochmoderne **St. Cross Building** (45), das 1964 erbaut wurde, um die Bibliothek der Rechtswissenschaften *(Law Library)* und das *Gulbenkian Lecture Theatre* aufzunehmen. Jenseits eines Armes des *River Cherwell* liegt der moderne Bau des 1963 gegründeten **St. Catherine's College** (46). Weiter durch die *St. Cross Road*, die kurz darauf in die *Holywell Street* mündet.

Wenn man der **Parks Road** folgt, stößt man direkt auf das **Wadham College** (47), das 1612 von *Nicholas Wadham of Somerset* an der Stelle eines früheren Augustinerklosters gegründet wurde. Die zu Beginn des 17. Jahrhunderts errichteten Gebäude zählen zu den spätesten, die man im gotischen *Perpendicular*-Stil erbaute. Die *Hall* besitzt eine kunstvoll gezimmerte Stichbalkendecke und ist reich mit historischen Porträtbildnissen ausgestattet. Die sehr schöne *Chapel* erhielt 1834 eine neue Innenausstattung, ihre Altarwand, das Gestühl und die Glasmalereien stammen aber noch auch dem 17. Jahrhundert. Wunderschön sind die angrenzenden Gartenanlagen, die zu den schönsten von Oxford gehören.

Man kann jetzt durch die *Broad Street*, am *Sheldonian Theatre*, *Exeter College* und *Balliol College* vorbei (→ 2. Rundgang) rasch wieder zum Ausgangspunkt des Rundgangs zurückkehren.

4. Westlich und südlich von Carfax

Die am *Carfax Tower* (→ 1. Rundgang) vorbeiführende **Queen Street** ist eine beliebte Einkaufsstraße und führt zum modernen **Westgate Centre Shopping Precinct** (48), einem großen Einkaufszentrum. An der rechts abzweigenden *New Inn Hall Street* liegt das **St. Peter's College** (49), das 1929 als Pensionat für finanziell bedürftige Studenten einfacher Herkunft gegründet wurde und

1947 den Status eines Colleges erhielt. Die modernen Gebäude umschließen noch einige erhaltene Bauten der alten *New Inn Hall,* eines früheren Colleges, das unter *Charles I.* als Münzstätte benutzt wurde.

Fortsetzung der *Queen Street* ist die *New Road,* in der sich die *County Hall* und das **Nuffield College** (50) befinden. Es wurde 1937 von *Lord Nuffield* als Studienzentrum für Sozialwissenschaften gegründet. Gegenüber, nahe am *Oxford Canal,* lag das mittelalterliche **Castle** (51), das schon zur Normannenzeit (um 1071) erbaut wurde, von dem aber nur mehr der Burghügel, der *St. George's Tower* und eine Krypta aus dem 12. Jahrhundert erhalten sind.

Am südlichen Stadtrand *(44, Iffley Turn, Grove House)* liegt **The Rotunda,** ein interessanter Rundbau mit dem 1963 eröffneten Puppenhausmuseum. Wer für alte Puppen und Puppenhäuser etwas übrig hat, kann hier eine reiche Sammlung aus der Zeit ab 1700 sehen. Weiters sind ausgestellt altes Silbergerät, Geschirr, Stilmöbel u.a. Das Museum vermittelt einen Einblick in das bürgerliche Leben der letzten zweieinhalb Jahrhunderte. (Geöffnet zur Zeit nur sonntags an Nachmittagen).

AUSFLÜGE

1. Blenheim Palace. Auf der A-34, die Oxford im Norden verläßt, sind es etwa 13 km bis nach **Woodstock,** bzw. zur Zufahrt zum **Blenheim Palace,** einem der größten und schönsten englischen Schlösser des 18. Jahrhunderts. Es wurde 1705-1722 von *Sir John Vanbrugh* in einer Art Neorenaissancestil mit hohen dorischen und korinthischen Säulenvorhallen und wappengeschmückten Giebeln, vermischt mit vielen barocken Elementen, für *John Churchill,* dem ersten Herzog von Marlborough, erbaut. Der Palast war ein Geschenk der britischen Regierung an den Herzog, für dessen Sieg über die Franzosen und Bayern bei *Blenheim.* (Nach diesem kleinen Ort in Bayern benennen die Engländer die Schlacht von Höchstädt, 1704; nach diesem Ort erhielt auch der Palast seinen Namen). Der Herzog und seine Gemahlin sind in einem außergewöhnlich prunkvollen Marmorgrab, das *Michael Rysbrack* gestaltete, in der *Chapel* beigesetzt.

Die Säle und Staatsgemächer sind mit Kunstwerken aller Art reich ausgestattet, darunter Porträtbildnisse des 17. und 18. Jahr-

*Vor dem Blenheim Palace liegen kunstvolle Terassengärten
mit kleinen Teichen und Springbrunnen, im Hintergrund breitet sich
ein prächtiger Landschaftspark aus.*

hunderts, kostbare Stilmöbel, altes Silber und Porzellan. Auf Brüsseler Tapisserien aus dem Anfang des 18. Jahrhunderts zeigen Szenen die Siege des *Duke of Marlborough*. Die Deckenmalereien der *Great Hall* schuf *Sir James Thornhill*, die prächtigen Hochreliefs stammen von *Grinling Gibbons*. Bemerkenswert ist auch die nicht minder reich ausgestattete *Long Library,* an deren Schmalseite eine hohe Orgel aufragt. Bei der Führung durch den Palast wird auch der Raum gezeigt, in dem der später berühmt gewordene Staatsmann *Winston Churchill* (ein Enkel des 7. *Duke of Marlborough)* 1874 geboren wurde.

Von besonderer Schönheit ist der riesige, von *Capability Brown* (18. Jh.) gestaltete **Landschaftspark** mit vielen alten Bäumen und reichem Wildbestand, der das Schloß umgibt und durch den viele Spazierwege und ein „Nature Trail" führen.

Interessant ist die Anordnung einiger Baumgruppen rund um die zu Ehren des Herzogs errichtete 41 m hohe Siegessäule, welche die Stellung der Armeen in der Schlacht von Blenheim darstellen sollen. Bei der Gestaltung des Landschaftsparks wurde auch der Lauf des *River Glyme* verändert, um dadurch den schönen, großen See zu schaffen. Oberhalb des Sees liegen die kunstvollen, ornamental angelegten **Terrassengärten** mit kleinen Teichen und Fontänen, die 1925-1932 der französische Gartenarchitekt *Duchêne* im Stil der berühmten französischen Kunstgärten schuf. Man betritt den Schloßpark in der Regel durch ein mächtiges Triumphtor nahe bei der Kirche von **Bladon,** in deren Kirchhof *Winston Churchill* und seine Eltern, *Lord and Lady Randolph Churchill,* beigesetzt sind.

(Öffnungszeiten: von Mai bis Oktober täglich 11-18 Uhr. Im Palast gibt es ein Restaurant und eine Selbstbedienungs-Cafeteria).

In **Woodstock** gibt es noch schöne alte Häuser aus dem 18. Jahrhundert zu sehen. Besuchenswert ist das *Fletcher's House* mit dem **Oxfordshire County Museum,** in dem hauptsächlich volks- und heimatkundliche Sammlungen, aber auch archäologische Grabungsfunde aus der Umgebung, zu sehen sind. (Geöffnet werktags 10-17 Uhr, sonntags 14-18 Uhr, im Winter wird eine Stunde früher geschlossen).

2. Rousham House – Steeple Aston.

2. Rousham House – Steeple Aston. Man verläßt Oxford im Norden auf der A-434 und erreicht nach etwa 16 km die Zufahrt rechts zum Schloß **Rousham House,** nahe am *River Cherwell.* Es wurde 1635 erbaut, 1730 vergrößert, und sieht mit seinen eintönigen, dreigeschossigen und mit hohen Zinnen bekrönten Fassaden eher wie eine Kaserne aus, ist aber dafür von *William Kent* (1738) luxuriös ausgestattet worden. Es enthält neben einer schönen, zeitgenössischen Einrichtung eine Sammlung von über 150 Porträtbildnissen und anderen Gemälden und Miniaturen. Sehenswert ist der Landschaftsgarten mit altem Baumbestand, der das Schloß umgibt, mit kleinen, in antiken Formen erbauten Toren und Tempeln, Statuen, schönen Spazierwegen. (Geöffnet von April bis September mittwochs und sonntags von 14-17 Uhr, die Gärten täglich von 10-18 Uhr).

Nahe beim Schloß liegt die sehenswerte frühgotische *Church of SS. Leonard and James,* die noch normannische Bauteste einer früheren Kirche und bemerkenswerte alte Grabdenkmäler besitzt.

Nur wenige Fahrminuten weiter nördlich liegt auf dem Weg nach *Banbury* (→ S. 71) der kleine Ort **Steeple Aston,** dessen Pfarrkirche wegen ihres prunkvollen marmornen Figurengrabes von *Sir Francis* und *Lady Page* (1730) erwähnenswert ist.

3. Ditchley Park – Charlbury – Wychwood Forest. Man verläßt Oxford im Norden auf der A-34 und erreicht etwa 6 km nach *Woodstock* (s.oben) die Abzweigung links zum Schloß **Ditchley Park** (18. Jh.), ein Werk des berühmten Architekten *James Gibbs.* Es steht an der Stelle eines wesentlich älteren Herrensitzes, der dreieinhalb Jahrhunderte die Residenz der Familie *Lee* war, die dann nach den USA auswanderte. (General *Robert E. Lee* war ein berühmter Heerführer der amerikanischen Südstaaten). Während des Zweiten Weltkriegs war das Schloß das Hauptquartier von *Winston Churchill,* heute ist es ein anglo-amerikanisches Konferenzzentrum, das nur wenige Tage im Juli und August besichtigt werden kann (Besichtigungszeiten erfrage man am Touristenamt). Die Innenräume des Schlosses wurden von *William Kent* und *Henry Flitcroft* mit verschwenderischem Reichtum ausgestattet; sehenswert vor allem die reichen Stuckarbeiten und die Deckengemälde.

Eine Landstraße führt in das südwestlich benachbarte **Charlbury,** dessen mittelalterliche Kirche noch einen über 700 Jahre alten Stufenaufgang besitzt. Nahebei erstreckt sich eine malerische alte Häuserzeile. **Charlbury** ist ein beliebter Ausgangspunkt für Wanderungen durch das große wildreiche Naturschutzgebiet **Wychwood Forest.** In der Tudorzeit war der Wald durch seine königlichen Jagden berühmt, vor allem *Henry VIII.* frönte hier oft seiner Jagdleidenschaft.

Vom Wald umschlossen ist das **Cornbury House** (16. Jh.), einst die Residenz des *Earls of Leicesters,* dem Favoriten oder Liebhaber von *Elizabeth I.*

Nördlich von *Charlbury* liegt das Dorf **Taston,** mit einem prähistorischen Monolithen, der als „Thor Stone" bekannt ist.

Die Rückfahrt nach Oxford kann man von *Charlbury* auf einer schmalen Landstraße über *Fawler* und **North Leigh** (bemerkenswerte mittelalterliche Pfarrkirche) unternehmen, in dessen Nähe die Reste einer römischen Villa (**North Leigh Roman Villa**) mit schönen Mosaiken freigelegt wurden.

4. Witney – Minster Lovell. Das 16 km westlich an der A-40 Richtung *Cheltenham* (→ S. 86) liegende Städtchen **Witney** verdankt seinen Wohlstand der *Cotswold*-Wolle, die seit altersher hier gesponnen und zu Tuch und Stoff verarbeitet wird. Aufmerksamkeit verdienen die *Blanket Hall* (1720) in der *Bridge Street,* das ungewöhnliche, auf Steinsäulen ruhende *Butter Cross* (1683; mit Giebeldach, Uhrturm und Sonnenuhr) auf dem Market Square, die gegenüberliegende alte *Town Hall,* die *Grammar School* (1660) und viele Häuser aus dem 17. und 18. Jahrhundert, vor allem aber die große normannische *Church of St. Mary the Virgin,* die später in *Early English* und späteren gotischen Stilen verändert wurde. Dem Ort westlich benachbart liegt am *River Windrush* der entzückende kleine Ort **Minster Lovell,** mit einer über fünfhundert Jahre alten Brücke über den Fluß und einem ebenso alten Gasthof, „The Old Swan" (15. Jh.). Die gotische Pfarrkirche stammt aus dem 15. Jahrhundert, besitzt noch mittelalterliches Glas und schöne Holzschnitzereien; ein Grabmal mit der Alabasterfigur von *Lord Lovell* stammt aus dem Jahr 1430.

Nahe am Flußufer liegen auf freiem Feld die spärlichen Ruinen des von Legenden umwobenen einstigen Herrenhauses **Minster Lovell Hall** (15. Jh.). Bei Bauarbeiten im Jahr 1708 legten Arbeiter eine Geheimkammer mit dem Skelett eines Mannes (möglicherweise des 1487 verschollenen Barons *Francis Lovell)* frei, der an einem Tisch saß, vor sich ein Buch, Papier, Tinte und einen Federkiel. – Weiter nördlich erstreckt sich der *Wychwood Forest* (s.oben).

5. Stanton Harcourt. Es gibt mehrere Wege dorthin. Lohnend ist die Fahrt auf der alten Straße (A-420), die Oxford im Westen verläßt, bis *Botley,* dann auf der B-4044 weiter nach **Ewinford,** wo noch eine alte Zollbrücke (1777) über die Themse führt. Gleich darauf erreicht man **Eynsham,** mit einem alten Arkadenbau am Marktplatz und einem noch gut erhaltenen sechs Meter hohen Kreuz aus dem 14. Jahrhundert. Die B-4449 biegt hier südwärts ab nach **Stanton Harcourt** (14 km von Oxford), das wegen seines mittelalterlichen Herrenhauses besuchenswert ist. *John* und *Charles Wesley* hielten sich oft hier auf. Das burgartige Herrenhaus **Stanton Harcourt Manor** war die Residenz der einst sehr mächtigen *Harcourt*-Familie und ist noch in Teilen erhalten; sehenswert vor allem der nach dem Dichter *Alexander Pope* (1688-1744) benannte *Pope's Tower (Pope* schrieb hier einige seiner bekanntesten Werke), die Hauskapelle und der wuchtige Bau der *Old Kitchen.* Das Haus enthält kostbare Sammlungen alten Silbers und Porzellans, Gemälde und zeitgenössische Möbel. Es ist zur

Zeit nur an wenigen Tagen im Monat zu besichtigen, die Zeiten erfrage man am Touristenamt. Die Pfarrkirche enthält ein schönes Figurengrab von *Margaret Harcourt* (1471), das die Dame mit dem Hosenbandorden zeigt.

Die Rückfahrt nach Oxford kann auf der Landstraße über **Cumnor** erfolgen, das am Westhang des 160 m hohen *Hurst Hill* liegt. In der Pfarrkirche des Ortes kann man eines der zwei noch erhaltenen zeitgenössischen Denkmäler von Königin *Elizabeth I.* (Ende 16. Jh.) sehen. Gedenktafeln erinnern an *Amy Robsart*, Ehefrau von *Robert Dudley*, des *Earls of Leicester*, die dieser angeblich ermorden ließ, um *Elizabeth I.* ehelichen zu können. Von *Cumnor Hall*, der einstigen Residenz des *Earls of Leicester* und Liebhabers der Königin ist nichts mehr erhalten.

6. Abingdon – Milton Manor House. Das rund 10 km südlich von Oxford an der Themse liegende alte Städtchen entwickelte sich rund um eine im Jahr 675 gegründete und im 10. Jahrhundert erneuerte Benediktinerabtei, die 1538 zerstört wurde und von der heute nur mehr einige Ruinen aus dem 13. bis 15. Jahrhundert am Themseufer erhalten sind. Im 19. Jahrhundert wurden aus Baumaterial der alten Abtei neue, künstliche Ruinen aufgeführt, die sehr malerisch aussehen. Aus dem 15. Jahrhundert stammen noch das *Abbey Gateway,* das ehemalige Gästehaus, die „Long Gallery“. Nahebei liegt die normannische *Church of St. Nicholas* (12. Jh.) die im 15. Jahrhundert zum Teil gotisch umgestaltet wurde und dabei auch ihren neuen Turm bekam. Der ehemalige Getreidespeicher *(Granary)* der Abtei wurde 1953 zu einem kleinen Theater in elisabethanischem Stil umgebaut, während der Sommermonate finden hier Opernaufführungen von *Händel* statt.

Über den Fluß führt eine interessante, 46 m lange dreiteilige Bogenbrücke aus dem 15. Jahrhundert, die im 19. Jahrhundert erweitert und 1927 erneuert wurde. Das an der Bridge Street liegende wuchtige *Old Gaol House* (Stadtgefängnis) erbauten napoleonische Kriegsgefangene. Sehenswert sind die auf dem Marktplatz liegende imposante alte *County Hall* (1682) mit offenen Kolonnaden, die heute das *Town Museum* enthält (Fossilien, archäologische Funde, Trachten, Uniformen, alte Waffen, Drucke u.v.a.), dann die *Guildhall,* die aus dem *Hospital* und der *Chapel of St. John* (16. Jh.) hervorging und bis zum 19. Jahrhundert als Schulgebäude diente, weiters die alten *Almshouses* in der *Long Alley* (1446) und in *Brick Alley* (1718), die *Twitty's Almhouses* (1707) und natürlich die aus dem 14. und 16. Jahrhundert stammende **St. Helen's Church,** deren spitz zulaufender Turm (13. Jh.) ein Wahrzeichen des Städtchens ist.

Die Kirche, die mit ihren fünf Schiffen eine größere Breite als Länge hat, was in England einmalig ist, enthält mehrere sehenswerte Figurengräber aus dem 15. bis 19. Jahrhundert, die Kanzel stammt aus dem Jahr 1636, das schöne Orgelgehäuse aus dem Jahr 1725. Die getäfelte Decke der *Lady Chapel* wurde 1390 bemalt.

Etwa 5 km weiter südlich liegt *Steventon,* wo an der Stelle eines mittelalterlichen Klosters das nach Plänen von *Inigo Jones* im 17. Jahrhundert erbaute **Milton Manor House** liegt. Das kleine, dreigeschossige Herrenhaus wurde im 18. Jahrhundert um schmale georgianische Flügel erweitert. Die sehenswerte Bibliothek und die Hauskapelle sind in neugotischem Stil gehalten. Vor dem Haus liegen schöne Gärten und ein kleiner Teich. (Geöffnet von Ostern bis Oktober in der Regel jeden Samstag und Sonntag von 14-17.30 Uhr).

Das nordöstlich benachbarte malerische kleine **Sutton Courtenay** besitzt eine bemerkenswerte Pfarrkirche *(Church of All Souls)* mit normannischem Turm.

7. Dorchester – Wallingford.

Man verläßt Oxford im Süden auf der A-423 und erreicht gleich nach der Stadtausfahrt den Vorort **Iffley,** dessen *Church of St. Mary* (Ende 12. Jh.) zu den sehenswertesten normannischen Kirchen Englands zählt. Besonders berühmt ist die Westfront mit dem Portal, einem Rundfenster und drei Rundbogenfenstern, die mit Zickzackornamenten geschmückt sind. Beachtenswert sind auch die normannischen Bögen im Innern und das Taufbecken (12. Jh.). Der Altarraum wurde im 13. Jahrhundert frühgotisch *(Early English)* verändert.

Man folgt jetzt der A-423 über *Nuneham Courtenay* mit dem weiträumigen **Nuneham Park** an der Themse, in dem das gleichnamige Herrenhaus in palladianischem Renaissancestil liegt, bis man nach **Dorchester** gelangt. Die sehr schöne Kleinstadt liegt an der Einmündung des *River Thame* in die Themse. Die gewundene *High Street* wird noch von altertümlichen Fachwerk- und Backsteinhäusern gesäumt, die über 60 m lange spätnormannische Abteikirche mit späteren gotischen Veränderungen zählt zu den schönsten Bauten des Themsetals. Berühmt sind ihre alten Glasfenster. Am jenseitigen Themseufer steigen die **Sinedun Hills** an (schöne Aussicht!), auf ihrer Höhe liegt ein prähistorisches Hügelfort aus der Zeit um 1500 v. Chr.

In **Wallingford** (24 km von Oxford) gibt es ein Rathaus aus dem 17. Jahrhundert und viele schöne Gebäude in georgianischem Stil (18. Jh.) zu sehen. Das Städtchen ist ein beliebter Ferienort und Ausgangspunkt für Ausflüge (auch mit dem Schiff) durch das malerische Themsetal. Die Themse wird hier von einer malerischen Brücke mit vierzehn Bogen überspannt, die bis in das 13. Jahrhundert zurückreicht, seither aber oft erneuert wurde. Im südlich benachbarten **Cholsey** verdient eine große normannisch/frühgotische Pfarrkirche *(Church of St. Mary)* Beachtung. Das Landschaftsbild wird hier von dem baumbekrönten Zwillingshügel „Wittenham Clumps" beherrscht.

8. Kingston House – Vale of White Horse – Kingstone Lisle Park.

Man verläßt Oxfort im Südwesten auf der A-420 und erreicht nach etwa 17 km den kleinen Ort *Kingston Bagpuize* mit dem **Kingston House,** einem eleganten Herrenhaus aus der Zeit *Charles II.* (um 1680), mit streng gegliederter Fassade, das inmitten einer weiträumigen Parkanlage mit sehr schönen Gärten liegt. Die getäfelten Räume des Hauses sind reich mit Stilmöbeln und Gemälden ausgestattet, sehenswert ist auch das Stiegenhaus. Die attraktiven Stallgebäude in der Nähe stammen aus dem 17. Jahrhundert. Zur Zeit kann man das Herrenhaus nur im April, Mai und Juni an Samstagen und Sonntagen nachmittags besichtigen, doch sollte man sich vorher nach den aktuellen Öffnungszeiten erkundigen.

Kurz nach *Kingston Bagpuize* biegt man von der A-420 links ab auf die B-4508, auf der man über **Pusey** (prächtiger Landschaftspark *Pusey House Gardens)* in wenigen Fahrminuten **Shellingforth** erreicht. Hier gibt es eine normannisch-gotische Pfarrkirche *(Church of St. Faith)* mit schönen Figurengräbern aus dem 17. und 18. Jahrhundert zu sehen. Wiederum nach nur wenigen Fahrminuten auf der B-4508 biegt man bei *Fernham* links auf die schmale Landstraße ab, die zuerst nach *Uffington* und dann nach *Kingston Lisle* führt. Bei dieser kurzen Fahrt durchquert man das langgestreckte, flache **Vale of White Horse** („„Tal des Weißen Pferdes"), ein üppiges Farmland, das seinen Namen nach einer in einen 260 m hohen Kreidehügel eingehauenen 114 m langen Darstellung eines galoppierenden weißen Pferdes hat; von **Uffington** (sehenswerte große *Church of St. Mary* von 1250) und der südlich verlaufenden B-4507 ist das Pferd gut sichtbar.

Man nimmt an, daß die Pferdedarstellung um 350 v.Chr. von einem keltischen Stamm zu Ehren seiner Göttin *Epona,* der Beschützerin der Pferde, in den Hügel gehauen wurde. Nach anderen, weniger wahrscheinlichen Auslegungen handelt es sich bei dem galoppierenden Pferd um eine sächsische Arbeit des 9. Jahrhunderts, die zur Erinnerung an den Sieg König *Alfreds des Großen* über die Dänen angebracht wurde. Ein Fußweg führt auf den Gipfel des „White Horse Hill", auf dem das ovale, eisenzeitliche Hügelfort *Uffington Castle* liegt, das zum Schutz des prähistorischen „Ridge Way" angelegt worden war. Von den über 220 m langen Erdaufschüttungen und

Wällen hat man einen weiten Rundblick. Etwa 2 km südwestlich von hier liegt nahe an der Straße nach *Swindon* (→ Goldstadt-Reiseführer „Südengland") und südlich des Ortes **Compton Beauchamp** (sehenswerte gotische *Church of St. Swithin* aus dem 13. Jh. mit mittelalterliches Glasfenstern und bedeutenden Grabmonumenten von 1737 und 1771) das **Wayland Smith's Cave** genannte langgestreckte steinzeitliche Hügelgrab, aus dem 1920 mehrere steinzeitliche Skelette ausgegraben wurden. („Wieland der Schmied" ist eine altgermanische Heldengestalt, nach der später hier eindringende Wikinger dem Hügelgrab den Namen gaben.)

Uffington südlich benachbart ist der Ort *Kingston Lisle,* mit dem sehenswerten Herrenhaus **Kingston Lisle Park** aus dem Jahr 1677, das wie eine große herrschaftliche Villa aussieht, aber eine überaus sehenswerte hohe *Hall* (1812) besitzt, deren mächtige, figurenbekrönte Säulen ein prächtiges Deckengewölbe tragen. Mit der *Hall* verbunden ist das Stiegenhaus, was sehr ungewöhnliche architektonische Perspektiven eröffnet. Das Herrenhaus mit seinem zweigeschossigen Mittelteil und niederen Seitenflügeln ist im Stil des beginnenden 19. Jahrhundert eingerichtet, es enthält neben schönem Mobilar auch Gemälde, kostbares altes Glas und andere Kunstwerke. Sehr reizvoll ist der angrenzende Garten und Landschaftspark, durch den Spazierwege führen. Zur Zeit kann man den Herrensitz an mehreren Tagen im Monat besichtigen, die genauen Zeiten erfrage man am Touristenamt.

Die Rückfahrt nach Oxford kann über **Wantage** erfolgen, das sich rühmt, Geburtsort des Sachsenkönigs *Alfred* („Alfred the Great", geboren 849) zu sein. Auf dem Marktplatz hat man ihm ein Denkmal errichtet. Die Westseite des geräumigen Platzes wird von der sehenswerten *Church of SS. Peter and Paul* (13. Jh. und später) abgeschlossen.

Viele Straßen dieses altertümlichen Städtchens sind noch kopfsteingepflastert und von Häusern des 17. und 18. Jahrhunderts gesäumt. Von der Newbury Street führt ein Zugang zu den *Almshouses* aus dem 17. Jahrhundert.

Kurz nach *Wantage* lohnt sich von der A-417 die Zufahrt zum **Ardington House,** einem dreigeschossigen Herrenhaus aus dem Jahr 1720, mit eher eintöniger Fassadengliederung, dafür aber mit einer prunkvollen *Hall* und einem sehr sehenswerten Stiegenhaus, einem reich geschmückten Speisesaal mit schönen Täfelungen und Deckenmalereien. Vor dem Haus stehen einige besonders schöne alte Zedern. Der Herrensitz ist von Mai bis September an Donnerstagen und Freitagen, manchmal auch sonntags, von 14-17 Uhr zu besichtigen.

Wenig später erreicht man die A-34, auf der man rasch über *Abingdon* (→ S. 357) wieder nach Oxford gelangt.

SHREWSBURY

Die an drei Seiten vom *River Severn* umflossene Stadt zählt zu den schönsten und malerischsten mittelalterlichen Städten Englands und ist daher aber auch ein touristisches Zentrum ersten Ranges. Überall sind die Straßen noch von den charakteristischen schwarz-weißen Fachwerkhäusern im Tudorstil (15./16. Jh.) gesäumt; kleine Durchgänge, mittelalterliche Passagen, gekrümmte Gassen und malerische Winkel, wo sich seit Jahrhunderten nichts verändert hat, bieten „Fotomotive" in reicher Vielfalt. **Charles Dickens,** der im „Lion", einem alten Postkutschen-Gasthof (s. unten) logierte, beschrieb es wie folgt: „Ich bin in den sonderbarsten kleinen Räumen untergebracht, deren Decken ich mit meinen Händen berühren kann. Aus den Fenstern kann ich den Hügel hinunter und schräg hinüber die allerschiefsten schwarz-weißen Häuschen sehen, die alle möglichen, außer geraden Formen haben". Ein Stadtbummel, etwa durch die *Fish Street,* eine Marktgasse aus dem frühen 14. Jh., oder über die *Bear Steps,* mit malerischen Cottages aus dem 13. Jh., wird auch den heutigen Besucher noch in die Atmosphäre des Mittelalters zurückversetzen.

Die Nähe zur walisischen Grenze brachte es mit sich, daß die Stadt (sie wurde von den Sachsen „Scrobesbyrig" genannt) fortwährend überfallen wurde und Plünderungen ausgesetzt war, bis man im 11. Jahrhundert eine große Burg aus Sandstein erbaute, um der Stadt Schutz zu gewähren. Shrewsbury ist reich an historischen Ereignissen. 1215 und 1232 wurde sie von dem walisischen König *Llewellyn* zerstört; *Edward I.* schlug hier seinen Regierungssitz auf, als er 1277-1283 Kriege gegen Wales führte. 1283 wurde hier *Dafydd (David III.),* der letzte gebürtige *Prince of Wales* und Nachkomme eines walisischen Königs, öffentlich hingerichtet. *Henry Tudor (Henry VII.)* stieg im „Tudor House" in der Straße *Wyle Cop,* auf seinem Weg zur Schlacht von *Bosworth,* ab, wo er die Krone Englands von *Richard III.* gewann. *Mary Tudor* (Königin *Mary I.*) wohnte 1526 im „Olde House" in der Straße *Dogpol* (s. unten). Während des Bürgerkriegs hatte *Charles I.* 1642 hier sein Hauptquartier. Der berühmte *Lord Robert Clive* („Clive of India") lebte im „Clive House" (s. unten), vertrat Shrewsbury 1761 bis 1774 im Parlament und war 1762 Bürgermeister der Stadt. 1809 wurde *Charles Darwin* hier geboren und besuchte die *Shrewsbury School* (s. unten).

Die in der Schlinge des *Severn* liegende Altstadt muß man zu Fuß durchwandern. Gleich beim Bahnhof erhebt sich die 1070 von *Roger de Montgomery* erbaute Normannenburg **Shrewsbury Castle** (1), die zwar unter *Henry II.* (12. Jh.) erneuert und später unter *Edward II.* vergrößert und umgestaltet wurde, sich aber ihr mittelalterliches Aussehen bis zum heutigen Tag bewahrt hat. Ihre Innenräume wurden 1790 von *Thomas Telford* modernisiert und städtische Ämter und Büros darin eingerichtet.

*Shrewsbury ist ein hübsches kleines Städtchen
mit malerischen alten Straßenzügen und Fachwerkhäusern.*

Der Burg schräg gegenüber liegt das sehenswerte Gebäude der
Stadtbibliothek (2) aus dem Jahr 1598, mit Veränderungen im
17. Jahrhundert, das auch das **Naturwissenschaftliche Museum**
und die **Kunstgalerie** (u.a. mit Gemälden von *Turner, David Fox*
und lokalen Malern) beherbergt. Ursprünglich war hier die
Shrewsbury School untergebracht, die 1552 gegründet worden war
und 1882 in ihre neuen Gebäude (s.unten) umzog. Vor dem altertümlichen Bau befindet sich das Denkmal von *Charles Darwin*
(1809-1882), dem bekannten Naturforscher, der mit seiner Evo-
lutionstheorie weltberühmt wurde. (Er war ein Schüler dieser
Anstalt).

Die **Castle Street** führt von hier in das Zentrum der Altstadt.
Links liegt das aus Fachwerk gefügte **Torhaus** (3) aus dem Jahr
1620, durch das man zum **Council House** gelangt, in dem 1642
Charles I. und 1687 *James II.* residierten und das später der Sitz

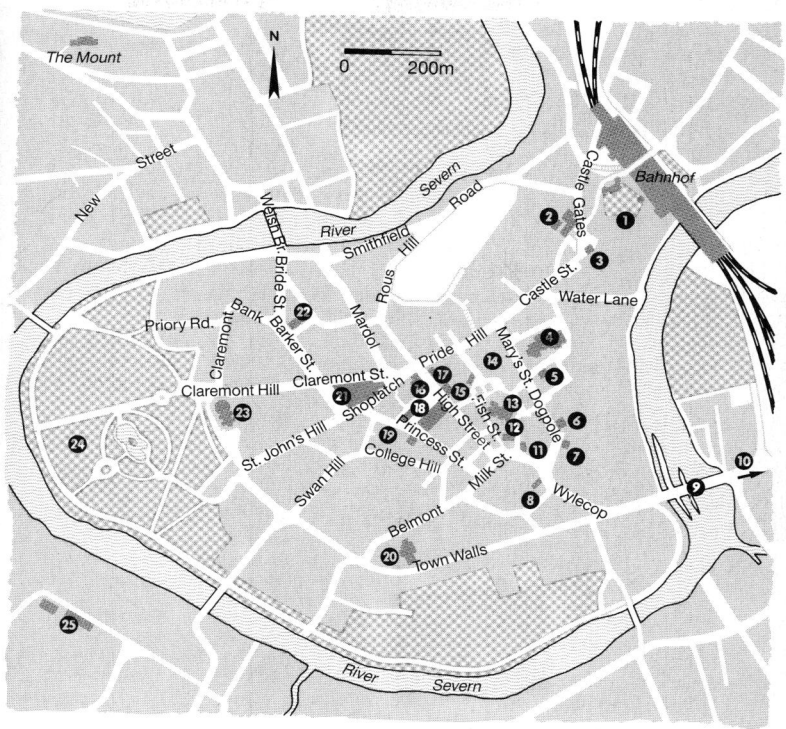

Shrewsbury

des römisch-katholischen Bischofs von Shrewsbury wurde. Von der *Castle Street* zweigt links die *St. Mary's Street* ab, auf der man nach wenigen Schritten zur großen **St. Mary's Church** (4) aus dem 12. und 13. Jahrhundert, mit einem über 60 m hohen Turm, gelangt. Die Kirche wurde in normannischem Stil erbaut und frühgotisch *(Early English)* fertiggestellt. Berühmt sind ihre Glasfenster aus dem 14. bis 16. Jahrhundert, die hauptsächlich aus deutschen Werkstätten aus Altenburg und Trier stammen. Die vielen schönen Grabdenkmäler gehören hauptsächlich dem 18. Jahrhundert an, in der *Trinity Chapel* kann man auch noch das Figurengrab eines Ritters des 14. Jahrhunderts sehen. Der Kirche gegenüber liegt der bemerkenswerte alte Fachwerkbau **Draper's Hall** (5), die einstige Gildenhalle der Tuchhändler.

Wenn man der *St. Mary's Street* und ihrer Verlängerung, der zum Fluß hinunterführenden Straße *Dogpole* folgt, so gelangt man in ein sehr altes Stadtviertel mit der **Guildhall** (6) von 1696, dem **Olde House** (7) aus der Zeit um 1500, in dem schon Königin *Mary I.* wohnte (s.oben), und dem **Lion Hotel** (8), einem alten „Coaching Inn", das sich seit den Worten *Charles Dickens'* (s.oben) kaum verändert hat. Es besitzt einen sehenswerten *Ballroom*.

Wenn man Zeit hat, kann man hier der Straße *Wyle Cop* (auch *Wylecop*) bis zum Fluß folgen, ihn auf der **English Bridge** (9) überqueren (die Bogenbrücke stammt aus dem Jahr 1770 und wurde 1927 restauriert und erweitert) und zur **Abbey Church** (10) weitergehen. Die berühmte gotische Kirche liegt an der Stelle einer 1083 gegründeten normannischen Abtei, von der aber nur mehr wenige Bauteile (der untere Teil des imposanten Kirchturms und der östliche Teil des Schiffs) erhalten sind. Chor und Kreuzschiffe wurde 1886 erneuert. Die Kirche enthält ein prächtiges gotisches Westfenster, sehenswerte Grabmonumente vom 14. Jahrhundert an und die Reste des Schreins von St. Winifred (14. Jh.). Das Taufbecken ist aus einem römischen Säulenkapitell gehauen. Von den ehemaligen Klostergebäuden ist nur mehr ein Teil des Refektoriums mit einer kleinen Kanzel („Reader's Pulpit") aus dem 14. Jahrhundert erhalten. Östlich der Kirche liegt **Whitehall**, ein Herrenhaus aus dem Jahr 1586 mit altem Taubenschlag davor.

Durch die Straße **Wyle Cop** geht man wieder hinauf in die Altstadt mit der sehenswerten **Forester's Hall** (11) und vielen anderen alten Fachwerkhäusern, der **St. Julian's Church** (12) und der **St. Alkmund's Church** (13. Jh.), beide aus dem 18. Jahrhundert. An den Kirchen führen die **Fish Street** und die **Bucher Row** vorbei, mit besonders malerischen alten Fachwerkhäusern, windschief, mit hohen Giebeln und überhängenden Oberstockwerken, hauptsächlich aus dem 15. Jahrhundert, darunter das sehenswerte **Abbot's House** (14) von 1450.

Die **Grope Lane** (15), ein besonders charakteristischer, von eng aneinanderstehenden, windschiefen Fachwerkhäusern aus elisabethanischer Zeit gebildeter Durchgang, verbindet die *Fish Street* mit der *High Street,* wo vor allem **Ireland's Mansion** (16), ein Herrenhaus aus dem Jahr 1575, und das gegenüberliegende **Owen's Mansion** (17) aus dem Jahr 1592, mit besonders reichen Ornamenten, Beachtung verdienen.

Die *High Street* öffnet sich zum Marktplatz **The Square** (18), mit der *Old Market Hall,* einer elisabethanischen Markthalle von 1596 und einem Denkmal von *Lord Clive* (1725-1774), dem England einen großen Teil seines einstigen indischen Kolonialreiches verdankt (s.oben). Auch das *Tourist Informations Centre* befindet sich hier.

Nur wenige Schritte weiter südlich liegt in der Straße *College Hill* das **Clive House** (19), ein georgianischer Bau des 18. Jahrhunderts und ehemaliger Wohnsitz von *Lord Robert Clive,* heute museal zugänglich (werktags 10-18 Uhr). Es beherbergt eine große Keramik- und Porzellansammlung aus Shropshire, Stilmöbel und ein Militärmuseum.

Wenn man von hier in südlicher Richtung zum Fluß geht, gelangt man zur Straße **Town Walls,** wo sich noch einige Reste der mittelalterlichen Stadtmauer (13. Jh.), ein Wehrturm (15. Jh.) und die 1856 erbaute **römisch-katholische Kathedrale** (20) der Stadt befinden.

Wer gerne charakteristische Märkte besucht, kommt in der großen neuen und gedeckten **Market Hall** (21) auf seine Rechnung. Die *Castle Street* und ihre Verlängerung, die Straße *Pride Hill* (beides beliebte Einkaufsstraßen) führen direkt hin. Hinter der Markthalle verläuft die *Barker Street* mit dem beachtlichen **Rowley's House** (22), einem Fachwerkbau von 1618, in dem heute ein sehr sehenswertes Museum eingerichtet ist: Das **Rowley's House Museum** enthält prähistorische und geologische Ausstellungsstücke und eine großartige Sammlung römischer Grabungsfunde aus der nahe gelegenen Römerstadt *Viroconium (Wroxeter;* s.unten). Unter anderem kann man hier eine faszinierende Sammlung römischen Hausrats, darunter einen vollständig erhaltenen silbernen Spiegel und die größte und beste römische Steininschrift, die bisher in Großbritannien aufgefunden wurde, bewundern. (Sie befand sich ursprünglich über dem Eingang zum Forum der Stadt *Viroconium).* Das Museum ist werktags von 10-13 und 14-17 Uhr geöffnet.

Durch die Straße *Claremont Hill* erreicht man nun rasch die **New St. Chad's Church** (23). Eine ursprünglich mittelalterliche Kirche (12. Jh.) wurde beim Einsturz (1788) zerstört und an dieser Stelle als Rundbau mit klassizistischem Kirchturm, der wie ein Minarett aussieht und von einer kleinen Kuppel bekrönt wird, von *Thomas Telford* 1792 neu erbaut. Der Kirche wurde eine dorische Säulenfassade vorgesetzt. Von der auf einer Anhöhe über dem Fluß stehenden Kirche genießt man eine schöne Aussicht. Vor der Kirche erstreckt sich bis zum Flußufer die weiträumige und sehr schöne öffentliche Parkanlage **The Quarry** (24), mit vielen Spazierwegen, Blumenbeeten („The Dingle") und einer Uferpromenade. Alljährlich im August wird hier eine international berühmte Blumenschau abgehalten.

Auf der gegenüberliegenden Seite des Flusses liegt die neue **Shrewsbury School** (25), die 1882-1911 erbaut wurde. Die Gebäude der alten, schon 1552 gegründeten Schule gleichen Namens liegen in der Straße *Castle Gate* (s.oben) und beherbergen heute die Stadtbibliothek und ein Museum. Unter den vielen berühmten Männern, die hier Schüler waren, scheint auch *Charles Darwin* auf, dessen Geburthaus **The Mount** im nordwestlichen Stadtteil *Frankwell* liegt.

AUSFLÜGE

1. Attingham Park – Wroxeter (8 km). Man verläßt die Stadt auf der nach Osten führenden A-5 und erreicht nach etwa 6 km den in einer Schleife des *River Severn* liegenden kleineren Ort **Atcham.** Der Fluß wird hier von einer siebenbogigen Brücke aus dem Jahr 1768 überspannt, die mittelalterliche Pfarrkirche wurde zum großen Teil aus römischem Baumaterial des naheligenden *Wroxeter* erbaut. Am Nordrand des Ortes liegt das schloßartige Herrenhaus **Attingham Park** (1785), ein dreigeschossiger klassizistischer Bau mit einem hohen, über alle drei Stockwerke reichenden dorischen Säulenportal.

Die Innenräume sind reich ausgestattet. Sehenswert sind vor allem das runde Stiegenhaus, die 1807 von *John Nash* angebaute Bildergalerie (mit Werken von *Caravaggio, Veronese* und spanischen Meistern) und das „Painted Boudoir". Sehr schön und abwechslungsreich ist der angrenzende Landschaftspark, durch den viele Spazierwege führen. (Geöffnet von April bis September montags, mittwochs, samstags und sonntags von 14-17 Uhr, im Oktober nur samstags und sonntags).

Gleich nach *Atcham* führt rechts von der A-5 eine Zufahrt nach **Wroxeter,** dem römischen *Viroconium Cornoviorum,* dem noch vor dem Jahr 70 gegründeten Legionslager und der späteren Hauptstadt des römischen „Britannia Secunda", die nach dem Abzug der Römer verfiel und seit dem 6. Jahrhundert von den

Sachsen als Steinbruch verwendet wurde. Zu den wichtigsten Bauresten zählen die Grundmauern eines Forums, von Badeanlagen und eines Gymnasiums, einer Basilika und von mehreren Wohnhäusern. Ein über 6 m hohes Stück einer Bädermauer ist das höchste erhaltene römische Mauerwerk Großbritanniens. Das angrenzende **Viroconium Museum** enthält reiche Grabungsfunde, Inschriftsteine, Keramiken, Münzen usw.

Die Pfarrkirche von *Wroxeter* besitzt noch ein aus sächsischer Zeit stammendes Schiff und einen im 12. Jahrhundert angebauten normannischen Chor. Die Kirche wurde zum größten Teil aus römischem Baumaterial errichtet. Das Taufbecken stammt aus einem römischen Säulenteil, weiters sind sehr schöne Figurengräber ab dem 16. Jahrhundert bemerkenswert.

2. Haughmond Abbey. Gleich nach der Stadtausfahrt im Norden auf der A-49, durchfährt man **Ditherington,** wo sich das – angeblich älteste – ausschließlich aus Eisen errichtete Gebäude befindet: das 1796 aufgeführte Eisenkonstruktion war Teil einer Fabrik und diente später als Lagerhaus. Die Engländer bezeichnen den Bau als „first ancestor of the modern skyscraper". Man biegt hier rechts auf die Zufahrt nach **Haughton** (etwa 7 km ab *Wroxeter)* ab und erreicht kurz zuvor die bemerkenswerten Ruinen des 1135 gegründeten Augustinerklosters **Haughmond Abbey,** mit den Resten des Refektoriums, des Kapitelhauses (beide aus dem 12. Jh.) und des Krankenhauses (14. Jh.). Von der aus dem 12. Jahrhundert stammenden Abteikirche sind hingegen fast keine Bauteile mehr vorhanden.

3. Hodnet Hall Gardens. Etwa 4 km nordöstlich von *Wroxeter* liegt an der Straßengabelung, wo die A-53 von der A-49 rechts abzweigt, der kleine Ort **Battlefield,** wo 1403 die berühmte „Battle of Shrewsbury" geschlagen wurde, die *Henry IV.* über den rebellierenden *Earl of Northumberland,* dessen Sohn „Hotspur" und den Earl of Worcester siegreich sah. Zum Gedenken daran wurde 1408 die *Battlefield Church* erbaut. Man folgt jetzt der A-53 und erreicht wenig später das etwa 19 km von *Wroxeter* entfernte kleine Städtchen **Hodnet,** mit malerischen alten Fachwerkhäusern und einer interessanten Pfarrkirche *(Church of St. Luke)* aus dem 14. Jahrhundert, deren weites südliches Seitenschiff ursprünglich das Langhaus der Kirche war, während das heutige Langhaus vom früheren nördlichen Seitenschiff gebildet wird. Zubauten entstanden im 19. Jahrhundert. Die Kirche enthält bemerkenswerte Figurengräber aus dem 18. und 19. Jahrhundert und eine angekettete „Nürnberger Bibel" *(Nuremberg Bible)* aus dem Jahr 1479. Bemerkenswert ist der zinnengekrönte achteckige Kirchturm.

Das Herrenhaus **Hodnet Hall** (19. Jh.) besitzt einen von April bis September täglich an Nachmittagen zugänglichen wunderschönen Landschaftspark: die **Hodnet Hall Gardens** sind wegen ihres außergewöhnlichen Reichtums an verschiedenartigsten Wildblumen, wegen ihres alten Baumbestandes, ihrer kunstvoll angelegten Blumenbeete und ihrer zahlreichen kleinen Seen und Teiche, um die herum Spazierwege führen, besuchenswert. Eine alte Scheune aus dem 17. Jahrhundert ist heute als Tearoom eingerichtet, man kann dort viele Trophäen von Großwildjagden bewundern.

Über die zahlreichen weiteren Ausflugsmöglichkeiten informieren Sie sich bitte im entsprechenden Abschnitt von Weg 5.

SOUTHWOLD

Das an der Ostküste von *East Anglia* liegende **Southwold,** dessen Wahrzeichen ein hoher weißer Leuchtturm aus dem Jahr 1890 ist, hat sich bis heute den Charme eines Seebades der Jahrhundertwende bewahrt. Das Städtchen hat knapp über 2200 Einwohner und liegt an der Nordseite der Mündung des *River Blyth,* der sich landeinwärts zu einem breiten See vergrößert (viele Seevögel!). Früher war *Southwold* ein bekannter Fischerort und ein bedeutender Hafen. Einen schönen Ausblick genießt man vom **Gun Hill,** wo schon in der Tudorzeit Kanonen standen. Auf dem „Kanonenhügel" standen einst die berühmten „Achtzehnpfünder", die die Stadt während der Kriege mit Holland (17. Jh.) gegen Angriffe von der See her beschützten. In der *High Street* kann man noch das aus dem 15. Jahrhundert stammende **Sutherland House** sehen, das während dieser Kriege das Hauptquartier des *Duke of York* (des späteren Königs *James II.),* Englands „Lord High Admiral", war. Das Haus dient heute als Restaurant.

Von der **North Parade,** die von schönen viktorianischen Häusern gesäumt wird, überblickt man den Strand mit seinen „altmodischen" Badehütten, der von Muscheln übersät ist. Wenn man Glück hat, kann man außer Muscheln hier auch seltene Steine, u.a. den fleischfarbenen Karneol und Bernstein finden, die hier angeschwemmt werden. In den vom *Market Place* ausziehenden Straßen findet man zahlreiche ansehnliche Häuser mit schönen

Das Nordseebad Southwold hat sich bis heute
seinen altertünlichen Charme aus der Zeit der Jahrhundertwende bewahrt.

Fassaden aus der georgianischen und viktorianischen Zeit, manche weisen auch typisch holländische Merkmale auf.

Sehr sehenswert ist die erhöht stehende **Pfarrkirche** aus dem Jahr 1460, die noch ihre alte Stichbalkendecke, bemalte Altarwände und viele andere Kunstwerke besitzt. Am Kirchturm kann man noch den berühmten „Southwold Jack" sehen, eine holzgeschnitzte Soldatenfigur aus dem Jahr 1480, die heute noch nach alter Tradition mit dem Schwert eine Glocke anschlägt, ehe der Gottesdienst beginnt.

Über dem *Bartholomew Green,* der Kirche gegenüber, steht das alte „Dutch Cottage", ein Gebäude aus dem 17. Jahrhundert, das heute das **Southwold Museum** beherbergt. Man kann hier heimatkundliche Sachen sehen, auch Fossilien, Muscheln, ausgestopfte Vögel, Erinnerungen an die berühmte „Battle of Sole Bay" (1672) gegen die Holländer und Erinnerungen an die ehemalige „Southwold Railway". (Geöffnet dienstags, mittwochs und freitags an Nachmittagen; im August auch sonntags).

Über den alten Eisenbahndamm führt heute ein schöner Spazierweg über die *Blyth*-Brücke nach **Walbersick,** das am Südrand

369

*Das Wahrzeichen des kleinen Seebades Southwold
ist sein hoher weißer Leuchtturm aus dem Jahr 1890.*

der Flußmündung liegt. Der Weg ist nur etwa 1,5 km lang; wenn man aber mit dem Pkw nach **Walbersick** will, muß man von *Southwold* rund um die breite *Blyth*-Mündung herumfahren, das sind rund 12 km.

AUSFLÜGE

1. Walbersick (s.oben). Der Ort besaß einst einen recht lebhaften Hafen, entwickelte sich aber Ende des 19. Jahrhunderts zu einem Seebad, besitzt auch Sandstrand und hohe, grasbewachsene Dünen. Man kann von hier aus weite Spaziergänge unternehmen, immer von Hunderten von Seevögeln begleitet.

2. Blythburgh (auf halbem Weg zwischen *Walbersick* und *Southwold*). Der an der A-12 liegende Ort liegt am Westrand der seeartigen Verbreiterung des *River Blyth,* der weiter östlich, zwischen *Southwold* und *Walbersick,* in die Nordsee mündet. Hier gibt es einen sehr schönen Picknickplatz und viele Wanderwege. Im 15. und 16. Jahrhundert war *Blythburgh* ein bedeutender Seehafen, der aber aufgegeben wurde, weil die Flußeinfahrt zu schmal für große Schiffe wurde. Die Pfarrkirche des Ortes *(Church of the Holy Trinity)* stammt noch aus dem 15. Jahrhundert.

3. Dunwich (Von der A-12 bei *Blythburgh* auf die B-1125, dann links Zufahrt). Der unweit südlich von *Walbersick* (s.oben) an der Küste liegende Ort (man kann ihn von dort auch zu Fuß erreichen) liegt an der Stelle der einstigen Römerstadt *Sitomagus.* Im 6. Jahrhundert war er Sitz des ersten christlichen Bischofs von *East Anglia* („Felix aus Burgund"). Im Jahr 1215 gewährte König *John* der Stadt bedeutende Privilegien. Von dieser einst ansehnlichen Stadt ist heute nichts mehr erhalten. Die Chronik berichtet, daß es um 1200 hier große Klöster und 12 Kirchen gab, ehe ein Orkan im Jahr 1286 den größten Teil der Stadt zerstörte und in das Meer schwemmte. Kaum wieder aufgebaut, wurde die Stadt 1326 neuerlich von einem Orkan verheert, über 400 Häuser wurden in die See geschwemmt. Später verschwand der Ort völlig im Meer. Die letzte noch stehende mittelalterliche Kirche von Dunwich *(All Saint's Church)* stürzte 1904 ein, Meer und Sand breiteten sich über ihre Ruinen aus. Auch von dem mittelalterlichen Franziskanerkloster *(Dunwich Priory)* sind nur mehr spärliche Ruinen zu sehen. Heute gibt es hier ein paar Fischerhäuser, sehr schöne Wanderwege und Tausende von Seevögeln. Ein beliebter Picknickplatz liegt nahe an der B-1125 am **Dunwich Forest.** Nach Süden hin wird die Aussicht vom Kernkraftwerk *Sizewell* begrenzt.

STRATFORD-UPON-AVON

Die malerisch am *River Avon* liegende Stadt wird gerne als „Heart of England" und als geographischer Mittelpunkt von England und Wales bezeichnet. Dank ihrer zahlreichen Erinnerungen und Gedenkstätten an *William Shakespeare* ist sie auch ein Touristenzentrum und eine der meistbesuchten Städte Großbritanniens geworden.

Im Jahr 1196 erhielt Stratford von *Richard I.* ein Statut als „Market Centre", in dem die Bauern der Umgebung ihre Waren feilboten und wo man Landarbeiter anheuern konnte. Die Stadt ist bis heute ein landwirtschaftliches Zentrum geblieben, mit einiger Leichtindustrie; an die alten Zeiten erinnert noch die traditionelle „Mop Fair" alljährlich am 12. Oktober, bei der es hoch her geht. Es ist erstaunlich, wie wenig sich das mittelalterliche Stadtbild mit seinen alten Straßenzügen im Laufe der Jahrhunderte verändert hat. Zum Bau der Häuser gab es in der Umgebung nur wenig Stein, das wichtigste Baumaterial war Holz; so entstanden hier einige der schönsten Fachwerkbauten des Landes. In der *Church Street* dominieren die malerischen Fachwerkhäuser, die man im 15. Jahrhundert erbaute, während die Fachwerkhäuser in der *Chapel Street, Sheep Street, High Street* und *Wood Street* dem 16. und 17. Jahrhundert angehören. Im 18. Jahrhundert erhielten viele alte Häuser neue Fassaden, Neubauten errichtete man aus Backsteinen. Auch wenn *Stratford* nicht die Geburtsstadt Shakespeares wäre, verdiente sie mit ihren altertümlichen und romantischen Straßenzügen und Passagen, den vielen charakteristischen Gasthöfen, die sich ihre „Atmosphäre" bis zum heutigen Tag erhalten haben, den wunderschönen Parkanlagen und Gärten, nicht zuletzt auch dank des malerischen Flusses, den man mit Booten befahren kann, zu den besuchenswertesten Städten Englands gezählt zu werden.

William Shakespeare (1564-1616) war das dritte Kind (der älteste Sohn) eines wohlhabenden Handschuhmachers und Wollhändlers und einer Bauerntochter, besuchte in Stratford die städtische *Grammar School*, heiratete mit 18 Jahren die wohlhabende Farmerstochter *Anne Hathaway* aus *Shottery* und ging später nach London, wo er Schauspieler und Theaterschriftsteller wurde. Mit einer Schauspieltruppe zog er durch das Land. Schon 1592 war er als Bühnenautor bekannt und geschätzt. Seine Tätigkeit verschaffte ihm ein beträchtliches Einkommen, so daß er 1597 *New Place,* das damals einer der größten und reichsten Herrensitze Stratfords war, kaufen konnte. Nach 1610 zog er sich vom Berufsleben dorthin zurück und bewohnte das Haus bis zu seinem Tod am 23. April 1616, seinem 52. Geburtstag. Seine Werke waren damals schon berühmt. *Shakespeare* wurde in der gleichen Kirche bestattet, in der er auch getauft worden war, in der er die Ehe geschlossen hatte.

Schon zwanzig Jahre nach seinem Tod war Stratford als „Shakespearestadt" bekannt („Towne most remarkeable for the birth of famous William Shakespeare"). 1769 veranstaltete der Schauspieler *David Garrick* hier das erste Festspiel zu Ehren Shakespeares. Seit 1879 wird in der Stadt jedes Jahr ein *Shakespeare-Festival* abgehalten.

STADTBESICHTIGUNG

Man lernt das historische Stratford am besten bei einem Rundgang kennen, für den man sich zwei bis drei Stunden Zeit nehmen sollte. Der von *London* oder *Oxford** auf der A-34 anreisende Besucher betritt die Stadt in der Regel im Osten, wo die von *Banbury* (→ S. 71) kommende A-422 in die A-34 einmündet und den *River Avon* auf der **Clopton Bridge** (1) überquert. Die bemerkenswerte Steinbogenbrücke wurde im 15. Jahrhundert von *Hugh Clopton,* einem reichen Bürger der Stadt (er bewohnte „New Place", s. unten) und späteren Bürgermeister von London, erbaut.

Nahebei gibt es einige Parkplätze, wo man seinen Wagen abstellen und die Stadtbesichtigung zu Fuß weiterführen kann.

Vor der Brücke verdient das ehemalige Herrenhaus **Alveston Manor** (2) Aufmerksamkeit, das aus langgestreckten alten Fachwerkbauten besteht und heute zu den elegantesten Hotels der Stadt gehört. Nicht minder vornehm ist das gegenüber am Flußufer liegende Hotel **Swan's Nest** (3), ein relativ einfacher georgianischer Bau, vor dem ein hübsches, dreihundert Jahre altes, kleines Sommerhäuschen steht.

Die neben der *Clopton Bridge* über den Fluß führende **Tramway Bridge** (4) wurde 1823 aus Ziegelsteinen als Straßenbahnbrücke für Pferdetrams gebaut. Südlich angrenzend liegen am Flußufer große Sportplätze und die *Avonbank Gardens.*

An der in die Innenstadt führenden Straße *Bridgefoot* erhebt sich links das sogenannte **Gower Memorial** (5), das nach dem Bildhauer *Lord Gower* benannte, 1888 errichtete **Shakespeare-Denkmal,** das den Dichter auf einem hohen Steinsockel auf einem Stuhl sitzend zeigt. Rund um das Denkmal sind einige der Hauptfiguren aus Shakespeares Werken aufgestellt: *Hamlet, Lady Macbeth, Falstaff* und *Prince Hal.* Sie symbolisieren den Inhalt von Shakespeares Werken: Philosophie, Tragödie, Komödie und Historie.

Weiter links liegt am Flußufer das **Royal Shakespeare Theatre** (6). Das ursprüngliche Theater wurde 1879 erbaut und brannte (mit Ausnahme eines Flügels) 1926 ab. Der heutige, imposante Backsteinbau wurde 1932 eröffnet und später bedeutend vergrößert. Hier werden von April bis November Shakespeares Werke

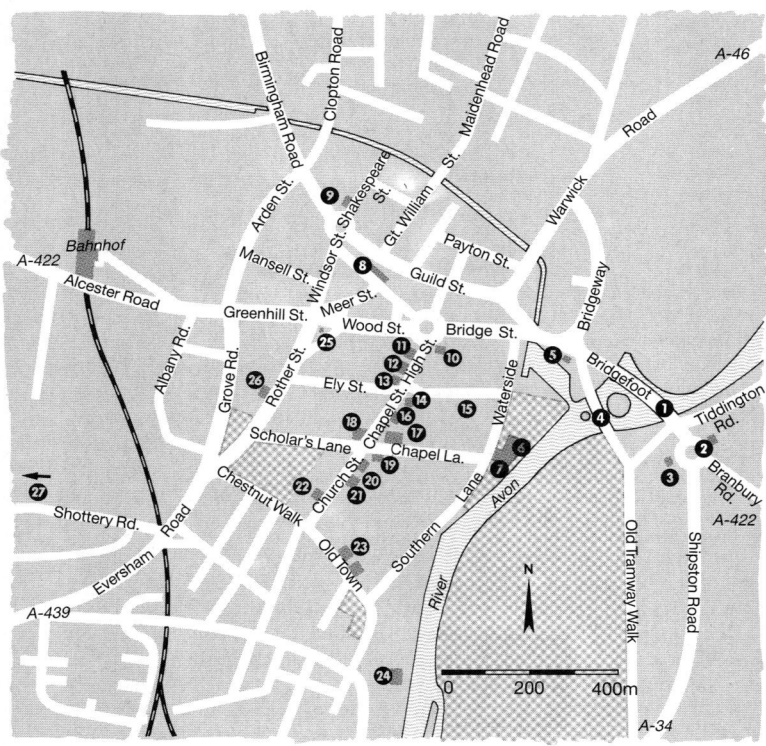

Stratford-upon-Avon

1 Clopton Bridge
2 Alveston Manor
3 Swan's Nest
4 Tramway Bridge
5 Gower Memorial
6 Royal Shakespeare Theatre
7 Theatre Picture Gallery
8 Shakespeare's Geburtshaus
9 Motor Museum
10 Judith Quiney's House
11 Harvard House
12 Garrick Inn
13 Old Tudor House
14 Town Hall
15 Emms Court
16 Shakespeare Hotel
17 New Place
18 Falcon Hotel
19 Guild Chapel
20 Guildhall
21 Almshouses
22 Shakespeare Institute
23 Hall's Croft
24 Holy Trinity Church
25 Rother Market
26 Mason's Court
27 Anne Hathaway's Cottage

aufgeführt. Der vom Brand verschont gebliebene Teil des alten Theaters dient heute als **Theatre Picture Gallery** (7) und enthält neben zahlreichen Bildern, die Szenen aus Shakespeares Werken darstellen, auch Porträtbildnisse des Dichters und berühmter Schauspieler, deren Kostüme, Theaterutensilien, Bühnendekorationen und Erinnerungen an berühmte Shakespeare-Darsteller.

Am Ende der *Bridge Street* biegt man in die **Henley Street** ab, geht an der *Städtischen Bibliothek* vorbei und stößt direkt auf **Shakespeares Geburtshaus** (8) *(Shakespeare's Birthplace and Museum)*. Der eindrucksvolle Fachwerkbau aus dem frühen 16. Jahrhundert bestand ursprünglich aus zwei separaten Häusern: dem Wohnsitz der Familie Shakespeare (in dem der Dichter auch seine Kindheit verbrachte) und dem angrenzenden Laden, der *John Shakespeare,* dem Vater des Dichters, gehörte. Er war hier als Handschuhmacher und Wollhändler tätig. Im Inneren des Geburtshauses sind fast alle Räume noch im zeitgenössischen Stil, teilweise noch mit Möbeln, die der Familie Shakespeare gehörten, eingerichtet, während der andere Teil des Gebäudes musealen Charakter hat und viele Bücher, Handschriften, Manuskripte, Bilder u.ä. enthält und gründlich über das Leben und die Zeit von und rund um *William Shakespeare* informiert.

Besonders Beachtung verdienen die Stube im Erdgeschoß, mit holzgerahmten Wänden und einer mit Sparren versehenen Decke, das darüberliegende Geburtszimmer Shakespeares mit einem prächtigen alten Kamin und dem berühmten Fenster, auf dem sich bedeutende Persönlichkeiten (u.a. *Sir Walter Scott, Thomas Carlyle, Henry Irving, Ellen Terry)*, die das Haus besuchten, mit ihren Unterschriften verewigten, ferner die noch zeitgenössisch eingerichtete Küche. Weltberühmt ist auch das im Haus gezeigte „First Folio", das älteste noch erhaltene Buch über Shakespeares Theaterschaffen. Beachtung verdient auch der zum Haus gehörende Garten, in dem noch die gleichen Blumen, Kräuter und anderen Gewächse wachsen, die Shakespeare in seinen Werken so gerne erwähnte („Hot lavender, mints, savory, majoram; the marigold that goes to bed wi' the sun..."). Auch eine Statue des Dichters steht hier.

Das an das Geburtshaus angrenzende **Shakespeare Centre** ist ein moderner Bau aus dem Jahr 1964, enthält eine reiche Bibliothek, Leseräume, Vortragssäle u.dgl. Nur wenige Schritte weiter beginnt die *Shakespeare Street* mit dem **Motor Museum** (9), das Oldtimer-Automobile und andere Motorfahrzeuge enthält, darunter auch „exotische", wie etwa jene, die für indische Maharadschas angefertigt wurden. Gezeigt wird alles, was mit dem „Golden Age of Motoring" zusammenhängt, es gibt auch eine Bildergalerie, einen Gastgarten, Souvenir- und Spezialitätenläden usw.

*Shakespeares Geburtshaus in der Henley Street
ist ein schöner Fachwerkbau aus dem frühen 16. Jahrhundert.*

Man geht jetzt wieder zur *Bridge Street* zurück und biegt dort in die **High Street** ab, wo sich auch das **Tourist Information Centre** befindet. Das **Judith Quiney's House** (10) ist ein beachtenswertes Haus aus dem 16. Jahrhundert, das von Shakespeares Tochter *Judith* bewohnt wurde. Schräg gegenüber liegt das **Harvard House** (11) aus dem Jahr 1596, Wohnsitz des Stadtrates *Thomas Rogers,* dessen Tochter *Katharine* die Mutter von *John Harvard* war, dem Gründer der weltbekannten amerikanischen Universität. Das prachtvolle Giebelhaus besitzt noch seine ursprüngliche, kunstvolle Fachwerkfassade. 1909 wurde es von der amerikanischen *Harvard University* als Gedenkstätte erworben.

Nebenan liegt der nicht minder bemerkenswerte alte Gasthof **Garrick Inn** (12), ein Fachwerkbau aus dem Ende des 16. Jahrhunderts, und neben diesem das malerische **Old Tudor House** (13) aus der gleichen Zeit, mit überhängenden Stockwerken.

Am Beginn der **Chapel Street,** der Verlängerung der *High Street,* steht die **Town Hall** (14), ein sehr schöner Steinbau aus dem Jahr 1767, den der Schauspieler *David Garrick* (s.oben) ursprünglich als „Shakespeare Hall" zu Ehren des Dichters erbauen ließ. Die *Town Hall,* die nach einem Feuer von 1946 restauriert wurde, dient heute nicht nur als Rathaus, sondern auch für Veranstaltungen u.dgl. Bemerkenswert ist der *Ballroom* im ersten Stock.

In der hier abzweigenden **Sheep Street** verdienen vor allem das **Shrieve's House** aus dem 15. Jahrhundert, das nach einem Feuer von 1595 erneuert und vergrößert wurde, und der gegenüberliegende, malerische Durchgang **Emms Court** (15) Beachtung.

In der *Chapel Street* liegt auch das **Shakespeare Hotel** (16), ein wunderschöner Fachwerkbau des frühen 16. Jahrhunderts, mit wertvollen Eichentäfelungen und Feuerplätzen. Bars, Aufenthaltsräume und Gästezimmer des Hotels tragen Namen von Shakespeare-Stücken und Personen und verbreiten trotz modernem Komfort noch eine altertümliche Atmosphäre. Wiederum nur wenige Schritte weiter liegt **New Place** (17), der einstige Herrensitz, in dem Shakespeare seine letzten Lebensjahre verbrachte und 1616 starb (s.oben). Von dem 1483 erbauten Haus, das zu den wohlhabensten und größten der Stadt gehört, sind nur mehr die Fundamente im angrenzenden Garten erhalten. Man betritt den Garten durch *Nash's House,* dem Wohnsitz des ersten Ehemanns von Shakespeares Enkelin *Elizabeth Hall.* Einige Räume des Hauses sind noch im zeitgenössischen Stil eingerichtet und enthalten heimatkundliche und archäologische Sammlungen.

Gleich um die Ecke, in der *Chapel Lane,* ist der Eingang zum sehenswerten „Great Garden" von *New Place,* der zum Herrensitz dazugehörte. Der mit bunten Blumen- und Gemüsebeeten genutzte Garten ist ein schönes Beispiel eines Herrenhausgartens im elisabethanischen Stil des 16. Jahrhunderts. Dort steht auch noch ein Maulbeerbaum, der ein Ableger von jenem sein soll, den Shakespeare persönlich pflanzte.

New Place gegenüber liegt das **Falcon Hotel** (18), ein prächtiger, dreigeschossiger Fachwerkbau aus dem 15. Jahrhundert, der zu den architektonisch wertvollsten Fachwerkhäusern der Stadt gehört. In dem zum Teil noch altertümlich eingerichteten Haus wohnte 1643 Königin *Henrietta Maria,* die Gemahlin von *Char-*

les I. Trotz moderner touristischer Einrichtung (Lift, Fernsehen usw.) hat sich das Hotel noch seine altertümliche Atmosphäre bewahrt.

An der Ecke *Church Street* und *Chapel Lane* liegen einige der malerischsten mittelalterlichen Gildengebäude Englands: die **Guild Chapel** (19) wurde schon kurz nach der Gründung der *Guild of the Holy Cross* 1269 erbaut und mit ihrem wuchtigen Turm 1540 in ihre heutige Form gebracht. Sie enthält noch mittelalterliche Wandmalereien. An die Kirche grenzt die **Guildhall** (20) mit der **Grammar School,** ein ausgezeichnet erhaltener Fachwerkbau von 1416 mit vorspringendem Obergeschoß. Seit der Auflösung der religiösen Gilde durch *Henry VIII.* dient der Oberstock des Gebäudes als Schule (sie wurde auch von Shakespeare besucht), im Erdgeschoß ist die Bibliothek untergebracht.

Zur Zeit Shakespeares mußten alle wandernden Schauspieltruppen im Erdgeschoß der *Guildhall* vor dem Stadtrat zuerst eine Probe ihres Könnens abgeben und ihre Stücke vorführen, ehe sie die Erlaubnis erhielten, in der Stadt vor Publikum aufzutreten. Zweifellos hat bei solchen Gelegenheiten der junge Shakespeare, der im Oberstock zur Schule ging, solchen Vorstellungen beigewohnt und dabei seine Liebe zum Theater entdeckt.

Die angrenzenden **Almshouses** (21), Fachwerkhäuser im gleichen Stil wie die *Guildhall,* wurden im 15. Jahrhundert von der Gilde gegründet und boten zwei Dutzend alten Stadtbewohnern Asyl. Heute noch dienen die Häuser dem gleichen caritativen Zweck.

Auf der gegenüberliegenden Straßenseite liegt das **Shakespeare Institute** (22) *(Mason Croft),* ein Backsteinbau aus dem 18. Jahrhundert, der als kulturelles Zentrum für Studien, Vorträge, Konzerte u.dgl. dient.

Ein paar Schritte weiter liegt in der *Old Town Street* das sehenswerte große Fachwerkgebäude **Hall's Croft** (23), eines der schönsten im Tudorstil errichteten Fachwerkhäuser aus dem 16. Jahrhundert, mit wunderschönem Garten. Es war der Wohnsitz von Shakespeares Tochter *Susanna* und ihres Ehemanns *Dr. John Hall.* Viele Räume sind noch mit kostbaren alten Stilmöbeln eingerichtet und vermitteln einen guten Eindruck von einem Arzthaushalt der damaligen Zeit. Bemerkenswert ist vor allem Dr. Halls alte Apotheke. Ein Teil des Hauses wird von einem *Festival Club* für kulturelle Veranstaltungen und Kunstausstellungen genutzt.

Am Ufer des **Avon** erhebt sich inmitten eines schönes Parks mit alten Lindenbäumen die mittelalterliche **Holy Trinity Church** (24) mit reicher Innenausstattung aus dem 14. und 15. Jahrhundert; bemerkenswert vor allem die vielen Grabdenkmäler verschiedener Epochen, die prächtigen großen Maßwerkfenster und das Gestühl mit Schnitzarbeiten aus dem späten 15. Jahrhundert. Vor allem aber ist die Kirche als letzte Ruhestätte Shakespeares und seiner Familie bekannt. Sein Grabdenkmal befindet sich im Chor der Kirche: eine Büste des Dichters (1623) zwischen zwei Marmorpfeilern, darunter die Inschrift „Good frend for Jesus sake forbeare – To digg the dust encloased heare – Blese be ye man yt spares thes stones – And curst be he yt moves my bones". Nördlich grenzen an den Kirchhof schöne Gartenanlagen.

Der weiträumige Platz, auf den die Haupteinkaufsstraßen *Greenhill Street, Meer Street* und *Wood Street* einmünden, ist **Rother Market** (25), der ehemalige Rindermarkt, wo heute jeden Freitag ein großer Wochenmarkt stattfindet. Das Denkmal in der Mitte ist als „American Fountain" bekannt, eine amerikanische Schenkung von 1887 anläßlich des Regierungsjubiläums von *Queen Victoria.* Der Platz wird von schönen alten Gebäuden gesäumt, darunter die malerische „Thatch Tavern" an der Ecke zur *Greenhill Street,* das „White Swan Hotel" an der Ecke zur *Meer Street,* das aus einer alten, von Shakespeare gerne besuchten Taverne hervorging, die Fachwerkhäuser mit malerischen alten Läden an der Ecke zur *Wood Street.* Ein paar Schritte weiter liegt in der *Rother Street* neben den *Council Offices* der sehenswerte **Mason's Court** (26), eines der charakteristischsten und besterhaltenen Gebäude aus der Shakespearezeit.

Am Westrand der Stadt (Zufahrt über die *Shottery Road;* nördlich davon auch zwei schöne Spazierwege) liegt in *Shottery* **Anne Hathaway's Cottage** (27), der bäuerliche Wohnsitz von Shakespeares späterer Ehefrau *Anne Hathaway.* Das große und sehenswerte, teilweise aus Fachwerk gefügte, strohgedeckte Landhaus geht bis auf das 15. Jahrhundert zurück und hat sich bis heute kaum verändert. Es besitzt heute noch die ursprüngliche Einrichtung der Familie *Hathaway* und ist museal zugänglich. Sehr schön ist der angrenzende Garten.

In Stratford sind *Hall's Croft, New Place, Harvard House, Shakespeare's Birthplace, Anne Hathaway's Cottage* und *Mary Arden's House* (s.unten) von April bis Oktober täglich von 9 bis 17 oder 18 Uhr (sonntags zumeist ab 14 Uhr), die übrige Jahreszeit nur werktags von 9-16 Uhr *(Shakespeare's Birthplace* und *Anne Hathaway's Cottage* auch sonntags von 13.30 bis 16 Uhr) geöffnet.

1. Mary Arden's House – Wootton Wawen – Henley-in-Arden.
Etwa 5 km nordwestlich von *Stratford* (Zufahrt von der A-34)
liegt das Dorf *Wilmcote* mit **Mary Arden's House,** dem ehemaligen Wohnsitz von Shakespeares Mutter *Mary Arden.* Die Räume
des großen, aus Ziegeln und Fachwerk erbauten typischen Tudor-
gehöfts (16. Jh.) sind noch im alten bäuerlichen Stil eingerichtet,
alle Farmgebäude sind heute als volkskundliches Museum
zugänglich.

Etwa 10 km nördlich von *Stratford* liegt an der nach *Birmingham** führenden A-34 der kleine Ort **Wootton Wawen,** mit sehr
sehenswerter mittelalterlicher Pfarrkirche, deren Mittelturm aus
dem frühen 11. Jahrhundert noch sächsischen Ursprungs ist. Die
Kirche enthält u.a. bemerkenswerte alte Gräber, darunter auch
ein Alabastergrab mit der Figur eines Ritters aus dem 15. Jahrhundert. Noch etwa 3 km weiter nördlich liegt die kleine alte
Marktstadt **Henley-in-Arden,** die wegen ihrer von vielen alten
Fachwerkhäusern des 15. bis 17. Jahrhunderts gesäumten malerischen *High Street* besuchenswert ist. Sehenswert sind die *Guildhall,* ein prächtiger Fachwerkbau des 15. Jahrhunderts, die mittelalterliche Pfarrkirche mit Balkendecke und zwei charakteristische
alte Gasthöfe: „Blue Bell" (15. Jh.) und „White Swan" (16. Jh.).
Der Ort ist auch ein beliebter Ausgangspunkt für Wanderungen
und Touren durch das malerische Tal des *Rivers Alne.*

Auch im östlich benachbarten **Beaudesert** gibt es eine bemerkenswerte Pfarrkirche im normannischen und gotischen Stil zu sehen.

2. Charlecote Park. Der knapp 8 km östlich von *Stratford* (Zufahrt
auf der B-4086) liegende Herrensitz aus dem Jahr 1558 wurde im
19. Jahrhundert grundlegend verändert, nur das *Gate House* ließ
man unangetastet. Viele der oft umgestalteten Innenräume wurden 1830 in ihren ursprünglichen elisabethanischen Stil zurückge-

*Der malerische alte Fachwerkbau aus dem 16. Jahrhundert
in dem kleinen Dorf Wilmcote war der Wohnsitz von
Shakespeares Mutter Mary Arden und ist nach
dieser auch „Mary Arden's House" benannt.*

führt. Vor dem Haus erstreckt sich ein großer, von *Capability Brown* gestalteter Landschaftspark. (Geöffnet von Mai bis September täglich außer montags und donnerstags von 11-18 Uhr, im April und Oktober nur samstags und sonntags von 11-17 Uhr).

Die Pfarrkirche von **Charlecote** wurde Mitte des 19. Jahrhunderts in gotisch nachempfundenem Stil erbaut und enthält bemerkenswerte Figurengräber aus dem 17. Jahrhundert.

3. Alcester – Coughton Court – Ragley Hall. Die kleine Marktstadt **Alcester** liegt 13 km westlich von *Stratford* an der nach *Worcester** führenden A-422, wo die beiden Flüsse *Alne* und *Arrow* zusammenmünden. Sie besitzt viele schöne alte Fachwerkhäuser (bemerkenswert ist vor allem das *Old Malt House* von 1500), eine mittelalterliche Pfarrkirche und eine sehr schöne *Town Hall* von 1618.

Ein paar Fahrminuten weiter nördlich liegt der kleine Ort *Coughton* mit dem Herrenhaus **Coughton Court,** einem eher düsteren Gebäude aus dem 15. Jahrhundert mit einem hohen und wuchtigen, zinnenbekrönten *Gate House* aus dem Jahr 1509. Im 16. Jahrhundert wurden zwei Flügel mit Fachwerk zugebaut. (Geöffnet von Mai bis September mittwochs bis sonntags von 14-17 Uhr, im April und Oktober nur samstags und sonntags).

Unweit südlich von Alcester liegt der bedeutende Herrensitz **Ragley Hall** mit einem dreigeschossigen Herrenhaus (1680) im palladianischen Renaissancestil, mit einem zwei Stockwerke hohen Säulenportal, zu dem eine doppelläufige Freitreppe hinaufführt. Die prachtvolle Innenausstattung besorgten *James Gibbs* und *James Wyatt* Ende des 18. Jahrhunderts. Sehenswert sind vor allem die *Great Hall* (1750), die 22 m lang, 13 m breit und 13 m hoch ist und eine kunstvolle Stuckdecke besitzt, und der „Red Saloon" mit kostbaren Seidentapeten, Deckenmalereien von *Angelica Kauffmann* (18. Jh.) und kostbaren Gemälden (darunter *van Haarlems'* „Auferstehung des Lazarus", 1602). Auch die anderen Räume sind mit Kunstwerken verschiedenster Art (Gemälden, kostbaren Stilmöbeln, Stuckkaminen, Porzellan usw.) reich ausgestattet. Vor dem Haus liegen Gärten und ein von *Capability Brown* gestalteter Landschaftspark mit einem See, durch die umliegenden Wälder und das Farmland führt ein schöner Spazierweg („Country Trail") mit Picknickplätzen. (Geöffnet von April bis Juni und im September täglich außer montags und freitags von 11-18 Uhr, im Juli und August jeden Tag).

4. Schloß Compton Wynyates. Das etwa 22 km südöstlich liegende, burgartige Schloß (Zufahrt von der A-422), Residenz der *Comptons, Earls of Northampton,* entstand zwischen 1480 und 1528 und zählt zu den schönsten großen Herrensitzen Englands aus der Tudorzeit. Auch die reich mit alten Stilmöbeln ausgestatteten Innenräume, allen voran die *Great Hall,* sind mit ihren kunstvollen Stuckdecken und Wandtäfelungen hervorragende Beispiele des Tudorstils. Die weiträumige Hauskapelle besitzt ein großes gotisches Maßwerkfenster (1515). Das Haus beherbergte viele gekrönte Häupter, darunter *Elizabeth I., James I., Henry VIII., Charles I.,* und ist fast seit fünfhundert Jahren unverändert erhalten.

Eine Sehenswürdigkeit besonderer Art sind die dekorativ zu verschiedenen Formen zurechtgeschnittenen Bäume und Hecken im Schloßpark. (Über die Besichtigungsmöglichkeiten erkundige man sich am Touristenamt).

5. Hidcote Manor Garden – Chipping Campden – Broadway – Snowhill Manor. Man verläßt *Stratford* im Süden auf der durch das schöne *Vale of Evesham* ziehenden A-46, von der bei *Mickleton* links eine Zufahrt zum **Hidcote Manor Garden** (14 km) abzweigt. Man zählt ihn zu den schönsten großen Gartenanlagen Englands; eigentlich sind es mehrere zusammenhängende Gärten, jeder einzelne von ihnen mit den nur ihm eigentümlichen Blumen und anderen Gewächsen, darunter auch seltene Pflanzen aus allen Teilen der Erde. (Geöffnet tägl. außer di. und fr. v. 11-19 Uhr).

Nahebei liegen die nach 1920 angelegten **Kiftsgate Court Gardens,** die ebenfalls durch ihren Blumenreichtum (vor allem Rosen) bekannt sind. Die „Filipes Kiftsgate" ist die größte jemals in England gezüchtete Rose. (Geöffnet von April bis September mittwochs, donnerstags und sonntags von 14- 18 Uhr. Das Herrenhaus ist nicht zugänglich).

Der nur wenige Fahrminuten weiter östlich liegende Ort **Ebrington** ist wegen seiner schönen gotischen *Church of St. Eadburgha* besuchenswert, die noch normannische Portale und andere Bauteile einer Vorgängerkirche besitzt. Innen sind die mittelalterlichen Glasfenster, ein steinerner Sarg aus sächsischer Zeit, eine Baldachinkanzel aus dem 17. Jahrhundert und mehrere alte Grabdenkmäler sehenswert.

Eine andere Zufahrt von der A-46 führt nach **Chipping Campden,** eine entzückende alte Marktstadt, früher ein Zentrum des *Cotswold*-Wollhandels (→ S. 17). Erhalten sind noch mehrere aus Stein und Fachwerk gefügte Häuser aus dem 14. und 15. Jahrhundert, eine sehr sehenswerte mittelalterliche Pfarrkirche *(Church of St. James)* mit 38 m hohem Turm und reich ausgestattetem Inneren sowie eine sehenswerte *Market Hall* (17. Jh.) mit Arkaden.

Wo die A-46 die A-44 kreuzt, liegt das entzückende „Bilderbuchdorf" **Broadway,** mit malerischen alten Steinhäusern, Gasthöfen und vielen Blumen, ein Ferienort und beliebter Ausgangspunkt für Touren in die *Cotswold Hills* (→ S. 17); daneben aber auch durch die Herstellung von Kunst- und Stilmöbeln bekannt, die in alle Erdteile exportiert werden. Am Ostrand des Ortes beginnt ein großes Naturschutzgebiet, das zu den schönsten Teilen der nördlichen *Cotswold Hills* zählt. Auf der sanften Kuppe des **Broadway Hill** steht der wuchtige „Beacon Tower", ein burgartiger· Turmbau mit mittelalterlichem Aussehen, der 1797 an diesem Aussichtspunkt errichtet wurde.

Wenn man von *Broadway* auf der A-46 noch ca. 2 km weiterfährt, stößt man auf die Zufahrt nach **Buckland,** mit bemerkenswerter gotischer Pfarrkirche (mittelalterliches Ostfenster; Eichentäfelung aus dem 17. Jh.) und dem „Buckland Rectory" genannten sehenswerten Pfarrhaus aus dem 14. Jahrhundert, mit unveränderter Balkendecke in seiner *Great Hall* und mittelalterlichen Glasfenstern.

Broadway südlich benachbart liegt das Dorf **Snowhill,** das wegen seines Tudorhauses **Snowhill Manor** (16. und 17. Jh.) besuchenswert ist. Das Herrenhaus enthält große und originelle Sammlungen alter Uhren und Musikinstrumente, Feuerwaffen, wissenschaftliche Geräte, Puppen und Spielzeug, Spinnräder u.v.a. (Geöffnet von Mai bis September mittwochs bis sonntags von 11-13 und 14-18 Uhr, im April und Oktober nur Samstag und Sonntag).

Nur wenige Fahrminuten weiter südlich liegt das wunderschöne Cotswold-Dorf **Stanway** mit dem jakobeanischen Herrensitz **Stanway House,** einem schloßartigen Bau des 17. Jahrhunderts, mit einem prunkvollen, dreigeschossigen Torhaus mit drei geschwungenen Giebeln und einer von Säulen flankierten Durchfahrt im Renaissancestil. Die Räume, vor allem die *Great Hall,* enthalten kostbare alte Stilmöbel. Bemerkenswert ist auch das unverändert erhalten gebliebene alte Speicher- und Stallgebäude. (Geöffnet von Juni bis August mittwochs und sonntags von 14 bis 18 Uhr).

Weitere lohnende Ausflugsziele von Stratford finden Sie unter „Ausflüge" nach den Stadtbeschreibungen von *Birmingham*, Coventry*, Warwick** und *Worcester** sowie in den entsprechenden Streckenteilen der Wege 1 und 4.

Chipping Campden zählt mit seinen alten Fachwerkhäusern aus dem 14. und 15. Jahrhundert zu den charakteristischsten kleinen Marktstädten in den Cotswolds.

Broadway, mit seinen malerischen alten Steinhäusern, ist ein beliebter Ausgangspunkt für Touren in die Cotswold Hills.

WARWICK

Die alte Stadt am *River Avon* wird von dem auf einer Anhöhe über dem Fluß liegenden **Warwick Castle** beherrscht, einer der wenigen Burgen Englands, die seit ihrer Gründung bis zum heutigen Tag ununterbrochen bewohnt wurden. Es liegt an der Stelle einer von *Ethelfleda (Aethelflaed)*, Tochter Alfreds des Großen, im Jahr 915 hier angelegten Befestigung. Errichtet wurde es unter den Normannen, doch hat man die aus dem 11. Jahrhundert stammenden äußeren Burgmauern mit ihren Wehrtürmen und Toren im 14. Jahrhundert erneuert und im 17. Jahrhundert restauriert bzw. wiederhergestellt. Von der *Porter's Lodge* (1800) führt ein aus dem Felsen geschlagener, gewundener Aufgang in den äußeren Burghof und zu dem mit Fallgittern versehenen *Double Gateway,* zwischen dem 32 m hohen, wuchtigen „Caesar's Tower" und dem 28 m hohen „Guy's Tower", der ursprünglich noch höher war. Im sehenswerten inneren Burghof erheben sich zwei weitere Türme *(Bear Tower* und *Clarence Tower)* und die Burggebäude aus dem 14. Jahrhundert, die im 17. und 18. Jahrhundert innen zu einem schloßartigen Herrensitz umgestaltet wurden.

Bei einer Führung werden die reich ausgestatteten *State Apartments* gezeigt, mit kostbaren alten Stilmöbeln, Gemälden (darunter Werke von *Rubens, Velasquez, Van Dyck, Holbein, Lucas Cranach* und *Lely)* und Skulpturen, kunstvollen Einlegearbeiten, Porzellan und anderen Kunstwerken. Die **Great Hall** (16. Jh.) enthält eine berühmte Waffen- und Rüstungssammlung, darunter auch die Brustwehr, mit der *Thomas,* erster *Earl of Warwick,* in den Schlachten von *Crécy* (1346) und *Poitiers* (1356) kämpfte, weiters das berühmte, über 1,60 m lange „Guy of Warwick Sword" (13. Jh.), den mit Silber dekorierten Schild von *Prince Charles Edward Stuart* (um 1740), den Helm, den *Oliver Cromwell* in der Schlacht trug u.v.a.

Eine Sehenswürdigkeit besonderer Art ist die sogenannte „Warwick Vase", eine 1,70 m hohe, reliefgeschmückte römische Bodenvase (4. Jh.) aus weißem Marmor, die 1770 in den Ruinen der Villa Hadrian in *Tivoli* (Italien) aufgefunden wurde. Sehr schön ist der angrenzende Park, durch den der *River Avon* fließt.

Die Stadt besitzt auch zahlreiche sehenswerte alte Fachwerkhäuser, vor allem in der *Mill Street,* einer Sackgasse, die vom Fluß zu den Burgmauern führt. In der *Castle Street* liegt **Oken's House,** ein sehr bemerkenswertes altes elisabethanisches Fachwerkhaus (16. Jh.), das heute das **Doll Museum** beherbergt; es enthält eine sehenswerte Sammlung alter Puppen aus Holz, Metall, Porzellan und Wachs sowie altes (auch mechanisches) Kinderspielzeug. (Geöffnet wochentags 10-18 Uhr, sonntags 14.30-17 Uhr).

Durch die *Church Street* gelangt man zur **Church of St. Mary** mit ihrem 53 m hohen Turm, die nach einem Feuer in den Jahren

Die „Bilderbuchburg" Warwick Castle
aus dem 14. bis 17. Jahrhundert steht an der Stelle
einer uralten Normannenburg des 11. Jahrhunderts
und zählt zu den wenigen Burgen, die seit ihrer Gründung
bis zum heutigen Tag ununterbrochen bewohnt wurden.

1698-1704 neu aufgebaut wurde und eine interessante Mischung von gotischen und Renaissance-Stilelementen ist. Bemerkenswert ist der gotisch nachempfundene Turm. Von der früheren Kirche existieren noch der Altarraum (1394) mit kunstvollem Gewölbe und die Krypta (12. Jh.). Im Inneren beachte man vor allem das an italienische Skulpturen erinnernde Figurengrab von *Thomas Beauchamp, Earl of Warwick* (gest. 1369) und seiner Gemahlin.

Das ehemalige Kapitelhaus nördlich des Chors enthält das mächtige Grabmal von *Lord Brooke* (1628); die südlich des Chors befindliche **Beauchamp Chapel** (1443) ist ein prächtiges Beispiel des spätgotischen *Perpendicular*-Stils und enthält sehr sehenswerte Glasmalereien aus dem Jahr 1447. Sehenswert sind ferner die zahlreichen kunstvoll dekorierten Figurengräber und Grabplatten der *Earls of Warwick* aus dem 15. und 16. Jahrhundert, wie das überreich geschmückte Figurengrab von *Robert Dudley, Earl von Leicester,* dem skandalumwitterten Höfling und Liebhaber von *Elizabeth I.*

Nahe bei der Kirche erstreckt sich der *Market Place* mit der **Old Market Hall** (1670), die das **Warwick County Museum** enthält. Es vermittelt einen Überblick über Archäologie, Geologie, Naturgeschichte und historische Entwicklung von Warwick und seiner Umgebung. Ein Teil des Museums ist auch im **St. John's House** *(Coten End),* einem sehr schönen jakobeanischen Haus aus dem 17. Jahrhundert untergebracht. Dort kann man Sammlungen alter Trachten, Kostüme, Musikinstrumente u.v.a. sehen.

Angrenzend an das *West Gate* (12. Jh., mit Turm aus dem 16. Jh.) liegt ein prächtiger alter Fachwerkbau, **Lord Leycester's Hospital.** Das ehemalige Gildenhaus aus dem Jahr 1383 wurde 1571 vom *Earl of Leicester* zu einem Armenhaus umgewandelt und ist zum Teil noch zeitgenössisch eingerichtet. Malerisch ist die Hoffassade. Die ehemalige Gildenkapelle, die *Chapel of St. James,* wurde direkt über das *West Gate* gebaut.

AUSFLÜGE

1. Royal Leamington Spa. Die *Warwick* im Osten benachbarte Stadt am *River Leam* verdankt ihren Ruf als Heilbad ihren natürlichen Mineralquellen, die erstmals 1586 urkundlich erwähnt, aber erst im 18. Jahrhundert von Heilungssuchenden benutzt wurden. Königin *Victoria* verlieh der Stadt nach ihrem Besuch 1838 den Titel „Royal", doch ist die Stadt heute allgemein nur als **Leamington** bekannt. Der *Royal Pump Room* (1841) im Stadtzentrum und die

The Parade säumenden Häuser sind schöne Beispiele spätgeorgianischer Architektur. Sehr schön sind auch die Garten- und Parkanlagen der Stadt, in den *Jephson Gardens* gibt es ein Vogelschutzgebiet. Besuchenswert ist das in der *Avenue Road* befindliche Museum (zeitgeschichtliche Sammlungen, alte Keramiken, Porzellan, Glas des 18. Jh.), dem eine Kunstgalerie (hauptsächlich Bilder englischer Maler des 20. Jh.) angeschlossen ist.

2. Southam. Man erreicht die rund 16 km östlich am *River Itchen* liegende kleine Marktstadt über die A-425. Schöne alte Häuser säumen die Hauptstraße *Market Hill,* bemerkenswert sind der alte Gasthof „The Old Mint" und das ehemalige *Manor House* (heute Apotheke), in dem während des Bürgerkriegs *Charles I.* übernachtete. Die *Church of St. James* stammt aus dem 14. Jahrhundert und ist wegen ihres spitz zulaufenden Turms bekannt. An der *Daventry Road* liegt die *Southam Zoo Farm,* in der auch exotische Tiere gehalten werden.

3. Baddesley Clinton – Packwood House. Auf der A-41 erreicht man das etwa 11 km nordwestlich von *Warwick* liegende **Baddesley Clinton,** einen befestigten, burgartigen Herrensitz aus dem Mittelalter, der heute noch von einem Wassergraben umgeben ist. Im Jahr 1300 erstmals urkundlich erwähnt, im frühen 15. Jahrhundert erneuert und 1634 vergrößert und teilweise erneuert, hat sich das Herrenhaus bis heute seinen altertümlichen Charakter bewahrt. Sehenswert ist vor allem die mit Stilmöbeln verschiedener Zeitepochen ausgestattete *Great Hall,* mit bemerkenswerten heraldischen Glasfenstern. Rund um das Herrenhaus erstreckt sich ein weiträumiger Park. (Geöffnet von April bis Ende September mittwochs bis sonntags 14-18 Uhr, im Oktober nur an Samstagen und Sonntagen).

Eine Landstraße führt von hier über den *Grand Union Canal* zu dem etwa 5 km weiter östlich liegenden **Packwood House,** einem Herrensitz aus der Tudorzeit, der vor allem wegen seiner prächtigen Gartenanlagen mit einem Kunstgarten, in dem zurechtgeschnittene Bäume Jesus und die Apostel, die Evangelisten und die Bergpredigt symbolisieren, besuchenswert ist. Das Herrenhaus ist ein schöner Fachwerkbau aus dem Jahr 1550, der von 1660-1670 vergrößert wurde. (Öffnungszeiten wie bei *Baddesley Clinton).*

Lohnende Ausflüge führen auch nach **Stratford-upon Avon***, nach **Kenilworth** (→ S. 254) und zum Schloß **Stoneleigh Abbey** (→ S. 254).

WORCESTER

Die berühmte alte Kathedralstadt am *River Severn* geht auf das römische *Vigornia* und den sächsischen Bischofssitz *Wigorna Ceaster* zurück, der der Stadt den Namen gab. Heute ist die Stadt auch Sitz einer sehr bekannten Porzellanmanufaktur („Worcester Royal Porcelain"), die schon Anfang des 18. Jahrhunderts gegründet wurde.

Wichtigste Sehenswürdigkeit ist natürlich die hoch über dem Fluß liegende **Kathedrale,** die von einem prächtigen Turm aus dem 14. Jahrhundert überragt wird. Von diesem Turm aus beobachtete *Charles II.* im Bürgerkrieg die Niederlage seiner Armee in der „Battle of Worcester" (1651). Der größte Teil der heutigen Kirche gehört dem 14. Jahrhundert an, sie besitzt aber auch bemerkenswerte Bauteile älterer Kirchen, die früher an dieser Stelle standen.

Als Bischofskirche 680 gegründet, wurde sie im späten 10. Jahrhundert neu erbaut und einem Benediktinerkloster angegliedert. Von den Dänen zerstört, begann ihr Wiederaufbau Ende des 11. Jahrhunderts in normannischem Stil. Aus dieser Zeit (um 1080) stammt noch die romanische Krypta. Das runde Kapitelhaus an der Ostseite des Kreuzgangs entstand 1120, und 1170 wurde der westliche Teil des Langhauses erneuert. *Bishop Wulfstan,* unter dem die normannische Kirche im 11. Jahrhundert neu aufgeführt wurde (es war der einzige angelsächsische Bischof, der nach der normannischen Eroberung des Landes bis zu seinem Tode im Amt blieb), ist in der Kirche beigesetzt worden, und nachdem sich an seinem Grabmal viele Wunder ereignet haben sollen (der Bischof wurde 1203 heiliggesprochen), strömten so große Pilgerscharen hierher, daß wiederum ein Neubau notwendig wurde. Um 1320 begann man mit der Umgestaltung der gesamten Kirche in ihre heutige Form, 1374 wurde der reich geschmückte Turm fertiggestellt. Im 16. Jahrhundert wurde die reich ausgestattete *Prince Arthur's Chantry*, eine von Henry VII. für seinen 1502 verstorbenen Sohn gestiftete Gedächtniskapelle, angebaut.

Besondere Aufmerksamkeit verdienen die schon erwähnte, ungewöhnlich große **normannische Krypta** (1080), ein „Wald von Säulen und Rundbögen", die Bischof Wulfstan als eine eigene Kirche und als eine „Herberge für heilige Reliquien" bauen ließ, dann der prächtig ausgestattete **Chor** (13. Jh.), dessen Gestühl hervorragende Schnitzarbeiten aus dem 13. Jahrhundert aufweist, aber auch die **Lady Chapel** mit mittelalterlichen Bischofsgräbern und die zahlreichen Grabdenkmäler, vor allem das monumentale, marmorne Figurengrab von *King John* im Presbyterium, das schon zwei Jahre nach dem Tod des Königs (1216) angefertigt wurde. (Es ist die älteste Grabfigur eines englischen Königs). 1797 wurde das Grab geöffnet und die sterblichen Überreste des Königs in einer reich bestickten Robe, mit einem Schwert, identifiziert.

Worcester Cathedral liegt in beherrschender Lage am Ufer des Flusses Severn und besitzt einen prächtig gegliederten gotischen Turm aus dem Jahr 1374.

Der sogenannte **Edgar Tower,** einstiger Haupteingang zum Kloster, durch den man heute zum Vorplatz vor der Kathedrale gelangt, stammt noch aus dem beginnenden 13. Jahrhundert. In der Straße *Sidbury* und unweit östlich der Kathedrale am Ufer des *Worcester and Birmingham Canal* lag früher das *Hospital of St. Wulfstan,* das von dem Bischof als Herberge gegründet worden war und von 1085 bis 1540 einem Ritterorden gehörte. Aus dieser Herberge entstand 1541 die sogenannte **Commandery,** ein im Tudorstil errichteter, langgestreckter Fachwerkbau, der während des Bürgerkriegs und der „Battle of Worcester" den Royalisten als Hauptquartier diente. Von dem früheren *Hospital* blieb die elisabethanische *Hall* (15. Jh.) mit ihren Wandmalereien erhalten. Die schönen Täfelungen stammen aus dem 17. Jahrhundert. Das Gebäude ist zum Teil noch mit alten Möbeln eingerichtet und enthält heute ein Museum zur Stadtgeschichte und viele Erinnerungen an den Bürgerkrieg. (Geöffnet täglich außer montags 10.30 bis 17 Uhr, sonntags erst ab 14.30 Uhr).

Weitere Gegenstände zur Stadtgeschichte, wie auch archäologische, geologische und naturgeschichtliche Sammlungen, eine Militaria-Sammlung des *Worcestershire Regiments* und eine Kunstgalerie enthält das *City Museum.*

Die nördlich der Kathedrale liegende **Guildhall** wurde 1721 von *Thomas White of Worcester,* einem Schüler von *Sir Christopher Wren,* erbaut. Ihr Eingang wird von den Statuen der Könige *Charles I.* und *Charles II.* flankiert, über ihm ist eine geschnitzte Totenmaske von *Oliver Cromwell* an den Ohren angenagelt, was die Königstreue der Stadt während des Bürgerkrieges dokumentiert. Zwischen den Hauptfenstern ist eine Statuette von *Queen Anne* angebracht, Zierfiguren symbolisieren Gerechtigkeit, Frieden, Wohlstand und Moral, eine Figur stellt Herkules dar.

In der *Friar Street* liegen noch mehrere alte Fachwerkhäuser, darunter das 1480 erbaute **Greyfriar's House,** das ursprünglich zu einem Franziskanerkloster gehörte. Das *Tudor House Museum* in der *Friars Street* enthält ein besuchenswertes heimatkundliches Museum. Unter den anderen sehenswerten Gebäuden ragen das *Nash House,* ein schöner alter Fachwerkbau mit überhängendem Oberstock, **King Charles's House** (1577) in der *New Street,* in ähnlichem Stil (König *Charles II.* fand hier nach seiner Niederlage in der „Schlacht von Worcester" Zuflucht), und die **Assembly Rooms** (Anfang 18. Jh.) mit einer Sammlung alter Waffen und

Rüstungen, heraus. Von der aus dem 15. Jahrhundert stammenden *St. Andrew's Church* ist nur mehr der 76 m hohe Turm („Glover's Needle") erhalten.

Das **Dyson Perrins Museum** der „Royal Porcelain Works" in der *Severn Street* ist in einem ehemaligen viktorianischen Schulgebäude aus dem Jahr 1843 untergebracht und enthält eine reiche Sammlung von Worcester- Keramiken aus allen Zeitepochen und eine umfangreiche Ausstellung kunstvollen Worcester-Porzellans seit dem 18. Jahrhundert. (Geöffnet montags bis samstags 10-13 und 14-17 Uhr).

Wer moderne Kirchen liebt, sollte sich die neue Methodistenkirche *St. Andrew* ansehen, die über einer *Shopping-Arcade* hoch über der *Pump Street* liegt und mit einem Lift erreicht werden kann.

AUSFLÜGE

1. Spetchley Park. Das 4,5 km östlich der Stadt liegende klassizistische Herrenhaus **Spetchley Park** liegt vor einem malerischen kleinen See inmitten eines sehr schönen, mit viel Wild bevölkerten Landschaftsparks. Er ist von April bis September in der Regel täglich außer samstags von 11-17 Uhr (sonntags erst ab 14 Uhr) zugänglich und bietet viele erholsame Spazierwege.

2. Droitwich – Hanbury Hall – Bromsgrove. Der durch seine stark solehaltigen, radioaktiven Heilquellen bekannt gewordene Kur- und Badeort **Droitwich Spa** (9 km auf der A-38) besitzt eine elegante Atmosphäre und gute touristische Einrichtungen, ist aber auch als Marktstadt von Bedeutung und besitzt schöne alte Fachwerkhäuser.

Das solehaltige Heilwasser wird aus einem See aus rund 60 m Tiefe, wo sich ein gewaltiges „Salzbett" befindet, heraufgepumpt und enthält zehnmal so viel Salz wie Meerwasser. In einem Freibad (dessen Salzgehalt stark reduziert wurde) kann man wie im Meerwasser schwimmen.

Etwa 5 km östlich des Ortes liegt **Hanbury Hall,** ein aus Backsteinen erbautes Herrenhaus aus dem Anfang des 18. Jahrhunderts, das wegen seiner ungewöhnlich schönen Wand- und Deckenmalereien – vor allem im Stiegenhaus – und seiner Porzellansammlung besuchenswert ist. (Geöffnet von Mai bis September mittwochs bis sonntags von 14-18 Uhr, im April und Oktober nur samstags und sonntags von 14-17 Uhr).

Rund 6 km westlich von *Droitwich* liegt **Ombersley,** ein sehr hübscher Ort mit vielen Fachwerkhäusern aus dem 16. und 17. Jahrhundert, charakteristischen alten Gasthöfen (besonders malerisch ist „The King's Arms") und dem Herrenhaus *Ombersley Court* (18./19. Jh.). In dem unweit westlich liegenden Dorf **Holt** kann man eine schöne normannische Pfarrkirche und eine Burg („Holt Castle") aus dem 14. Jahrhundert sehen.

Man erreicht von *Droitwich* die etwa 14 km weiter nördlich auf dem Weg nach *Birmingham** liegende Industriestadt **Bromsgrove** auf der A-38. Bemerkenswerte Gebäude sind die *Grammar School,* die noch auf das Jahr 1553 zurückgeht, wie die *Church of St. John the Baptist* mit einem Turm aus dem 14. Jahrhundert und eindrucksvollen Alabaster-Figurengräbern aus dem 15. und 16. Jahrhundert. Die *High Street* wird von schönen georgianischen Häusern gesäumt.

Sehr besuchenswert ist das südlich von *Bromsgrove* bei *Stoke Heath* liegende **Avoncroft Museum of Buildings,** ein Freilichtmuseum mit vielen charakteristischen alten Gebäuden, die von anderen Orten abgetragen und hier aufgestellt wurden, darunter auch große Fachwerkhäuser, Farmgebäude, Scheunen und Speicherbauten aus dem 15. bis 17. Jahrhundert, eine Windmühle, eine alte Hahnenkampfarena, ein Eishaus aus dem 18. Jahrhundert, aber auch ein Fertighaus aus dem Jahr 1946 u.v.a. Auch einen Picknickplatz gibt es hier. (Geöffnet von März bis November täglich von 10.30 bis 17.30 Uhr).

3. Bromyard – Lower Brockhampton House. Der 22 km westlich an der A-44 liegende alte Marktort **Bromyard** besitzt eine ganze Reihe von schönen alten Fachwerkhäusern, erwähnenswert vor allem der „Falcon Inn". Eine Landstraße bietet den sehr malerischen und charakteristischen Fachwerkbau **Lower Brockhampton Manor,** der aus der Zeit kurz nach 1400 stammt. Erhalten ist auch ein mittelalterlicher Saal mit einer schönen Galerie. Das Torhaus stammt ebenfalls aus dem 15. Jahrhundert. Von einer Kapelle des 12. Jahrhunderts sind nur mehr Ruinen zu sehen. (Geöffnet April bis Ende Oktober mittwochs bis samstags in der Regel von 10-13 und 14-18 Uhr, sonntags nur 10-13 Uhr).

Die charakteristischen schmalen Giebelhäuser mit den hohen Schornsteinen und der ungewöhnlichen, erkerartigen Anordnung der Fenster sowie die prächtige Priory Church aus dem 15. Jahrhundert machen Great Malvern zu einem besuchenswerten Städtchen.

4. Great Malvern und Malvern Hills. Grasbestandenes Hügelland, Weiden, Obstgärten und Hopfenfelder, dazwischen entzükkende kleine Dörfer mit alten Fachwerkhäusern und Darren, in denen Hopfen getrocknet wird, fischreiche Quellbäche und viele Fußpfade und Heckenwege, die zu schönen Aussichtspunkten führen, sind charakteristisch für die Landschaft der **Malvern Hills,** die sich südwestlich von *Worcester* erstrecken. Ein beliebter Ausgangspunkt für Touren ist der Urlaubsort **Great Malvern,** mit Heilquellen, einem *Festival Theatre* (seine alljährlichen Theater-Festspiele sind berühmt), Konzerthalle, Golfplatz und vielen anderen touristischen Einrichtungen. Vor allem aber ist der Ort durch seine ihn umgebenden Hügel und die vielen Wanderwege, die sie erschließen, geradezu ideal für aktive Wanderferien. Sehenswert in **Great Malvern,** das man auf der A-449 nach etwa 13 km erreicht, ist die im *Perpendicular*-Stil erbaute *Priory Church of SS. Mary and Michael* (15. Jh.), die noch ein normannisches Schiff mit Arkaden einer früheren Kirche des 12. Jahrhunderts umschließt.

Die höchste Erhebung ist hier der **Worcester Beacon** (425 m), von dem aus man eine herrliche Aussicht genießt. Etwa zwanzig Hügel der *Malvern Hills* steigen über 300 m an. Auch in dem weiter südlich liegenden **Little Malvern** gibt es eine schöne Kirche im *Perpendicular*-Stil (15. Jh.), die an der Stelle eines Benediktinerklosters des 12. Jahrhunderts steht. Auf dem hier ansteigenden **Herefordshire Beacon** (339 m) sind noch bedeutende Reste eines eisenzeitlichen Hügelforts mit großen Erdaufschüttungen zu sehen, das später von den Normannen noch ausgebaut wurde. Der hübsche kleine Ort **Colwall** ist ein guter Ausgangspunkt für den Anstieg.

Nur wenige Fahrminuten weiter auf der A-449 liegt **Ledbury,** das zu den malerischsten kleinen Marktstädten des Landes gehört. Seine uralten, windschiefen Fachwerkhäuser mit hohen Giebeln und überhängenden Oberstockwerken, der malerische „Feather's Inn" (16. Jh.) und die Markthalle mit ihren Arkaden (17. Jh.), nicht zuletzt auch die alte Pfarrkirche (12. bis 14. Jh.) mit ihrem spitz zulaufenden Turmhelm (innen sind prächtige Figurengräber, darunter eines aus dem 13. Jh. zu sehen) tragen viel zur „romantischen" Atmosphäre bei, die schon von vielen Malern und Dichtern (darunter *Brownings* und *Wordsworth)* festgehalten wurde.

Ledbury, das auch ein idealer Ausgangspunkt für Wanderungen ist, liegt der kleine Ort **Eastnor** südöstlich benachbart. Hier gibt es eine von *Sir Gilbert Scott* 1852 in neugotischen Stil erbaute Pfarrkirche mit einem Turm aus dem 14. Jahrhundert und ein prächtiges, 1814 in mittelalterlichem Stil errichtetes, schloßartiges Herrenhaus zu sehen: **Eastnor Castle** ist mit kostbaren alten Schnitzmöbeln, Tapisserien und Gemälden ausgestattet, beherbergt auch eine umfangreiche alte Waffensammlung und liegt inmitten sehr schöner Gärten und eines weiträumigen Naturparks. (Geöffnet von Mai bis September jeden Sonntag, im Juli und August zuzüglich auch mittwochs und donnerstags von 14 bis 17.30 Uhr). Südöstlich des Ortes steigt der **Midsummer Hill** an, mit Resten eines eisenzeitlichen Hügelforts und Hünengräbern.

Much Marcle liegt am südlichen Rand der *Malvern Hills,* besitzt eine bemerkenswerte Pfarrkirche aus dem 13. Jahrhundert und ein sehenswertes, „Hellen's" genanntes burgartiges Herrenhaus, das noch sehr gut erhaltene Bauteile aus dem 13. Jahrhundert besitzt. An dem großen steinernen Tisch in der *Great Hall* tafelten einst der „Black Prince" und 1554 auch Königin *Mary I.* Viele alte Einrichtungsgegenstände, eine Sammlung von Kutschen des 19. Jahrhunderts und ein malerischer großer Taubenschlag von 1641 sind weitere Sehenswürdigkeiten. (Geöffnet von Ostern bis Anfang Oktober mittwochs, samstags und sonntags von 14-18 Uhr).

Die A-449 führt von hier nach **Ross-on-Wye** weiter (→ S. 90), wo sie in die M-50 und A-40 mündet (→ Weg 5).

5. Tewkesbury. Die 24 km südlich von Worcester liegende Stadt erreicht man entweder auf der A-38 oder auf der M-5, die *Bristol* mit *Birmingham** verbindet. Wer sich gerne schöne alte Kirchen ansieht, kann auf dem Weg nach Tewkesbury einen Abstecher nach *Croome D'Abitot* (neugotische *Church of St. Mary Magdalene* von 1761, mit großartigen Figurengräbern) und nach *Strensham* unternehmen, dessen *Church of St. John the Baptist* ebenfalls viele bemerkenswerte Figurengräber aus dem 13. bis 19. Jahrhundert besitzt.

Tewkesbury ist eine malerische alte Marktstadt am Zusammenfluß von *Severn* und *Avon* (Teile der Avon-Brücke aus dem 13. Jh. werden von der heutigen St. John's Brücke umschlossen). Auf beiden Flüssen verkehren während des Sommers Ausflugsschiffe. Wichtigste Sehenswürdigkeit der Stadt ist die mittelalterliche *Abbey Church of St. Mary the Virgin,* mit einem prächtigen, 40 m hohen normannischen Turm (um 1150). Die große Kirche gehörte einst zu einem im 12. Jahrhundert gegründeten Benediktinerkloster und besitzt heute noch ihre hohen normannischen Säulen und Arkaden, die das (später erneuerte) Kirchenschiff tragen. Der östliche Teil der Kirche wurde im 14. Jahrhundert neu gestaltet. Besondere Beachtung verdienen das prächtige Gewölbe über dem Presbyterium, die Fachwerkfenster und die zahlreichen Figurengräber seit dem 14. Jahrhundert. Nahe bei der Kirche liegt die *Bloody Meadow* („Blutige Wiese"), wo während des Rosenkrieges 1471 die „Battle of Tewkesbury" geschlagen wurde, die die Yorkisten unter *Edward IV.* siegreich sah. Von Touristen immer wieder gerne bewundert werden die vielen schönen Fachwerkhäuser im Tudorstil und die charakteristischen alten Gasthöfe aus dem 13. bis 15. Jahrhundert, so etwa der „Royal Hop Pole Inn", der „Bell Inn" und der „The Black Bear". Das aus dem 16. Jahrhundert stammende *Tudor House* ist heute ein Hotel.

Nordöstlich der Stadt erhebt sich der knapp 300 m hohe **Bredon Hill,** auf dessen Höhe sich ein prähistorisches Fort, genannt „King and Queen Rocks", befindet. Rund um den Hügel liegen vier sehr hübsche Ortschaften: **Bredon** besitzt eine Pfarrkirche aus dem 12. Jahrhundert mit mittelalterlicher Ausstattung und einem eindrucksvollen Figurengrab aus dem 17. Jahrhundert. Gleiche Aufmerksamkeit verdient aber auch der ausgezeichnet erhaltene große steinerne Kornspeicher *(Tithe Barn)* aus dem 14. Jahrhundert, mit kunstvollem Dachgerüst. Östlich benachbart liegt **Kemerton** mit dem Herrensitz „The Priory", dessen schöne Gärten von Mai bis September jeden Donnerstag und an einigen Sonntagen nachmittags besichtigt werden können. Ein wesentlich kleinerer, sehenswerter Garten ist „Bredon Springs" in dem noch etwas weiter östlich liegenden **Ashton-under-Hill.** Er ist von April bis Oktober mittwochs, samstags und sonntags ab 10 Uhr zugänglich. Weiter nördlich liegt das Dorf **Elmley Castle,** dessen mittelalterliche Burg zwar schon verschwunden ist, das aber noch entzückende alte Fachwerkhäuser und eine schöne Pfarrkirche aus dem 12. bis 15. Jahrhundert besitzt.

6. Evesham. Die 26 km südöstlich von Worcester am *River Avon* liegende Marktstadt erreicht man auf der A-44 über **Pershore,** wo es eine sehr sehenswerte Pfarrkirche (ursprünglich Abteikirche) mit einer Innenausstattung aus dem 13. Jahrhundert und einem Mittelturm von 1335 anzusehen gibt. Auch in **Evesham** sind noch einige Ruinen einer mittelalterlichen Abtei erhalten. Aus dem 16. Jahrhundert stammt ihr prächtiger Glockenturm, aus dem 14. Jahrhundert das aus Fachwerk erbaute Torhaus und das „Almonry" genannte Fachwerkhaus in der *Vine Street,* das als Mittelaltermuseum (viele Funde aus der romano-britischen und angelsächsischen Zeit, alte landwirtschaftliche Geräte u.a.) in der Regel dienstags und donnerstags bis sonntags von 14.30 bis 18.30 Uhr geöffnet ist. Bemerkenswert sind auch die Kirchen *All Saints* (12. Jh. und später) und *St. Lawrence's* (im 16. Jh. erneuert). Eine Hauptattraktion für Touristen ist auch der Wassersport am *River Avon.*

Östlich des Ortes beginnt das **Vale of Evesham** mit reichen Obst- und Gemüseplantagen.

Die Rückfahrt kann auch über *Tewkesbury* (s.oben) in der Form einer kleinen Rundfahrt erfolgen.

Andere lohnende Ausflugsziele finden Sie nach den Stadtbeschreibungen von *Birmingham** und *Stratford-upon-Avon** beschrieben, wie auch im zugehörigen Streckenabschnitt des Weges 5.

D
ALLGEMEINE
TOURISTISCHE HINWEISE

1. Informationen über England

Allgemeine Informationen über Fragen, die den Urlaub betreffen, Prospekte, Unterkunftsverzeichnisse, Veranstaltungskalender usw. erhält man bei den Auskunftsstellen der *British Tourist Authority* (BTA) und des *English Tourist Board;* außerdem auch bei den regionalen und lokalen englischen Informationsbüros.

British Tourist Authority
D-6000 Frankfurt am Main 1, Neue Mainzer Str. (Tel. 069/2380711)
CH-8001 Zürich, Limmatquai 78 (Tel. 01/474277 oder 474279)

English Tourist Board
London SW1W ODU, 4 Grosvenor Gardens (Tel. 01/7303400 und 7303488)

East Anglia Tourist Board
Ipswich, Suffolk, IP1 1HU, 14 Museum Street (Tel. 0473/214211)

Thames and Chilterns Tourist Board
Abingdon, Oxfordshire, OX14 3UD, 8 Market Place (Tel. 0235/22711)
Hier erhalten Sie Auskünfte über die Grafschaften/Regionen Oxfordshire, Berkshire, Bedfordshire, Buckinghamshire und Hertfordshire.

Heart of England Tourist Board
Worcester, Worcestershire, WR1 2JT, PO Box 15 (Tel. 0905/29511)
Hier erhalten Sie nur schriftlich oder telephonisch Auskünfte über die Grafschaften/Regionen Gloucester, Hereford, Worcester, Shropshire, Staffordshire, Warwickshire und West Midlands.

East Midlands Tourist Board
Lincoln, Lincolnshire, LN2 1PZ, Exchequergate (Tel. 0522/31521 bis 31523)
Hier erhalten Sie nur schriftlich oder telephonisch Auskünfte über die Grafschaften/Regionen Derbyshire, Leicestershire, Lincolnshire, Northamptonshire und Nottinghamshire.

North West Tourist Board
Bolton, Lancashire, BL7 9PZ, The Last Drop Village, Bromley Cross (Tel. 0204/591511)
Hier erhalten Sie nur schriftlich oder telephonisch Auskünfte über die Grafschaften/Regionen Cheshire, Greater Manchester, Lancashire, Merseyside und den Peak District von Derbyshire.

Informationsbüros in wichtigen Touristenzentren (eine Auswahl)

Abingdon (Oxfordshire), 8 Market Place (Tel. 0235/22711)
Ashbourne (Derbyshire), 13 Market Place (Tel. 0335-43666)
Banbury (Oxfordshire), 8 Horsefair (Tel. 0295/59855)
Boston (Lincolnshire), 28 South Street (Tel. 0205/64601)
Burton-upon-Trent (Staffordshire), Town Hall (Tel. 0283/45454)
Bury St. Edmunds (Suffolk), Abbey Gardens (Tel. 0284/64667)
Cambridge (Cambridgeshire), Wheeler Street (Tel. 0223/358977)
Cheltenham (Gloucestershire), Municipal Offices, The Promenade
   (Tel. 0242/522878)
Chester (Cheshire), Town Hall, Northgate Street (Tel. 0244/40144)
Chipping Campden (Gloucestershire), Woolstaplers Hall Museum,
   High Street (Tel. 0386/840289)
Cirencester (Gloucestershire), Corn Hall, Market Place (Tel. 0285/4180)
Coventry (West Midlands), 36 Broadgate (Tel. 0203/20084
Cromer (Norfolk), North Lodge Park (Tel. 0263/512497
Derby (Derbyshire), Reference Library, The Wardwick (Tel. 0332/31111)
Ely (Cambridgeshire), 24 St. Mary's Street (Tel. 0353/3311)
Gloucester (Gloucestershire), 6 College Street (Tel. 0452/421188)
Grantham (Lincolnshire), Guildhall, St. Peters Hill (Tel. 0476/66444)
Great Yarmouth (Norfolk), 1 South Quay (Tel. 0493/4313)
Grimsby (Humberside), Library, Town Hall Square (Tel. 0472/53123)
Hereford (Herefordshire), 1a St. Owen Street (Tel. 0432/268430)
Hertford (Hertfordshire), 43 Cowbridge (Tel. 0992/54977)
High Wycombe (Buckinghamshire), Council Offices,
   Queen Victoria Road (Tel. 0494/26100)
Hunstanton (Norfolk), The Green (Tel. 04553/2610)
Ipswich (Suffolk), Town Hall, Princes Street (Tel. 0573/58070)
Kidderminster (Worcestershire), Library, Market Street
   (Tel. 0562/752832)
Leamington Spa (Warwickshire), The Parade (Tel. 0926-311470)
Leicester (Leicestershire), 12 Bishop Street (Tel. 0533/556699)
Lichfield (Staffordshire), 9 Breakmarket Street (Tel. 05432/52109)
Lincoln (Lincolnshire), 9 Castle Hill (Tel. 0522/29828)
Lowestoft (Suffolk), The Esplanade (Tel. 0502/65989)
Mablethorpe (Lincolnshire), Foreshore Office (Tel. 0521/72496)
Newcastle-under-Lyme (Staffordshire), Library, Ironmarket
   (Tel. 0782/618125)
Northampton (Northamptonshire), 21 St. Giles Street (Tel. 0604/22677)
Norwich (Norfolk), 14 Tombland (Tel. 0603/666071)
Nottingham (Nottinghamshire), 18 Milton Street (Tel. 0602/470661)
Oxford (Oxfordshire), St. Aldates (Tel. 0865/726871)
Peterborough (Cambridgeshire), Town Hall, Bridge Street
   (Tel. 0733/63141)
Ross-on-Wye (Herefordshire), 20 Broad Street (Tel. 0989/62768)

Shrewsbury (Shropshire), The Square (Tel. 0743/52019)
Skegness (Lincolnshire), Embassy Centre, Grand Parade (Tel. 0754/4821)
Stoke-on-Trent (Staffordshire), Library, Bethesda Street
  (Tel. 0782/281242)
Stow-on-the-Wold (Gloucestershire), St. Edwards Hall (Tel. 0451/30352)
Stratford-upon-Avon (Warwickshire), 1 High Street (Tel. 0789:293127)
Sudbury (Suffolk), Library, Market Hill (Tel. 0787/72092)
Tewkesbury (Gloucestershire), 64 Barton Street (Tel. 0684/295027)
Worcester (Worcestershire), Guildhall, High Street (Tel. 0905/23471)

Für ganz Großbritannien ist zuständig die
British Tourist Authority (BTA) in London SW1A 1NF,
  64 St. James's Street.

2. Einreisebestimmungen

Deutsche, Schweizer und Österreicher benötigen für eine Ferien-
reise bis zu 6 Monaten nur einen amtlichen Personalausweis;
Österreicher und Schweizer müssen zusätzlich an der Grenze
eine Besucherkarte ausfüllen. Autofahrer benötigen nur den nationalen Führerschein und das Nationalitätskennzeichen. Die interna-
tionale (grüne) Versicherungskarte wird nicht verlangt, bei etwa-
igen Unfällen ist es aber ratsam, sie mitzuhaben. Es besteht
Anschnallpflicht. Fahrräder können ohne Formalitäten mitge-
führt werden.

Inländische und ausländische Zahlungsmittel können uneingeschränkt ein- und ausgeführt werden. Da sich diese Bestimmun-
gen aber ändern können, ist es ratsam, noch vor der Abreise Auskünfte bei einer Bank einzuholen. Hunde und andere Haustiere
können nicht mitgenommen werden.

Zollfrei ein- und ausgeführt werden dürfen von Reisenden aus
EG-Ländern 300 Zigaretten oder 75 Zigarren oder 400 g Tabak,
1½ Liter Spirituosen mit mehr als 38 % Alkohol oder 2 Liter
mit weniger als 38 %, zuzüglich 4 Liter Wein, 75 Gramm Parfüm,
⅜ Liter Gesichtswasser und andere Waren im Wert von £ 120,-
(für Österreicher und Schweizer £ 28,-). Angehörige aus Nicht-
EG-Ländern (Österreicher und Schweizer) dürfen zwei Drittel
der angegebenen Menge an Alkohol und Rauchwaren ein- und
ausführen.

3. Die Einreise

Wenn Sie **mit dem Flugzeug** einreisen wollen, so haben Sie mehrmals täglich von allen deutschen, österreichischen und schweizerischen Flughäfen gute Flugverbindungen nach London. Von Düsseldorf fliegen Sie 80 Minuten, von Frankfurt am Main, Hamburg, Zürich 90 Minuten, von München 110 Minuten, von Berlin 120 Minuten, von Wien 130 Minuten.

Was die **Flugpreise** betrifft, so gibt es zahlreiche verbilligte Flüge, wie etwa den ermäßigten Hin- und Rückflug (EHR) nach „Flug- und Spartarif"; Voraussetzung für die fast 50 % verbilligten Flugpreise im Linienverkehr ist die gleichzeitige Buchung von Hin- und Rückflug und daß der Rückflug frühestens am Sonntag nach Reiseantritt erfolgt. Man kann auch einen normalen Linienflug in eine wesentlich verbilligte Pauschalreise zum IT-Tarif (IT =*Inclusive Tour)* integrieren, dabei muß man neben dem Flug auch die Übernachtungen oder einen Mietwagen am Zielort buchen. Weiters gibt es viele verbilligte Charterflüge, Städteflüge usw. über die Flug- und Reisebüros Auskunft geben.

Kinder bis zu 2 Jahren bezahlen (ohne Platzanspruch) 10 % des normalen Flugpreises, bis zu 12 Jahren die Hälfte. Große Preisermäßigungen gibt es auch für Jugendliche und Studenten bis 22 bzw. 25 Jahren.

Am günstigsten ist wohl der sogenannte APEX-Tarif, bei dem Hin- und Rückflug mindestens 14 Tage im voraus gleichzeitig gebucht werden müssen und zwischen dem Hin- und Rückflug ein Sonntag liegen muß. So kostet (1989) der Hin- und Rückflug nach London zum APEX-Tarif von Frankfurt am Main DM 369,- (880,-), von Düsseldorf DM 293,- (702,-), von München DM 469,- (1099,-). In Klammer der Hin- und Rückflugtarif ohne Ermäßigung. Da sich Tarife und Preisermäßigungen laufend ändern, wendet man sich am besten an ein Flugbüro (Lufthansa, British Airways usw.) um Auskunft.

Mit der Eisenbahn haben Sie praktisch von allen großen Städten aus mindestens zweimal täglich eine Verbindung nach London und von dort weiter zum gewünschten Reiseziel. Alle Züge verkehren nur bis an die Kanalküste (Hoek van Holland, Ostende, Dünkirchen, Calais usw.), wo man auf Schiffsfähren umsteigen muß. Vom englischen Landehafen (Dover, Folkestone, Felixstowe, Harwich usw.) hat man dann direkt Anschluß nach London und zu anderen Städten. Die Bahnfahrt von London zum gewünschten Reiseziel ist problemlos. Da die Züge in nur geringen Zeitintervallen verkehren, ist eine Platzreservierung (ausgenommen an den Sommer-Wochenenden oder bei Großveranstaltungen z.B. Fußballspielen) kaum notwendig. Alle Städte Englands sind durch **Inter-City-Schnellzüge** mit London verbunden.

Es ist zu beachten, daß es in **London** mehrere Bahnhöfe gibt. Den **Bahnhof Liverpool Street** benutzen Sie für die Weiterfahrt nach Ipswich (70-80 Min. Fahrzeit; dort Anschluß nach Lowestoft), nach Norwich (ca. 2 Std. Fahrzeit, mit Anschluß nach Yarmouth, Lowestoft, Cromer usw.), nach Cambridge (ca. 70 Min., mit Anschluß nach Ely und King's Lynn). Den **Bahnhof King's Cross** benutzen Sie für Fahrten nach Peterborough (ca. 1 Std.), Doncaster (ca. 2 Std.), Leeds (ca. 2½ Std.). Den **Bahnhof St. Pancras** benutzen Sie für die Fahrt nach Luton (35-40 Min.), Bedford (ca. 1 Std.), Leicester (1¾ Std.), Nottingham oder Derby (2-2½ Std.). Den **Bahnhof Euston** benutzen Sie für die Fahrt nach Northampton (70-80 Min.), Birmingham (ca. 2 Std.), Coventry (ca. 1½ Std.) und Liverpool (ca. 3 Std.). Den **Bahnhof Baker Street** (auch *Marylebone)* benutzen Sie für die Fahrt nach Amersham (ca. 45 Min.) und Aylesbury (1 Std.). Den **Bahnhof Marylebone** benutzen Sie für die Fahrt nach High Wycombe (ca. 50 Min.), Bicester (ca. 1½ Std.), Banbury (ca. 1¾ Std.). Den **Bahnhof Paddington** benutzen Sie für die Fahrt nach Reading (ca. 30 Min.), Oxford (ca. 2 Std.), Leamington Spa (ca. 2½ Std.), Worcester (2-2½ Std).

Auch bei der **Fahrt mit der Eisenbahn** kann man zahlreiche Fahrpreisermäßigungen in Anspruch nehmen. So bieten u.a. die *Deutsche Bundesbahn* und *Eurotrain* jungen Leuten unter 26 Jahren die Inter-Rail-Karte an, die derzeit (1989) 420,- DM kostet und einen Monat gültig ist und mit der man für die bundesdeutsche Strecke nur die Hälfte bezahlt und in Großbritannien dann beliebig herumreisen kann, ohne einen zusätzlichen Fahrausweis. Weiters gibt es die „Vorzugskarte" der *Deutschen Bundesbahn,* mit der man etwa 15 % des Fahrpreises spart, wenn man die Rückfahrt frühestens an dem dem ersten Tag der Gültigkeit folgenden Sonntag antritt. Beim sogenannten „Spartarif" bezahlt man gleich um 25 % weniger, wenn man von Ostende das Nachtschiff bzw. von Hoek van Holland das Tagschiff benutzt. Genaue Auskünfte geben die Auskunftbüros der Deutschen Bundesbahnen bzw. gute Reisebüros. Auch von Österreich aus kann man verschiedene Fahrpreisermäßigungen in Anspruch nehmen. Hier informiert Sie die ÖBB (Österreichische Bundesbahn).

Für die **Fahrt mit dem Auto** stehen eine Vielzahl verschiedener Fährschiffe zur Verfügung. Wer rasch nach England gelangen will, wird die Verbindung von Ostende oder Dünkirchen oder Calais nach Dover bzw. Folkestone wählen, wo bis zu zehn Fährschiffe (in der Hochsaison noch mehr) täglich verkehren. Neben den Fährschiffen gibt es auch die Luftkissenfähren „Hoverspeed", mit denen Sie in der Hauptferienzeit bis zu fünfzigmal täglich von Calais und Boulogne mit dem Auto nach Dover fliegen können; die Flugzeit dauert nur 35 Minuten. Für eine Reise nach Mittelengland sind auch die Fähren von Rotterdam/Europoort nach Hull zu empfehlen. Man fährt nachts, die Fahrzeit beträgt ca. 14 Stunden. Einen Überblick über die zahlreichen Fährschiffverbindungen und Preise erhalten Sie in jedem guten Reisebüro bzw. bei den zuvor genannten Informationsbüros der British Tourist Authority.

4. Das Reisen in England

Das ausgezeichnete Verkehrsnetz, das England mit Bahn und Bus erschließt, ist in Mittelengland besonders ausgeprägt. Für den Touristen gibt es eine Vielzahl von Netzkarten, die ein preisgünstiges Reisen ermöglichen. Besonders empfehlenswert ist der **BRITRAIL PASS,** der unbeschränktes Reisen in ganz Großbritannien mit Eisenbahn und Bahnbus ermöglicht. Er kostet (1989) für 4 beliebige von 8 Tagen 230,- DM, für 8 von 15 Tagen 330,- DM und für 15 beliebige Tage innerhalb eines Monats 460,- DM. Die Preise verstehen sich für die 2. Klasse („BRITRAIL SILVER PASS"). Kinder bis zu 4 Jahren fahren gratis, von 5-15 Jahren bezahlen sie die Hälfte.

Für Junioren von 16-25 Jahren gibt es auf den BRITRAIL SILVER PASS starke Preisermäßigungen. So kostet die Netzkarte für 4 von 8 Tagen 180,- DM, für 8 von 15 Tagen 260,- DM und für 15 Tage in einem Monat 370,- DM. Für Fahrten mit der 1. Klasse gibt es den BRITRAIL GOLD PASS, bei dem Senioren über 60 Jahren die Preise ermäßigt bekommen (sie stehen in Klammer): Für 4 von 8 Tagen 330,- DM (290,- DM), für 8 von 15 Tagen 460,- DM (410,- DM) und für 15 Tage in einem Monat 640,- DM (570,- DM).

Erkundigen Sie sich bitte auch über mögliche Preisermäßigungen auf den Fährschiffen, in Zusammenhang mit dem Lösen einer BRITRAIL-Karte.

Genaue Auskünfte über Fahrpläne, Fahrzeiten und Bestellungen bei **British Rail:** D-6000 Frankfurt am Main, Neue Mainzer Straße 22 (Tel. 069/232381); D-4000 Düsseldorf, Bismarckstraße 27 (Tel. 0211/329287); D-2000 Hamburg 36, Neuer Wall 86 (Tel. 040/362199); CH-4002 Basel, Centralbahnplatz 9 (Tel. 061/231404 oder 231403). Man muß den BRITRAIL PASS bereits vor der Abreise in seinem Heimatland kaufen (bei guten Reisebüros oder in den Hauptbahnhöfen mit internationalem Bahnkartenverkauf), da man ihn in Großbritannien nicht erwerben kann. Der Paß wird gültig, wenn er den Stempel des ersten Reisetages trägt.

Sehr dicht ist in Mittelengland auch das Netz bequemer **Autobuslinien.** Manche Autobuslinien verkaufen eine Art Netzkarte, die innerhalb eines bestimmten Gebietes unbeschränktes Fahren zu einem stark verbilligten Preis gestatten. Mit der **Brit Express Card** können Sie auf allen Expreß-Autobuslinien, der *Green Line* und anderen Linien eine Ermäßigung von einem Drittel des normalen Fahrpreises erhalten. Sie können diesen Ausweis entweder über ein gutes Reisebüro bestellen, oder gegen Vorlage Ihres Reisepasses bei *National Travel,* Victoria Coach Station in London kaufen.

Weiters veranstalten Autobuslinien auch Tages-, Halbtages- und Abendfahrten von den verschiedenen Touristenzentren und Seebädern aus, wobei Reiseleitung und der Besuch von Burgen und Herrensitzen, Stadtrundfahrten usw. im Preis eingeschlossen sind. Wenn Sie sich einer dieser von einem Fremdenführer begleiteten Tagesrundfahrten anschließen, die von London morgens abgehen, und dabei Ihren **BRITRAIL PASS** als Reiseticket benutzen, so gewährt man Ihnen bei diesen Ausflugsrundfahrten gelegentlich auch Preisermäßigungen.

Wenn Sie bei Ankunft in England gerne ein Auto zur Verfügung haben möchten, so besorgen Ihnen die *Britischen Eisenbahnen* einen **Mietwagen,** der Sie schon an Ihrem Ankunftsbahnhof erwartet. Gegen Vorlage eines in den letzten 12 Monaten ausgestellten *BRITRAIL PASS* oder *Seapass* erhalten Sie in der Regel eine Ermäßigung auf die normale Mietwagengebühr.

Pkw-Fahrer finden fast überall ausgezeichnete Straßen vor; doch ist der Engländer eher ein langsamer Fahrer, und da die Nebenstraßen schmal sind, ein Überholen daher auf viele Kilometer oft nicht möglich ist, muß man längere Fahrzeiten einplanen als man es von zu Hause her gewöhnt ist.

Die **Höchstgeschwindigkeiten** betragen auf Freilandstraßen 60 Meilen (96 km/h), auf Motorways (Autobahnen) 70 Meilen (112 km/h), in geschlossenen Ortschaften 30 Meilen (48 km/h). Man fährt links und überholt rechts. **Benzin** *(petrol)* wird noch nicht überall in Litern, sondern in Gallonen (4,5 Liter) abgegeben. Die Qualität des Benzins ist bei den Tankstellen durch „Sterne" ersichtlich; es gibt Zapfsäulen mit 2 Sternen (90 Oktan), mit 3 Sternen (94 Oktan), und 4 Sternen (97 Oktan). Die Preise sind sehr uneinheitlich und je nach Benzinfirma und Landesteil verschieden.

Zwischen London und Nordengland haben Sie die Möglichkeit, Ihren Pkw einem **Autoreisezug** anzuvertrauen. Die Benutzung solcher Züge ist in England sehr beliebt, man sollte daher die Platzreservierung schon lange im voraus vornehmen lassen. (Die Adressen und Telefonnummern der in Deutschland und der Schweiz vertretenen *Britischen Eisenbahnen* finden Sie weiter oben).

Wenn Sie auf *Camping-* oder *Caravanplätzen* übernachten, so besorgen Sie sich von Ihrer nächsten BTA-Vertretung das Verzeichnis „Camping and Caravan Parks"; möglicherweise besitzt auch Ihr Automobilclub so ein Verzeichnis. Wer **mit dem Fahrrad** unterwegs ist, sollte sich das Verzeichnis „Cycling in Britain" besorgen, das eine ganze Reihe von empfehlenswerten Radwegen und wertvolle Hinweise enthält.

5. Hotels, Gasthöfe und andere Unterkunftsmöglichkeiten

Die *British Tourist Authority* (BTA) und die regionalen Fremdenverkehrsämter veröffentlichen alljährlich Hotel- und Gaststättenführer mit den jeweils gültigen Preisen. Es gibt Führer für Hotels, für *Guesthouses,* für Frühstückspensionen („Bed and Breakfast"), für einfache Gasthöfe, für „Farm Holidays" usw., die in der Regel in den Büros der BTA gekauft oder bestellt werden können; zumindest sagt man Ihnen dort, wo Sie die Bücher oder Broschüren rasch erhalten.

Im allgemeinen kann man sagen, daß die Preise in den Hotels der gehobenen Mittelklasse und darüber den unseren entsprechen, die einfacheren Hotels, Pensionen, Gasthöfe u.dgl. aber im Durchschnitt mehr als 10-15 % teurer sind als vergleichbare Häuser in der Bundesrepublik oder in Österreich. Was diese eher einfachen und billigeren Gasthöfe und Pensionen betrifft, aber auch die vielerorts vermittelten Privatquartiere, so ist die Ausstattung der Zimmer, Frühstück- und Aufenthaltsräume zumeist überraschend; je nachdem, von welcher Warte man es betrachtet, kann man sie „stilvoll" oder einfach sehr altmodisch nennen, was genauso Vorteile wie Nachteile hat.

In einem Hotel der Mittelklasse wird man für die Übernachtung mit Frühstück £ 16-25 bezahlen müssen, je nach der Lage und dem Standort des Hotels. Wie bei uns gibt es zu den Ferienzeiten höhere Preise, in der „stilleren" Zeit Nachsaisonpreise. Eine einheitliche Regelung gibt es nicht, doch werden bei längeren Aufenthalten immer Ermäßigungen gewährt, manche Hotels haben auch verbilligte Wochenend-Pauschalen.

Es ist sehr ratsam, in den zahlreichen und fast in jedem Ort von einiger touristischer Bedeutung vorhandenen Touristen-Informationsbüros vorbeizuschauen, wo man (fast) immer in der Lage ist, eine Unterkunft in der gewünschten Preisklasse zu besorgen. Wenn man mit dem Pkw unterwegs ist, dann kann man auch von einem solchen Büro gegen eine geringe Gebühr die Reservation für den kommenden Abend vornehmen lassen. In der Hochsaison sind die preiswerten Häuser in der Regel ausgebucht.

Die Klassifizierung der englischen Hotels erfolgt von den britischen Automobilclubs nach einem Sternesystem, die meisten Ho-

tels haben auch ihren Stern oder mehrere Sterne vor dem Eingang auf einer Tafel gut sichtbar angebracht, so daß man schon eine Vorstellung von der Kategorie des Hauses hat. Fünf Sterne haben Luxushotels, die den höchsten internationalen Ansprüchen genügen. Vier Sterne haben sehr gute Hotels, in denen die *Mehrzahl der Zimmer* Privatbad oder Privatdusche haben. Drei Sterne haben bereits Hotels, in denen *einige Zimmer* mit Privatbad oder -dusche versehen sind. International gesehen würde man diese Dreisternehotels etwa der Kategorie „C" unterordnen. Zweisternehotels bieten laut Hotelführer Zimmer mit normalerweise besserer Ausstattung, einigen Privatbädern und WC auf allen Stockwerken. In der Regel bieten die Zweisternehotels die Übernachtung mit Frühstück unter £ 15 an. Hotels mit einem Stern sind einfach, und zumeist kleine Familienbetriebe. Kurtaxen und andere Hotelsteuern sind in England unbekannt.

Bed and Breakfast vermitteln viele **Privatzimmervermieter,** die man praktisch in allen Städten und Dörfern findet. Ein entsprechendes Hinweisschild „Bed and Breakfast" sieht man entweder am Haus angeschlagen, oder man erfährt die Adresse im Touristen-Informationsbüro. Hier kann man in der Regel schon ab £ 10 übernachten.

Sehr beliebt sind **Farm Holidays.** Wer mindestens drei Tage auf einer Farm mit (in der Regel sehr gut ausgestatteten) Gästezimmern wohnen möchte, hat vielerorts dazu die Möglichkeit. Man besorge sich in einem BTA-Büro die Broschüre „Farm Holidays" und kann dann entweder direkt mit dem Vermieter in Verbindung treten und Zimmer reservieren lassen, oder das von einem dafür zuständigen Touristenbüro gegen eine Gebühr besorgen lassen. Für eine Woche Aufenthalt auf einer Farm (Bauernhof) bezahlt man inklusive Abendessen und Frühstück pro Person ab £ 80. Empfehlenswert ist auch die von der BTA herausgegebene Broschüre „Commended Country Hotels, Guest Houses and Restaurants", in der einige gute Häuser empfohlen werden.

Auch ganz alte Landgasthöfe bieten in England komfortable Unterkunft. Zum alten „Globe Inn" in Linslade (Bedfordshire) kann man auch mit dem Boot anreisen, und der „Wild Boar Inn" (Cheshire) mit seinem uralten Fachwerk blickt auf eine reiche Vergangenheit zurück.

Jugendherbergen finden Sie in Mittelengland in großer Zahl. Die einfache Übernachtung kostet in der Regel um £ 2 pro Nacht. Jugendliche unter 15 Jahren bezahlen etwa ein Drittel weniger. Es gibt Schlafsäle für Männer und Frauen, gelegentlich auch Familienzimmer, man hat überall die Möglichkeit zur Zubereitung eigener Mahlzeiten. Genaue Auskünfte erhalten Sie entweder über Ihren Jugendherbergsverband oder direkt bei der *Youth Hostel Association,* Trevelyan House, 8 St. Stephen's Hill, AL1 2DY St. Albans, Herts. Für die Ferienzeit im Sommer sowie für Ostern und Pfingsten sollte man die Reservierung rechtzeitig vornehmen.

Für junge Leute und Studenten gibt es auch noch preiswerte Übernachtungsmöglichkeiten in den YMCA- bzw. YWCA-Herbergen, in Pfadfinderheimen und Universitätsherbergen. Nähere Auskünfte vermittelt Ihnen die vom BTA herausgegebene Broschüre „Youth Accomodation".

Elektrogeräte, wie **Rasierapparat** u.dgl., benötigen einen Zwischenstecker (Adapter), da die kontinentalen Geräte nicht in die Dreistiftbuchsen in England passen. Die englische Netzspannung beträgt 240 Volt und 50 Hertz Wechselstrom, Sie können also Ihr Gerät mit 220 Volt gefahrlos verwenden. Zwischenstecker erhalten Sie in Elektrofachgeschäften; in guten Hotels stellt Ihnen der Portier einen Zwischenstecker für den elektrischen Rasierapparat zur Verfügung.

6. Währung und Geldumtausch

Das Pfund Sterling (£) wird in 100 Pence unterteilt. Im Umlauf sind Banknoten zu £ 50, 20, 10, 5 und 1, ferner Münzen im Wert von 1 £, 50 p., 20 p., 10 p., 5 p., 2 p. und 1 p. Kreditkarten werden im allgemeinen überall akzeptiert. Die Banken sind in der Regel montags bis freitags von 9.30 bis 15.30 Uhr geöffnet, Zweigstellen der Barclays Bank haben in manchen Gegenden auch Samstag vormittag geöffnet. Wenn Ihnen das Bargeld ausgeht, können Sie Reiseschecks auch bei anderen Stellen einlösen, z.B. bei großen Reisebüros, in den Geldwechselstellen der großen Kaufhäuser, an den Empfangsschaltern großer Hotels oder in einer Geldwechselstube. Auf den Londoner Flughäfen (Heathrow und Gatwick) sind die Bankschalter rund um die Uhr offen.

Der Umwechselkurs ist – wie überall auf der Welt – Schwankungen unterworfen. Beachten Sie bitte, daß nicht jede Bank den gleichen Umwechselkurs berechnet, und vergleichen Sie daher vor dem Wechseln zuerst die Kurse verschiedener Banken. Manche Banken berechnen auch eine Bearbeitungsgebühr, die unterschiedlich hoch ist. In Hotels bekommen Sie zumeist weniger Geld als bei der Bank, es lohnt sich also, immer ausreichend Pfund Sterling in der Tasche zu haben.

7. Öffnungszeiten

Die Geschäfte in England haben im allgemeinen von Montag bis Samstag von 9 bis 17.30 Uhr offen, an einem Werktag in der Woche wird aber schon um 13 Uhr geschlossen. Von 9 bis 17.30 Uhr haben auch die Postämter montags bis freitags geöffnet, am Samstag nur bis 13 Uhr.

Die Öffnungszeiten in **Museen** sind sehr unterschiedlich und teilweise im Text angeführt. Die großen und die Nationalmuseen haben in der Regel wochentags von 10 bis 17 oder 18 Uhr (sonntags erst ab 14 Uhr) geöffnet. An Feiertagen und zu den sogenannten *Bank Holidays* (das sind Montage im Frühjahr und Sommer) sind viele Museen geschlossen. Wenn gesetzliche **Feiertage** an einen Samstag oder Sonntag fallen, wird in der Regel der darauffolgende Montag zum Feiertag erklärt.

Sehr unübersichtlich und wechselhaft sind die Öffnungszeiten von **Schlössern,** Herrenhäusern u.dgl., da sich die meisten von ihnen im Privatbesitz befinden und der Schloßherr nur an bestimmten Tagen in der Woche (oft auch nur zwei- oder dreimal monatlich), und auch das nicht jeden Monat, sein Haus oder einige Räume davon zur öffentlichen Besichtigung freigibt. Die im Text genannten Öffnungszeiten beziehen sich also ausschließlich auf den derzeitigen Stand, sie können ohne Vorankündigung geändert werden. Es ist daher ratsam, sich vor dem Besuch eines Schlosses, Herrenhauses u.dgl. an einem der zahlreichen Touristenämter nach den jeweils gültigen Besichtigungsmöglichkeiten zu erkundigen; ein Telefonanruf gibt rasch Aufschluß darüber, und man erspart sich unter Umständen eine längere Anfahrtszeit, falls an dem gewünschten Besichtigungstag gerade geschlossen ist. Eine beliebte Öffnungszeit ist fast immer der Sonntagnachmittag, auch haben die meisten Schlösser an den *Bank Holidays* (s.oben) geöffnet.

Fotografieren,
damit Ihre schönsten Urlaubserinnerungen
nicht verblassen!

Die Mehrheit der fotografierenden Weltenbummler bevorzugt für die Aufzeichnung ihrer Urlaubserinnerungen das farbige Papierbild, während für andere das Farbdia in der großflächigen Projektion das Nonplusultra bedeutet. Wofür Sie sich auch entscheiden, möglicherweise für beides und zwei Kameras: die Qualität Ihrer Bilder wird durch die Qualität des verwendeten Filmmaterials entscheidend mitbestimmt. Deshalb verwenden wir Filme, die auch von Profis gekauft werden.

Kodak beispielsweise, auf dem Filmsektor weltweit führend, bietet Filme für jede Kamera und jede Aufnahmesituation an. Die gebräuchlichsten Filme auf Reisen und auch sonst: Kodacolor Gold Filme für Papierbilder in satten, natürlich wirkenden Farben, und Ektachrome oder Kodachrome Filme für brillante Farbdias. Es gibt diese Filme in verschiedenen Lichtempfindlichkeiten: Mit dem Kodacolor Gold 200 Film (24°) werden Sie die meisten Tageslichtverhältnisse meistern, ebenso – falls Sie Dias bevorzugen – mit dem Ektachrome 200 oder dem Kodachrome 200 Film. Ein farblich überaus interessantes Material ist auch der neue Ektachrome 100 HC Film (21°). Für Aufnahmen bei wenig Licht und für Aufnahmen mit langbrennweitigen Teleobjektiven stehen auch Filme mit 400 und 1000 ISO (27° und 31°) zur Verfügung. So z.B. der neue Kodak Ektar 1000 Film, das in dieser Empfindlichkeitsklasse schärfste Material für Papierbilder mit exzellenter Farbwiedergabe.

Eine grundsätzliche Anmerkung noch zum Filmkauf: decken Sie den Filmbedarf für Ihre Reise bei Ihrem Fotohändler. Er wird Ihnen einwandfreies Material zu vernünftigen Preisen anbieten. Im Ausland müssen Sie fast überall mehr dafür bezahlen und oft auch für Material, dessen Qualität z.B. durch Hitzeeinwirkung gelitten hat. Wichtig ist auch, daß Ihre belichteten Filme möglichst bald in ein Fotolabor gegeben werden, damit Sie die Farben auf Ihren Bildern so wiederfinden, wie Sie sie gesehen haben.

Wie beim Filmmaterial sollten Sie auf Qualität und Ausrüstung der Kamera Wert legen – handlich in der Bedienung, vielseitig in der Aufnahmetechnik und trotzdem klein im Gepäck. Besonders das Objektiv ist entscheidend für die Qualität Ihrer Aufnahmen. Deshalb sind lichtstarke Zoomobjektive eine empfehlenswerte Ausrüstung. Bei Leica z.B. die Vario-R-Objektive 1:3,5/35-70 mm und Vario R 1:4/70-210 mm mit unerreichten Zeichnungseigenschaften in der Kleinbildfotografie.

Die heute viel verwendeten Kompaktkameras sind natürlich die einfachste Ausrüstung, um seine Urlaubserinnerungen festzuhalten. Auch in diesem Markt hat Leica mit ihren Qualitätsobjektiven ein Angebot: Leica AF-C1 ist mit allen Automatikfunktionen und einem Bifokal-Objektiv ausgestattet, das sich von der Weitwinkelposition 1:2.8/40 mm auf Knopfdruck in die Telestellung 1:5,6/80 mm umschalten läßt. Mit beiden Brennweiten sind auch Nahaufnahmen bis 70 cm möglich.

Und nun – viel Erfolg für ein „farbiges Reiseerlebnis".

412

Ortsverzeichnis

417